ただ限りなく発見者

大池文雄著作集

晩年の大池文雄

はしがき

本書は一九八八年にぺりかん社から刊行された『奴隷の死　大池文雄著作集　一九五四〜六一』を底本として新しく編集した決定版著作集である。

『奴隷の死』は拙著『ハンガリー事件と日本』（中央公論社、一九八七年）のいわば資料編として上梓したもので、少部数の刊行であったためか、たちまち品切れとなり、古書店で高値を呼ぶ「幻の本」と化して久しかった。時あたかも八〇年代末の東欧動乱の直前でもあったし、大池氏の思想的営みは先駆者の苦悶として再読の時宜を得たことも与ったと思われる。

『奴隷の死』出版後、大池氏は同人誌『丁卯』を主宰され、水戸時代について積極的に述懐を次々に公表、それらは『水戸コミュニストの系譜』（ぺりかん社、二〇〇九年）などの記録にまとめられた。雑誌『自由』誌に連載され、『私の畸人録』（ぺりかん社、二〇〇八年）と題して一冊に編集された書にも青年時代の回顧は含まれるから、大池氏は晩年に自らを多く語られたのであった。

かくて近年『奴隷の死』を再認識する声も高まり、大池氏ご本人から著作集の新規編纂を依頼されたのは二〇一二年ころで、具体的に行動を開始したのは二〇一三年であったろうか。思えば、大池氏は密かに自らの寿命を測り始められていたのかも知れない。当初『奴隷の死』を出版した書肆、すなわち大池氏の育て上げたぺりかん社によって同年中には出版の運びになっているはずであったが、不愉快な事情によって頓挫を余儀なくされた。病中に呻吟されていた大池氏ご本人、そしてぺりかん社創業者・救仁郷建氏にこの経緯が伝わらなかったのは、不幸中の幸ですらあった。そして、大池氏も二〇一三年一一月一日に急逝され、一時は著作集上梓も諦めざるを得ない状況に陥っていた。しかし、大池氏の遺志を継承された長女・美木さんの慫慂によって、ここに決定版『大池文雄著作集』の出版が実現できたことは、遅まきながら感謝感激に堪えない。

まず本著作集と『奴隷の死』の基本的異同について摘記しておきたい。

『奴隷の死』は、大池氏の後年の思索の直接の母体となった『批評』・『論争』時代の論考を冒頭に据え、いわば「前史」に該当する日本共産党内の論争文書を相対的に二つに分け、基本的には時代順（手稿は執筆日、公刊文書は刊行日に依拠して時系列化）に編集した（つもりであった）。ところが、編者が動乱最中の東欧で生活を開始していたため、連絡上のミスが重なり、編集方針の一貫性が曖昧になった事実も否めない。インターネット時代の現在と異なり、東欧と日本間の通常の郵便に依存した当時において、時間的落差は小さくなかったのである。そのため、編集方針に齟齬が生じ、『奴隷の死』を動乱のまっただ中のハンガリーで受け取った編者も首を傾げる部分（論考の掲載順の一貫性欠如、『アカハタ』の大池氏除名記事の不用意な混入）や誤植の多さには辟易したものであった。

この反省から本著作集では、論考公刊時（手稿では記載日）による時系列の収録を厳密に行う方針を徹底化した。そして党内論争文書のうち、ハンガリー事件に関する論考は一まとめ（第2部）にしつつも、新たに『前衛』誌に掲載された「社会党との統一行動によせて」（野村武秀氏と共著の体裁をとっているが大池氏の単著である）を党内闘争期のドキュメント（第1部）に加えた。ただし、ハンガリー事件の勃発した五六年一〇月以降のほぼすべての論考において、事件に関わる分析は必ず含まれているから、この区分はあくまでも便宜上のものに過ぎないことをお断りしておく。『批評』時代（第3部）、『論争』（第4部）についても時系列に再編したが、本著作集最大の特色は新たに編集した「回想と資料」（第5部）である。

ここには、今西一氏によるインタヴュー記録「旧制水戸高・梅本克己・ハンガリー事件―大池文雄氏に聞く」（小樽商科大学『商学討究』六一巻二・三号、二〇一〇年）、座談会「論争社の時代―幻の出版社、星の時間へ」（中部大学『アリーナ』一〇号、二〇一〇年、参会者は粕谷一希、高橋行雄、小松史生子、開米潤、小島亮）、その他の大池氏本人の執筆にかかる後年の回想や遺品中の手稿などを収録した。なお今西氏のインタヴューには「序文」的文章が記されているが、全文はネット上に公開されていることもあり、大池氏とのインタヴュー本文のみを収録した。一方、粕谷一希氏による大池氏への言及は『中央公論社と私』（文藝春秋、一九九九年）、「大池文雄氏のこと」（前掲『水戸コミュニストの系譜』所収）にすでに存在するも、ここでは論争社時代に限定して雑司ヶ谷の粕谷氏宅にて闊達に話し合った全文を収録した。なお『丁卯』誌での「水戸コミュニストの系譜」は実は三回にわたって連載（一四号～一六号）されるも、同名の単行本にほぼ原型のまま再録されたのは（二）と（三）のみである。しかし（一）の内容は同書中に収録された他の論考に再編されているため本著作集にあえて入れなかった。大池氏の意志によって加筆訂正された上で単行本化されたものと考えたためである。

第5部に収録した「いいだもも氏の文章の〝間違い〟」の執筆の背景を記しておく。本論は冒頭に摘記されているようにいいだ氏の「ホメーロスの「イリアス」「オデュセイ」の英雄叙事詩の一時代の後を受けて」（『立命館言語文化研究』二一巻一号、二〇〇九年所収）への批判である。本論は立命館大学「戦後の農民運動と農村の変容」プロジェクトの代表者である西川長夫教授に送られた文面で、抄録のみは「いいだもも氏の論考「ホメーロスの「イリアス」「オデュッセイ」の英雄叙事詩の一時代の後を承けて」に寄せられた批判と訂正要求について」（同誌二二巻二号、二〇一〇年）として公表されている。大池氏は大金久展氏からいいだ氏の文章を入手され（コピーが同封された大金氏の手紙も現存する）、すぐさま熟読吟味をされ、反論執筆の意志を固められたのであった。編者の編集する『アリーナ』誌に西川長夫教授の論考が掲載されていたご縁もあって、大池氏は西川教授の連絡先を電話で問い合わせてこられたと記憶している。

大池氏は折り返し西川教授に本書収録の批判文面を送られ、誠実な西川教授の英断によって上記の抄録が立命館の紀要に掲載されるに至ったのであった。今回の上梓にあたり、歴史的意義を鑑みて、『立命館言語文化研究』の抄録版でなく大池氏の手紙の全文を公開することにした。なお西川長夫教授宛ての手紙のコピーは編者のもとにも送付され、本著作集の編纂開始時に大池氏ご本人から本論全文の公開を慫慂されていた。大池氏の意志と考え公刊された抄録でなく全文を本書に収録する所以である（ちなみに、大池氏の反論掲載を拒む向きが「学内」にあったとすれば、研究者の良心も疑われて余りあると言わざるをえない）。

加えて「知られざるエピソード」をここに記しておこう。西川教授も前掲紀要で寸言されているように、いいだ氏の手書き草稿は解読に難渋を極め、当時、立命館大学大学院先端学術研究科博士後期課程に在籍していた岩間優希（現在、中部大学全学共通教育部専任講師）を介して編者にも解読への協力を要請された。ところが想像を絶する奇怪な字体（魔的な前衛芸術！）には逡巡あるのみで、編者にもお手上げと言うの他はなく、ある時、現代思潮新社の渡辺和子社長（当時）にいいだ氏を担当されておられた元編集者をご紹介いただく名案を思い付いた。渡辺氏は即座に編者の依頼に応えられ、元編集者に草稿を回された。果然、ここでも解読はまったく不可能で、渡辺氏はいいだ氏のもとに草稿を持参してご本人に聞き取りを実施され、西川教授の懸案は解決される結末を迎えたのであった（なお、いいだ氏ご自身にも読解は不可能であったらしい）。

いいだ氏は鬼籍にすでに入られ、限りなく饒舌であり続けた黙示録的世界には、イデオロギー的な分析とは違った文学的再評価も次世代によってなされる日も迎えるかもしれない。思えば、編者自身、『ハンガリー事件と日本』準備のためのいいだ氏への聞き取りを岩波ホール地下の喫茶店で行い、氏の盛大な還暦記念パーティにご招待を賜わったのはあたかも昨日の出来事のようである。この席に粕谷氏もおられ、『二十歳にして心朽ちたり』（新潮社、一九八〇年）に書き記された旧制高校の青春に戦後日本の知的源泉を見出した気持ちであった。もちろん大池氏もこの「青い山脈」において欠かせない場を占め、その位置は戦後日本知識界総体を見はるかす境野にあるのかも知れない。こうした「記されざる歴史」への証言としても本著作集は次世代の研究者や読書人に読まれ続けるであろう。

以上の経緯もあって、立命館の共同研究プロジェクトに参加されていた今西氏が大池氏の連絡先を編者に照会され、『商学討究』誌上に掲載されたインタヴューが行われたわけである。八〇年代の編者の研究ノートが散逸した現在、オーラルヒストリーの名手でもある今西氏の力によってこの記録が残されたのは幸いと言う他はない。今西氏は編者の同世代の京都の歴史学専攻の学生には、日本史研究会近代史部会や民科歴史部会の組織者としてよく知られた学究であった。一種の「インサイドストーリー」のごとく見えるのではあるが、戦後日本知識史の深部を掘りあてようとすると、「忘れられた存在」にも見える大池氏の水脈にどこかで遭遇するエピソードとして、あえてこの経緯を記しておきたい。

「『論争社とその時代』、主に前史についてのメモ」は座談会「論争社の時代」準備にむけて、大池氏が備忘録として作成されたワープロ草稿である。本著作集に収録した他の文章と重なる記述も多いものの、このメモランダムにしか記載されていない事実もいくつか含まれる。この草稿の由来は「編者注」として記載したごとくで、大池氏の業績を新しい観点から再評価する資料として、あえて本著作集に収録させていただいた。『奴隷の死』に不用意に混入した『アカハタ』の「大池文雄の処分について」も本メモ（三七一～三七二頁）に重引されている上、大池氏本人による前半生の年譜（三七七～三八一頁）まで具っているので本著作集への「自註」としても参照できるだろう。

さらに大池氏遺品中から美木さんによって発見された習作類、高橋行雄古稀記念文集『風』収録の一文、手書き原稿などを第5部には追加収録した。これらの書誌的由来については各文の末尾に注記しておいたので詳細はそちらを参照されたい。思えば『奴隷の死』刊行時には現存していた原稿やその掲載誌もその多くは散逸し、今は亡き高知聰氏から提供をいただいた資料類もすでに所在は不明となって久しい。渡辺和子氏によると、編者の参照した『批評』誌も高知氏の遺品中に発見できなかったようである。ところが、大池氏の遺品中から『批評』のきれいなセットが発見された幸運もあり、本著作集の付録として復刻することにした。『批評』誌は『ハンガリー事件と日本』でのみ久しく内容の梗概を知りえたが、この復刊によってその限定も取り去られ、独自の評価も若い世代によってされる日が来るだろう。先に復刻された黒田寛一氏らの『探究』誌（こぶし書房、二〇〇七年）とともに「一九五六年」直後の若き知識人史の一章として新たな視線に接する日を待望したい。『批評』の経緯については前述の「『論争社とその時代』、主に前史についてのメモ」に言及されていて余すところはない。本メモでの記述をもって解題に替え、屋上屋を架する愚を避けることにした。

美木さんによって遺品中から水戸高校在学時の詩作品や文芸批評、さらに水戸高校同窓会関係出版物に発表された回想類も発見されている。これらは近い将来、『丁卯』誌に掲載された身辺エッセイ・文学批評などと一緒に上梓を目指すことにし、あえて本著作集に収録しなかった。同じく、若き大池氏の思索と同時代の思潮動向を分析した重要論考であっても単行本『水戸コミュニストの系譜』に収録されたものは本著作集に再録を見合わせた。同書は容易に入手できることもあり、不必要な重複や大冊化を回避したのである。ただ一つの痛恨事は大池氏の言及されるハンガリー事件に関する鼎談（『新いばらきタイムス』所収、なお三六四頁を参照）が、本著作集最終校正時までに発見できなかったことである。

本著作集の表記は原文主義を基本とし、はっきりした誤植を除き、仮名遣いの統一を施さない方針を取った。ただし漢数字表記の年代や数量に関しては、同一文中に「表記揺れ」も散見されるので編者の方針で統合した。すなわち年代や年齢など数値を示す場合は漢数字を並記するだけとし、「十月革命」などの名詞化した数字は、この原則の例外とする表記である。さらに旧字体（固有名詞を除く）は新字体に改め、引用部分や正誤判定の難しい表現にはルビを振っておいた。

最後に、故・高知聴氏をはじめ『奴隷の死』刊行のために尽力をいただいたすべての皆さま、本著作集への再録を了解された座談会参加者、今西一氏、ぺりかん社創業者・救仁郷建氏、風濤社創業者・高橋行雄氏（いずれも大池氏の同志にして一生の知友であった）、この「はしがき」に特記させていただいた皆様に心からの謝意を申し上げたい。本著作集を飾る表紙絵はハンガリー五六年革命時に武器を取って戦った画学生であったチズマディア・ゾルターン（Csizmadia Zoltán）氏の渾身の作品である。チズマディア氏の作品を表紙にする計画は生前の大池氏とともに進めていたが、なかなかご本人の連絡先を掴めないために半ば諦めていた。ところが風媒社で本著作集を上梓することが決まって以降、ハンガリー人の友人たちが献身的に調査してくれた甲斐もあって、バラトン湖畔チョパクに余生を送られているチズマディア氏の所在が判明した。早速ご子息を介して編者はコンタクトを取り、ご本人から直接使用許可をいただき、本著作集での反映に至ったのである。チズマディア氏は二〇一六年三月二〇日、わざわざブダペストまで出向いて編者と面会され、五六年当時の思い出を語っていただいた。ハンガリー語で行った編者のインタヴュー記録もいずれ活字化して公表する予定である。チズマディア氏は地球の反対側でハンガリー五六年をともに闘った日本人同志がいた事実に驚かれ、同時に大池文雄氏の著作集を自らの作品で飾ることに大きな栄誉を表された。大池氏の生前にぺりかん社から出版ができなかった災禍は無念の極みとは言え、劉永昇編集長の裁量によってここに上梓を果した僥倖を素直に喜びたいと思う。長女の美木さんともども本著作集を大池さんの霊前に捧げ、編者としては大きな義務を果たした気持ちである。

大池さん、ようやく出版できましたよ。

二〇一六年一〇月二三日　　ハンガリーの出来事から六〇年目の日に

小島　亮

ただ限りなく発見者　—大池文雄著作集—　◎目　次

はしがき　3

第1部　党内闘争の時代　17

一　蟹はおのれの甲に似せて……18
二　志田同志の「党団結のさしあたっての問題」について……27
三　蟹はおのれの甲に似せて（一への弁明文）……36
四　六全協後の一つの反民主主義的傾向について
　―中央委員会に対する批判及び提案―……38
五　社会党との統一行動によせて　―茨城県の選挙の経験から―……47
六　民青団に固執することは正しいか　―例え方針転換が行われたにしても―……64
七　山口氏除名問題の再評価について……70
八　日本共産党が在日朝鮮国民と朝鮮人共産主義者に対しておかした誤りについて……91
九　党の脱皮と再建のためには勇気をもって真実を語ることが必要だ……92
一〇　党の新しい建設と前進のために……108

第2部　ハンガリー事件をめぐる論争　127

一　ハンガリー事件に関する『アカハタ』への投稿……128
二　国際主義の再検討のために　―ハンガリー問題と共産主義―……130
三　ソ同盟を支持するかどうかということは国際共産主義の基準となりうるか……138
四　「民族の自決」の原則は世界の民主主義的運動の一般原則に従属する……142
―平和と独立と社会主義のための世界の民主主義的運動の一般原則とは何か―……142
五　日本共産党の反省と再建のために……153
六　ハンガリー革命と共産主義Ⅱ　―ソ同盟の東欧政策批判（その一）―……158

第3部　『批評』時代　163

一　発刊のことば……164
二　プロレタリア独裁と国家の死滅　―『人民日報』批判―……166
三　何をしてはいけないか
―人間疎外をもたらす一切の制度の死滅への展望―……181
四　しまった、しまった……228

五　奴隷の死……231

第4部　『論争』時代　249

一　戦後転向論　―人間の価値基準の回復のために―……250
二　『論争』創刊号編集後記……288
三　幻影と感傷……290
四　『論争』第二号編集後記……296
五　イデオロギー的戯画　―梅本克己氏にふれて―……298
六　反動としての反逆　―トロツキズムについての感想―……306
七　自戒　―自戒『論争』第八号後記にかえて―……314

第5部　回想と資料　317

一　ソヴェト映画『ベルリン陥落』について　その思想性と芸術性……318
二　一九五一年の一二月　―宮本百合子死後一年の頃をふりかえって……333
三　〝あつもの〟にこりて〝なます〟を吹くなかれ……336

四　失われた世代　―壮大なるゼロへの韜晦―……345
五　懐かしい人……350
六　いいだもも氏の文章の〝間違い〟……352
七　『論争社とその時代』、主に前史についてのメモ……360
八　旧制水戸高・梅本克己・ハンガリー事件
　―大池文雄氏に聞く（二〇一〇・六・一八）―　今西　一……387
九　「論争社」の時代　幻の出版社、星の時間へ
大池文雄・高橋行雄・粕谷一希・小松史生子・開米　潤・小島　亮……422
あとがきに代えて　小島　亮　462

第1部　党内闘争の時代

一　蟹はおのれの甲に似せて

二人は焼鳥屋ののれんをくぐって外へでると、城跡の石垣に向ってよろめきながら股をひろげた。小便は快よい音を立てゝほとばしった。

「おい—おめえ、酒はな—」

一人がもぞもぞと股ぼたんをはめながら、相棒の方を振りむいて言った。

「最初ねむくなるんだ。それから興奮するんだ。最後に酔いつぶれるんだよ。」

市之倉記者には相手のいうことがわからなかったが、顔を見合せてにっと笑った。

八角編集局次長は、つづいて露骨に卑わいなことを言って酔った頭をふり顔をゆがめ、「あはゝゝ—」

と大声をあげた。

風が後から吹いてきた。市之倉は常磐線の線路沿いのアスファルトの道に、月の光で自分の影が八角の影と並んだり離れたりしながらふらふらと進んでゆくのを見た。彼は家に帰らなかった事を後悔した。三日前からのべつに出血すると言って寝ている妊娠四ケ月の妻のことをちらっと思った。

—もう汽車はない…。しかし、あいつは、まあ医者には見せているんだから…。

妻のことを思うと、またしても心の底に沈んだ鉛のようなものが苦しく甦ってきた。

—俺は、あいつを愛していない…。

彼の妻は彼より一八も年上で、二人の間に子供はなかった。

二人は間もなく十数戸の県営住宅が並んでいる町中の一角へ出た。モルタル塗りの建坪一五坪の独立家屋が、それぞれ四〇坪ほどの庭とともに、きちんと薄板塀で四角く区切られて、住宅地の真中を貫いている道をはさみ一様に行儀よく並んでいた。

この一角は、表向きは公然のくじ引きによって県の部課長の新婚家庭や、この地方の有力銀行、太陽銀行の重役の子弟、県会議員の親戚といった人たちが占領していた。県の福祉厚生予算一七〇〇万円がこの住宅建造につかわれた。

八角もつまり顔をきかして、その一棟、西側の中頃の家をぶんどったのである。彼が編集局次長をしている旬刊紙「北関東民報」がこの春から夏にかけて、県庁内部、特に農地部、農林部内の幾つかの不正を暴露し、知事はじめ県官僚たちを、いくらかおびえさせた威勢を駆って、民生部へ強引に要求したのだった。

ドアを開けて靴をぬいでいると、八角の若い妻君が出て来て、何か訴えるような笑顔で夫の顔を見あげ、横目で市之倉へ軽く会釈した。

「ずい分のんできたね。あたし達御飯食べちゃったわ。だって―、お母さんがね『どうせまた共産党の会議か何んかに行ったんだっぺ。待っててもしようがありません』ていうもんだから―。いくら、今日は新聞の締切なんですってていったって、どうですかって信用しないんだもの―、その点はね。」

「共産党の会議に出たもんだから、こんねん赤くなったじゃあんめえか―」

市之倉がおどけて、あはゝゝ―とけたたましく笑った。八角はあわてゝ奥の方を指でさして、それから口に指をあてて市之倉に顔をしかめて見せた。奥に母親がいるという意味であった。相手は今度は声をひそめて、

「だけど筋金が抜けてふらふらだ。」

と腰に両手をあてゝ、尻をふって見せた。八角の妻君が声を殺して笑った。

そんな妻をいまいましそうに横目でにらんで座敷に入ると、八角はスプリングを脱ぎはじめた。市之倉は太い眉の下に大きな目玉が光り、真中に大きく鼻があぐらをかいている赤いあぶらぎった顔に似合わず、きれいな白い歯並を見せて、徳代と顔見合せてまだ笑っていた。

「おい、めし。」

おうへいに八角が言った。

「今たくわ、一人分しかないのよ。先にお風呂に入ってくんない？」

「めしだよ！　酒のんだ時は風呂は後だって言ってあるじゃないか。」

意に反して声が荒くなった。客があるために女房を独占できない事が、たしかに彼をいらいらさせていた。徳代は和服を夫の肩にきせかけながら、むっと不平そうに黙ったが、市之倉へ向って、自分たち夫婦を恥じるように微笑した。

市之倉は窓際に背をもたしてあぐらをかき、たばこへ火をつけ深く吸いこむと、陶然と酔が廻ってくるようであった。

すると襖ごしに隣室から、八角の母親らしい細い女の声が聞えてきた。

「また誰かきましたのか。酔っぱらってるらしいですね…全く―。」

合間に「え、」「え、」と徳代の小さい声がした。

《なるほど俺は酔っぱらいだがね―》と市之倉は気持が白けた。《根が好きな酒だ。お前様の息子様がだ、しつっこくすすめたのよ―》

「あした社の全員会議だっていうんでしょう。何かあんの？　あんですか？」とちょっとあらたまって八角に聞いた。

その日の朝、編集室で記者たちが懸命に締切原稿を書いている最中、主筆の峯竜太郎、編集局長の市部十四と八角の三人が編集室―むろん北関東民報社は北関東という名前の大きさにもかかわらず、左翼的な地方新聞にふさわしい二〇名ほどの小世帯で、印刷所もなく、事務所といっても編集室一つしかなかった―と板壁一つで区切られた隣の峯の住居で何やら相談していたのを知っていたのである。間もなく峯がそこから出てきて、明日午後一時から全員会議をやるから集まるように皆に伝え、庶務課長の草壁に言った。

「すまないが、常陸と南部、東部の総局に電報を打って下さい。あ、西部はいい、全員水戸に来ているから―」

＊

「いや別に大したことじゃあんめえ―」

八角は自分も深くは知らないんだという風にこの地方独特の尻上りの語調で言った。彼はガラス戸を透して小結麗に茶器やコーヒー沸しが並べられてある小じんまりした黒塗りの茶箪笥の上のタバコセットからピースを一本つまみ出して口にくわえ、市之倉と斜めに向き合って坐り、テーブルに肘をついてマッチを擦った。いたずらっぽくぎらぎらと光る市之倉の眼がそれを追った。また口がぞんざいになった。

「今朝何か、相談してたっぺ？　主筆とよ？　編集長とよ？　え？」

「う？　う？　うん、ありゃね、おやじがよ、東京から来てうちの社の主筆になって、北関旬報が再出発してからちょうど一年になんだよ―あと一週間ほどでね。」彼の顔に安堵の表情が浮んだ。―そう、そうだ、これ以外の話をしたんではなかったっけ、いや、あのことは、よういにはしゃべれない…「だからよ、おやじの労をねぎらう意味で、明日みんなで三〇〇円ずつ出して宴会をやろうってわけさ、会議の後で。え？　うん、今後の方針とかそいつも明日やるんだろう―」

《しらばっくれてばかりいやがるな、…まあいいや…》

「ふうーん」市之倉は言った。「俺はね、ちょっと聞いてもらいたい事があんだ。下館の日興殖産の内幕を、おれ達がばくろしたっぺ？　あの後、俺が日興の下館営業所長に会ってよ、—いや、本社でやれっていったからやったんだぜや。一〇万円吹っかけたのよ。ところがよ、片一方じゃ本社の市部さんが、日興本社の営業部長と交渉して、一〇万円出せってやって取っちまったってんだよ。こんなでたらめ—」

「そりゃ、おめえと相談してやったんじゃないのか？」八角は内心ぎくりとした。満更知らないことではない—いやいや知らないどころではない。「編集局長はそう言ってたな。」

市部十四は編集局長とはいうものの、それは対外的な肩書にすぎず、実際には編集局長の仕事は八角がやり、市部は営業局長の地位にあった。その市部があの日—

＊

縁なしの眼鏡越しに眼を細めて、例の外交辞令的微笑を浮べながら、

「この程度でまだ幸せな方ですよ、あんた。あなた方日興のやっている事を考えてごらんなさい。百姓や小商人の金をまきあげてさ。」

「あ、、いや辛らつですな—。しかしこういった私どもの商売もなくちゃやはり世の中が困るんですな。」

「いや何とかいったってね、まあね、一〇万円出すぐらい安いもんですよ、可愛い人への、」と声を低めて「思し召しから見ればね、うっふ、、、、」とやったものである。

「いやご冗談を。」

相手は片膝の貧乏ゆすりをやめて急に眼をみはった。右肘をソファの背にもたせて、急にせわしく指を動

かしてちょび髭をいじりはじめた。

その時、市部のわきでソファにぐっとそり身になって巻きたばこを口へ持っていきながら、渋面をつくって相手をわざとらしく睨んで、声をかけたのがつまり八角であった。

「万事物わかりよくそのへんで手を打とうやないの―、ね。」

相手は高利貸しの、成り上りの、そのまた三等重役らしく、四〇男で櫛目の通った七・三の頭、安香水の匂い、細い眼をずるそうにしばたたいて、緑のきざなネクタイは、一四金の縁なし眼鏡に、空色の派手なネクタイの市部と良い対照であった。

「いいでしょう。」と相手は顔をあげて言った。「役員会で相談して御期待に沿えるようにします。引受けましょう。」

「あはは―、虫のいい話やなあ―」

と暗黙の了解を伝える、調子をかえた低い声で八角が言って、一せいに三人で笑った。

＊

今、八角は他の同じような場面のいくつかの中から、その時の光景をまざまざと思い浮べる事ができる。新築したばかりの室内には、まだ匂ってくるような感じの新しいリノリュームが敷いてあった。絨緞はなく、ただ織りもようのある茶がかった紫色のカーテンが、いやに立派すぎた事などまで。交渉が成立した時のほっとした喜び、分け前にあずかれることの歓喜―《一〇万円の六割を本社へ入れて、四割で四万円、それを二人で分けて二万円ずつ》。がまだ現金が眼の前へつまれないことのもどかしさ。

それは心の恥部のようなものであった。八角にとって狼談はその醍醐味を分け合い、そそのかし合える相手なら、時には適当なレクリエーションにもなる。しかし相手が悪い。わが一党ではない。しかし婉曲におのれのペースへ相手を引きずりこむことはできる。

《酒をおごったんだって、言ってみりゃそのためさ》

「お、そんならよ、俺が話してやる。な？　編集局長によ。な、たしかに。」と元電気産業労働組合書記長―むろん四九年当時の話だが―から日共県委員、その後国際派分派に走って、五一年春自己批判書を出して再入党したという経歴の彼は言った。「おめえが記事書いたんだからな。半分か？　半分でいかっぺ。う―三分の一、よ？　三万円、な？　支局の場合分け前は半分だから、一万五〇〇〇円だ。一万円か？　最悪の場合は？　それじゃ少ねえかな―」

そしてひしゃげたように八角は笑った。

市之倉は八角の冗舌を半ば信用できなかった。で―

「あす朝か？」

と相手の気を引いて見た。八角はわざと口をななめにゆがめて結ぶと首を縦にふった。

《なんとかうまくやるさ》

「ごはんできたわ―」

二人は立って、広く間取りしてある板の間で食堂兼台所のテーブルに向きあって腰をかけた。家賃二五〇〇円の県営住宅は、家賃の割にぜいたくにできていた。

《このつづきが風呂場だな》

八角次長は飯をかきこみながら、焼鳥屋での市之倉記者とのいまいましい会話を思い出した。《飯をおいしくいただくということはむずかしいわい》

彼は五〇年の七月地区委員長をやっていたこの地区の常陸製作所の五五五五名の首切反対闘争がみじめに

敗北したちょうどその時期に、ひょっこりと県都のＡ市へやってきて、除名されて、逆除名して解散されて、という大さわぎのまっさい中の国際派へ顔をだし、以来、国際派の県指導部へおさまった。国際派は自身では日本共産党Ｉ県統一委員会と呼ばれていた。翌年、分派が集って全国統一会議というのを作る動きがあった。それを機会に党内抗争のためだけの機関であった各地の統一委員会を、大衆闘争をも指導する単一の指導部をもった全国組織にしようとの意図が実行されつつあった時、Ｉ県委員会でもその方針で再組織が行われ、選挙の結果それまで県統一委のキャップであった八角次長は五対四で松岡という学生あがりの若僧にその地位をゆずらねばならなかった。これは代議員会で選ばれた県委員九名の互選秘密投票によるもので、松岡にしてもちょっと意外だった。ところが八角にとっては《あの芥川め！》主筆の引っぱりで現在北関民報の整理をやっているあの野郎！《老ボルシェヴィキだなんておだてといたらいい気になって――》いずれにしても、当時分派の関東地方の指導部にいた地位を利用して、《腹心の…》松岡に票を入れるよう県委員達に工作したにちがいねえ――。松岡のやろう――、しかし同志は同志だが…《学生あがりの小僧っ子め！》

そこでいつまでも根にもって、分派なんかとうにありはしないのに…。酒をのんだんでつい――

「おい…」と八角は市之倉の方へ顔をよせていったものだ。

「あん時よ、ほら…統一派のよ…分派のよ…ほら、県のキャップの選挙の時によ…芥川さんに何かいわれなかったか…う?」こいつめわからないのかな、「うん、うん、ほら、あん時よ…」

「いや別に、何だい、いつだい。」

「う?　うん…キャップに誰をいれろとか何とか…」

「いや…別に」市之倉はかんまんに口をふった《ほんとにけげんなことを聞くなあ》

「ふうん、いや、いいのさ、別に…なんでもないさ…おっとお姉ちゃんもう一本。《ちえっ、くそいまいましい。何てこった》しかし、そんなはずはないさ、芥川のぢぢいめ。」

見ると市之倉もいそがしく飯を食っていた。その顔をちらと上眼でみて、八角はわけもなく《憎い！》と思うのだった。

（長篇のためのデッサンⅠ）

『ひがし』第九号（一九五四年四月一〇日）

（編者註）
掲載誌原文は本著作集編集時において発見できなかった。従って『奴隷の死』収録文を底本にした。雑誌は高知聰氏旧蔵。

二　志田同志の「党団結のさしあたっての問題」について

『アカハタ』九月一九日号と二〇日号紙上に発表された志田重男同志の論文「党団結のさしあたっての問題」について私は多くの疑問と意見をもっています。

一

志田同志は六全協の決議について、「このなかでも、とくに」「党の団結と統一の問題が、基本的に重要な問題であるとともに、さしせまった問題となって」いるとのべ、「この問題の解決なしには、正確な政策―戦術も遂行することができないというだけではなく、わが党にとって当面の痛切な問題すなわち一九五〇年以後に起った不幸な分裂問題を最終的に解決するということもできないから」であるといっています。

私の所属する党機関や地区内の細胞における六全協の討議でも、党の統一の問題がもっとも熱心に討議されております。一九五〇年以後の党の不幸な事態を正確に知り、そこからできる限りの教訓を学びとり、ふたたびこのような重大な誤りをおかさないようにしようという熱意が示されています。

一九五一年に新しい綱領が採用されたのちも、この綱領を実現するための党の基本戦術において、党は重大な誤りをおかしたということについて、志田同志はこういっています。

「党を強く大きくすることとは反対に、結果において党の団結を弱め、勢力をへらし、また正しい戦術を運用することは反対に情勢と条件にたいする主観的な判断にもとづいた極左冒険主義の戦術をとったのであります。その結果、党と国民にたいして甚大な打撃と損害をあたえた。このことは、どのような自己弁護もゆるさない、冷厳な事実として示されたのであります。」

六全協は、このような誤りの原因を明らかにし、これをだんことしてあらためることを決議しました。そして決議は「強大な民族解放民主統一戦線をつくるには、正しく強大な党の建設が必要であり、また党の強大な発展には、民族解放民主統一戦線を大きく発展させることが必要である。」「強大な党をきずきあげることなしに、また党が大衆を思想的にかくとくすることなしに、民族解放民主統一戦線は決して発展しない。」とのべています。

一九五〇年以後の不幸な誤りについて、野坂同志は、誤りの階級的基礎と思想的基礎を明らかにし、党内の弱点をはっきりさせました。

「極左的、およびセクト的な誤りは、どうして生まれたのであるか？　それらの思想的根源は、すでに指摘したように、党内にある小ブルジョア思想であるが、さらにそれらの原因として、われわれの理論の低さ、経験のすくなさもあげることができる。また、一九五〇年前後からの、アメリカ帝国主義と日本の手先との、党と革命運動に対するファッショ的な弾圧、半合法的な党活動、等々もあげることができる。しかし、それらの原因よりも、過去数年間における党の誤りや、後退の特殊なもっとも重要な原因は、五〇年以来党の団結がみだれ、分裂の状態がつづいたことである。あの時もし党の団結が確保され、また、党内のすぐれた指導者の全部をかたく中央に結集しつづけることができていたならば、ことに、綱領が一九五一年に発表されてから、『綱領を支持し、党への復帰と党と統一を求める多くの誠実な同志たち』とのかたい団結を回復していたならば、おそらく、あのように大きな党の誤りはおかさずにすんだであろうし、たとえそれができなくても、誤りを最小限にくいとめることができたであろう。このことは、うたがいのないところである。」

私はここにのべられた基本的精神を支持し、これを私達の自己批判、相互批判の基準にしたいと考えています。

二

志田同志は、前記の『アカハタ』紙上の論文で、一九五〇年当時の事情について次のようにのべています。

「たしかに当時は、党の団結と統一にとって、いろいろこれに障害をあたえるような外的な条件がありました。そのもっとも大きな事実は、マッカーサーの指令による党中央委員とアカハタ幹部の公職追放であり、その結果、党中央の活動が非公然に入らなければならないという条件がありました。これに加えてアメリカ帝国主義の朝鮮侵略戦争の開始と大量のレッド・パージという事実は、米日反動勢力の党に対する攻撃をさらにつよめさせることを予想させ、ますます党の合法的で正常な活動を困難におとしいれました。このような事態に、当時の党中央委員会の多数は、党中央委員会の活動を継続しておこなうため、一部の中央委員をのぞいて非公然活動に入ったのであります。現象的には、党中央の分裂はこのときから起り、その後全党的な分裂にまで発展したのであります。」

つづいて党の分裂をもたらした党内部の弱点について、志田同志は次のようにいっています。

「しかし、われわれが党の分裂を外的な条件にだけ、求めようとするならば、それは現象だけしか理解できず、本質的な弱点をつかむことができなくなります。したがって、この経験から教訓をくみとることができなくなります。

一九五〇年の党の分裂はけっして外的な条件が原因ではなく党の大きな弱点が存在していたからであります。六・六の党中央委員の追放という条件は、この内部の弱点を形の上でバクロしたものといえます。その弱点は党中央が、すでに六・六以前から真に党的な思想によって団結しておらず、個人中心的な派閥的傾向があったところにあります。」

この内部の弱点については野坂同志も、その階級的思想的基礎を明らかにしているところであり、全く賛成です。

三

しかし志田同志は党の分裂について「合法的で正常な党活動を困難におとしいれ」るような外的な条件に対して、「当時の党中央委員会の多数は、党中央委員会の活動を継続しておこなうため、一部の中央委員をのぞいて非公然活動に入ったのであります。」とのべ、このことについてさらに次のようにいっています。

「われわれの思想の中に、個人中心主義的な思想が根強く残っており、そのためにある特定の個人に対する信頼と党にたいする信頼とを混同した。また党内において、当面の問題についてのいろいろの意見のちがいを、党の大きな高い思想の一致よりも重くみる近視眼的な見方に左右された。したがって、たとえ、われわれは、当時、党中央委員会の多数を占め、その後、党中央委員会をひきつづいて維持してきたとはいっても、このような思想のうえに立っているかぎり、それは党全体の立場からみればせまい結びつきであり、低い段階でのつながりであったといわねばなりません。このような欠陥が、六・六以後の無原則的な規約を無視した大量除名を行った思想的根拠となっていました。またこのことは、現実に、新しい綱領がきずかれたあとでも、党の団結と統一が満足な結果に達しなかった事実に照してみてもあきらかであります。われわれは、新しい綱領を、われわれだけの錦の御旗とするような思想があったことを、否定することはできないのであります。」（傍点筆者）

ここで一つの大きな疑問があります。

志田同志は「党中央の分裂」が「起」ったといっていますが、他方では「われわれは党中央委員会の多数を占め、その後、党中央委員会をひきつづいて維持してきた」といっています。それは「党全体の立場からみればせまい結びつきであり、低い段階でのつながりで」あったと志田同志はのべていますが、「ひきつづいて維持」された「中央委員会」は「党中央委員会」と呼ぶことができたのでしょうか。そうだとすれば、私たちには「党中央の分裂」とは一体どういう事実をさすのかがわからなくなります。

志田同志のいうとおりだとすれば、六・六以後、「せまい結びつき」「低い段階でのつながり」にせよ、中央委員会の多数によって、党中央委員会は存続され、活動が継続されたとみてよいのでしょうか。

また志田同志は「六・六以後の大量除名」については「無原則的な規約を無視した」ものだといっていますが、「当時の党中央委員会の多数」が「一部の中央委員をのぞいて非公然活動に入った」ことは規約にてらしてどういうことになるのでしょうか。党大会によらずに党中央委員会を、少数にせよ、党の中央委員会からのぞこうとすることは規約違反にはならないかどうか、という疑問が生じます。つまり、その意図は「党中央委員会の活動を継続しておこなうため」とはいえ、規約にてらして止むをえないことであったかどうかということです。しかも「党中央の分裂」が「このときから起り、その後全党的な分裂にまで発展した」とすれば、このことについて大きな疑問が生じるのです。さらに「現象的には、党中央の分裂はこのときから起り」といっていますが「現象的には」とはどういう意味でしょうか。本質的には党中央の分裂はいつから起ったと考えていいのでしょうか。もちろん、少数派は、多数派に組織的に対抗し、そのことによって党規約をふみにじり、党内闘争における極端ないきすぎをやったことについて重大な責任があることはいうまでもありません。

四

また志田同志は論文の最後の方で、次のようにいっています。

「われわれ党中央が多くのあやまった指導をおこなったとはいえ、全党のこの五年間の諸経験は貴重であります。わが党の大きな長所である実践力が、この数年間の困難で不自由な条件の中でも、けっして減退することなく鍛えられてきたこと、また、われわれのあやまった指導があったとはいえ、党中央のもとに結集し団結したことは、もっとも大きな誇りであると信じます。」

私はこの志田同志の意見には、野坂同志の意見と大ぶちがった印象をうけました。野坂同志は「あの時、もし党の団結が確保され、また党内のすぐれた指導者の全部をかたく党中央に結集してつづけることができたならば、ことに綱領が一九五一年に発表されてから、『綱領を支持し、党への復帰と党の統一を求める多くの誠実な同志たち』とのかたい団結を回復していたならば、おそらくあのような大きな党の誤りはおかさずにすんだであろうし、たとえそれができなくても、誤りを最小限にくいとめることができたであろう。このことは、うたがいのないところである。それをおもうと、一九五〇年以来の不幸な事件が、わが党と革命にあたえた損害がどんなに大きいかを、われわれは痛切に感ぜざるをえない。」といっているのです。

五

党規律における多数と少数の問題について、劉少奇同志は「整風文献」の中の「党について」という論文の第四項で次のように書いています。

「わが党内では、少数者の多数者への服従は、絶対的にまもらなければならないことである。しかし、少数者の正当な権利もまた、尊重されなければならない。少数者は、多数者の決定にしたがうむねを声明することを条件として、会議において多数者に反対する彼らの意見を発表すること、また、採決のさいには、反対投票することの権利をあたえられている。党の組織は、これらの少数者が、そのために、多数者からなんらか不当に攻撃されたり、くるしめられたりすることのないように、保証してやらなければならない。少数者の意見については、彼らがみずからそれを放棄しないかぎりは、多数の決定にしたがうという条件づきで、それを保留する権利を有する。少数者のこれらの基本的権利の保護は、党内民主主義によって要求される点であり、また、それは不可欠のことである。なぜなら、ある事情のもとでは、真理はかならずしも多数者のがわにはなくて、少数者のがわにあることもありうるからである。普通の事情のもとで、多数者がただしく、少数者があやまっているときに、われわれが少数者にこのような権利をあたえるのは、少数者が、彼らのあやまった意見を十分に是正するよう方向転換の余地をあたえるためである。」

また野坂同志は前記の論文のなかで次のようにのべています。

「団結こそ党の力の源泉である。ひとたび党の団結が破れるならば、集団主義の実現はできなくなり、党の政策の正確性に対する保証は失われ、政策を実現する行動力は弱められる。そして党は、ちょうどエンジンとカジに故障をおこした汽船のように、右や左にゆれながら、ノロノロと大洋を進んでゆかざるをえなくなるのである。」

六

一九五〇年の事情について、志田同志はまた次のようにのべています。

「一例をあげれば、コミンフォルムの野坂『理論』にたいする批判をうけとる態度についても、一方は野坂同志にたいする信頼と、野坂『理論』にたいする検討を混同して、野坂理論そのものをこれまで容認していた党の理論的低さを冷静に検討することなく、野坂同志個人を支持するに急なあまり、その『理論』にたいする厳密な科学的検討を、党全体の立場から掘りさげることをゆるがせにした。他方はコミンフォルム批判をうける正しい態度をとりながら、しかもコミンフォルム批判に乗じて、党中央をきずつけ、党中央を故意に混乱におとしいれようとした一部の悪質な分派主義者の策動にたいして、冷静な革命的警戒心をもって、これと闘争するのに徹底さを欠き、彼らの策謀を容易にした。」

「コミンフォルム批判をうける正しい態度をとった人々」というのは少数派をさすのでしょうが、ここでは、少数派が主に悪質分派主義者の策謀を容易にした責任者であるようにいわれています。たしかに少数派も、十分な革命的警戒心をもって悪質分派主義者と徹底的にたたかわず、その策謀をゆるした責任を負わねばなりません。しかし、志田同志は他のところで、「党の困難な時期に、外部の敵と、一部の悪質な分派主義者やスパイ伊藤律のような内部の敵に乗ぜられて、党の分裂にみちびいた」といっています。そして、スパイ伊藤律は、五〇年の分裂以後、三年間にわたって中央委員会の多数の方に属していた事実を考えた時、少数派についてだけ悪質分派主義者の策謀の責任を問うのは片手落ちではないでしょうか。さらに志田同志のいう悪質分派主義者とはどういうものをさすのか、はっきりのべてもらいたいと考えます。

もちろん伊藤律のような人物に党をわらせるような策謀をゆるしたことは、党中央だけの責任だけでなく、思想的水準が低く、革命的警戒心がゆるかった私たち全党員の責任でもあります。

七

志田同志は、この論文で多くのことについて自己批判を行っています。しかし、そこには、以上のように、いろいろの重要な問題、基本的な問題について、その意見の中にいろいろ矛盾があるように思われます。また私はいくつかの大きな疑問を感じました。それを率直に提出致しました。

私自身は一九五〇年当時、少数派に属し、規約に反して対抗的綱領を作り、また多くの重大な誤りをおかしました。私は、六全協にしめされた党中央の自己批判を、六全協の全決議とともに感動をもって受け取りました。私はあらためて、多くの同志たちの助力をえて、自己と、今までの党の歴史の再検討をおこなっています。その結果えられた一定の結論にたってこの文章を書きました。私はふたたび、このような重大な誤りをくりかえさず、党中央の周囲に固く団結し、いかなることがあっても党の規約を守り、党の統一を守り、団結の破壊者や妨害者と無慈悲にたたかい、自己の思想的水準を高めるために努力し、強大な党の建設のために努力し、民族解放民主統一戦線への全国民の結集のために徹底的にたたかいぬくことを決意しております。

以上。

（一九五五年九月二七日）

（原文註）この意見書は、県東地方活動家会議の席上、読みあげ、同時に中央常幹と中央機関紙編委へ提出した。

（編者註）
本文書も本著作集編集時には原文を発見できなかった。従って『奴隷の死』収録文を底本にした。手書き草稿は高知聰氏旧蔵。

三　蟹はおのれの甲に似せて

（前掲同名小説への弁明文—編者註）

『ひがし』第九号に発表された私の小説「蟹はおのれの甲に似せて」は作品の最後に（ある長篇のためのデッサンⅠ）とあるように、あれだけ独立したものではない。あれだけ切りはなして発表したために、いろいろ誤解を生じた。特に日本共産党の党内闘争にふれた部分は、文体が、会話以外の並の文章にも作中人物の考えが生のまま反映されるような書き方をしたためもあって、低俗に誤解されることになりかねない。私は一九五〇年以来の党内闘争や、党の分裂、抗争を、少し大げさにいうと日本あるいは日本人の歴史の創造に身をもってかかわりあおうとする人々にとって、避けて通ることのできない問題だと思っている。私はこれを小説に書いてみたい。いろいろな角度から、いろいろな人間像を通じてやってみたい。すでに昨年書いた「講演会」「須賀さんのことにふれて」（それぞれ『ひがし』第三号、第六号に真木修の名で発表）もそれらの一つである。

「蟹はおのれの甲に似せて」の党内問題にふれる部分は何回か書きなおした。表現上苦労しなければならないいろいろな事情もあった。いじくりすぎて、えいい、めんどうだということで、結局ああいうつまらないことになった。これはいろいろな事情ということでは合理化できない、作者の人間性の問題もふくんでいる。むしろ発表しない方が良いということで、編集部へ削除を申し出たが、おそかった。デッサンⅡの「金成巡査」は『ひがし』第一一《ママ》号に発表されることになるかもしれないが、これは独立した短篇として読んでもらってもいい。デッサンⅠは前作とのまた今後は後作との関連性において読んでもらいたい。そうすれば少なくとも切り離して読まれることからくる誤解はなくなる。

作品としても未熟で、人間のえがき方にも満足できないでいる。
これは小説だから皆さんの文学的批判をあおぎたい。

『ひがし』第一二号（一九五六年二月一五日）

（編者註）
掲載誌原文は本著作集編集時において発見できなかった。従って『奴隷の死』収録文を底本にした。なおこの文中に言及されている「真木修」名義の文章および「金成巡査」も発見できなかった。「真木修」は水戸高校在学中から大池氏の愛用した筆名である。掲載誌は高知聰氏旧蔵。

四　六全協後の一つの反民主主義的傾向について
――中央委員会に対する批判及び提案――

はじめに

最近の党中央委員会、中央常任幹部会の発表した決議、何人かの中央委員が中央機関紙、党外刊行物等へ発表した意見、決議等の中に一つの傾向、妥協的な裏がえせば反民主主義的傾向が進行していると考えられます。

このような傾向が、もし甚だしくなれば、六全協後の党建設の一定の成果さえも流産させてしまいかねない危険をふくんでいると考えます。二、三の例をあげて、これを指摘しましょう。

一　家父長制について

第一の問題は、六全協以前党内に存在した「家父長制的指導傾向」を取除く問題ですが、これは何ら討議されていません。家父長制が発生した歴史的諸条件の検討について、中央委員会は何らのイニシアティーヴを発揮していません。

逆に、春日庄次郎氏は徳田球一氏を一面的にほめあげる「思い出」を『アカハタ』に連載しました。野坂第一書記は、徳田氏の業績を過大にたたえる追悼の辞を『アカハタ』および『前衛』に発表しました。志賀義雄氏は、中国へ徳田氏の遺骨引取りに行った際、かつての日本の党と労働者階級の苦難の時期には、いつでも徳田氏が先頭に立って、それを切り抜け、革命運動を前進させてきたかのように演説しました。

これらの文章や演説には何らマルクス主義的分析はみられず、客観的にはすべて家父長制の残りかすを強化するような役割をもっています。

ソ同盟共産党第二〇回大会以後、各国共産党では、もうれつな勢いで個人崇拝とのたたかいを開始しましたが、個人崇拝こそ、独善と教条主義のイデオロギー上の温床となり、党組織の民主主義をうばい、党内に派閥的傾向を発生させる根源となったからです。

わが党の中央委員会は、「ソ同盟共産党第二十《（ママ）》回大会について」という決議をアカハタ紙上に発表しました。残念ながら、この決議は、創造的精神が稀薄で、当り障りのない解説になっています。（今のところ党中央が二〇回大会の成果を、わが国の条件に適応させ、発展させようと試みたのは、第七回中央委総会の議会を通じての平和的に革命を遂行しうる可能性について論じた決議だけです。）

一九五〇年以後のわが党を大きな不幸におとしいれた諸原因のうちで、わが党内の徳田氏を中心とする個人崇拝と派閥主義の強化を無視することはまちがいでしょう。

私は、六全協決議と四中総の決議「歴史的経験にてらして」をもっと深め前進させて、戦後の党再建以来の歴史的条件を検討して、個人崇拝及び家父長制的傾向が発生し、強化していった原因をつきとめる必要があると思います。そうすることが誤ちをくりかえさないための最良の道ですから。

さらにわが党の歴史的欠陥として思想的建設が怠られたことが六全協決議で確認されました。これはひじょうに重要な側面です。しかしこれだけでは十分な解明になりません。さらに検討すべき点として、私が考えている二、三の点を左にのべてみたいと思います。

一つは戦後の結党の時に、戦前の革命運動の挫折の主体的条件の反省が十分行なわれなかったのではないでしょうか。党の政策上の諸欠陥、大衆（労働運動）との結合の度合、根強いセクト主義の階級的イデオロギー的基礎、等々であります。

また結党の時、組織上の集団主義、党内民主主義を確立するために、どのような十分な措置がとられたかということも大切な問題であると思います。

個人崇拝と派閥主義が強められたもう一つの契機として五〇年の六・六追放時、九幹部だけが地下へもぐったことがあげられるのではないでしょうか。これは党内の事大主義によって徳田氏らを英雄視させることになったようにみうけます。他方では、排除された少数の中央委員に対する打撃政策が行われていたことも、この事情に拍車をかけたように思われます。（またこの点には、別の面からみて、つまり、わが党の合法性を守るという点からみて、あの時中央委員は潜行せずに、たとえ告発されるようなことがあっても、合法性を守るために、大衆的なたたかいを行うべきではなかったでしょうか。）

宮本顕治氏は、今年七月一五日、日本青年館で、中央常任幹部会を代表して（『アカハタ』報道による）「共産主義の不滅の旗の下に」と題する演説を行い、その約四分の一を使って、党の歴史について語りましたが、そこでは徳田氏については一言もふれられていません。もっともこの演説で名をあげられているのは片山潜と獄死した市川、虐殺された岩田、小林らと、シベリヤで日本軍の干渉戦争とたたかった労働者佐藤だけですが、今まで徳田氏を片山氏と同格に評価したり、徳田氏が戦前一貫して最高指導者（言葉の真の意味での）であるかのように言われてきたこと、いたるところの党事務所に徳田氏の肖像がかかげられてきたような事実と思いくらべると、全く異った印象をうけます。

これは徳田氏に対する過大評価を中央常幹が改めたことを意味するのでしょうか。それとも宮本氏個人の見解なのでしょうか。

私は徳田氏に対する個人崇拝をとりのぞくことがきわめて大切であり、この問題及びソ同盟共産党第二十回大会がスターリンに対する個人崇拝と関連して提出されている諸問題について、建設的討議を組織し、必要な結論を得るために、中央委員会及び中央機関紙誌は積極的にイニシアティーヴを発揮すべきであると考えます。いずれにしてもこれにふれずにすごすことはよくないことです。

二　神山氏について

党中央は、神山茂夫氏に対して六全協後も、ひじょうに不当な取扱いをしてきましたが、今日まで、何らこれが自己批判されていません。

六全協に出席した当時の県委員長から、「神山氏等に対しては、党中央で再審査することになった」と報告されました。私ともう一人の同志は、会議の席上ほぼ次のように主張しました。

「神山問題は党の不統一の問題である。かつての処分が再審査しなければならないようなものであるとすれば、処分そのものが根拠を失う。スパイまたは反党分子であることが事実によって確認されるならともかく、確認されないならば、少なくとも五〇年分裂以前中央委員であった人間として、中央委員の資格において取扱われるべきである。」と主張しました。

ところがその後、五月一五日付『アカハタ』紙上の党中央の発表をみますと、神山氏をスパイ扱いして除名したことについて、「この除名は、基本的には第二次総点検運動の方針のもとに行われたもので、除名を強行するに至った当時の党中央の処置は誤っている」とあります。そして神山氏外数名の人々が処分を消されました。

さて、そこで四中総の決議「党の統一と団結のための歴史上の教訓として」をみますと、次のようにきわめて示唆に富んだ指摘をしています。

「第二次総点検運動で、同志にスパイ・反党分子などのレッテルを簡単にはりつけて、しばしば非常識な査問を行い、打撃政策の強行で党勢力に重大な打撃をあたえるにいたった。」

しかし、神山氏等の除名取消しの発表に際しては、神山氏等に対し、いわゆる「当時の党中央」は、一体どのような不当な取扱いをしたのか、どのような動機、目的でそれを行ったのか、具体的には何らふれていません。他方、神山氏にたいしては、「同時に同志神山の除名前における行動にも遺憾な点があったし、除名後にとった行動には共産主義者の自覚的規律に反するものがあったことも明白である」云々として、具体的事実をのべず、抽象的に神山氏を非難しています。

これは読むものに、神山氏についての一定の既成概念を漠然とうえつけずにはおきません。

その後『アカハタ』に統制委員会議長春日正一氏が談話を発表しましたが、これは、除名取消後の神山氏の行動を、抽象的に非難し、神山氏が除名を取消された後、各方面に送った「挨拶」が、事実を歪めているといっていますが、どのような事実をどのように歪めたのか、何も言っていません。

これはある同志に対して、事実や証拠を示さずに非難や中傷を加える打撃主義の傾向をおびています。しかも、くりかえすようですが、第二次総点検運動ないし、神山氏等に対する不当な非人間的処置の直接最高責任者については「当時の党中央」の責任というあいまいな言葉で語られているだけで、具体的には少しも明らかにされていません。

このことは、五〇年の党分裂の原因の一つと根本的に相似するものであると考えます。六全協が出た以後、なおこういうやり方が党中央や一部中央委員によって行われているということは、六全協以前への逆行的現象であると考え、さらに、私は、六全協が党の正しい政治方針の確立と党内民主主義の確立に向かって巨歩を進めたものであると思いますが、一面ひじょうに不十分な点や、誤謬さえもふくんでおり、それがこのような六全協以前への逆行的現象を生む源にもなっていると考えます。

中央委員会の大胆な討議と、正しい結論を期待します。

三　志田重男氏の失踪事件について

志田重男氏の失踪事件は、六全協で選出された中央委員会及び中央常任幹部会の集団主義が大きな弱点をもっていたことを物語っています。

私は、彼が六全協後『アカハタ』紙上に発表した自己批判で、五〇年の党分裂以後、彼が中央委員会を守りつづけたことを誇りとするとのべたことを忘れることができません。五〇年の分裂以後、彼が守ったと称する党中央委員会なるものが、どのような性格のものであるか、六全協後の中央委員会も正確にはまだこれを明らかにしていませんが、志田氏が、六全協後の相互批判と新しい党建設のための闘争にたえきれず、失踪したということは少なくとも言えると思います。

私は、過日の関東地方活動家会議の席上で、野坂氏が「現在党中央は政治的にも思想的にも感情的にも統一されている」とのべたのを忘れることができません。野坂氏の確認していた統一とは、少くとも志田氏の部分については、小ブルジョア的なれあいによる感傷的統一であったと言うことができないでしょうか。要するに野坂氏の判断は大へん甘かったということがいえるでしょう。

私は、志田氏の自己批判なるものについては、ていねいな批判意見を中央常幹及び中央機関紙編集委員会宛提出するとともに、関東地方活動家会議で志田氏出席のもとで意見書と同じ意見をのべましたが、志田氏が自己批判で、伊藤律が多数派の有力幹部であった点や、家父長制の問題等にふれなかったり過小評価しており、さらに自分が分裂のさ中に中央を存続させた一員であることを誇っていたりしている点に対する批判については、何ら返答はきかれませんでした。また機関紙にも私の意見は発表されませんでした。

逆に『前衛』にのせられた山辺健太郎氏の新規約の解説の中には、志田氏の自己批判を共産主義者らしい立派なものと断じている部分があります。

志田氏の失踪は一月六日です。にもかかわらず、各種の会議で宮本顕治氏なども、志田氏は病気療養中だ、と発表しつづけていました。また中央常任幹部会としての党内への発表であるとも報告されています。失踪と病気療養とは何の共通点もありません。

宮本氏はこれを混乱を防ぐための止むをえない手段であるとでも考えたのでしょうか。止むをえない手段ということで、嘘が合理化されることがありうるということは、それこそ民主主義にとって危険この上ないことで、党規約は何の意味ももたなくなります。党内相互不信の原因でもあります。

中央委員会及び中央常任幹部会、さらに関係中央委員は、これらの問題について、どう考えるのか、党内にそれを公表すべきだと思います。

四　党内での公然たる活発な討議をのぞむ

『アカハタ』紙上での党の歴史上、党建設上、理論上の諸問題について、また学習上の諸問題等について討議がほとんど行われていません。特に中央委員会はこの点について、全くイニシアティーヴを発揮していません。

これら諸問題についての活発な討議、創意ある討議を、現在党内に存在しているある種の小ブルジョア的な自由主義、無原則的利己的闘争と混同してはなりません。「党内問題にのみ没頭する」というような批判が中央によってしばしば行われましたが、過去の歴史的検討は、それが深まれば深まるほど、将来、過ちの再生産の基礎をうばい、同時に、新しい創造性への道をひらくことになると思います。

中央委員会及び『アカハタ』が、これらについてひきつづき無関心な状態をつづけるならば、それは、全党の建設的討議、批判と自己批判への積極的参加をはばみ、創造性をうばい、単調な図式主義的実践が横行することになる危険があります。それは党内民主主義を葬り去る危険をふくんでいると私は率直に申しあげます。(『前衛』紙上ではあるていど、活発な討議が行われはじめていることは、全くよいことであると考えます。これをさらに大きく展開することを希望します。)

おわりに

以上あげた問題は、もっとも特徴的な二、三点にすぎません。最近党中央は中央集権の強化を問題にしていますが、私は、正しい民主主義の確立こそ最大の急務であり、これこそ、党の思想的・政治的統一と自覚的規律にもとづく党の統一を達成強化するための、現在のわれわれの努力の主な方向であると考えます。

もちろん現在党内にあるていどひろまっている利己主義と小市民的自由主義の風潮、自分のおかした罪悪についての自己批判は棚上げにしてわがもの顔に六全協をふりまわす傾向等は正しい民主主義とは絶対にいえません。しかしこれらのものを拭い去るためにも、私の指摘したような党中央の非民主的、なれあい的事態の根本的改善が必要でしょう。

もし今のまま集中主義を強調すれば、またしても知らしむべからずよらしむべしの事態に逆行する十分な危険があることを私は心から警告したいと思います。

現在、県や地区にも解決しなければならないたくさんの党統一上、党建設上の重要問題があります。これらの解決がおくれているのは、私たちの努力の不足、私自身の努力の不足もありますが、右にあげた党中央の反民主主義的なれあい的な、時にはなしくずし的なやり方が、それらの解決に当っての特殊な困難を作りだしていることも争えないところです。

最後についでですが私は、全党に淡白運動（これこそ相互批判、自己批判の前提です）を呼びかけ、中央委員会がそのイニシアティーヴをとることを心から期待して意見書をおわります。

一九五六年八月五日

水戸市南町二ノ四一一

日本共産党茨城県委員会　常任委員　大池文雄

（付記）これを中央機関紙上に発表されることは差支えありません。

（原文註）これは中央常幹統制委へ提出、『アカハタ』編集部、関東地方委、茨城県委へ写しを提出した。

（編者註）

本文書も本著作集編集時には原文を発見できなかった。従って『奴隷の死』収録文を底本にした。手書き草稿は高知聰氏旧蔵。

五　社会党との統一行動によせて　―茨城県の選挙の経験から―

茨城県でつくりあげられた、社・共・労三党の政策協定（四月一六日成立）は、選挙で森候補（社）の当選という具体的な成果をあげた。そしてその協定は選挙後もひきつづき、次のスローガンを中心にして、三党が共闘をつづけることをさだめている。

１　憲法改悪反対、小選挙区制反対。
２　再軍備反対、基地反対、原水爆反対。
３　日中、日ソ、日朝国交回復。

県委員会では、この政策協定を選挙に先だって結ぶことができると、はじめから一致して予想していたわけではなかった。

ここで政策協定成立以後の三党共闘をふりかえって、二、三の問題を提起してみたい。

社会党にたいする一面的な評価

最初は大まかに問題の概要にふれて、後にあるていどくわしく説明することにしたい。茨城県での三党協定成立の経過については、すでに『アカハタ』五月二九―三一日号の『茨城県三党協定の教訓』でのべられたとおりであるが、この経過と、その後の実践から明らかにされていることは、社会党との統一行動を積極的に追求してゆく方針が正しかったということである。

政策協定成立以前、県委員会には『社会党が一線を画しており、社会党に対する下からの労働者の批判やつきあげも弱いし、わが党の力もわずかなので、政策協定も行動協定も不可能だその場合は独自候補を立ててたたかおう』という意見が多かった。他方、可能性は現実にあるし、それを追求すべきだという意見や、政策協定かそうでなければ独自候補か、という考え方はきわめて機械的である、統一戦線、戦術は、実状にそい、先の見通しにたった、柔軟なものでなければならないという意見があって、活潑な討論がおこなわれていた。その後、この討論は、次第に県党の実践の過程で深められそうとともに、統一の可能性を重視する意見はソ同盟共産党二〇回大会の文献の学習によって発展され、豊富にされていったのである。

わが党は、すでに二月に、社会党にたいして共闘を申しいれた。四月に入って会談がおこなわれ、社会党は護憲連合、わが党は三党の共同声明を主張した。三党の下うちあわせのけっか政策協定は成立可能だという見通しが明らかになったので、各党はこの問題をそれぞれの党組織の討議に付した。県委員会も、地方委員会、さらに中央委員会常任幹部会の承認をへて、各地区の討議にかけた。だがこのような協定の成立を予想しない空気が一般的だったため、地区機関のうけとり方はまちまちで、『ふってわいた統一』と感じたところもあった。反対意見もあった。ある村の農民運動の幹部である同志（地区委員）は、村のボスである社会党員をさして、『おれの村をみろ。社会党員はダラ幹でしょうがないじゃないか』と選挙後も主張している。また、右派系のつよい県南では、『社会党は単独政権論をひっこめないから統一行動はできない。党の強力な独自活動でまず下から大衆的に統一の原動力をつくるべきだ』という主張が、選挙後もなお聞かれる。社会党のなかにもあまりりっぱでない人物もいることは事実だ。だが、必要なことは、社会党全体の変化をつかんで、党の方向を正しく見定めることだったのである。社会党の『一線』という言葉はかわらなかったが、これは茨城県における統一行動を阻まなかった。

党内には、『社会党が一線をはずさなければ共闘はできない』という考えが、その後ものこり、またいままでも根づよくのこっているが、こんどの茨城県の統一行動の経験によってこの考え方が、一般的には現実にそくしないあやまった考え方だということも明らかにされている。

たとえば、党の影響が強くなっている神池――ここでは基地反対闘争がおこなわれている――では三党と県労・常東農民組合・基地反対現地闘争本部の六者会談が成立し、そのなかで相互の友好的な空気がつよまっていった。従来一部の党幹部には、党と党の影響力、党の指導する農民組織等がもっとつよくならなければ常東農総協との統一行動はできない、という単純なかんがえがみられた。この考え方は、これらの会談と共闘をかさねたのちに、克服されはじめている。

次のような例さえある。全民主勢力の力で市長を当選させた古河市で、三党と労組の懇談会の席上、一同志が、社会党の代表にむかって、『一線をはずしてもらいたい』とのべた。これにたいして社会党は、『社会党中央できめた方針であり、社会党は共産党とちがうのだから、はずすわけにはゆかないが、具体的な問題では、いっしょにやってゆきましょう』という意味の回答があった。このことは県委員会で問題になり、現段階では一線の批判に重点をおくべきでなく、共同してできるところから統一行動を組織することに努力しなければならない、そして共同できる問題はたくさんある、という結論に全員一致で到達した。

このような、社会党にたいするセクト的な態度や考え方がうちやぶられていったところでは、選挙闘争の過程で、統一行動がまちがいなく前進した。たとえば下館市では、はじめて共同選対がつくられた。高萩市では、小選挙区制反対の三党共闘は、はじめは非常に困難で、地区党組織の相当の努力にもかかわらず街頭演説会は失敗した。しかしその後すぐ、地元三党と炭鉱労組の懇談会をひらいて社会党員との相互理解をふかめ、そのけっか、『共産党は鼻つまみだ』と長いあいだ党に偏見（これには党の責任もあるが）をもっていた人まで、護憲連合で共闘しましょうといいはじめている。これら共通の広場がいたるところでできるならば、社会党と共産党の間ばかりでなく、党と大衆との間の相互理解が進み、統一行動の障害が一つ一つとりのぞかれていくし、党も社会党も前進するにちがいない。

『われわれが独自活動で大衆をたちあがらせ、下からつきあげれば、社会党は動揺して一線をはずすだろう。』この簡単な図式はいまでも党内に根づよくのこっている。だが、茨城県で三党共闘をすすめるうえで、党内で一番大きな障害になったのは、他ならぬこの考え方だったのである。この考え方は、社会党にたいする一面的な評価にたったものである。

変ってきた『一線』の内容

社会党は『一線』を画しつづけている。だが、この『一線』は、歴史的にみると大きく変化してきている。この事実に十分注目する必要がある。数年前は、非常に露骨な反共一線論をかかげていた。その後、社会党内で、統一を望む勢力がつよまるにつれて、日中・日ソ国交回復や、アジア集団安全保障体制をかかげるようになり、そして今年は、小選挙区制反対の国会共闘、東京新橋での三党の演説会もおこなわれている。『一線』の内容が明らかに変ってきているのである。社会党は大衆の支持を現実にもっており、とくに労働者階級、総評を中心とした組織に基盤をもっている。労働者は反動の方向にひきずられているだろうか？　社会党は分裂の方向にむかっているだろうか？　労働者階級全体のたえまない前進とともに、社会党は労働戦線の影響をうけながら、また労働戦線に影響をあたえながら、フルシチョフ報告が明らかにしたこの国際情勢の変化のなかでまた小選挙区制にたいする国民の総反対という国内情勢の変化のなかで、たしかに統一への道をたどりはじめているのである。

社会主義思想の人をひきつける力がおおきく成長した結果、社会主義のようご者を自ら任ずる者はますます多くなり、それらの政治家、グループ、政党のあいだで、資本主義のあっぱくに反対し、自由と民主主義のためにたたかおうという共通の関心が強くなっている時には、多くの場合『いまあるいろいろな立場のちがい、さまざまの見解のちがいを後方におしやることができるし、また後方におしやっているのである』とシェピーロフはのべた。

このことは日本においても、そして茨城においても例外ではない。こんど県内民主勢力統一のために、とくに活躍した高儀社会党県連労働部長（国鉄労組幹部）や、以前から平和と民族独立の立場をまもってきた風見章氏や、社共の橋わたしに常に労をおしまなかった労農党石野久男氏にたいしては、こんどの協定成立をもたらしたその大きな努力に敬意を表しなければならないが、これら地域の有利な条件や、この努力が実を結びえたという事実を、先にのべた有利な国際・国内情勢の変化ときりはなして考えることはできない。この変化で社会党内の極端な反共論者の党内への影響力はおとろえてきている。悪質な分子はやがて取残されてしまうことは、社会党に限らないのである。社会党はいうことだけでなく、することも変ってきている。これは、社会党そのものの変化をいみしている。われわれは茨城県におけるこのような諸条件のなかに、国際情勢全体の発展の方向を見るのである。

社会党支部や県連は、われわれの予想以上に統一行動の可能性をもっていた。社会党は全体としても前進をつづけるであろう。その『一線』は、社会党は共産党とちがう政党なのだ、という主張に、事実上変りつつある。このような一線は、平和と民主主義と独立のための統一行動、政策協定をさまたげるものではありえない。このばあい『一線をはずさなければ政策協定も共闘も不可能だ』とあきらめてかかることは、実践的には統一行動の契機を見すごすセクト主義となって現れざるをえなかった。この非常にねぶかいセクト主義的な考え方とはこれからもたたかってゆかなければならない。必要なことは、統一の可能性を追求し、拡大することであったし、これからもそうであろう。この条件で『一線をはずせ』と批判することに重点をおくとすれば、それは社会党にたいし、『共産党と同じ政党になれ』と要求するようなものである。だが社会党が果して、わが党と同じように統一戦線を主張し、そのイニシャチヴをとれるものだろうか？　社会党が共産党とはちがうということは当然なのだから、統一戦線についての考え方もぜんぜん同じではないことはむしろ当然のことではなかろうか。だから党こそ献身的に、統一の可能性を現実化してゆかなければならないのである。茨城県における三党の政策・実行協定の成立は、この方向が正しかったことをおしえている。

できるところから共闘を

政策協定は統一戦線そのものではない。それだけで満足しては不十分である。全県的な統一行動の一つの保障が、県の段階でできたにすぎない。

茨城県委員会は、四月三〇日、県党活動家会議をひらき、過去の統一行動の経験を検討するとともに、三党協定の意義と役割をあきらかにした。席上、政策協定の意義を過少評価する意見もきかれた。その意見は、三党協定を、社会党県連と党県委員会のかってな合作だとみて、『統一戦線は上からつくられるべきものではなく、下からつくられるべきものだ』と主張した。だが、県党組織の当面する課題は、協定を基礎として、できるところから共闘をくんでゆくことである。政策協定は、統一行動の第一歩、補助的な手段であり、いわば一つのテコとして運用さるべきものである。会議はこれを確認し、各地区は、共闘の組織活動にとりかかっていった。

その結果、現在では、県内各所で社会党との関係が好転してきた。たとえば、下館、高萩と、県の段階とでは、うまくいっており、右派系のつよい古河市では、つかずはなれずの状態だが共同選対がつくられ、土浦では労組の支持をえて接触中であり、また結城市では、共同選対からはしめだされたが護憲連合ではいっしょにやっている。もちろん、全体としては道遠い。社会党の党にたいする評価も、よくなっているとはいえない。(これは必ずしも社会党だけの責任ではないが。)だが、全県的な統一行動の歴史は浅く、まだ始まったばかりだとすれば、このような段階にあることは当然である。新しい局面がうまれつつあることに注目しなければならない。

それだけではない。ここ数ヵ月の選挙を中心とする共同闘争によって、統一行動の前進したところでは、例外なく党が労働者のなかへ入ってゆけるようになった。たとえば、高萩では、それまで党の支持票は比較的多かったが、活動は自労にかたまり、炭鉱から浮いた、性格からいえばセクト的な票だったが、こんど炭鉱で統一選対機関がつくられ、これに党も加わることができた。日立市では、こんどの選挙活動をつうじて市委員会を再建し、労組との接触を回復し、東電労組日立火力分会は三党支持を決議した。そのほか、下妻、水海道、谷田部、竜ヵ崎などで地区労が結成され、労組と党との友好的な関係がうまれている。いろいろなかたちで、労働組合から党へ、申入れや招待がくるようになっている。従来しめだされていたため、あるいは党のセクト主義的傾向のため、接触できなかったところで、労働組合とのむすびつきを回復し、わが党の影響を経営内に拡大する条件がうまれつつあるのは、著しいできごとである。

また、三党共闘は、大衆運動の前進にも生かされている。三党共闘で各地区労は活動をつよめ、護憲連合の母体となり、労働者の統一をすすめている。国鉄・日教組・全農林系組合員からなる労働者の居住地組織が、選挙で実によく活動したのは目だっていた。また労働組合と農民組合の共闘は、いままでうまくゆかなかったが、こんどはいっしょに会合をもった例がいくつかでている。農民組織には統一行動の方針が実によくうけいれられた。県の農民戦線は、中央における各派の友好関係回復から出発して日農統一派・主体性派が選挙直前に合併し、日農茨城県連ができていたが、これと茨城農民同盟、珂北同盟、常東農民組合総評議会（党は、ここと、基地闘争を中心として友好関係をかためた）からなっていた協議会は、ルーズな組織であったが、選挙後には常任をおき、労農提携を提案している。

政策協定は、これらの統一行動や大衆運動の統一・強化のてことして、大きな役割を果した。とくにこのことは、今まで共闘の実現しなかった地域で、予想外だったといえる。

『協定は、共同行動をかちとるための補助的な手段だが、それ自身では統一戦線をなすものではない。

…共産主義者とすべての革命的労働者は、諸工場で、失業者のあいだで、労働者地区で、小都市の住民のあいだで、また諸村落で、統一戦線の選出された無党派的階級機関を結成するようにつとめなければならない。』（ディミトロフ）

『統一戦線は下から』という主張は、この方向を、攻策協定の意義と役割を、茨城県の現実の中でつかむことができなかったのである。

統一行動のあたらしい展望

党内にはまた、次のような評価もあった。『社会党は、選挙に自党の候補者を当選させる手段として三党協定をむすんだのだ。だから当選すればソッポをむいてしまうだろう。』このような立場から政策協定を軽くみた見解は、実践の結果からみてすでに破産している。といって、社会党に、そのような考え方がなかったわけではない。社会党は、はじめ県労連を背景にしてわが党と無関係に独自に立候補するつもりだったが、これが、労組内で批判され、とくに県職・官公労・教組では、統一候補でないと下部まで徹底しないような見通しがでてきた。ここには、労農党やわが党の経営内の影響がみられる。これが社会党を反省させた。はじめはじっさいこういう考えが社会党にあったのである。ここに問題がある。社会党のそのようなところを評価しているだけでは統一行動はできない。結果はどうか。

社会党も選挙活動を熱心にやった。選挙がすんで、たとえば、彼らが三党共闘に反撥されるのでないかとおもっていた日立では、森候補が二二〇〇〇（前回一五〇七六＝現日立市と同一地域での革新候補の得票）と圧倒的多数をとるにいたったので—これは労働者の意識の成長によるとおもわれる—県連選対部長は『共産党といっしょにやったら票がへるかとおもったが、ふえたので、一抹の不安がけしとんだ』とのべており、選挙の反省会では、社会党側から『こんどはいっしょに県会をかためましょう』という発言がでている。県連執行部は、いままで遠くから『共産党はかわるのかな』と眺めていたが、人間的にも党と接触することによって党の実体をあらためて考えるようになったのである。

一方、選挙後に、いくつかの主要な労組をまわったとき、いままで社会党に期待し今でもしているある有力な活動家は、みなが共闘できたことを誇りにおもうとのべ、『こんどはこの勝利を土台にして、社会党に日常の問題をおおいにやってもらわないといけません。これで社会党がおもいあがることはゆるしません』と語った。このような変化が労働者のなかにおこりつつあることは否めない。

さいきんの、三党・労組の会談のとき、いままで社会党がひきまわしていた労組幹部は、社会党の大量入党論を批判して『共産党は下部党員まで誠実な活動をやっているのに、社会党はそういうことがない』とのべると、左社系の党員が『まことにその通りだ。今後やります』と自己批判する一幕もあった。県労連中執の一社会党員は『労組員は共産党にたいしてどのような態度をとるべきか』という組合員の質問にこたえて、『率直に接したらいい』と機関紙にかき（これは社会党県連の中執でもめたらしいが）県労連ではいま『共産党との一線』が俎上にのせられている。

三党の共闘は、民主勢力の戦線にいくつかの変化をもたらしただけではない。すでに将来への展望をもひらいている。三党の懇談のさいに、政策協定の内容を新しい情勢に適応して発展させる問題がすでに提起されている。具体的には独立のための大きな県民運動をすすめるという提案がおこなわれた。原水爆禁止や沖縄の問題ばかりでなく、大きく県民の世論を喚起すべき問題として、日米関係調整、不平等条約撤廃の問題が、憲法擁護の課題と関連したかたちで提起されるであろう。また、ある社会党有力者筋から『三党をふくめた県内民主勢力の組織体』をつくる案がだされたが、党は『茨城ではそこまでゆけるが、全国をみても中央をみてもそこまですすんでいない。むしろこのような方向を全国で発展させる必要がある。さしあたってその点に努力をそそぐべきだ』という態度をとり、これは提案者からも賛成された。

これらの社会党に関するうごきにてらしてみれば、『社会党は選挙だけ』ではなかったし、またありえなかった。社会党の否定的な面だけに目をうばわれて政策協定の役割を過少評価していた見解はじつは統一戦線形成のために生かすことのできる現実の、目のまえにある機会を見のがすことをいみしていた。

党の独自活動と統一候補

いうまでもなく、共闘にとってよくないできこともおこった。森候補を統一候補とすることを、選挙のはじめに公式に発表したとき、社会党中央との関係がうまくゆかなかったようである。県連は、はじめての経験でもあり、動揺したのか、新聞記者にむかって、『共産党が立候補を辞退したのであって、いっしょにやるのではない。』とのべて記事にされてしまった。党がそれは事実に反することを指摘したところ、返事は、『公式の席上で言明したことはない。必要とあらば労組その他の代表にあつまってもらって声明してもよい。』これは社会党によって実行された。(県連では、はじめから『中央で一線を画するといっている事情を諒解してほしい』といっていたが、われわれは、これに『諒解する』とこたえていた。)その後『一線』をたてにとって共闘を拒むうごきも、社会党の一部にみられた。だが、このようなできごとや、困難は、当然予測されたものである。これとの闘いを適切に指導することなしに、ひとりでに統一戦線ができるとすれば、統一戦線を方針にかかげる必要はない。このような状態にある社会党を考慮にいれないで革命をやるというのは、論理的には可能だが、じっさいにはひどいまわり道にほかならない。共闘の障害を克服するという課題をぬきにして、党の独自活動がどこか全く別にあるような考えは、抽象的な論議というべきである。

だが、党内には、かなりこのような考え方がねぶかい。ある同志は、『統一候補だと、党がけされてしまわないか』という疑問にこたえられなくてこまった、と語ったが、この疑問の底には、独自活動即独自候補という考え方がある。だが、茨城県には、統一候補でたたかったけれど党組織の強化という成果をあげた、五五年四月の古河市長選挙のような経験もあった。それに、こんどの選挙でも、この疑問をうらづける事実は一つもない。各細胞の独自活動のようすは、まだまとめあげられていないが、逆の例はいくつもあげることができる。

たとえば、非常にセクト的・極左的方針に忠実すぎたため組織がこわれてしまった二、三の場所で、党組織がたちなおっている。県北の大宮町では、地域の平和団体を組織し、労組との接触をとりもどした。また、日立市委員会と同市の『アカハタ』配布ルートの再建も、そのよい例であろう。

地方区が統一候補だから、岩間候補のための活動が十分おこなわれるだろうか、という心配もなくはなかった。しかしそれはまったく杞憂にすぎなかった。森候補のため活動したところでは岩間候補のための工作もやっている。一方をやっていないところはもう一方もやっていない（これは一部にすぎない）。

『統一候補では党がきえる』というのは、一般論としても、こんどのばあいもなりたたない。ところが、『統一候補か独自候補か』と論をたてたうえで、このような立場から統一候補はありえないとする考えかたは、かなり根ぶかいものだった。

県党組織が一般に『上からか下からか』『統一候補か独自候補か』という形式論理のわなからのがれることができたのは、四月三〇日の県党活動家会議によって、党活動家が政策協定の意義と役割とを理解しただけでなく、県内の過去の統一行動の体験―加波山義挙七〇年祭、国際農村青年集会の活動、ヘルシンキ大会代表派遣運動、神の池基地反対闘争（以上『アカハタ』五月三〇日月参照）古河市長・水戸市長選挙の経験など（これらは明確な総括が行われていなかった）―につっこんだ検討をくわえ、その成果をくわえ、いかに道をもとめた。そして、具体的に現在の茨城県の条件のながでは、政策協定をむすび、森候補を全民主勢力でおす活動が、すでにのべたいろいろな成果をもたらしているのである。

それぞれの地域の具体的な条件からはなれて、『上からか下からか』『独自候補か統一候補か』と論ずることは、問題の解決から遠ざかる形式論理である。そしてこのような論理が『統一と団結』を無内容なスローガンにかえてしまい、正しい戦術から大衆をそらしてしまうことはしばしばである。問題は、それぞれの地域の蓄積や有利な条件に応じて、統一戦線をどこからどうとりくんでいくか、である。

統一行動の契機をとらえよ

県委員会では、以上のべた数ヵ月間の活動にてらして、選挙方針を中心に、われわれのとった基本戦術の是非の問題を検討し、そして社会党の分析についても、また社会党との統一行動の契機を追及したという点でも、県委員会の方針が正しかったという結論に一致して到達した。そして昨年一二月五日に発表された中央委員会常任幹部会の選挙方針と、県委員会内の批判的意見とが対比され、一二月五日の方針は、情勢分析と党の主な努力の方向の指示が誤っていることが確認された。

『2、立候補にたいするわが党の態度』のはじめには『民族解放民主統一戦線を正しく発展させる基本的立場』が抽象的な題目としては明らかにされているが、内容をくわしくよむと、統一戦線を目ざすための活動の重点が、独自候補による党の独自活動にしぼられてしまっている。『反共の一線』を画している社会党の『分裂主義』の一面だけを特に重視する以上、上からの政策協定・実行協定を結びうる可能性は軽視され、もっぱら下部を党の『独自』活動によって啓蒙し、下からの行動の統一、下からのつきあげを一面的に強調することになるのは当然である。

ところが、これは、すでにのべた『独自候補が統一候補か』という形式的な理解をあたえかねないし、現実に茨城では、セクト主義や、『社会党といっしょにやる可能性はない』ときめてかかる敗北主義の理論上のよりどころにされたのである、宮本顕治氏は『共産主義の不滅の旗の下に』という論文（『アカハタ』七月二五—二八日号）で『わが党はこの選挙にのぞむ基本的態度として、民族解放民主統一戦線を正しく発展させる基本的立場に立ちつつ、党の独自の活動をつよめる、という方針をとりました』と述べている。しかし実は、統一戦線戦術と党の独自活動とを機械的に分離させ、対立させる結果にもなってしまったのである。われわれは、やはり客観的な分析にたって、社会党はじめ全民主勢力との統一の契機をつかみだすという基本的観点にたつ必要があったとおもう。事実を対立物の統一として、その運動において―発展と消滅において―とらえなければならないということは、唯物弁証法がおしえている。

このような見解のちがいの基礎は、社会党の評価にあった。一二月の方針では、社会党の評価が一面的で、その否定的な面だけが強調され、社会党と統一行動できる契機を大胆にとらえようとしなかった。社会党は、相変らず『反共の一線ということで分裂主義を保持している』という評価から、『正しい説得と批判』の面のみか、抽象的に強調されていた。そして社会党の変化、つまりしだいに大きくなってきた共闘に有利な側面を、まったくとりあげなかったのである。

社会党は現在、総評をはじめ、大多数の組織労働者と結びついている。現在の諸条件を考えた時、とくに労働者がますます民主主義に目覚め、労働組合を自分達のものとしてつかみ、運営しはじめ、政治的には成長し、平和運動や政治闘争の広い分野―原水爆禁止、基地反対、国交回復、沖縄復帰、憲法擁護、小選挙区反対等―に進出しつつある時、社会党がいっそう労働者階級との結合を深め、そこに自分の基礎を置こうとする限り、社会党自身、前進し、左傾し、その綱領から協調主義的要素をのぞいていかざるをえないし、事態はそのように進んでいる。なお社会党は小ブルジョア政党であるということは、現在でも、局限された意味ではなお真実である。この点を階級的基礎の面からみれば、従来は、一がいに、社会党の階級的基礎は小ブルジョアと、労働者階級内の小ブルジョア的要素―つまり資本家の利潤の一部で養われている労働者階級の上層部―労働貴族であるとされてきた。資本家は現在でも、職階級賃金制を維持強化することによって、階級協調主義の物質的条件を温存強化しようとしている。しかし、他方、生産性向上運動にともなう、賃金ストップ、首切り、配転、行政整理等が進行し、労働者階級全体の左翼化を刺戟している。しかし一面からいえば戦後の経済状態の推移の中で、労働者階級全体としての一定の生活水準の確保、文化的生活の拡大も労働組合運動や他の改治活動、文化活動への労働者の広はんな参加をうながし、経済闘争の面でも獲得した水準を確保し、さらに水準を高めようとする欲求となってきている。また、戦後職制によって上から労働組合が作られた企業が、相当多かったが、現在は、組合民主主義が前進し、職場会議、大会、投票による幹部の選挙等が日常化している。その上総評が作られた当時は、社会党は、労組幹部の党員および支持者を通じて、労組を指導したりひきまわしたりしてきたが、現在、党組織を職場内にきずくために大きな努力を払っている。さらに、わが党が歴史的に幾多の経験、成功と同時に多くの失敗や挫折の経験をへて今日にいたっているのと同様に、社会党も、日本国民のつきあたった問題に、いやおうなしに直面し、自分を試さないわけにはいかなかった。戦争―敗戦―占領―朝鮮戦争―サンフランシスコ条約―朝鮮休戦とつづく国民的試練の中から、日本国民は、いくつかの重要な前方への志向を身につけて出てきたのである。最近のソヴェトや中国の外交政策のいくつかの勝利、事実によって示された社会主義や人民民主主義体制の優位性が、日本の多くの階層の蒙を開いてきている。これらが一つの大衆政党として社会主義をかかげて活動している社会党から、第二インターの既成概念を打ちやぶる原因になってはいないだろうか。これらの契機についてわれわれが目を向けることができないとすれば、われわれは統一行動―統一戦線の将来を見通すこともできず、いつでも事態の変化の後からついていくことになるであろう。

すでに六中総報告では『労働者階級を主要な構成要素とする社会党』と中央の評価がかわってきているが、なしくずしに評価をかえ、事実上『一線』問題はかわっていないのに情勢が変ったとされる評価のしかたではこの問題は明らかにならないとおもう。その点で、六中総報告は前進しているが、基本的には事態の後からついていって、それを説明するという非マルクス主義的方法と変化はないと思う。

セクト主義の克服と今後の課題

さらにもう一つの問題は党内のセクト主義の問題である。一体変化しなければならないのは社会党だけであろうか。統一の主な障害は社会党の『一線』にのみあるのだろうか。統一の主な障害の一つとして私は党のセクト主義があることを指摘したい。選挙方針では、ふれていないが、それは党内で非常に根深い。さらに、従来から党で叩きこまれてきた社会民主主義政党への既成概念は、容易にはうちやぶりがたいものである。このセクト主義とたたかうことを、どうして中央委員会や常任幹部会は選挙方針で提起しなかったのだろうか。党のセクトは六全協が出て半年討議されたからといってぬぐいさられるほどのものではない。一二月方針はそれを軽視したのではなかったか。一つのイデオロギーが一たんかたちづくられ、一つの組織的実践的力にまで成長しているばあい、一度や二度の決議だけで、これを破砕することができると考えるとすれば、わが党の思想建設とは何とたやすいことがらであろうか。

以上の二点が方針で明らかにされていたら、全国的に統一行動はもっと前進しただろうとわれわれは確信している。そのいみで、茨城県がひとり特殊な、とくに『すすんだ』地域だとは、われわれは考えない。茨城県の党は経営で力がよわく、全民主勢力の力からみても他地方より弱く、全休として民主勢力の支持者は前回参院選では一九・一四％、今回二九・三二％にすぎない。（社会党の評価とわが党のセクト主義については、もっと、歴史的に十分に検討され、いろいろな側面を明らかにしなければならない。この論文はその一端にすぎない。）

この二点については、常任幹部会を代表して行われた宮本顕治同志の演説の中でもふれられていない。（『アカハタ』七月二七日号）そこでは一二月方針が正しかったという観点で選挙が論じられ、茨城県での成功もこの方針の正しさをうらづけるように引用されているが、これはあやまっているとおもう。またこんどの選挙の困難の一つとして『従来の選挙闘争の偏向』と一般的に偏向を論ずるだけでは不十分であろう。

こんどの選挙のなかで、民族解放民主統一戦線を発展させる展望は、あたえられていなかった。現段階でどこからつくりあげてゆくかという意識的なとりくみが、全般を通じて弱かったのではないか。固定的な『一線』論からではなくて、客観的・具体的な事実からこの問題を検討すべきだったのである。

宮本顕治氏は、レーニンの『左翼小児病』を引用しているが、私は、このかぎりでは、この引用のしかたには、『左翼小児病』の教訓を日本の情勢に即して発展させる創造性はみられず、原文の正しい理解にたっていないとおもう。むしろイギリスの選挙について論じている所で私たちは、レーニンが客観情勢と大衆の意識の成長とをさいしょに分析し、そこから出発している点にまなんだのであり、機械的な独自活動の理解を批判し、大衆の政治的成長にも歴史的展望をあたえているという点にまなんだのである。

大衆の歴史的経験と党および革新政党、民主団体の上からの宣伝と組織活動がぴったり結合したばあい、それが大きな力となることは、戦争の経験、広島・長崎・ビキニの経験をへて、現在の日本の平和連が成長してきた過程をつぶさに見ればわかるところである。また国内に戦前戦時とちがって言論報道の大きな自由がある現在では国際的な平和共存・原水爆禁止・軍縮への勢力の増大が、わが国の国民にたくさんの指標を与える結果にもなっている。茨城県の経験で一つだけいえば、わが党の大勢が極左冒険主義の誤りを犯している当時の五二年の参議院選挙の時も、茨城では、選挙に先立って四党（左、右社会、労農、共産）と県労連、農民組合の会合、四党閥の会合等がつづけられ、何とかして候補を一人にしぼろうと努力されたのであった。この時は、左社の利己心、右社の協定違反の立候補、共産党のセクトと独善、組合の民主主義の未成熟、当時の他の外的条件等のため、失敗に終った。しかしこのような事が当時おこなわれたのは、戦後最初の知事選挙の時、無所属川田寿氏を推して社・共・労・労組・農組が一致して徹底的にたたかったため、ついに決選投票にまで漕ぎつけ、少差で破れた経験が、今でも労働者や他の層にも、強い記憶として残っている事が、一つの原因であった。今度の選挙に当っても、多くの人びとがこの記憶を呼び起し、語り合っているのである。こういう事をここで書くのは、レーニンが『左翼小児病』において、大衆の歴史的経験を通じての成長を考えようとしないセクト的な公式主義に、どのように反対しているか、（もちろんこれは『左翼小児病』から、われわれが学ぶことの一つにすぎないが）を思い起してもらいたいと考えるからにほかならない。

（一九五六年八月）

（筆者付記）以上の内容は、県委員会の討議の結論を基本的な観点として、野村・大池の両名が論旨を展開したものである。

（編者註）

本論文は野村武秀との共著として『前衛』一九五六年一〇月号に掲載されたものである。生前の大池氏に確認したところ、野村氏（当時、日本共産党茨城県委員会執行委員）は名義のみで全文は大池氏一人で執筆されたと答えられた。なお執筆の厳密な日付は明記されていない。

六　民青団に固執することは正しいか
―例え方針転換が行われたにしても―

党の第六回中央委総会で採択された「青年運動の方針（案）」の一部について、一部分ではありますが、青年戦線統一に関する基本的な問題でもある民青団の項に関して、私の考えを述べてみたいと思います。

つまり民青団の性格は何か、民青団が青年戦線において果す役割は何か、という問題であります。このことについて右記の（案）の述べている順を追ってみますと次のようになります。

1　現在わが国には全成員八〇〇万といわれる全青婦、日青協、全学連、私学連の全国団体があり、これを無視して青年の統一戦線を考えることはできない。

2　党は、「これらの団体を内部からつよめ、共通の要求にもとづく統一行動をくりかえし、恒常的な統一戦線にまで発展させなければならない。」

3　「だがこれらの団体の主要なものは、それぞれの職場、地域、学校などにおける青年大衆の直接の生活上のつながりと経済的・文化的な要求にもとづいて組織されている団体であり、これゆえにこそ職場や地域、学校のすべての成員を組織しているのである。」

4　「このことは一面ではこれらの団体が、ひじょうにひろい大衆的な基礎をもつという強みになっているが、反面そのことのために活動が制約され、青年のいだく、政治的、経済的、文化的な要求を自由にとりあげてたたかうことをさまたげられている。」

５「このような弱点をおぎない、青年戦線の統一を促進するためには、独立と平和と自由をもとめる広汎な青年を結集して、民族解放民主革命の方向に闘かう青年の全国的に統一された、民主々義的な自主的な大衆団体が必要である。」

６「このような組織は、その公然たる大衆活動を通じて青年大衆の自覚をたかめ、他の青年団体との共同闘争をつよめ、青年戦線の統一を促進するであろう、われわれは、民青団をこのような組織として、発展させなければならない。」

つまり全青婦、日青協、全学連、私学連などの全国的民主的団体は、（案）もみとめているように、「それぞれの立場と程度の違いはあるが平和と友情をもとめ、青年の生活向上と民主々義的自由を守る方向に進んで」おり、「そして次々に民族的な自覚と国際連帯の意識をつよめて」おります。

茨城県の二、三の例を見ますと、茨城大学では教育法反対闘争へ大衆動員（集会、デモに発展）を行い、それと並行して学友会組織の自治会への移行が行われています。

県青協を見ますと、例えば東茨城郡青協は民自党加藤代議士の影響下にありますが、他の数個の郡青協と市青協は大小こそありますが、町村の青年の生活に根ざし、文化的要求に根ざした広い民主的運動を行っています。特に国際農村青年集会への代表派遣と、「茨城県農村青年男女の集い」に成功して以来、例年の海の平和祭と幹部講習会、基地闘争の支援等、青年の平和のための統一行動と青年の啓蒙のための活動が発展しています。

神の池基地反対闘争を行っている鹿島町と神栖村の関係八部落を中心とする両町村の青年団は、基地闘争の中で組織され、歌声、演劇、研究会等を行い、他方行動隊ともなっています。決して、一部政党の影響下にあるわけではなく、社会党も共産党も、それぞれ青年を啓蒙するための努力を友好的に行っています。まだ両党の直接影響下にある青年は一部ですがこの青年団はあらゆる民主的党派、団体と友好的共闘関係を結んでいます。

ならば、これらの運動は「非常に広い大衆的な基礎をもつという強み」がありまた、次々にますく広い大衆を動かしつつあるのですが、「反面そのために活動が制約され青年のいだく、政治的、経済的、文化的な要求を自由にとりあげて闘かうことをさまたげられている」でしょうか。否です。「自由にとりあげる」という言葉は良い言葉でなく、だいたい具体的条件にかかわりなく「自由にとりあげる」などということはやるべきでない、ということを確認すれば、「青年のいだく政治的、経済的、文化的な要求」を、青年のおかれている環境と条件、青年の意識や活動経験の度合に応じて（自由にではなく）とりあげていったからこそ右記の（ほんの二、三の例ですが）ように発展したのです。そして、ますます青年団の関心からそれ、青年の前進からそれつゝ、ある東茨城郡青協幹部は青年層から浮上り始めています。

私たちは、青年大衆の前進と結合し、一層広い青年達を反動勢力の影響から切り離して、青年戦線の統一を実現するために、まず労働組合（ないし労働組合青年部）、地域青年団、学生自治会、生徒会等の中で、それらを広い青年の幸福と平和と独立をめざす青年の組織として育てるために長い見通しに立って活動すべきではないでしょうか。そして全国的な青年の統一体として全青婦、日青協、全学連、私学連等を拡大強化するために活動すべきでしょう。

これらの団体の後れた面と、後れた面のために活動がゆっくりしか進められない点に眼をうばわれて、別の統一体の組織化を考えるということになってはなりません。もしも新たに民青団の方向転換をたすけて、「独立と平和と自由をもとめる広汎な青年を結集して、民族解放民主革命の方向に闘う青年の全国的に統一された、民主々義的で自主的な大衆的組織」として再出発させるとすれば、その民青団には、どうしても全青婦・日青協・全学連・私学連等の積極的な分子を含めることになります。と同時に、それら団体と並行して、ある時は同じスローガンを掲げ、あるいはつまりそれら団体が、ある種の「制約」のために、青年のいだく、政治的、経済的、文化的な要求を「自由」にとりあげられない場合は「その弱点をおぎない、青年戦線の統一を促進するために」別な進んだスローガンをかかげて自主的に行動して行くことになるわけです。

このような事を実行していくならば、民青団はどうしても一個のセクトとなり、「職場や地域・学校のすべての成員」（又は一〇人中の九人）を「組織して」職場・地域・学校などにおける青年大衆の直接の生活上のつながりと経済的文化的の要求にもとづく統一行動を弱め、ある場合には積極分子と中間層や後れた分子とを切りはなす危険さえ生じるでしょう。

（案）は民青団について更に次のように言っています。

1　民青団は各種の青年の統一行動の際「つねに中心的な推進力としての役割を果してきた。」

2「しかしわが党内には民青団を党の青年部のように考える思想があった。そのため民青団の綱領に民族解放民主革命という生硬な要求を機械的にかかげさせ、その全面的な確認を入団の条件とする誤りをおかした。」

3「また党の当然おこなうべき青年活動の指導を民青団に代行させ、そのために民青団の活動を青年の大衆団体のなかでのグループ活動を主たるものとするような誤りをおかした。このため民青団はセクト化し大衆化をはばまれてきた。」

4「現在民青団は、その成員を共産主義を支持する青年や民族解放民主革命を理解しそのために闘う決意をもった青年だけにかぎらず、独立・平和・民主主義と青年の生活をまもるために団結して闘う団体に転換しようとしている。」

5 「われわれはこの転換が正しくおこなわれるように援助し、民青団が真に大衆的な戦闘的な団体となり、その活動を通じて、団員が祖国愛と国際連帯の精神を身につけ、徹底した民主々義と平和と独立の闘士となり、さらにマルクス・レーニン主義の世界観を身につけるように指導しなければならない。」

これは民青団に対する党の指導（又はひきまわし）についての自己批判が不充分なことを物語っています。結局この考に、青年の積極分子をわざ〳〵一度民青団に組織しそこでの「活動を通じて」「祖国愛と国際連帯の精神を身につけ」させ「さらにマルクス・レーニン主義の世界観を身につけさせるように指導する」とは、廻り道以外の何ものでもないと思います。セクトを打破するのに新しいセクトをもってするのでは何にもなりません。

なぜなら（案）自身も、もっと広汎な八〇〇万という青年大衆を組織している全国的団体が、反動の育成政策・軍国主義的啓蒙活動にかかわらず、平和と独立と自由の方向へ前進しはじめており、その中での党員は、その団体の一員として活動に積極的に参加し、それらを民族解放民主統一戦線の一翼に前進させようとしており、その可能性を強調しているのですから、積極分子に対しては、党は細胞の周囲へ各種サークル（特に社会科学の研究会）を組織し、マルクス主義的な教育と啓蒙を中心課題とした全国的な統一的青年団体（例えば青年共産同盟のようなもの）の再組織はもし日程にのぼるとしても、将来の問題でしょう。（これはセクトではありません。なぜなら大衆団体と並行するものでなく名実ともに党の青年学校なのですから。）

以上の観点から、現在ある民青団（主として学生層に若干の影響力をもっている）は情況と時期を検討して長い見通しに立って発展的に解消されるよう、党としても援助する必要があると思います。

（案）のようにレーニンから学ぶことは結構ですが、日本の現状の中で、果して（案）のような広汎な統一的な民主青年団を組織する可能性があるかないか、またあるていど（ほんのわずかの規模で）それができたとしても、それが実際にどのようなプラスとマイナスを生じるか、具体的に検討してかかる必要があると思います。県内の有力な細胞からも同様趣旨の意見が発表されており、党県委員会常任委員会もほぼ同様意見であることを付記しておきます。

（一九五六年九月一三日）

（編者註）
本文書も本著作集編集時には原文を発見できなかった。従って『奴隷の死』収録文を底本にした。手書き草稿は高知聰氏旧蔵。

七　山口氏除名問題の再評価について

一

茨城県委員会は一九五二年に山口武秀同志を除名した。最近の県委員会ではこの除名は不当であり取消すべきであるという意見に一致した。

われわれはこの除名問題を討論するうち山口同志を除名するに至った歴史的諸事件からいろいろの教訓をひきだした。それは農村問題、農民運動方針、党と大衆団体の関係、党建設など広汎な諸問題におよぶ教訓であった。

山口同志の除名は不当であったという結論では一致したが、この結論に達する過程で二つの異なった意見があった。それは、この除名は単なる規律違反とみるべきではなく、問題の根本には農民運動上の意見の対立があり、この対立をもって党が狭量な態度で反対者を組織的に処分したところにそのあやまりがあるとするものと、他のひとつは、除名は意見の対立をもって行なわれたものではなく山口同志の規律違反をもって行ったのだとするものであった。

この二つの意見のくいちがいには数多くの重要な問題が含まれている。除名が不当であったという結論では一致したのだから、どちらが正しいかというせんさくは無用だという考えもあるかもしれぬ。しかし山口同志除名に至った党と山口同志らをめぐる理論上実践上の諸問題は重要な党内問題であると同時に党と常東農民組合の紛争という内容ももっていて、簡単に片づけられぬ性質のものである。

この問題は農民政策から党と大衆の関係、党建設にわたる学ばなくてはならぬ貴重な歴史的経験を数多くもっているし、この問題の正しい評価は今後の党の発展に大きく貢献するであろう。

さらに重要なことは、常東農民組合（現在は常東農総協）は現に、茨城県における政治戦線の統一にとっても、農民戦線の統一にとっても、一つの勢力として一定の比重をもっているし、また山口武秀同志を中心とする除名された諸同志は現に農民の間に相当の影響力をもっていることを考えるなら、この問題はなおのこと、あいまいにすべきではない。ではこの二つの意見を念頭におきつつ山口同志の除名問題を検討してみよう。

二

山口武秀同志以下常東農組幹部が入党したのは、一九四九年である。この入党はいわゆる「社共合同」という大量入党で、これは当時の党中央の指導の下に全党的におこなわれた。

これが正しくないことは一九五五年茨城県党協議会決議に示された通りである。この「社共合同」は理論的にもあやまりであり、――いわゆる〝九月革命説〟（第一五回中央委員会報告参照）が理論的基礎となっている――組織的には党組織原則の無視、党規約のじゅうりんでもあった。

党みずからが、まず規律をやぶった歴史的事実を、当時の党の革命コースのあやまりからくる政策上の誤謬とともに認めることが、その後の常東問題を考察するにあたって必要である。

党は社共合同というあやまった政策で大量一括入党を促し自らの規律をふみにじった。そのように権威のない党規律が新しい同志によって尊重されないのは当然であろう。

またこの〝社共合同〟は一方において大衆団体のルールをも無視したものであった。名目は社共という政党の合同――合同するなら合同のために組織的手続は必要である――となっているが、茨城県のこの場合の実際は常東と党という形で行なわれ、この間、理論的にも実践的にもきわめてあいまいなものであった。党と大衆団体のけじめがはっきりしないのでここに種々混乱があった。だからいわゆる〝常東の同志諸君〟がルーズな大衆団体の組織観念で逆に党の組織を律するということにもなった。

常東農組に籍をおいていた同志、あたらしく大量入党した同志たちの考え方の基礎には「合同」という言葉によって表現された対等意識があった。一定の政治団体と政治団体の合同という考え方があった。この考え方をもっと強くあおったのが伊藤律であった。伊藤律は「常東こそ党である」という極端な言葉まで使ってこの考え方を党議会や『アカハタ』紙上にまで発表した。当時伊藤律は政治局員でもあった。党の組織原則について未だ十分な理解をもたなかった新しい同志が自分達の農民運動の経験から自己を過信したからといって責められないであろう。

あたらしい同志諸君が細胞、地区、県の基本組織に理解を示さず、機関紙誌の拡大を真剣に考えず、党費、紙誌代に無関心だったことにもこのような理由があったのである。

このあやしげな〝社共合同〟をあえてやってのけて平気でいたわれわれの側の厳密な自己批判をぬきにして、相手だけ責めるのは片手おちであろう。

三

一九五〇年わが党にはあの不幸な分裂がおこった。山口同志その他社共合同で入党した諸同志は「分派がり」の先頭にたってきわめて勇敢にたたかった。ここで「分派がり」のいきさつを論ずるのが目的ではない。当時、いわゆる分派はどのように評価されていたかを一応かえりみておく必要がある。

「第十八《（ママ）》回中央委員会総会はアメリカの占領制度を排除し、吉田政府によって代表された国内反動を打ち倒す闘争を主とする党の当面の任務を満場一致決定した。それにもかかわらず、この決定は現在の日本の情勢と、これに対する革命的行動の基本的関係を明確にすることができなかった。党内にはいぜんとして左翼的日和見主義の動揺がやまず、ついにトロツキストを先頭とする各種の動揺分子によって反対派が結成された。この反対派の結成はアメリカ帝国主義と日本の反動勢力との党への攻撃によって助けられたものであることは争いがたいところである。かれらは党内の欠陥を利用して分裂を策した」（「日本共産党三十《（ママ）》周年にさいして」徳田書記長）

このような評価は歴史的にも正しいであろうか。

一九五〇年の分裂を少数派の諸同志が一方的に重大な規律違反をしたから除名したのだと評価すれば（当時は規律違反として処分された「分派活動の全貌」統制委員会発表参照）除名は正当である。したがってこの事態を党の分裂とすることは正しくないということになる。

だが今日このような評価は歴史的事実から見て正しいと云えるであろうか、またこのような評価からわれわれがどのような教訓をひき出せるのだろうか。

一九五〇年の分裂に対する評価の基準は六全協の諸決議によって示されている。（この分裂から数々の教訓を引き出すのは今後の問題であるが。）

山口同志の問題を考察するにあたっても前掲の評価を念頭におく必要がある。というのは山口氏ら諸同志の除名の性格は一九五〇年の党の分裂に共通しているし、実際上もこの分裂と密接につながっているからである。

この点についてはあとで具体的にふれたいと思う。

山口同志ら諸同志が入党してから除名に至る間、即ち一九四九年から一九五二年の当時は、党内には民主集中制がなく、集団指導にかわって家父長的個人中心指導があった。この家父長的個人中心主義的指導は伊藤律の如きものを含めて党内に系列をつくっていた。この系列によってつくりあげられた個人崇拝思想が不文律として党組織原則に優先して党を支配していた。

（註）党中央委員会の分裂、五〇年テーゼを踏絵として党員の忠誠の度合がはかられたこと、小川信同志が正統機関を経ずして中央から茨城に送りこまれたこと、彼は茨城県委員会を無視して中央の権威で茨城全党を支配したことなどその一例である。

山口同志は県委員会を相手にせずもちろん地区、細胞は問題にしなかった。そして個人中心指導の系列の上層部との個人的話合いを機関決定に優先させていた。しかし、これはわが党にそのような行為を許す市場があったからできたのである。

その市場をなくさずして、山口同志らの規律違反のみを問題にすることは当を得ていない。

四

一九五〇年少数派が組織的に排除され、いわゆる「分派がり」が一段落すると山口同志たち常東農組所属の諸同志と県機関の同志との間にあった思想上、組織上の対立がいよいよ顕著となった。

山口同志たちの非組織的な個人中心主義的行動についての責任はむしろ党の側にあったということは前に述べた通りである。

ここでは思想的対立―主として農民政策の面における対立をみてみよう。

一九五二年日農常総同盟再建大会準備会は、「何が、誰が、日農を分裂させたか」というパンフを発行した。このパンフは石上同志の執筆で、当時の県ビューロー承認の下に出されたものだということが確認されている。従って名義は大衆団体であるが、党の公式見解でもありうる性質のものとして見るべきだろう。これによれば、山口同志は「どのように理論を展開しても、農民戦線の分裂者であり、主観的にはどうであれ、米日反動吉田政府への協力者となる。まきかえし作戦の米帝がほゝえみとよろこびをもって、分裂者はむかえられる結果となるであろう。」と書いている。山口同志を分裂主義者、米日反動吉田政府の協力者、アメリカの帝国主義者がほゝえみとよろこびをもってむかえる人物と規定している。このような規定は正しいのかどうか、もし正しくないとすれば先ずこのことを取消すことが最重要となってくる。ところでこのような判断はいったいどこからでてきたのであろうか。

「茨城においては農民組合では闘えないと称し、常東総協議会を結成し、日農を分裂させ、山口君は農地改革が一応終った現在では農村構造に根本的な変化が起っており、新しい運動方針、あたらしい組織によらなくては真の農民運動は行なえないと称し、協議会なる組織を結成し、この運動のため日本共産党の脱落した人々によって農民研究会が東京でもたれた」（同書）だから山口同志は階級的裏切者だというのである。（このパンフレットは第六回日農大会における混乱―これが契機で日農と常東は組織的分裂をおこした。その責任がだれにあるかはふれていない。いきなり山口同志が協議会をつくって戦線を分裂させたときめてかかっている。）

このようにパンフでは山口同志を三つの罪状で米日反動吉田政府の手先と断罪している。

第一に山口同志は「農地改革後の農村構造に根本的変化」が起ったと考えたこと。

第二にしたがって新しい方針と組織で対処しなくてはならないと提案し、そして協議会という形態でそれを実践したこと、このことによって農民戦線（日農統一派のこと）を分裂させたこと。

第三に日本共産党の脱落分子―つまり俗に国際派といわれた〝トロツキスト共〟と一緒に研究会をつくったこと。

これでもわかるように山口同志らの除名は単に諸同志の非組織的な行動だけがその理由でないことは明瞭

であろう。

今日山口同志の除名は規律問題だけで思想的或は運動方針を問題にしたのではないと主張することは歴史的事実を一面的に皮相に観察する方法であって真理を発見する科学的態度とは云いがたい。

この問題に関して、日本共産党は一九五二年九月一六日付で声明書を発表した。この声明書の内容は今日ではとうてい批判の対象にはならないような非論理的なものであるが、しかしこの声明書は県委員会の署名もあり県民の間に大量にばらまかれたものであり前掲の「何が、誰が、日農を分裂させたか」というパンフの基礎をなすものであるから、こゝに引用しておく。

先ず冒頭から「山口委員長は選挙前の最重要なときに常東の利益はもとより、日本国民の解放のために先頭に立って戦う日本共産党員としてまた前代議士として責任ある地位にありながらこのままではこの責任を果し得ない誤りを犯したのであります。それはこういう訳です。去る□（判読不能）月廿日、廿一日の両日にわたって、東京で開かれた日農同大会での行動が常東の農民はもとより、日本国民の利益をふみにじる結果になっているのです。」と始まり、つづいて「この大会において山口委員長はじめ常東の常□□（判読不能）部が終始この大会を混乱させたのである。第一日目□□□（判読不能）をのべている全学連の代表を共産党員である下山田実がぶんなぐり、そのため大会は大混乱になった。第二日目には山口委員長が先頭に常東の幹部が常東の代議員と傍聴者をダマして、日農全国大会代議員に何の弁明と許可もなくこっそりと国会陳情といって大会を退場してしまった。」とその誤りの内容を説明し、「いかなる理由があったにしても、この行動は明らかに、大会混乱者であり、農民戦線を分裂させる裏切行為であり日本国民の利益をふみにじるものであります。このことは農民の敵、日本国民の敵アメリカの占領制度と吉田自由党の戦争政策に味方することになっているのです。」と断罪した。

この声明書はなぜ下山田同志が全学連代表をなぐったかについては一言もふれてはいない。だからこの声明書を読むと下山田同志は日農大会にお祝いをのべている代表に突如としてなぐりかかったような印象をうける。これでは精神病患者とより判断のしようがない。しかし、そんなことはどうでもいゝというのがこの声明書の態度で「いかなる理由があったにしても」アメリカと吉田に味方をするものだという。問答無用というのである。そして更にそれを強調するため「即ちこの大会の混乱を喜ぶものは他でもなくアメリカと吉田ではありませんか。大会の代議員はあげて山口委員長はじめ常東農民や全国の農民がこの行動を反階級的な分裂主義者と追求し〝農民を馬鹿にするな〟〝アメリカの手先〟として批判した」と全代議員を動員してその正しさを証明している。

この声明書は「大会の混乱者」即ち「反階級的分裂主義者」即ち「農民の敵」即ち「アメリカの手先」という論法で山口同志をきめつけている。こゝにはたゞ狂気じみた独断があるばかりである。しかしこのことはこれから順を追って証明することにする。ここでは前掲パンフと声明の関連性をみてもらえばたりる。

党指導部はこのパンフでも明らかなように山口同志たちの農民運動方針を反階級的な理論に基くものであり、この方針の実践者として山口同志はしたがって階級敵だと規定した。

たとえ当時山口同志に対する除名理由として、このパンフにあげている理由以外の党規約違反が、公式発表としてあげられていようとも、（他の公式文書、党は当時このパンフ以外これに類する公式、非公式文書を出しているが）一方山口同志を分裂主義者、階級敵と規定した以上、山口同志の除名の最も大きな理由、党から排除された真の理由は、農民運動方針の対立からくる山口同志に対する政治的評価、米日反動の手先ということになるのではなかろうか。（前掲の県委員会の声明書もそれを裏書している。）

犯罪は重きによって罰するというのが社会通念である。そしてわれわれもそう思う。

それとも声明書やパンフに指摘するようなもの以上の何か重大な規律違反があったであろうか。

昨年の県協議会以来山口同志の除名問題、常東地域における党活動について、しばしば検討された。しかし今日に至るまで重大な階級的裏切行為は確認されていない。だが結論をいそぐことをやめて、さらに問題を研究してみよう。

このパンフの指摘する罪状の第一について、

「山口君は一応農地改革がおわって、農村構造が変化したというが、日農ではいつわりの農地改革であるという。ここにも彼等指導者との別れ道がある」

日農と山口同志との理論上の分岐点を農地改革後の農村構造の評価におき、山口同志は変化したというが、それはあやまりで、「土地が自分のものになったとよろこばせた、よく考えてみるとこれはただ名目だけである」（同パンフ五頁）

こゝでは日農と山口同志の意見の相違という形式をとっているが、この日農が党であることはすでにこのパンフの性質を明らかにした所でのべた。念のために五全協決定をみると次のように書かれている。

「アメリカ占領者の農地改革は一つのごまかしにすぎない。これで、わが農業の封建制が一掃されたと考えるものは誰もいない。それは全耕地面積の三〇パーセントしか、農地改革の対象にならなかったというだけではなく、それはもてる者への再分配であったにすぎない。この意味で若干の再編成はあったようにみえても、それは封建制度の温存の上にたった再編成であったにすぎない。農村の封建制は、たんに山林原野にあるばかりでなく、全農村に牢固として抜き難い基礎をもっていたのである。」

さて、茨城県委員会の見解をのべた前掲パンフは、農地改革後高率小作料がなくなり、不在地主は耕地に関する限りいなくなり、在村地主も保有地を一町歩に制限された結果、大部分は自営農民（これも零細な土地しかもっていない）となったことからくる農村構造の変化については全然みようとせず、この点を指摘する山口同志たちの言に耳をかたむけようとしなかった。

そして農村構造の変化があったという山口同志の説を反駁するため数字まであげている。

しかしこの数字はむしろ変化説を説明するのに役立てた方がより一層便利であるような数字である。当時の茨城県委員会の物の見方をおもいおこすため参考のためその一班を掲げてみよう。

これは新治郡園部村のことである。

このように地主は改革前は全耕地の四一・六％を所有し、高率小作料の上にあぐらをかいていたが、改革後はわずか、全耕作地の八・六％となってしまった。しかも小作料は改革前にくらべ比較にはならぬ低額が一般である。

主観主義的方法―一定の結論を金科玉条として逆に事実をひんまげるやり方、自分の結論に不利な事実は強いてみないやり方は茨城県だけではない。当時の前衛、その他党の農民関係文書も同様であった。

これは新綱領の「占領当局によって公布された農地改革は農民に土地を無償であたえないで、金で買わすのであるから余裕のある者のためにおこなわれた改革である。土地を買う金のない大部分の農民にとってこの農地改革がなにもあたえなかったことは明らかである。」というテーゼを無理に立証しようとするところからきている。

「土地を買う金のない大部分の農民にとってこの農地改革がなにもあたえなかった」ということをわが国農村の実情にてらして証明しようとすることはどうも無理である。

農地改革によって一九四七年から一九五〇年の間に約一七四万町歩が地主から買収され、これに国有農地一九万町歩、合計一九三万町歩が解放された。この面積は総小作面積の約八割に当っている。

この改革によって、不在地主や大地主はいなくなり、小作地面積は激減した。

前掲の園部村では小作地面積は四一・六％から八・六％に減ったが、全国の数字をみると、一九四一年には小作地面積は四六％であったが一九五二年には九・三％となって園部村と、ほぼおなじ率に激減している。

小作地にしても農地買収価格にしても戦後のインフレーションを考慮のそとにおくならば高価なものであったといえるであろう。改革当初小作料は一石を七五円で換算しそれを統制小作料に切りかえた当時買収価格は反当り七六〇円であった。しかし、この当時のヤミ米相場は一升一〇〇円から二〇〇円であったということを考える必要がある。事実は土地を買う金のないはずの大部分の農民はよろこんで土地を買ったのである。

しかし大部分の農民が土地を買ったからといってこの改革がいつわりの農地改革ではなかったということではないことはいうまでもない。それが小作地ばかりでなく農用林野開墾可能地などを無償で農民に与えるような革命的土地改革ではなかったということに対しては何人も異存はあるまい。だがこのことからたゞちにこの農地改革が農民には何も与えなかったという結論もでてこないし、農民における階級関係に変化がなかったという結論も導き出せないし、事実の上からも反対の結果が出ているのである。

当時県委員会と山口同志との間にはこのパンフに見られるように戦後の農村構造の評価について決定的な対立があった。この階級関係の評価のくいちがいから農村における敵―闘いの相手について対立した。この対立は基本的な対立であり、これは党の綱領に関する重大な問題であった。

さらにこの対立を深刻にしたことは、この山口同志の考えは少数派の農業理論に相通じるということである。当時の評価にしたがえば分派理論であるということである。農村における敵の問題でこのパンフは「山口君は地主勢力は弱ったというが」、これはまちがいで「農村における半封建的土地制度の支配搾取は戦前にもまして残酷なものとなっている」（同パンフ七頁）、「アメリカ占領者と独占資本は地主勢力と同盟していつわりの農地改革により、地主制度をのこして農民を苦しめている」（同一〇頁）。そこで農村における闘争の中心課題は「地主制度の撤廃」ということになり、「農村における敵はだれか」という項では「村長、村議、農協職員などは農改の土地制度の基盤の上に立って種々な形で官僚構造と結合して農民を抑圧している」（同七頁―八頁）と農協職員まで敵にまわす論理的飛躍をやっている。

以上のように党は農地改革がいつわりであるということを証明するため、農地改革後の農村構造の変化を否定するばかりでなく、さらに一歩をすゝめて、戦前よりも地主制度は「支配と搾取」を強化したと主張し、山口同志の地主勢力弱化説に反対した。

戦後の農村構造の変化の問題、農民の敵の問題など党の農民政策については現在討議中である。従って、この問題のくわしい検討はそこに譲ることとして、いまこゝで指摘しておきたいことは、農地改革によって、農村構造は米日反動の政治的意図のいかんにかゝわらず重大な変化を来たしたということである。このことは六全協もみとめている。

山口同志の第二の罪状として指摘されているところは組合組織を否定して協議会形態を主張し、農民戦線を分裂させたということである。

しかし、農民戦線（この場合は日農統一派と常東農組）の分裂は同志山口が、農民組織を組合形態から協議会形態にしたからであるというのではないことは云うまでもない。（このパンフもそのような意味で云っていないことを念のためにつけ加える。）

山口同志は農地改革の進展過程で農村の階級関係が変化したので、それに対応する新しい闘争方針と組織が必要だと考え、協議会形態を提案した。それに対し党は問答無用の狭量な態度でのぞんだ。そして山口同志を日農から排除した。こゝにこのパンフのいう「農民戦線の分裂」の真相がある。これは第六回日農大会をめぐる党と山口同志の対立をみればさらにはっきりする。

第六回日農大会の経緯を明らかにする前に順序として罪状の第三を片づけておこう。

罪状の第三は山口同志が日本共産党の脱落分子と農民研究会をつくったということである。

「脱落した人々」とは一柳同志その他を指すのであるが、これらの人々は一九五〇年以来伊藤律農業理論の批判者であり、農村構造の評価については、当時の党の公式見解――一九五〇年には新綱領は出ていなかったが――、に反対の見解をもっていた。これらの人々はいわゆる〝国際派〟として五〇年に除名された人々である。

〝悪質分派〟〝トロツキスト〟といわれていた。山口同志が、これら〝分派〟と行をともにしているということは一九五二年当時は決定的であった。これら〝分派〟に対し当時党はどのように評価したかを思い起すために五全協を引用してみよう。

「党はいまにいたるまで、依然頑迷な態度をつづける分派の諸君に対しては、四全協の決議を実行する以外に道はなくなったことを確認せざるを得ない。これら頑迷分子の中にはたんに思想的偏向、組織的対立というにとどまらず、敵のスパイ的分子が潜入して策動していることも認めざるを得ない。

従って党は分派主義者諸君との統一は今日、最後の段階に達したと宣言する」（五全協決定）。

ついでながら、戦後、農地改革によって農村構造が変化したと党内で最初に公式文書によって指摘したのは遠坂良一氏であった。その論文「農民運動の転換のために」は一九五〇年七月『前衛』五〇号に掲載されたが、印刷が終り発売直前突如、発表禁止令が出て、その論文だけが切りとられて発表された。なおこの号には椎野同志の「日本共産党の歩んだ道」というアメリカ占領軍擁護論を反駁する関西地方委員会の「日本共産党の歩むべからざる道」という論文も掲載されたが同じく禁止され切りとられた。

さてこゝで山口除名問題はかなりはっきりしてきたように思う。

山口同志は五全協においてもはや救いがたいものとして最後的に通告された。「たんに思想的偏向、組織的対立というにとゞまらず、敵のスパイ的分子が策動している」「頑迷分子」と目される一柳同志らと農民研究会をつくり、これまた「頑迷分子」である安東仁兵衛、渡辺武夫その他諸同志と農民運動をともにしているばかりでなく、山口同志それ自身、「思想的偏向（分派農業理論と同じことを主張）、組織的対立（協議会をつくり農民戦線―日農を分裂させたこと、分派と連絡をとり或は分派と行いを共にし、間接に分派行動をとっていること）」としている。そして「主観的にどうであれ、ほゝえみとよろこびをもって」米日反動にむかえられるような階級的行為をとっているということになっている。

以上のほかに党と山口同志との意見は日農第六回大会議事録をめぐり当面の情勢評価でも対立した。当時党はどう評価したか。茨城県委員会の声明書ではこの点について「九州や長野や全国至るところで激烈な闘争が展開され、農民の団結はかたく、日農は益々発展し、どんどん組織が拡大されている」と評価した。これに対し山口同志は「発展する条件はあるがまだまだ」（県委員会の自己批判要求に対する常東の声明書）と反対している。今日冷静に事実を観察するときどちらの意見が妥当であろうか。

このような関係のなかで山口同志は第六回日農大会の混乱の責任を問われ、自己批判を要求され、その自己批判拒否が契機となって、「規律違反」で除名されたのである。

次に除名の契機となった第六回日農大会の混乱をみよう。

五

第六回日農大会の混乱について、わが党はその指導上の責任を明らかにしなければならない。大会の混乱は偶然におきたものではないことはいままで述べたことによってほぼ理解されると思うが、さらに大会当日の模様を追求しながら考えてみよう。

大会の混乱は全学連代表の祝辞からはじまる。それは、「この大会にはスパイがいる。それは常東の安東仁兵衛である」。

安東仁兵衛同志がスパイである確証があったか？

ない。確証もないのに彼は何故スパイであると云われたか。ここで前掲の五全協決定の「スパイ的分子が潜入云々」の言葉をこの学生の祝辞と結びつけることは牽強附会の説とするであろうか。われわれが云えることは、当時党内には反対者をやっつける場合すぐスパイ呼ばわりをする悪習があったということであろう。

友誼団体が他団体の大会へ出かけ祝辞でその団体員の悪口を云うということは一般常識では考えられないことであったが、なぜこのような狂気の沙汰がおこなわれたのであろうか。

この祝辞に対し下山田実同志が壇上にかけあがり全学連代表をなぐりつけた。挑発にひっかかった下山田同志の思慮が足りなかったことは事実であるが、この暴力行為は後に彼の除名の理由の一つとなった。（県委員会「声明書」はこのいきさつを抜きにして理由のいかんを問わずけしからんといっている。）

大会委員会は全学連代表に陳謝させることとなった。ところが代表は謝罪するどころか「先ほど常東からなぐられたことは忘れられない」とさらに常東の怒りを煽った。われわれがこゝで確認しておかなくてはならぬことは常東代議員としてこの大会に出席した農民諸君のすべてが共産党員ではないということである。額に汗して働く農民だということである。

ところで挑発はさらにつづいて、大会第二日目の朝、全学連は「安東は昨日大会終了後新橋駅で、ある男とおち合い二等車にのって熱海に出かけた」というビラをまいた。嘘は大きければ大きいほどいいというのか、ファシスト・ヒトラーの手口である。安東同志は終始一貫この大会ではスパイにされてしまったのである。安東同志はなぜこのように執ように全学連からねらわれたのであろうか。この間の事情を具体的に明らかにする資料をわれわれはいまもち合せない。

たゞわれわれは、安東同志はかつて東大細胞に属し全学連の幹部であった一九五〇年「悪質分派」として除名され、六全協まで復党をゆるされなかった、「頑迷分子」の一人であるということを知っているだけである。

この大会における常東攻撃はえたいの知れない外部団体によってもっともはげしく行われた。

一、二の労働組合統一委員会名義で、「常東の分裂主義者を追い出せ」「常東は金も土地もある旦那衆の組合だ」といったビラが流された。

旦那衆ではない働く農民で、そしてあいにく党のいうことはどんなうそ、無理、非常識でもすなおにきく共産党員でない常東代議員諸君が、このような祝辞やビラに対し、何と感じたであろうか。いじめた方は忘れても、いじめられた方はおぼえているということが人情である。この辺のところをよくよく考えてみる必要があるのではなかろうか。

全学連や統一委員会を指導したわれわれ日本共産党は、農民諸君に対して、その責任をどのようにとるのであろうか。

ついでながら去る八月二四日の県委員会拡大会議の席上、「党の一般的政治責任とそれを具体的に遂行したり指令したりした個人責任とは、はっきり区別されねばならないし、今まで個人責任があいまいにされてきた。この点を改めるべきだ」という意見が出されたが、これは正しい。そして山口同志除名問題の処理に当っても、この点が厳密に行われなければならない。

党の自己批判のあり方について党外の人々は一体どう考えているだろうか。次にかかげる文章は、雑誌『群像』九月号にのった浅田光輝氏（中央労働学院講師）の「進歩的知識人の社会的責任」という論文の一節であるが、一つの参考資料になると思う。

浅田氏は中央労働学院内に起った一つの事件にふれて、次のように言っている。

「いま一切の攻撃は止んだ。昨年の共産党の自己批判後、あれはまちがいだったと「上から」取消しがあって、同時に、学園内の人々の妄動もウソのように止んでしまったのである。しかし人間一人を死に負いやったこの『まちがい』の責任は一体だれが負うのだろう。今日まで、私は共産党指導者とそれにしたがった盲動者たちがみずからこのまちがいの責任を自分たちの手で組織的にまた具体的にあきらかにしてゆくであろうと信じ、期待してきた。また雲の上のだれとも知れぬ最高責任者がそれをしないならまちがった指導で狂奔させられた学園内外の盲動者たちが、みずからの不明を恥じ公けにその責任をとるとともに、かれらをそのように狂奔させた指導者の根本責任をかれら自身の手で追求してゆくであろうと期待して来た。」「あの攻撃を中止させた六全協の自己批判の趣旨からいえば、当然そうあるはずのように考えられた。」

「だが残念ながら、こうした期待は、今日までのところ、まったく買いかぶりだったようだ。事件後もう一年以上にもなるのに、最高責任者の具体的な責任はおろか、直接手を下した学園内外の、その名前もはっきり判っている連中でさえ、だれひとりとしてみずからそのことにふれようとする者がなく、上も下も、おしなべて泥のような沈黙を守りつづけている状態である。」

そして浅田氏は別の個所で党に対する期待を次のようにのべている。

「つまり、日本共産党の固有の権威主義は、ソ同盟共産党の国際的に支配的な規模での権威主義への時代的迎合によって二重化され、倍加されていたということなのだ。それだけに、この共産主義の人間解放の理想とはおよそ基本的に対立する権威主義を、日本の階級政党の内部から徹底的に追い出す仕事は、おそらく、将来にわたって、困難をきわめたものとなることを覚悟しなければなるまい。この困難さは、現に、六全協の公約たる自己批判が実際にはほとんど進められていない、というようなことにもあらわれた現実の問題として示されているのである。

しかしともかく、ソ同盟と日本との双方の共産党があいともに、権威主義者をみずから否定し、共産主義者の世界から永久にこれを追放することを約束したということは、共産主義者を問わず、何といっても、私たちの頭上にたれこめた黒い巨大な雲がカラリと晴れたような大きなよろこびである。この公約は信じていいだろう。それならば私たちは、この権威を清掃して、ふたたびそれが復活しないための保証をどこに求めたらいいか。問題の根源は、共産主義者自身の内部にありうることはあきらかである。したがって絶対的な基本的な保証は、共産主義者自身の具体的な自己批判以外には求められないであろう。民主主義的な共産主義（妙なことばだが）が、もし将来にわたってつくり出されるなら、私は、やはり、共産主義者自身の努力に期待するしかないと思っている」

この言葉を今までのように党外の妄言としてしりぞけてはならないと思う。謙虚に耳を傾けるべきである。党は大衆のためにあるのであって、党のためにあるのではない。

労組統一委員会は常東に分裂主義者というレッテルをはった。では反対者に対し、それが真実であろうがあるまいが、その云うことが真理であろうがあるまいが、手段をえらばず、所をえらばず、打撃を与えるやり方には何というレッテルをはるのであろうか。

第六回日農大会の混乱には一貫した動きがあったと山口同志をはじめ常東の諸同志は判断した。この判断は間違っていただろうか。

この大会の混乱についてはこのようにいろいろの疑問にぶつかるのである。

六

一九五二年の第六回日農大会に至るまでの党と山口同志らの間における歴史的諸関係、その思想的組織的対立関係、および除名の契機となった大会当日の混乱の詳細は以上のようなものであった。

大会後茨城県委員会は大会混乱の責任を山口同志その他除名の対象となった諸同志におしつけ自己批判を要求した。

大会で混乱をおこした諸事件を当時の県委員会が出した声明書のように現象的に追求するならば党はしっぽを出していない。つまり具体的証拠を残していない。

だからわが党に責任がないとは云えない。というのは物ごとを、その上つらだけなでるやり方はわれわれのやり方でないからである。われわれのやり方は、事物のよってもってくる根源をつき、事物の内部的つながりを発見すること「実事求是」にある。

われわれはいままでこの短かい文章のなかで、党と山口同志らとの間にある基本的くいちがい、矛盾を追求してきた。そこで大会における混乱について、一体誰が先に自己批判しなくてはならないか、党か山口同志か。当時党は山口同志の自己批判を要求した。現在もなおかつわれわれはこの立場を支持するかどうか。

常東代議員をスパイと云ったのは全学連代表であって党ではない。

「分裂主義者を追出せ」とビラをまいたのは労組統一委員会であって党ではない。

常東農組の声明書によれば「会場の空気は二階の傍聴者から指揮されて動いていた」とまで書いているが、この傍聴者は誰であるかわからない。これは常東の疑心暗鬼である。

常東声明書はさらに書いている。

「常東の乗ってきたバスを焼きはらうと云うことがさゝやかれていたとの報告もきいた。このため常東はバス退避まで行った」と。これは常東の思いすごしかデマである。このように問題を片づけることもできるのである。そして今日までそのように処理してきた。

われわれは当時の極左冒険主義を思い出す必要があろう。それは突如風の如くあらわれるのである。それが何者によって行なわれたのかわからない。だがそこで騒動がおこるのである。もっともばかばかしい一例は高良とみ女史の名古屋における訪ソ報告集会の騒動であろう。しかしこれに類する事件はいたるところで行われた。わが茨城県にもその歴史はある。

このような物情騒然たる時期に日農第六回大会は開催されたのである。

茨城県委員会の自己批判要求に対し山口同志は声明書をもってこたえた。

「九月二日選挙公示を目前にして共産党県委員会は中央の指令だといって、山口委員長に対し、日農大会における常東の行動について自己批判を求めてきた。自己批判しなければ立候補させないというのである。自己批判の必要があるのは大会を攪乱した学生、労統（編者註―労働組合統一委員会）、その他の共産党員ではないか。」

山口同志が党内問題を声明書という形で公表したことは規律違反である。われわれはこの種の山口同志の規律違反だけをとらえて、その云い分を聞こうとはしなかった。その云い分のうちには聞くべき点が多々あったにか、わらず。

山口同志の規律違反はまだいくらでも挙げられる。

『日本週報』の「日共の愚物共を糾弾す」という特集号に「常東農民組合は健在なり」との文を掲げたこともあやまりであった。正しい党内闘争はこのような方法で行なわれるべきではない。

だがしかし山口同志に自己批判をもとめる前におのれをかえりみる必要があったのではないか。

「同志諸君は自分がまずたゞしい立場に立ってこそ、はじめて他のもののあやまった立場を是正することができるのであり、自分が完全にたゞしい行動をしてこそ、はじめて他のものの不行跡を是正してやれるのだということを知っておかなければならない。」「自分がただしい原則をもっており、ただしい理論をもっていてこそ、はじめて他のもののただしくない原則やただしくない理論を克服することができる」「自分がまずはじめにただしい立場にも立たずにただしい原則をもつかんでおらず、原則にもとづいて客観的情勢を観察したり、問題を系統的に研究したりしないで、それどころか、個々の欠点やある部分にたいして、明確さを欠いているならば他のものの不正確な点を克服してやることはできないであろう。もしそれでもなおそそっかしく闘争しようとするならば、ただしくない方向にはしってしまうであろう」（劉少奇「党内闘争について」）

まさに事実は劉少奇のいうように正しくない方向へはしってしまったのである。

われわれは正しい立場に立っていたであろうか。正しい原則、正しい理論をつかんでいたであろうか。

原則にもとづいて客観的情勢を観察し、問題を系統的に研究したであろうか。

戦後の農村構造について、農村の敵について、農民運動方針について党内問題について、大衆団体と党の関係について、どのような立場に立って研究したであろうか。

このことはすでに県委員会承認の出版物「何が、誰が、日農を分裂させたか」その他当時の党文書その他の引用によってすでに説明したところである。

七

一九五二年山口同志の自己批判拒否以後党は山口同志その他常東所属の諸同志を除名した。

山口同志除名に至る歴史的事実は、わが党内にあった個人中心指導と、それに結びついた官僚主義的独善と権威に対する盲従、党組織原則の軽視と正しい党内闘争の欠如、極左冒険主義とセクト主義（党と大衆団体の混同）の具体的表現であった。

われわれはこの事実のなかから数々の教訓を学びとることができる。

しかし劉少奇が云うように正しい立場、正しい原則の上にたちえなかったなら、歴史的事実を皮相に観察するだけにとゞまるならば、何の教訓も引き出すことはできないであろう。

そしてそのような立場から山口同志の除名取消しを行ってみても、心から納得はえられないであろう。

そのような取消しは名誉回復とはならない。


（一九五六年八月三〇日）


（編者註）

本文書も本著作集編集時には原文を発見できなかった。従って『奴隷の死』収録文を底本にした。ただし『奴隷の死』には「日本共産党茨城県常任委員会」というサブタイトルが不用意に付けられているが、これは「はしがき」でも記した事情によるぺりかん社のミスである。内容から明らかなように、本文書は「日本共産党茨城県常任委員会」との論争のための大池氏のメモランダムに他ならない。手書き草稿は高知聰氏旧蔵。

八　日本共産党が在日朝鮮国民と朝鮮人共産主義者に対しておかした誤りについて

在日朝鮮人共産主義者に現在日本共産党の党籍をもっているものは一人もいない。わが党第六回全国協議会が準備される過程で、在日朝鮮人の日本共産党員は、すべてその党籍をうばわれた。これは全く正しかった。もともとこの党籍は在日朝鮮人共産党員の側から、「日本と朝鮮の両国共産主義間の不平等の撤去、平等の確立」というのしをつけて返上されるべきものであったのだ。

かつて、日本共産党が在日朝鮮人共産主義者（その多くは六全協の前までは日本共産党員であった）をどのように取扱ったか。特に一九五〇年以後、党内の主流派が、在日朝鮮人運動を、日本国内の階級闘争一般にいかに解消させてしまったか。特に極左冒険主義的偏向の中で、彼らを、もっとも犠牲の多い場所でどのようにひきまわしたか。朝鮮の統一と独立、在日朝鮮人の生活と福祉の向上、日本国内での差別的待遇反対、日本と朝鮮の友好等々のために闘うべき人々や指導者たるべき人々に対し、平等を基礎とした友好的協力関係にあるべき日本共産党の日本人指導者は、実際には、いかに不平等な優越的態度をもってのぞんだか。これに対して、党主流に批判的であった同志達でさえ、いかに力弱くしか闘えなかったか、民族問題における逸脱として、いかに正確に、理論的に問題を提出しえなかったか、どれほどそこに目が向けられていなかったか。

これらのテーマはすべて深刻に研究する価値のある問題である。この問題が党内で論じられていない以上、たゞこれだけの問題提起でも役立つことができると信じる。

（一九五六年一一月二八日）

（編者註）本文書も本著作集編集時には原文を発見できなかった。従って『奴隷の死』収録文を底本にした。手書き草稿は高知聰氏旧蔵。

九　党の脱皮と再建のためには勇気をもって真実を語ることが必要だ

一　新県委員推薦に関する原則上の不一致について

現在、日本共産党茨城県委員会は、一月一三日に行われる県党協議会の準備を行っているが、この過程で県委員会に重要な原則上の意見の違いが生じている。それは、現県委員会が、県協議会に対し、新たな県委員として、誰と誰を推薦するか、その基準はなにか、ということに関してである。私は昨年一一月中に開かれた県委総会と、一二月中に二回ひらかれた県委総会において、現県委員中の石上長寿、針谷武夫の同志を次期県委員に推薦しない旨を明らかにした。また弓削同志については本人の辞意に賛成した。

（Ⅰ）針谷氏については、私と弓削同志の二名が推薦しなかったが、他の県委員は全員推薦した。私と弓削同志の針谷同志を推薦しない理由は次の通りである。針谷同志は、六全協以前五三年以来県ビューローの責任者であり、党中央（不正常な）の誤った基本的政治方針に盲従したばかりでなく、それを積極的に推進した。そして県党内に、針谷同志を中心とする個人中心体制が作り上げられた。その結果、県党内にきわめて不正常な官僚主義を横行させ、県党を誤らしめた。党内生活の民主的なあり方として、県党を誤らしめた最高責任者である針谷同志は、自己の責任上、党の指導部から退くべきである。県委総会の限られた時間内に発言しえたことは以上の通り簡単であった。本人は「責任をとってやめるべきであるという意見もあるが、私の進退はみんなにまかせたい」と述べた。みんな、つまり圧倒的多数は推薦するとのべていたので、推薦をうけるという意味に理解して差支えないと思う。私として針谷同志についての意見を補足すれば、すでに、針谷同志を県委書記から更迭する際、明らかにしたことであるが、次の通り。（念のため述べると、昨年三月針谷同志を県委書記から更迭するよう最初に提案したのは私であった。）私は、六全協後の第一回県党協議会で彼が県委員に選出された時、彼を県委書記にする提案に一票を投じたことは、全く誤っていた。関東地方協議会で地方委員選挙に当って、彼は候補名簿にのりながらも彼が全関東の代議員から有効投票をえられなかった時、彼が五三年に県委ビューロー・キャップとして着任する以前関東農民ビューロー員であった当時の仕事の仕振りもあるていど分ったのである。しかし私は相当、針谷同志の過去、現在に至るまで知っていたにもかかわらず、彼の全く形式上の自己批判に結果的にはい、かげんに妥協したことを自己批判して、書記を解任することを主張したのである。

（イ）針谷同志は、戦前転向し、その上満鉄に就職していた。例え転向していても、共産主義者の経歴にあるものが、植民地経営のための社員にはなるべきではなかった。というよりもそれはさらに非常に良くない変節であった。

（ロ）戦後は、帰国してまもなく、入党し、とんとん拍子に関東地方委員になり、やがて官僚主義者となり、針谷ハッパなどとあだなされるようになった。

（ハ）一九五〇年の分裂の時は党を除名され少数派に加わり、五一年一〇月全国統一委員会が解散するや、一、二ケ月で復党（復党の際の自己批判書では、党分裂が多数派幹部に主として責任があった点その他意見を保留したはずであるが）、間もなく、関東地方農民ビューロー員となり、新綱領と、左翼冒険主義の全面的承認と下部への押し付け（全国統一委員会は新綱領の農業問題及び、極左戦術に全く反対していた）を行うようになった。この点は私は六全協後さらにあるていどくわしく知った。

（ニ）茨城県ビューロー・キャップになってからは、県党の同志諸君の周知の通りである。

（ホ）六全協がでるや、自己の党歴における基本的な部分を自己が少数派だったという点にしぼろうとし、少数派からふたたび多数派に転じたこと、全く批判的態度を放棄し、家父長制的官僚主義になりおおせたことについては、個々ばらばらにあるていどの釈明を行ったが、こういう変節あるいは転落そのものの性格については自己批判しなかった。（あるいはできなかった。私は彼が自分を理解できないのだと思っている。）

こういう同志が、ひきつづいて党役員にとゞまることは党の指導機関の信頼をそこない心からの同志的自覚と党内の民主主義にもとづく党の統一をさまたげる。こういう指導部が一体どんな大衆を指導できるのだろうか。こんなことが平気で行われれば党の民主主義は全く形骸だけの看板だけのものになってしまう。

（註）西部地区の『統一のために』誌に針谷同志が県常任だった当時一ケ月一〇〇〇円ほどしか給料を支給されてないと書かれていたが、これは誤報で、これは七月に彼が常任をやめるときに一〇〇〇〇円支給したので、六月から七月一二日までに彼は一万八二五〇円支給されている。五月に五〇〇〇円六月六七五〇円である。念のため。

（Ⅱ）石上同志については、党内に余りにも真実が知られていない。事なかれ主義と、なれあい的精神とまた幾人かの同志達は批判しようと思っても自分自身のやましさのためにできない等々の理由がからみ合って、ほとんど真実が語られていないのである。

（イ）石上同志は、戦前は出獄とひきかえに転向手記を書くようなことはしなかった、と公言している。また、第一同県協に提出した経歴書にもそう明記してある。しかし、まずいろいろな事情からこれは疑わしい。県委事務所の赤塚さんの話では、終戦まで石上同志が勤めていた全協で一緒に活動していた石崎源同志は「石上君は今どんなことを云っているかしれないが、石上君も私も、大きなことは云えないのだ」と語っている。

（ロ）一九五〇年六月以降、県党内批判者を中傷によって排除する際指導的役割を果した。

（ハ）藤間同志が特殊財政の責任者として大きな過ち（この内容も具体的には明白にされていない）を犯したとき、石上同志自身の表現をかりれば特財の失敗と腐敗を理由に「派閥的に、また打撃的に藤間打倒のカンパニヤをやった」。

（ニ）常東地域の常東農総協内の同志達と無原則的闘争を行った際、一方的に、常東の同志を規律違反として除名その他の処分に付す上で、指導的役割を果した。また農業農民問題の理論の面でも誤った新綱領の規定にもとづいて、いわゆる、常東理論をやっつけるために奮闘した。（五六年八月三〇日の県委総会の決議「山口氏除名問題の再評価について」）

（ホ）六全協直前、いわゆる田中松次郎事件が起った。この真相は県党内に全然知らされていない。私は六全協後、何度も、この事件の真相を明らかにするよう要求してきたがいまだに明らかになっていない。

この事件の真相の一端は、六全協直後高山慶太郎同志から当時の臨時県委総会で報告された。そこで報告されたものは、高山同志が経験した（ないしは関係した）事実のすべてである。この点は高山同志だけが率直に事実をのべたのであって、この点は高山同志の名誉のために断っておく。

私は当時東部地区常任をしていたが、針谷氏からこの事を聞き、東部地区総会でこのことを明らかにするよう県委に要求する発言をしたことを覚えている。また当時東部地区委員で、この事件の関係者であった箱崎満寿雄同志から実状を聞いた。また第一回県協の選考委でこの事件の関係者である石上同志に質問したが、良いかげんな解答しかえられなかった。その後私は県委常任委員となり、高山同志から個人的にことの真相を聞いた。その概要は次の通り。

六全協直前のある日、田中松次郎同志（現党関西地方委員、当時党中央指導部―ビューローではなく合法機関員―）から当時の高山県委員長（ビューローキャップでない。合法の形式的なもの）にあてて手紙がきて、田中氏が水戸へ出向いていくからその際、高山、弓削、石上、古川（現利根町細胞、当時県『アカハタ』支局長）、箱崎の各同志を集めるようにとのことであった。そこでこれらの人々は弓削宅に集まって、田中同志を交えて、一つの相談をやった。

それは、針谷武夫同志を中心とする県党の官僚主義的指導体制をくつがえして、あたらしい指導部を作りあげるということであった。当時県ビューローは、針谷（キャップ）、藤間敬次郎、大塚正、琴寄清一郎、土田信夫の各同志であり、針谷同志の専制的傾向が強かった。したがって、公然面で活動していた、県の指導部員は家父長制的抑圧とひきまわしに対して大きな不満をもっていた。そこでこの支配をクーデター的にくつがえそうとしたわけである。

またこの会合では、県党内における旧分派の擡頭に対しても、警戒して結束すべきだとの相談も行われた。いわゆる旧分派とはつまり針谷武夫、野村武秀（当時東部地区ビューローキャップになっていた）、大池文雄（当時東部地区ビューロー員）、森谷茂男（当時西部地区ビューロー員かビューローキャップ？）その他である。しかしこれらの計画は、その後まもなく六全協があったために、流れてしまった。

以上が田中松次郎事件の概要である。私は針谷同志の家父長制的指導体制をくつがえそうという考え方にはある意味で妥当性をもっていたと思う。

しかしその方法は、正面から堂々と闘うのではなく、分派的に結集して陰で画策するという、共産党員同志にはあるまじき卑きょうなやり方であった。また、旧分派の擡頭として、私と野村、森谷同志が地区機関の仕事をし始めていることをあげているが、これら三名は、全国統一委員会解散後、党分裂の原因と新綱領、新規約に意見を保留したまま、党へ復帰していた（こんなことは茨城県だけの特殊事情らしい）。針谷同志は五三年に茨城に着任後、私たちが順次党機関の仕事をしはじめたので、私たちはこの面では針谷人事といわれたものと関係がある（むろん針谷同志一人できめたわけではなく、県ビューローの決議は経ていたが）。だから針谷同志とゝもに、旧分派の派閥とみられる事情も存在した。しかし、森谷同志のことは知らないが、野村同志と私とは針谷同志と県ビューローが、上級の誤りをうのみにしてセクト主義的政策を官僚主義的におしつけてくるのに対してたえず反対しつづけており、そのため針谷、藤間両同志から、たえず「良くない傾向」として非難、攻撃をうけていた。また一例をあげれば私は、県ビューロー主催の学習会議（短期党学校）

で、新綱領の農業問題の規定が実情にあわないことと、民族独立の後、統一戦線とその政権が、独占資本に手をつけずもっぱらブルジョア民主主義的課題だけを果すという新綱領の規定に反対して、針谷同志と対立し、二日目に関東地方ビューローから派遣された同志とも意見が対立した。ところが関東地方ビューローのその同志（姓名はしらない）はその後、関東地方の会議の席上、針谷同志に「学習の時おかしなことを云って頑張っていたのは、もと分派の男だそうではないか、地区ビューローにいるそうだが、問題ではないか」と云い、針谷同志は適当に弁解してくれたそうである。この話は針谷同志自身から聞いた。

　また私が機関の仕事をはじめた当時県の組活という所にいた時、農対会議というのをやって、私と池田同志と針谷同志と関東の同志（姓名不詳）と集ったとき、池田同志が、常総農民同盟の綱領に政治目標を強調して、政治的に引きまわすことには反対だという意見をのべた。（いさゝか非政治主義のきらいはあったが、当時の党のまちがったセクト的傾向に対して直感的反対を含んでいた）。針谷同志は池田同志をどなりつけたので、私はそういう針谷同志の態度に反対した。また私は席上、反封建的地主制度は基本的に崩壊したという意見を協調し、帰途、針谷同志に「関東から人がきている前で、あゝいう意見はつゝしんだ方がよい」と「忠告」された。つまり、針谷同志と私達を一律に、旧分派と片づけたり、針谷閥とみることは全くまちがいであった。この点私は釈明しておく。つまり今までどんな派閥とも無縁であり、いくつかの誤ちはおかしたけれども、私は自分の信じるところにしたがって歩んできたものである。

　田中松次郎事件は、私のように何もしらない人間が問題にするまえに、事件に直接関係した人々が自ら明らかにすべきであるが、今の所高山同志が前□（判読不能）を明らかにしたゞけで、それも県党全体には明らかにされていない。田中松次郎事件（針谷同志の家父長制に対するクーデター未遂）が、単に田中同志の創意のみで行われたとは信じがたい。これだけ組織的行為は、誰か準備し推進した者がいる筈である。それが石上同志であるかどうかは分らない。（本人は出席したゞけと云っている。それなら中心になった者は誰か、という事はのべない）それも今のところ全く分らない。私はこういう事実をあいまいにしておくことに反対である。石上氏もいまだに自己批判していない。うやむやな釈明をしたゞけである。誰も追求しようとしていない。相互に黙して語らない。無原則的妥協である。党的思想ぬきの集団主義の見本である。

（へ）T同志の問題の処理に当っての石上同志の陰険な打撃主義的行為について。県内のT同志が上級機関の仕事を任命されて転出した。その転籍の手続きがおくれた。数ケ月の間県委員会へも地区委員会へも、T同志が新たに所属した機関からは何の通知もなかった。南部地区委員会は、正式に手にしゃべってきかせたかのように作りあげ、それをこっそり、中央書記局へ提出するのなどは、全く打撃主義的陰謀的やり口であって、それ以外に評しようがない。

幸いT同志は新任務からの失脚をまぬがれたらしいが、私は六全協後一年以上もたった今日、石上同志がいぜんとしてこういうことをやっている事は特によくないと考える。こんな行為のどこに主観的善意のかけらでもあるのだろうか。私は石上同志のこの行為は石上同志の戦後の行為全体からみて、決して単純なものではなく、石上同志がいかにゆがんだ性格のもち主か、党員としてのわずかな情操にさえ欠けているかを端的に物語っていると考える。ちなみに、T同志は党分裂時代は全国統一委員会に所属しており、六全協の前年（?）復党したばかりであった。石上同志をどうして、他の県委員たちがかばうのか。県委員会総会の席上では、一部の同志達は石上同志に対して批判がましい意見をのべはするが、どうして結論において県委員として適当であるとするのだろうか。自分に対して厳格でないことの裏返しなのではないかと私は考える。

（Ⅲ）弓削同志については、県委員会が全党に発表することになっているので、くわしくはのべない。たゞ私は、弓削同志が、「党の役員は勲章ではない。戦後ずっと党歴をもっているということを理由にしたり、大衆への影響を考えてひきつづいて県委員になるべきだという考え方には反対で、私の市議としての仕事や能力等から私がもっともやり易い場所に自分をおいて、大衆に服務するということが正しい。今後は南町連合商店会々長でもあり水戸市議でもある立場を生かして、水戸市の党の一員として市委員会再建を心がけつつ活動したい。またいろいろ勉強もできなかったし、党の線からずれたこともしてきた。勉強もしていかないと充分責任を果せないのでできるだけ勉強もしていくつもりだ」とのべた。私は支持したのである。また弓削氏は最近退職金四万円を一時受取ってしまうという過ちもおかしたが、私は弓削同志が心機一転して、自分の持味を生続きをとるよう上級に意見書を提出した。この意見書は人事に関することであるのに県委組織部を通過させず直接中央委書記局へ提出した点をのぞけば正しい。しかし、この意見書と一緒に、石上同志は個人的な上申書を中央委書記局へ提出した。その内容について、関東地方委の内部で問題にしているのを聞き、私はある不審があったので、何べんか県委員会の席上で、説明を求めたところ、最初は南部地区委で提出した意見書と同じだとのべ、次には、T同志の任務のことで口外できないとのべ、T同志が新任務に不適任だと判断する事実があるというのなら、県委員会でも知っておく必要があるし、討議する必要があるかもしれないから教えてもらいたいと聞いたところ、石上氏は沈黙したまま、今日に至っている。

　私がその後T同志に直接会って聞いたところではT同志が新任務についてから、数ケ月後、石上同志がT同志宅へ訪ねてきて、火鉢に当りながら、お茶のみ話をした。その際、「『真相』を読んで俺はやんなっちゃったよ。あんなことは本当にあったのかね」（志田問題のバクロのこと）と話しかけ、また「椎野はごうかんしたという話だけれど本当だろうか」などと問いかけ「多分本当だろう」等とT同志は答えた。その他石上同志は中央の諸同志の噂話をあれこれもちかけ、T同志は自分の思った通り答えた。そしてその日はそのま、石上同志は帰った。石上同志はその直後その時のお茶のみ話の内容を全くT同志が一方的に話したかのように書いてつまり《（ママ）》T同志は、中央の諸同志を無原則的に誹謗しているかのように書いてその文章を中央に提出した。

　むろんその場で、T同志に直接、批判することはしなかった。この点はその後石上同志は、野村同志に指摘され「わかった。わかった」といったが、どうわかったのか不明で、「特財に対する無原則的派閥的闘争をやった時、自分のまちがいが身にしみてわかっているので、T同志に対しても、打撃主義的なことをやろうなどとは毛頭思わなかった」と弁解しているが、相手を誘導尋問して、自分も、同じようなことをしゃべっておきながら、全部相手が自分かしつゝ活動されることを希望している。なおそれぞれ意見はまちまちだが結論的に弓削同志の推薦辞退を支持したのは、石上、野村、土田の各同志と私であった。弓削同志が固辞しなければ推薦するという条件付推薦（固辞したので結果として非推薦）は高山、大塚同志であった。他は本人が辞退していても推薦するというのであった。

二　私の意見に対する私の付加及び訂正について

私は、新県委員推薦が県委総会の議題になった当初に発表した意見の一部を、今度訂正したい。それは、藤間敬次郎同志と大塚正同志についてゞある。私は藤間同志と大塚同志を推薦した。藤間同志自身は最初の時は出席していなかったが、全員一致であった。大塚同志についても全員一致である。しかし私は今回私の意見を撤回して、藤間同志と大塚同志については棄権する。その理由は次の通り。

一、藤間同志は六全協後は誤った新綱領の農業問題の修正のために積極的に努力した。県党内でもまた全国農民政策会議（六中総を決定するための諮問の会議＝この会議には私も出席したのでよく知っている）等においてもたたかった。この点つぶさに私は知っている。また、山口武秀氏らに対する除名問題の解明のために現在の県常任委員とともに、ある場合には一層積極的に努力した。また県内農民戦線統一のためにも努力してきたし、している。また参院選挙、下級市長選挙等で政治戦線統一（社共労三党の統一行動）のために積極的にまた正しく努力した。これらの点は、藤間同志のために、私として特に断っておきたい。

では私がなぜ棄権するかといえば、五〇年に党が分裂して以後の一時期藤間同志は、県ビューローの一員として特殊財政の責任者をしていた。この特殊財政の内容は第一同県党協議会前、当時の県委員会と東部地区常任委員会の合同会議の時、私は、そうとう厳しく事実を追求したのであるが、特財とは商売をやって党資金をかせいだことで、特財関係の何人かの同志達が酒や女で堕落した。また党組織から切りはなした、め自然脱党してしまった者もある。また、商取引の際四畳半取引をしたこともある。といった漠然とした抽象的なことしか明らかにされなかった。今、志田問題、椎野問題などで、党中央が進んで事実を明らかにしないために、党外の人々に先にバクロされて、党は大衆の不信を買っている。わが県の特殊財政についても、党内に不信と疑惑がくすぶっているという話である。この問題については、直接関係者が全部の事実を具体的にす、んで明らかにすることが党を浄化し、党を統一するためにぜひとも必要であると考える。党中央と同じように、過去のことはあいまいにしたま、、中央集権を強調したり、集団主義を唱えたりしても、真の党の脱皮は不可能であるし、中央の良い加減な妥協的やり方に対してもた、かえないと考える。

私は特殊財政の責任者としての藤間同志の行動を知らないし、事実もわからないのだから、積極的な態度を示せないと考え推薦したのであるが、これはまちがいであった。事実が明らかにならない以上、私は棄権する。藤間同志はもちろん、県委員会と限らず県党内の特殊財政についてよく知っている同志達は、進んでこの問題を解明するよう要望したい。その上で県委員として推薦するかしないか討議されるよう要望したい。私は六全協後聞かされた〻けで、くわしくは知らないのである。

二、大塚同志は、県党において五〇年以後、極左冒険主義戦術の直接の最高責任者だったといわれている。労働運動、農民運動、平和擁護闘争等の全領域で極左冒険主義戦術が党と大衆に与えた被害は図り知れない。極端な場合には、革命の資金のためにせっとうまで行われた。

私は大塚同志が主観的には革命の事業に忠実であろうとして遺憾ながら極端な教条主義、主観主義にわざわいされて、極左戦術を指導したのだということは想像できる。また大塚同志が六全協後苦しい脱皮をつ〻

けて勉強もし主観主義を克服し、積極的で創意ある活動家に成長しつつあることもみとめられる。大塚同志は若いし、よく脱皮にたえうる人であると考える。しかし私は脱皮は党の役員にならなくてもできるものである、また役員であろうとなかろうと一党員として常に、大衆に心から服務するよう心がけ、大衆に服務することのできる人間に自分を成長させるよう心がけるべきであると考える。私は大塚同志は将来立派に指導的幹部となりうる人であると思うが、今は、勇気をもって過去の誤りの責任の所在をすすんで明らかにし、すっきりした自己批判を行うことによって、あたらしい党建設、党の民主々義のあり方を率先示すべきであると考える。したがって私は棄権する。

三　勇気をもって真実を語ろう

私は新県委員推薦についての県委総会の概況と私の意見を概括的にのべた。以上のまま、妥協の結果として作られた新県委員会は二百万県民の□□（判読不能）の中核（県民ばかりでなく、国民全体の利益につながるが）となりえるだろうか。私はなりえないと思う。なぜなら、党は社会科学におけるマルクス・レーニン主義によって他と区別されているばかりでなく、その節操において、正直さにおいて、他と区別されているからである。このような資質にまったく欠けた指導部が党の指導部を名のるということは、人民に対する欺瞞であり、ますます政治的に成長しつつ、ある労働者階級に対してはこのような欺瞞を永くつゞけることはできないし、できたにしてもそれはそれだけ革命をおくらせ、大衆を誤らしめるものである。多少の経験や党歴の古さにこだわって、このような同志を推せんするくらいならば、誠実さというたゞ一つの資質において、優っている他の多くの活動家（地区または細胞の）を抜てきすることの方が何倍もましである。私は現県委員会が指導部（幹部）というものを良いかげんに考えることをやめて、それこそ、五〇年以後の経験に学んだ指導部こそ、党の性格の表現であるし、党の性格を決定する重大な要素であるということを肝に銘じなければならないと考える。

しかし、私は現在の県委員会のこのような妥協的態度、なれ合い的態度に一定の根拠があることを知っている。それは現在の党中央が、野坂第一書記をはじめ個人責任を一切明らかにせず「党全体の誤ち」という漠然たる抽象的観念の中に解消してしまっているからである。六全協はいくらかの点で党の脱皮と戦術転換の突破口をひらいたが、多くの点であいまいな妥協があった。政策上では新綱領を正しい綱領などと呼んでいるのがそれであり、党分裂とその後の党の歴史をあいまいにし、誤謬の原因を明らかにせず、責任の所在を一切集団に解消し、不在にしてしまったことである。それは「党は保守政治のように総辞職はしない。自己批判をするんだ」と云い、「現在の中央は、政治的にも組織的にも感情的にも統一している」と野坂第一書記自身公言した数ケ月後には、志田事件、さらに椎野事件などが起っていることをみてもわかる。

もしこのまゝで甘んじていくならば、六全協の積極的な面さえも流産してしまうことさえありうるのである。私は党を愛し、常に成長する党とともにありたいと思うから、あえて私は声を大にして発言するのである。今必要なことは党建設の高邁な抽象論に百万言を費すことではない。一人一人が勇気をもって正直に心の中をぶちまけて真実を語ることだ。それが私たちのあたらしい結合の大前提だ。

私は、県党内にも、真面目に悩み、党の前途を案じている誠実な同志達が少なくないことを知っている。私は今の県の指導部が党の指導部にふさわしくないとしても、地区や細胞には、現在また将来党の中核となりうる人が少なくないことを知っている。だから私は声を大にして発言するのである。

四　私の意見に対する県委員会の取扱いについて

私は去る一二月二五日の県委員会総会の席上、私の意見は、原則上の重要な意見であると考えるから、多数意見とともに県党全体に発表して、討議にかけてもらいたいとくりかえし主張した。しかし、私の主張は私一人しか賛成者がなく否決された。そして、地区や細胞へ発表する場合は、たゞ推薦をうけた者の姓名と略歴だけを付し、推薦理由も、したがって、少数の非推薦理由も付さず、表決の結果、つまり推薦投票、非推薦投票ということも発表しない、ということを私一人の反対だけで多数で決定した。

私はこのような取扱いが不当であると考える。新しい県指導部を選出する母体である県党の地区委員会や細胞の諸同志は、かつて自分達がえらんだ現在の県委員会があたらしい指導部を推薦するに当って、どのように審議したか、多数意見は何か、少数意見はあったのか、それはどんな内容か等々について知る権利があり、その権利を、無視することは、地区委員会や細胞の同志達に対する侮辱である。しかも、同志達は、自分達が無視されたということさえしらないのである。したがって私は県委総会に対してふたゝび要求する。

一、私の少数意見を多数意見とともに適当な方法で地区及び細胞に知らせること。

二、今となって時間のつごうでそれが不可能ならば、県協議会の席上で私がこの意見書をよみあげるかまたは印刷して全代議員に配布することを許可されたい。

私は以上の点を断固として要求する。私は六全協後今までこれほど私の県委員としての権利が制約をうけたことはない。一九五〇年の七月に県党が分裂する直前までさえ、私は水戸地区の責任者をしていたが、私の権利は保証されていた、あるいは私は権利を行使していたと記憶している。コミンフォルムによる批判以後、県党内では自由で民主的な活発な討議が行われていた。しかしそれが抑圧されたばかりか、組織的処分が行われたために党は分裂してしまったのである。

五　私個人について若干及び声明一つ

（I）恐らくある同志達は、私があまりに党内問題にばかり心をうばわれすぎているとか、熱心になりすぎるとか、ケッペキでありすぎるとか、包容力がないとか、いろいろな批判や感想をもち、私を非難するかも知れない。

しかし、私は党の幹部とは党の指導の中核であるばかりでなく、大衆の指導の中核であると考える。党の指導部を形成するに当って、私たちは大衆の利害の観点に立たねばならない。私はここではただ簡単にこのことだけをのべたい。

私の県常任になってからの行動についていえば、県常任委員として、また財政部長、青年婦人対策部長、教育部長、文化部長として、私は私に可能なだけのことはしてきたつもりであり、つまりそれが多くの同志に不足であるように感じられるにしても、それが私の能力のすべてなのだ。

神之池基地闘争における統一行動の障害を取除くに当って、私は現地へも数回出向き、社、共、労三党、県労連、常東農総協、現地の六者会談には終始参加し、積極的に努力したつもりであるし、東部地区委員会との意志の統一のためにも努力し、一定の成果があったと思う。

参院選挙の三党の政治的統一行動を実現する場合も、一定の責任は果しえたと考える。

青年運動の方針を立案するに当っては、各地の活動家と直接面談し、実情をあるていど把握して起草し活動家会議に原案を示し、県委総会に二回図って可決された。あの方針書がどんなに不充分なものであっても、つまりこれが、私の能力の限界であり、私が県党に果しえた仕事のありのままの反映なのである。

教育については、趣旨を浸透させる努力の不足の結果、参加者は少なかったが、六日間の青年党員のための講座を計画し、実行した。

財政については先にのべた通り、西部地区の「統一のために」誌などにまちがった報道がのったこともあるが、県常任委全体の努力のなかで、党、北両地区の借財の整理と県委の借財の整理のために可能な限りの努力を払い、一定の成果がみられた。

婦人、文化関係は、何ら行いえなかった。これらすべてをまんべんなく行なうことは私には手が余った。

むろん私のなしえた数少い仕事も、県常任委員会の同志達の助力と指導、また地区委、細胞の多くの諸同志の協力、直接参加のたまものであって、私はたゞこゝに誤解を防ぐために、若干の自分についてのべたまでである。

党建設については、志田、神山問題等や、党中央の無原則的妥協については、長文の意見書を中央常幹に提出し、また県委にも提出した。農民政策の是正のためにも他の数名の同志たちと積極的に闘ったつもりである。

党の歴史を明らかにする点では、野村同志のイニシャチヴに協力し、藤間同志らとともに、山口武秀氏らの処分問題の歴史的経過を明らかにし、県委内の評価の不統一を克服する点でたゝかった。この問題についての県委総会の決議は、一二月二五日の県委総会で県党全体へ発表することを提案し可決された。すでに地区へ印刷物がわたっているはずである。また誤った総点検運動による、沼尻陽三郎同志に対する不当処分と、那珂湊の寺田同志に対する取扱いの不明な点について、改めて調査することを県委総会に提案し、決定されたので、私がその事に当り、一定の調査資料を作り地区へ配布した。その後地区はこれを進展させてはいないようだが。

私がけっぺきでありすぎるという感想があるとすればこう答えたい。私は党内では原則については絶対に妥協しないように心がけている。これは党員としての態度の問題で、私がそうありたいと努力しているのであってこれを私の性格問題にすりかえることはお断りしたい、と申しあげる。

(Ⅱ) 私については、今の県委員会は県党協議会に対し全員一致で私を次期県委員に推せんした。だが私は「お前を県委員には推せんするが、しかしお前の少数意見は尊重しない」といわんばかりのやり方には賛成できない。私の今の県委員会が私の少数意見を多数意見とともに、全県党の討議にかけるということを承認した場合（これは民主主義の最低の保障である）にのみ、私はその推せんをうける旨を正式に声明する。私は、私も県委員の一員として、県委員会の多数に同調しているようにしか全県党が理解できないような決議の発表方法に反対である。そんなことをつゞけるなら、私は、私が多数と同じ意見でないということを示すために、今の県委員会による推薦は固く辞退する。私が辞退するにもかかわらず多数で推薦決議をした上、本人が辞退していることさえも県党全体に知らせようとしないならば（何という茶番だろう）――まさかそこまではしないだろうが――私は県党協議会前に県委員を辞任する旨、こゝで言明する。

×　×

私はこの意見書を一月七日の県常任委員会々議、同八日の県委員会総会、一三日の県党協議会及び選考委員会に提出する。

（一九五七年一月三日）

日本共産党茨城県常任委員

大池文雄

（編者註）

本文書も本著作集編集時には原文を発見できなかった。従って『奴隷の死』収録文を底本にした。手書き草稿は高知聰氏旧蔵。

一〇　党の新しい建設と前進のために

一　党の新しい建設と前進のために、私達は今どうしたらよいか。

一九五〇年から六全協までの間、わが党は、不統一におちいっていました。そして新綱領をはじめとする誤った政治方針と官僚主義、派閥主義および一部の道徳的腐敗とによって、人民大衆から信頼を失い、党生活は半ば不具状態ないし窒息状態におかれてきました。

六全協は、党の不統一に終止符を打ち民主的な党生活を確立する可能性をひらきました。

しかし、他方では六全協の決議は、いくつかの重要な問題で、誤りと不徹底な面をともなっていました。それは基本的政治方針において「新綱領」を正しかったと規定した点と、統一戦線を、民主独立を達成し、社会主義にみちびく、革命の基本的な力とし、統一戦線戦術を労働者階級の周囲に、勤労農民、都市小市民、中間層を結集させるための一貫した政治方針として確認し、政治戦力、政党政派の正確な分析の上に立った見通しを十分明らかにできなかった点です。

今日に至るまで党の誤りの歴史的事実が正直に、正確に、公然と明らかにされず、党内討議（あるいは大衆討議）にかけられないで抽象的に語られています。例えば、極左冒険主義は、自分の力の過大評価と敵の力の過小評価という主観的情勢判断にもとづく小市民的あせりだったといっています。また野坂第一書記は、党の分裂は、多数派が規約を破り、ひきつづいて少数派が規約にない全国統一委員会を作ったから起ったかのように『前衛』に書いています。

しかしこれでは、誤りの原因はほとんどわかりかねます。例えば、派閥主義については、今のところ中央に個人中心主義的傾向の指導が行われたということになっていますが、志田重男を中心とする強大な派閥が存在したことは、今日ではほゞ推察することができます。またかつて伊藤律を中心とする派閥が存在し、両派閥の上に徳田書記長が存在したことも、今日ではほゞ周知のことであるかのようにいわれはじめています。伊藤律は六全協で確認されているところではスパイだったということになっていますし、（椎野はこれは否定しているそうですが）志田重男は、六全協で中央幹部にまでなっていながら、どこかへ出奔してしまいました。志田直系といわれ、六全協直前、六全協に抵抗する派閥活動をやったということで党員権を制限されていた北海道の吉田某なる党員は、最近独自の陰謀的な派閥工作を開始しはじめたと、北海道の党機関が報告しています。この男は六全協前まで北海道地方ビューローの責任者だったそうです。

志田、椎野らについて、党内外でいろいろ取沙汰されておりますが、彼らがやった腐敗した私行と、遊興その他については、罪はすべて彼ら個人に帰せられ、ともに中央ビューローだった人々の個々の所業について、あるいは彼らとの関係については一言半句も明らかにされていません。また志田、椎野の所業についても抽象的なことや、弁解がましいことは、いくらかいっていますが、こういう派閥主義と党の分裂との間には何の関係もないのでしょうか。彼らの遊興の金の出所と党の財政との間にはほんのすこしも関連がないのでしょうか。どうもそうは思えません。

また極左冒険主義戦術は、日本の革命運動に大きな打撃を与え、党に対する大衆の信頼を大きく失わせました。しかし、この戦術を遂行した具体的事実や、その直接の最高指導者や、指導者の集団については、私達は、漠然と推測できるだけで、本当は何も分りません。責任者不在で、「一億総ざんげ」のようなことが全党に行われています。あの当時どこからともなく指令や通達や非合法紙が出てきたわけではないでしょう。志田重男も六全協直後アカハタにのせた自己批判と称するもの、なかに、不正常ではあったが分裂後の中央を保持してきたことはわれわれの誇りだなどといっているのをみると、たしかにどこかに中央はあったのです。

これらの問題は何ら具体的に事実は明かされていません。

今党内で、具体的政策を作れ、という意見があります。これはもっともで、これは正しい。県委員会でも私などは力不足で、これらの要望にこたえられていません。ところで、一方次のような事実もあります。六中総で中央が各戦線の方針案を出すために、諮問の会議を開いたのです。私は藤間同志と一緒に農業問題の会議に出たのですが、深谷進さんのような反封建派のパリパリの御用学者（党内権力にたいする）だった人が、中央農民部だとかいうことで、ことごとくに反封建闘争理論を弁護し、ついにはまことに卑屈な態度で弁明これつとめて、何ら自主的な事実にもとづいて自己批判しようとしないのです。

参議員選挙闘争の経験を中心に統一戦線戦術について県委員会と中央委員会との間に基本的な意見の違いがあります。『前衛』にも論文を書き、中央常幹の紺野同志とも十分話し合い、私達が実際に自分で実践してたしかめた結論を尊重してほしい。中央方針が正しかったから茨城県で三党統一ができたのだと、主観的にこじつけないでほしいといって、言を左右にして、全く聞こうとしないのです。私は、中央は私たちとの意見の違いばかりでなく、面子にこだわる習慣がすてきれないのだと思わざるをえません。

こういう態度をあらためずにいて、ほんとうに人民大衆の立場に立ち、科学的に客観的に、現実を分析して正しい方針を作ることができるでしょうか。

また、最近ある古い細胞の同志が、わりあい新しい党員たちに、党の規律についていろいろ説得し、大衆に責任をもち、自発的に行動する細胞にしていこうと努力しても、たいていの同志には馬耳東風だというのです。個人主義とブルジョア自由主義がはびこっている、こまったということです。しかし、中央委員会も自由主義に反対したり、中央集権を忘れるなと警告したり、党内問題ばかりやらずに実践せよ、実践の中で党を統一せよ、と叫んでみたりしています。

しかし、と私はいゝたいのです。中央の同志たちが、「私はこれこれこういうような時、こんなふうに考えてこういうことをやった。このあやまりの結果、これほど重大なことになった。今日、私はこの誤りについてこう考え、自己批判している」と正直に自分たちのありのまゝの行為を明らかにしてくれて、ほんとうに赤裸に党の過去の誤ちや醜い部分についてさらけだされ、「これが実状だった。党の新しい建設はこゝから出発するほかはない」という率直な見解が示されることがないならば、そんな中央のいうことをあまり本気で真にうける人は少いし、また、真にうけられるようなものはどうしても少くなります。具体性がなく、党員みんなの心からの共感をよぶことができないのです。

私は、わが党を建設する大前提は、少しのはったりもごまかしもなくして、わが党が、過去の姿と、現在の姿をありのまゝに示して、悔い改め、今後大衆のために心から服務する心情を吐露して、党員同士、上から下まで、下から上まで、また大衆に対しても、決意を明らかにして出発することだと思います。

これが党員同士の心からの結合、大衆と党との人間的な奥深い共感にもとづく結合をもたらす基礎だと思います。中国の大衆路線は、正しい基本政策によってつらぬかれていたのと同時に、整風運動によって党員が人間改造の努力をしたことによって、保持されたのだと思います。今私達はこの教訓に学ぶ必要があると思います。それで私は、現在わが党の新しい建設と前進のために必要なことは、次の二点だと考えます。

一、国際情勢の新たな諸問題の解明と国内情勢の分析の上に立った当面の綱領を確立すること、そのため全党の知恵と経験を結集し、大胆な全党的討議を起すこと。

二、過去の経験を具体的に明らかにし、過ちや腐敗の全貌と責任のありかを党自らが明らかにし、政治方針上では正しい綱領と基本戦術の確立の基礎とし、党生活上では、派閥主義、出世主義、利己主義、ブルジョア自由主義等の根拠をうばってしまうこと。

以上の二点のためにたゝかうこと、今なすべきことはこれです。これを抜きにして党の前進はありえません。

二　党の指導部のありかたについて

今度、第二回県党協議会を開くに当って、県委員会内部で私たちの自己批判のあり方と指導部というものについての考え方の上で意見がわかれています。私はこの意見の相違については、県協議会前に、全県党の討議にかけるよう、主張しました。幸い、最後に「党の脱皮と再建のためには勇気をもって真実を語ることが必要だ」という私の意見書を県委総会に提出し、討議してもらった結果、少数意見ないし単位意見をもっている私が、今日この協議会の席上で、私の考えをのべる機会があたえられました。

私は新しい県の指導部をえらぶに当って、私達が候補を推薦する場合、次の二点を考慮すべきだと考えます。

一、情勢に応じて、敏速に適確に政治方向を見定め、それを示すことができる。

二、誠実で、正直であること。品格と人間的情操において信頼にあたいすること。

そして私は、特に今強調されねばならないのは、二番目の点だと思います。

過去に過ちをおかしたかどうかということは、この場合必ずしも問題ではありません。たゞその過ちを正直に公然とみんなの前に明らかにし、身も心もさっぱりとして過去の過ちと手を切る決意を示すことができるならば、その人はほんとうにすぐれた人だと思います。

私は、一でのべたような党中央の状態、細胞の同志たちの苦悩や不安の状況を突破する唯一の道は、私達自身、つまり県委員会自身が、自分にたいする良い加減な妥協や自分を可愛がる気持をすて、すっきりと過去におかした行為を明らかにし、自己批判と相互批判を開始すること、その点で相互に助け合い、非妥協的に、しかも過ちを明らかにし、認めようとする同志たちに相互に寛容の精神をもって誤りの克服と、人間的思想的脱皮を助けあうことがもっとも大切だと考えます。そうしてはじめて、県党の同志たちも、指導の中核とはかくあるべきだということをつぶさに知り、全県党に整風運動が行われるようになれば、県党の結束はしだいに固くなると思います。

また大衆の党への信頼もどんどん高まるだろうと思われるのです。

むろん、わが党は革命をやるのは大衆であり、私達は大衆を信頼しなければならないと思います。大衆はいつまでも「政治家」にひきずりまわされてはいないのですから。むろん、わが党は道徳教育の団体ではありませんから社会科学におけるマルクス・レーニン主義によって武装されなければ革命を指導することはできません。しかし革命におけるどんな困難にも、楽天主義を忘れず、利己心なく大衆に服務し、大衆の闘争を助けることのできる党員、出世主義や盲従主義におかされず創意ある、自主的で大衆に責任を負う党員の集団でなければ、わが党は、大衆の指導政党になることはできないでしょう。

「思想建設」をやっていけば、しだいに立派な思想をもった党員がでてきて、すぐれた指導部ができる（県委員会でもそういう意見があります）、本を読み勉強して立派な党員になろうとかいう考えにおちいっている人がいますが、党内では原則については非妥協的に闘うきぜんたる態度や誤ちをおそれて何もやらないようなことではなく、自主的に行動し、しかも過ちをおかしたりした場合も、それをかくさず率直にすべてを明らかにして、自己批判し、また他人の批判に謙虚に耳を傾ける誠実な態度によって、実際の党生活をつらぬいていかないで、どうして、「党建設はかくあるべきだ」とか「党の民主主義とはこうだ」とか、いうことについて思想教育することができるでしょうか。二枚舌的な人間でないかぎり、正直な人間ならとてもそんなことはできません。やったところで誰も本気にしてくれないでしょう。それは本質に大衆蔑視の思想であり、思いあがった人間の「政治性」というやつではないでしょうか。

そこで、私は県委員会自身が、まず整風運動の口火を切ることを提案したいわけです。

また今日の協議会がその口火を切ることを提案したいわけです。私に対して反対したある同志が、事実にもとづいて誤りの原因を明らかにし、教訓をひきだすべきだ、と主張しましたが、私はこれに全く賛成です。しかし大切なのは、こう宣言することではなくて、それを実行に移すことです。しかも県委員会という小さな密室の中に問題をとじこめておかないことです。

県委員会のある同志は、もう過去の誤ちについては六全協後の一時期と第一同県党協議会の時、明らかにしたと主張しました。しかし、そんなことはありません。山口氏外の処分問題一つとってみても、県段階の部分について、現在の県委員会が調査と討議を重ねてやっと一年がかりで明らかになってきたのです。

例えば、代議員の皆さんは、本県でかつて行われた特殊財政の具体的な事実、その全貌を知っていますか。私は県委員でありながら、ごく漠然としか知りません。しかしいくつかの具体的事実や証言を聞いています。しかし、それらをどうつなぎ合せたらよいか分らず、雲をつかむような状態です。県党内のいくつかの部分でこの解明と自己批判の会議がもたれたそうですが、その結果は発表されていません。

田中松次郎事件を知っていますか？　恐らく誰も知らないと思います。この事件については参考までに私の知っていることをこゝにのべましょう。これは私が県委員会に提出した意見書からの引用です。

「六全協直前、いわゆる田中松次郎事件が起った。この真相は県党内にも全然知らされていない。私は六全協後、何度も、この事件の真相を明らかにするよう要求したがいまだに明らかになっていない。

この事件の真相の一端は、六全協直後、高山慶太郎同志から当時の臨時県委総会で報告された。そこで報告されたものは、高山同志が経験した（ないしは関係した）事実のすべてである。この点は高山同志だけが率直に事実をのべたのであって、この点は高山同志の名誉のためにことわっておく。

私は当時東部地区常任をしていたが、針谷氏からこの事を聞き、東部地区委員会でことを明らかにするよう県委に要求する発言をしたことを覚えている。また当時東部地区委員で、この事件の関係者であった箱崎満寿雄同志から実状を聞いた。また第一回県協の選考委でこの事件の関係者である、石上同志に質問したが良いかげんな解答しか得られなかった。その後私は県委常任委となり、高山同志から個人的にことの真相を聞いた。その概要は次のとおり。

六全協直前のある日、田中松次郎同志（現党関西地方委員、当時党中央指導部―ビューローではなく合法機関―員）から当時の高山県委員長（ビューローキャップではない。合法の形式的なもの）にあてて手紙がきて、田中氏が水戸へ出向いていくからその際、高山、弓削、石上、古川（現利根町細胞、当時県アカハタ支局長）、箱崎の各同志を集めるようにとのことであった。そこでこれらの人々は弓削宅に集って、田中同志を交えて、一つの相談をやった。

それは、針谷武夫同志を中心とする県党の官僚主義的指導体制をくつがえして、あたらしい指導部を作りあげるということであった。当時県ビューローは針谷（キャップ）、藤間敬次郎、大塚正、琴寄清一郎、吉田信夫の各同志であり、針谷同志の専制的傾向が強かった。したがって、公然面で活動していた県の指導部員は家父長的抑圧とひきまわしに対して大きな不満をもっていた。そこでこの支配をクーデター的にくつがえそうとしたわけである。

またこの会合では、県党内における旧分派の擡頭に対しても、警戒して結束すべきだとの相談も行われた。いわゆる旧分派とはつまり針谷武夫、野村武秀（当時東部地区ビューロー員）、森谷茂男（当時西部地区ビューロー員かビューローキャップ？）その他である。これらの計画は、その後まもなく六全協があったゝめに、流れてしまった。

以上が田中松次郎事件の概要である。私は針谷同志の家父長制的指導体制をくつがえそうという考え方にはある意味で妥当性をもっていたと思う。

しかしその方法は、正面から堂々と闘うのではなく、分派的に結集して陰で画策するという、共産党員同志にはあるまじき卑きょうなやり方であった。また旧分派の擡頭として私と野村、森谷同志が地区機関の仕事をし始めていることをあげているが、これら三名は、全国統一委員会解散後、党分裂の原因と新綱領、新規約に意見を保留したまゝ党に復帰していた。（こんなことは茨城県だけの特殊事情らしい）針谷同志は五三年に茨城に着任後、私たちが順次党機関の仕事をしはじめたので、私たちはこの面では針谷人事といわれていたものと関係がある。（むろん針谷同志一人できめたわけではなく、県ビューローの決議は経ているが。）だから針谷同志と、もに、旧分派の派閥とみられる事情も存在した。しかし、森谷同志のことは知らないが、野村同志と私とは針谷同志と県ビューローが、上級の誤りをうのみにしてセクト主義的政策を官僚主義的におしつけてくるのに対してはたえず反対しつゞけており、そのため針谷、藤間同志から、たえず「良くない傾向」として非難、攻撃をうけていた。また一例をあげれば私は、県ビューロー主催の学習会議（短期党学校）で、新綱領の農業問題の規定が実状にあわないことゝ、民族独立の後、統一戦線とその政権が、独占資本に手をつけずもっぱらブルジョア民主主義的課題だけをはたすという新綱領の規定に反対して、針谷同志と対立し、二日目に関東地方ビューローから派遣された同志とも意見が対立した。ところが関東地方ビューローのその同志（姓名は知らない）はその後、関東地方の会議の席上、針谷同志に「学習の時におかしなことをいって頑張っていたのは、もと分派だそうではないか。地区ビューローにいるそうだが、問題ではないか」と云い、針谷同志は適当に弁護してくれたそうである。（この話は針谷同志自身から聞いた。）

また私が機関の仕事をしはじめた当時、県の組活という所にいた時、農対会議というのをやって、私と池田峯雄同志と針谷同志と関東の同志（姓名不詳）と集ったとき、池田同志が、常総農民同盟の綱領に政治目標を強調して、政治的にひきまわすことには反対だという意見をのべた（いさゝか非政治主義のきらいはあったが、当時の党のまちがったセクト的傾向に対して直感的反対を含んでいた）針谷同志は池田同志をどなりつけたので、私はそういう針谷同志の態度に反対した。また私は席上、反封建的地主制度は基本的に崩壊したという意見を強調し、帰途針谷同志に「関東から人がきている前で、あゝいう意見はつゝしんだ方がよい」と「忠告」された。

つまり針谷同志と私達を一律に、旧分派と片づけたり、針谷閥とみるとは全くまちがいであった。この点私は釈明しておく。つまり私は今までどんな派閥とも無縁であり、いくつかの過ちはおかしたけれども、私は自分の信じるところにしたがって歩んできたのである。

田中松次郎事件は、私のようになにも知らない人間が問題にする前に、事件に直接関係した人々が自ら明らかにすべきであるが、今のところ高山同志が事件を明らかにしたゞけで、それも県党全体には明らかにされていない。田中松次郎事件（針谷同志の家父長制に対するクーデター未遂）が、単に田中同志の創意のみで行われたとは信じがたい。これだけ組織的な行為は、誰か準備し推進したものがいる筈である。それが石上同志であるかどうかは分らない。（本人は出席しただけといっている。それなら中心になった者は誰かということはのべない。）それも今のところ全く分らない。私はこう事実をあいまいにしておくことに反対である。石上同志もいまだ自己批判していない。うやむやに釈明したゞけである。誰も追求しようとしない。相互に黙して語らない。無原則的妥協である。党的思想ぬきの集団主義の見本である。

また私を批判するある同志は、私がいまさら多くの同志の過去をつゝき出そうとしており打撃主義だというのです。しかし、打撃主義とは、正面から公然と事実にもとづいて批判するのでなしに派閥的に、自分や仲間たちのことは棚上げにしておいて、相手のことは、あることないことでっちあげて、手段をえらばず攻撃することである。」

私は考えます。私は終始正面切って意見をのべたつもりです。たゞ次のことはいえます。

多数意見とともに私の意見も全県党の討議にかけてもらいたい。県委内の原則上の不一致を全県党の討議にかけるのは、民主主義の最低の原則です。

何回もくりかえし主張して通らず、一月八日の県委員会総会は県党協議会前の最後の機会なので、どうも気負いこみすぎて、調子が追求《ママ》的になった面があります。これは私の至らなさのせいです。でも言わんとする基本点は今日のこの意見書で理解していたゞけるつもりです。これもだいぶ舌足らずですが、意のあるところをくんでいたゞきたいと思います。

三　県委員会で新県委員の候補推薦する際の私の意見について

私のこの点についての意見はすべて「党の脱皮と再建のためには、勇気をもって真実を語ることが必要だ」にのべ、県委総会で何回が主張してきたことですが、左に要約します。

私は新県委員に石上氏を推薦することに反対しました（一月八日の県委総会では私と野村同志の二名が反対）。針谷同志は辞任すべきであり私は推薦しないとのべました（私と弓削同志の二名が同様の意見）。また、私は藤間、大塚両同志に対しては棄権すると主張しました（私のみ）。また弓削同志の辞意を支持した（土田、野村、石上、私）理由は次の通りです。

石上氏は派閥主義であり、打撃主義であり、不正直だということです。

前記の私の意見書中から二つの例だけあげておきます。

「石上同志については、党内に余りにも真実が知られていない。事なかれ主義と、なれあい的精神と、また幾人かの同志たちは批判しようと思っても自分自身のやましさのためにできない等の理由がからみ合って、ほとんど真実が語られていないのである。

（イ）石上同志は、戦前は出獄とひきかえに転向手記を書くようなことはしなかった、と公言している。

また、第一同県協に提出した経歴書にもそう明記してある。しかし、まずいろいろな事情からこれは疑わしい。県委事務所の赤塚さんの話では、終戦まで石上同志が勤めていた全協で一緒に活動していた石崎源同志は「石上君は今どんなことを云っているかしれないが、石上君も私も、大きなことは云えないのだ」と語っている。

(ロ)一九五〇年六月以降、県党内批判者を中傷によって排除する際指導的役割を果した。

(ハ)藤間同志が特殊財政の責任者として大きな過ち(この内容も具体的には明白にされていない)を犯したとき、石上同志自身の表現をかりれば特財の失敗と腐敗を理由に「派閥的に、また打撃的に藤間打倒のカンパニヤをやった」。

(ニ)常東地域の常東農総協内の同志たちと、無原則的闘争を行った際、一方的に常東の同志を規律違反として除名その他の処分に付す上で、指導的役割を果した。また農業農民問題の理論の面でも誤った新綱領の規定にもとづいて、いわゆる、常東理論をやっつけるために奮闘した。(五六年八月三〇日の県委総会の決議「山口氏除名問題の再評価について」)

(ホ)六全協後、最近、T同志の問題の処理に当って、石上同志の陰険な打撃主義的行為について

県内のT同志が上級機関の仕事を任命されて転出した。その転籍の手続きがおくれた。数ケ月の間、県委員会へも地区委員会へも、T同志が新たに所属した機関からは何の通知もなかった。南部地区委員会は、正式に手続きをとるように上級に意見書を提出した。この意見書は、人事に関することであるのに県委組織部を通過させず直接中央委書記局へ提出した点をのぞけば正しい。しかし、この意見書と一緒に、石上同志は個人的な上申書を中央委書記局へ提出した。その内容について、関東地方委の内部で問題にしているのを聞き、私はある不審があったので、何べんか県委員会の席上で、説明を求めたところ、最初は南部地区委で提出した意見書と同じだとのべ、次には、T同志の任務のことで口外できないとの

べ、T同志が新任務に不適任だと判断する事があるというのなら、県委員会でも知っておく必要があるし、討議する必要があるかもしれないから教えてもらいたいと聞いたところ、石上氏は沈黙したまま、今日に至っている。

私がその後T同志に直接会って聞いたところでは、T同志が新任務についてから、数ケ月後、石上同志がT同志宅へ訪ねてきて、火鉢に当りながら、お茶をのみ話をした。その際、「『真相』を読んで俺はやんなっちゃったよ。あんなことは本当にあったのかね」（志田問題のばくろのこと）と話しかけ、また「椎野はごうかんしたという話だけれど本当だろうか」などと問いかけ「多分本当だろう」等とT同志は答えた。その他石上同志は中央の諸同志の噂話をあれこれともちかけ、T同志は自分の思ったとおり答えた。そしてその日はそのまま、石上同志は帰った。石上同志はその直後その時のお茶のみばなしの内容を全くT同志が一方的に話したかのように書いて、つまりT同志は、中央の諸同志を無原則的に誹謗しているかのように書いてその文章を中央に提出した。

むろんその場で、T同志に直接、批判することはしなかった。この点は、その後石上同志は、野村同志に指摘され「わかった、わかった」といったが、どうわかったのか不明で、「特財に対する無原則的派閥的闘争をやった時、自分のまちがいが身にしみてわかっているので、T同志に対しても、打撃主義的なことをやろうなどとは毛頭思わなかった」と弁解しているが、相手を誘導尋問して、自分も、同じようなことをしゃべっておきながら、全部相手が自分にしゃべってきかしたかのように作りあげ、それをこっそり、中央書記局へ提出するなどは、全く打撃主義的陰謀的やり口であって、それ以外に評しようがない。

幸いT同志は新任務からの失脚をまぬがれたらしいが、私は六全協後一年以上もたった今日、石上同志がいぜんとしてこういうことをやっている事は特によくないと考える。こんな行為のどこに主観的善意のかけらでもあるのだろうか。私は石上同志のこの行為は、石上同志の戦後の行為全体からみて、決して単純なものではなく、石上同志がいかにゆがんだ性格の持主か、党員としてのわずかな情操にさえ欠けているかを単純に物語っていると考える。ちなみに、T同志は党分裂時代は、全国統一委員会に所属しており、六全協の前年（?）復党したばかりであった。石上同志をどうして、他の県委員たちがかばうのか。県委員会総会の席上では、一部の同志たちは石上同志に対して批判がましい意見をのべはするが、どうして結論において適当であるとするのだろうか。自分に対して厳格ではないことの裏返しなのではないかと私は考える。」

私と弓削同志の針谷同志を推薦しない理由は次の通りです。

針谷同志は、六全協以前五三年以来県のビューローの責任者であり、かつ党中央（不正常な）の誤った基本的政治方針に盲従したばかりでなく、それを積極的に推進しました。そして県党内に、針谷同志を中心とする個人中心体制が作り上げられました。その結果県党内にきわめて不正常な官僚主義を横行させ、県党を誤らしめました。党生活の民主的なあり方として、県党を誤らしめた最高責任者である針谷同志は、自己の責任上、党の指導部から退くべきであります。なぜなら、党の幹部は党の独占物ではなくして、県委員は県委員会のグループ的集団の一員ではありません。幹部を大切にするということをお互い同士仲良くやっていこうという意味にだけ考えるとしたらとんでもないことでしょう。幹部は党員と大衆に対して責任を負うものであり、その観点がぬけた幹部政策はなれあいになってしまいます。長い間、大きな過ちをおかした同志の脱皮と生長のために必要なのは地位ではなく、自己批判であり、なれあいではなく、厳格なしかも思いやりのある相互批判だと思います。

藤間同志は、六全協後は誤った新綱領の農業問題の修正のために積極的に努力しました。県党内でもまた全国農民政策会議（六中総を決定するための諮問会議＝この会議には私も出席したのでよく知っている）等においてもたゝかいました。この点つぶさに私は知っています。また、山口武秀氏らに対する除名問題の解明のために、現在の県常任委員とともに、ある場合には一層積極的に努力しました。

また、県内農民戦線統一のためにも努力してきたし、しています。また参議院選挙、下館市長選挙等で政治戦線統一（社共労三党の統一行動）のために積極的に正しく努力しました。これらの点は、藤間同志のために、私としては特に断っておきます。

では、私がなぜ棄権するかといえば、五〇年に党が分裂して以後の一時期藤間同志は、県ビューローの一員として特殊財政の責任者をしていました。この特殊財政の内容は第一同県党協議会前、当時の県委員会と東部地区常任委員会の合同会議の時、私は、そうとう厳しく事実を追求したのですが、特財とは商売をやってかせいだことで、特財関係の何人かの同志たちが酒や女で堕落した。また党組織から切りはなしたまゝの自然脱党してしまった者もある。また商取引の際四畳半取引をしたこともある。といったばくぜんとした抽象的なことしか明らかにされませんでした。

志田問題、椎野問題などで、党中央が進んで事実を明らかにしないために、党外の人々に先にバクロされて、党は大衆の不信を買っています。

わが県の特財政についても、党内に不信と疑惑がくすぶっているという話です。この問題については、直接関係者が全部の事実を具体的にすゝんで明らかにすることが党を浄化し、党を統一するためにぜひとも必要であると考えます。

私は藤間同志が特殊財政の実状と責任の所在を自ら明らかにし、自己批判を深めて党を正す糧とすることを心から期待して棄権しました。

大塚同志は、県党において五〇年以後、極左冒険主義戦術の直接の最高責任者だったといわれています。

労働運動、農民運動、平和擁護闘争等の全領域で極左冒険主義戦術が党と大衆に与えた被害は図り知れません。極端な場合には、革命の資金のためのせっとうまで行われました。

　私は大塚同志が主観的には革命の事業に忠実であろうとして、遺憾ながら極端な教条主義、主観主義にわざわいされて、極左戦術を指導したのだということは想像できるのです。また大塚同志が六全協後苦しい脱皮をつゞけて勉強もし主観主義を克服し、積極的で創意ある活動家に成長しつゝあることもみとめられます。

　しかし、それは党の役員にならなくてもできるものである。また役員であろうとなかろうと一党員として常に、大衆に心から服務するよう心がけ、大衆に服務することのできる人間に自分を成長させるよう心がけるべきであると考えます。私は大塚同志は将来立派に指導的幹部となりうる人であると思いますが、今は勇気をもって過去の誤りの責任の所在をすゝんで明らかにし、すっきりした自己批判を行うことによって、あたらしい党建設、党の民主主義のあり方を率先示すべきであると考えます。

　弓削同志については、弓削同志が「党の役員は勲章ではない。戦後ずっと党歴をもっているということを理由にしたり、大衆への影響を考えてひきつゞいて県委員になるべきだという考え方には反対で、私の市議としての仕事や能力等から私がもっともやりやすい場所に自分をおいて、大衆に服務するということが正しい。今後は南町商店会々長でもあり水戸市議でもある立場を生かして、水戸市の党の一員として市委員会再建を心がけつゝ活動したい。またいろいろ勉強もできなかったし、党の線からずれたこともしてきた。勉強もしていかないと充分責任を果せないのでできるだけ勉強もしていくつもりだ」とのべたことを私は支持したのです。また弓削氏は最近退職金四万円を一時受取ってしまうという過ちもおかしたが、私は弓削同志が心機一転して、自分の持味を生かしつつ活動されることを希望しています。

　私は、私の少数意見が、適当な方法で多数意見とともに県党全体か（時間的に不可能ならば）党協議会で全体の討議にかけられることを希望しました。しかし、県委総会は、選考委員会でのみのべることは許可しました。選考委員会で多数決で私の少数意見を代議員全体に発表してもよいときまったならば発表したらよいだろうというのです。

私は、私の意見は選考基準の問題幹部政策の問題であり、何よりも党建設上の意見であるからといって承服しませんでした。

一月八日の県委総会で、私は私に県党または協議会で意見をのべる機会を与えてくれるなら、私は現在の県委員会による新県委員会への推薦は辞退すると主張し、それも許可しないなら県委員会を辞任する旨のべました。県委員会は、県党全体に責任を負っており、原則上の意見の対立が起った場合は、その問題を全県党の討議にかけるのが民主主義の最低の立場であり、今度の場合、多数意見とともに私の意見を県党内に発表することを要求するのは私の基本的権利であると考えます。それさえもできなければ、私は自分が県委員である責任を果せないと考えたのです。

また党の建設の基本路線は、県委員会にいようが細胞にいようが一貫して貫くべきものであって県委員会でそれができなくても、細胞でやっていけると考えます。私は今でもそう考えています。

四　一月八日の県委総会についての若干の補足

私は私の過去のことはのべませんでしたが、私の過去の具体的行為については、昨年春の東部地区党協議会の議案草案にあるていどくわしく個人名も記して書き、全地区党と県委、各地区委に配布しました。また第一回県党協議会にくわしい経歴書を提出してあります。昨年春、教育会館で行われた党の演説会で「私の反省」という講演をし、その原稿もあります。私は求められれば、いつでもこれらばかりでなく、改めて自分について率直にのべたいと思いますが、私はできれば県委員会全体が淡白運動の口火を切ることがのぞましいと考えてきました。

一月八日の県委総会では、新たに高山書記から、県委を整風運動の突破口にしていこうという提案があり私は胸をうたれたのですが、くわしくは高山同志から発言があると思いますからのべません。しかし、なぜ胸をうたれたかといいますと、私のような若輩とちがって、中年を過ぎた同志たちは、その人生において、また革命家としての生涯において、さまざまな曲折やある時は屈折や、また泥にまみれたりした経験をへてきていると思います。

これは今までの日本の社会、現在の社会の状況をみればわかりますし、当然です。そういう同志たちが自分をさらけだし脱皮していこうとする努力は並大抵のものではなく、ほんとうに利己心をすててかからなければできないと思うからです。私などが多少の経験や失敗をさらけだすのとはもう質的にちがいます。

例えば、戦争中は少年で、無自覚的に志願兵になって戦争遂行をやっていた私が、白色テロのもとでの共産主義者の屈折をせめる主体的実践的な資格があるでしょうか。ただ私は転向の事実を明らかにし政治的なまた人間的な面にわたって、その原因をえぐりだして、戦後の革命運動のあらたな出発のために生かそうとせず、多くの同志たちが「戦争に抵抗した共産党」の美名をわがもの顔にして、反省を経ない再転向をやり指導者におさまり、私たちはそのことを知らされず、尊敬させられてきた。というひどいやり方にたいしては、私も戦後派党員の一員として批判する権利があると考えています。

しかし、今のべたような観点から見なおして、一月八日の県委総会に提出した私の別の意見書が、ある人々にたいして、追求《(ママ)》的すぎたことを反省しているわけです。

真に自己批判を実行する同志を、過去の誤りを理由に一方的に責めるのはよくありません。

そんなことをすれば、それは私たちの人間変革—高い人間性の確立、ひいては正しい党風の確立にとって害にこそなれ、良くはなりません。しかし、不正直で自分の姿をごまかそうとしている人々を、ひきつゞいて指導部に選出することには私は反対です。一党員として、革命の一戦士として、ほんとうに脱皮を行おうとした人々に、幹部は大切だからといって、大切な党の指導部を提供する必要はありません。党の指導部というものは党と大衆の指導の中核であり、あらゆる点で、党の表現だということを忘れて、個人への同情や、なれあいの気持から混乱してはなりません。一党員として脱皮できなくてどうして、指導部にいて脱皮できるでしょうか。どこにいても党員の心構えは同じでなければならないのですから。

代議員の皆さん、あまりな妥協的なワクの中へ党生活全体をはめこんでしまう危険とたたかい、六全協の中の積極的な面を発展させ、政治的にも思想的にもりっぱな党を、一人一人の真剣な努力で作っていくために頑張ろうではありませんか。

（一九五七年一月一三日）

日本共産党茨城県常任委員

大池文雄

（付記）西部地区の『統一のために』誌に針谷同志が県常任だった当時一ケ月一〇〇〇円ほどしか給料を支給されていないと書かれていましたが、これは誤報で、これは七月に針谷同志が常任をやめるときに一〇〇〇円支給したのです。六月から七月一二日までに針谷同志には一八二五〇円が支給されています。五月に五〇〇〇円、六月に六七五〇円です。念のためこの席をかりて事実を正しておきたいと思います。

（編者註）

原文は本著作集編集時において発見できなかった。従って『奴隷の死』収録文を底本にした。手書き草稿は高知聰氏旧蔵。なお本文中のカッコ内の注釈はすべて大池氏のオリジナル手稿に記されたものである。

第２部　ハンガリー事件をめぐる論争

一　ハンガリー事件に関する『アカハタ』への投稿（原文無題）

『アカハタ』一一月一日号の武井昭夫氏の「悲劇の一週間」をよんだ。武井氏はハンガリー事件から、何ら本質的な教訓をみちびきだしていない。

武井氏は「人民民主主義のもとで『暴動』によって問題を解決しようとすることは正しくないだろう」とのべ、ハンガリー勤労人民の行動を、客観的には反革命であるかのように評価し、彼らを愚昧な暴徒扱いにしている。ハヽンヽガヽリヽーの人民民主主義そのものが、ハンガリーの歴史と現実を考慮しない非ハンガリー的な秩序であったこと、つまり政府の諸政策が人民をよりどころにするのではなく、ソヴェトの模範と援助（政治的・経済的）にたよっていたことと、国家機構もソヴェトからの直輸入、機械的官僚的押しつけであったことを、武井氏はおおいかくしている。

この場合、ソヴェト軍の出動が「全く合法的な行動」であったか、どうかには主要な問題はない。どのような体制の国家であろうと、人民は自分の政府をかえる権利（自由に選ぶ権利）をもっている。外国軍隊が人民の示威に干渉することは、内政干渉である。人民が交替するように要求した政府に味方して、人民に発砲したソヴェト駐留軍の行為は重大な犯罪である。このような干渉にもかかわらず、ハンガリー人民は、自分達の人民戦線政府を樹立することに成功した。新しい政権に広汎な労働者評議会の支援のもとに、ソ同盟に対し、独立した平等な立場を回復し、ソヴェト軍の国内（今のところブダペスト）からの引きあげと同時に、国内政策の面で重工業偏重を改め、労働賃金の引上げ、住宅建設、小地主を含む農民の性急な共同化を改め、農民の支援をも得つつあるように見うけられる。

なぜ示威が武装暴動にまで発展したのか。ソ同盟に対しては自主性がなく、人民に対しては官僚的な政府と勤労者党の下で、人民大衆の不満が増大していた。二〇回大会以後、スターリン主義の是正にともなう政府と党の権威の失墜の中で政策を改めようとはせず、いぜん政権にしがみついている政府と党指導者に対して、人民が一挙に不満をぶっつけたのだ。しかし、今まで官僚主義（個人崇拝―教条主義）の空気の中で生活してきた人民には、新たなハンガリー的な社会主義への道についての十分な展望と確信があったとは思われない。大衆行動に極端な動揺が起ったことは当然だろう。政府は人民の立上りに肝をつぶし、決定的転換（政府交替）の決意にかけていたばかりか、警察隊はデモ隊と衝突した。ソヴェト軍の出動が、この不幸を一層悲劇的なものにしてしまった。ゲレ党第一書記はナジと交替したが、余りにもそれはおそすぎたのである。ソヴェトの民族政策と外交政策、東欧に対する関係に、レーニン主義からの大きな逸脱があったことは争えない。それは果して相互主権の尊重、平等、互恵の立場を一貫していたといえるだろうか。スターリン主義はユーゴに対してのみ外交上の誤りを犯したのだろうか。事実こそ雄弁である。

独ソ戦の中で、ソヴェト軍によってもたらされた人民政権であっても、もしその後のソヴェトの指導と援助が正しく、ハンガリー政府と党も、自国の人民の創意と愛国心をよりどころにして社会主義建設の道を進もうと努力してきたならば、ハンガリー人民は必ず、りっぱなハンガリー的な社会主義国家を創造していたにちがいない。

武井氏の意見は、尊大で大国主義的の点において（権力主義、卑屈、事なかれ主義的な点において）きわだっている。

ハンガリーでたくさんの人民の血が流された。しかし武井氏にみられる傍観者の態度は、自らが革命家としての階級性と主体性にかけていることを物語っているのではないか。そこにこそ、私は大きな悲劇をみるのだ。

（一九五六年一一月一日）

（編者註）この原稿は『アカハタ』には不採用になった。本文書も本著作集編集時には原文を発見できなかった。従って『奴隷の死』収録文を底本にした。手書き草稿は高知聰氏旧蔵。

二　国際主義の再検討のために（『前衛』への投稿原稿）
—ハンガリー問題と共産主義—

（編者註—本稿の扉に左のような鉛筆書きがあった）

米原あてお葉書拝見しました。原稿お送りします。
書きあらためられるにさいしては、討論をすすめるために問題をしぼって、貴君の葉書にある「プロレタリア独才の国家機構の問題」「国際主義と民族主義の問題」等に論点を集中し、ケイサイの便宜上からはできるだけ短くしていただけませんか、無理かとは思いますが、お願いします。

前衛編集部　吉原

一　一般的問題提起

「勝利したプロレタリアートは、みずからの勝利を葬り去ることなしには、すべての他国民に、どんな幸福も強要することはできない」

これはエンゲルスのカウツキー宛の一八八二年九月一二日付の手紙の一節である。レーニンはこれを、「植民地にたいしてだけでなしに、すべての『他国民』にたいしても適用している、無条件に国際主義的な原理」と呼び、エンゲルスがこの原理を「疑うべからざるもの」として提示していることを強調した。（レーニン「自決に関する討論の決算」第九章参照）

レーニンはこれを、世界のプロレタリアートを分裂から防止するための無条件に民主主義的なテーゼとしてとりあげている。そしてレーニンは、プロレタリアート独裁の諸理論を定式化するに当って、国境がなくなり、諸民族の接近と融合がとげられる共産主義への段階へ移行する以前に、必然的にたどらねばならない段階—プロレタリアートの民主主義的独裁の段階—社会主義の段階における諸国民間、諸民族間の関係の無条件的な基礎として、エンゲルスのテーゼを承認し、強調している。

第二次世界大戦は、一国における社会主義の建設の時期を終らせ、中国と東欧の広大な地域に強力な社会主義国家群を出現させた。世界の世論の力と実戦における軍事力の均衡の結果、朝鮮戦争が停止した後、恒久平和の可能性がひらけはじめた時期に、中国政府はまずインド政府との間に、平和五原則にもとづく協定を締結し、つづいてビルマ、インドネシアとの間にも同様の協定を結び、同時に平和共存を保障する唯一の原則として五原則を宣言し、いかなる社会体制の国とも、この原則に則って友好的関係を樹立することを明らかにした。

また最近の不幸なハンガリー事件によって、ソ同盟の東欧諸国に対する関係に、不平等が存在したことがわかって後、中国共産党中央委員会は、社会主義諸国家間の関係においても、五原則が適用されるべきである旨声明した。

この五原則—領土主権の相互尊重、相互不可侵、内政不干渉、平等互恵、平和共存—は民族自決の原則の、今日における発展であり、国際プロレタリアートの民主主義のための（社会主義のための）一般的要求と完全に合致し、この五原則にもとづいて、世界各国の相互関係を樹立するための闘争は、社会主義の建設、資本主義諸国における社会主義のための闘争、植民地、従属諸国の独立のための闘争の発展と勝利を保障する国際環境を強めるものである。この原則は一切の大国主義と小国、少民族における狂信的愛国主義—民族セクト—に反対して、世界のプロレタリアートを真に国際主義的に教育するところの一貫した原理である。

ソ同盟共産党第二〇回大会以後、東欧で表面化した諸事件は、ソ同盟が、東欧の人民民主々義諸国に対して、長い間、この原理を破っていたことをはっきりさせた。これが、性急な環境に適さない重工業重点政策の強行、農民の自発性にもとづかない農業協同化の天下り的推進、更にスターリンに対する個人崇拝と、党の行政機構化—官僚化という事態と結びついて、労働者、農民の貧困の継続と経済的、政治的、民族的不満の増大が起った。

戦争の不可避性を依然強固に主張し、資本主義経済の相対的凋落と恐慌の激化、及びそれにともなうファシズムの擡頭と戦争ヒステリーの増大という主観主義をふりまいたスターリンの誤りは、世界のプロレタリアートと人民の平和、独立、社会主義のための闘争を、日和見主義的、セクト的傾向へおとしこんでいた。アメリカのマーシャルプランがヨーロッパで新たに戦争の脅威を生み出した最大の原因であったが、この脅威に対するに、ソ同盟はポーランド・ハンガリー等へ軍隊を駐留させ、同時に、これら諸国の性急な重工業建設、農業の協同化、小ブルジョア政党の圧迫及び共産主義政党の官僚化を外部から促進した。そして東欧に対するソ同盟のいきすぎた軍事ブロック政策、ソ同盟軍の駐留をもとにした従属化政策も生じた。

これらの誤りの思想的根源は、レーニンが遺書の中でスターリンに向って激しく非難した大ロシア主義の延長ともいうべき大ソ同盟主義とでも呼ばねばならぬ性格のものである。ハンガリーの軍事干渉のもたらした悲劇的な事件は、大ソ同盟主義の延長であると同時に、その破産である。

ロシアの民族政策について、民族自決—諸国民の分離、独立した民族国家を作る権利—を擁護し、国内における指導的民族の存続に反対し、諸民族の同権を主張し、それこそが、諸国民、諸民族の離反、憎悪をおわらせ、融合、接近の正しい保障であることをくりかえし「国際的社会民主々義者となるためには、自分の民族のことだけを考えないで、全民族の利害、全民族の普遍的な自由及び同権を、自分の民族より以上に位せしめなければならない。『理論』の上ではみな、このことに一致しているが、実践上では、まさに併合主義的無関心を発揮している。ここに悪の根源がある。」（前掲書第七章）とのべて、このような精神でプロレタリアートを教育することを要求したレーニンの思想と対比する時に、レーニン死後の国際共産主義運動の主潮流がどのような大きな誤りを犯したかは一層明白である。

以前から平和五原則を称揚し、実行しつつ最近のポーランド、ハンガリーの事件に際しては、大国のおちいり易い民族排外主義について自国民に警告し、ソ同盟が社会主義諸国家間の関係においても五原則を確立することをみとめたことは正しいと声明した中国共産党中央委員会も、自己の観点を徹底させて、ハンガリーの国内問題に対するソ同盟の軍事干渉がひき起した諸事態に対してもっと徹底した冷静な判断を持つよう希望したい。

ハンガリーの叛乱を西欧帝国主義が利用しようとして、ハンガリーを資本主義の道へひきずりこもうと懸命な努力を払ったことは事実であった。しかし、ソ同盟の軍事干渉は、世界のプロレタリアートと平和をのぞむ人民勢力を、西欧へ敵対して行動させずに、ソ同盟に対する疑惑、不信、非難へとひきずっていってしまった。世界の共産主義運動も、この問題をめぐって、二つの主要な潮流に分れた。一方はソ同盟やフランスの共産党中央、他方はユーゴやアメリカの共産党によって代表される二潮流に分れている。

ソ同盟は、自分の軍隊による以外にハンガリーに社会主義を建設することはできないということを行動で示すことによって、ハンガリーのプロレタリアートと人民を侮辱したのであるから、世界のプロレタリアートや人民大衆、多くの共産主義者やその党の支持者をえられなくなったのは当然であって、今では例えおくればせであってもソ同盟や、これに追随した各国共産党が自己の誤りに気づき、これを修正しさえすればよいのである。

われわれが恐れなければならないのは、この誤りが改められず、今後長期にわたって持続することである。すでにシェピーロフソ同盟外相が国連での演説において、ハンガリーの悲劇の歴史的原因をハン、ガリ、ー、の（ソ同盟のではない）旧指導者の責任にのみ押しつけ、ハンガリーの社会主義を擁護する（この擁護の内容とやり方こそ問題なのだが）ためにとったソ同盟将兵の英雄的行為と立派な道徳的規律（この規律が民族主義的精神にもとづいていることは前にのべた）を称揚することによって持続されつつある。各国共産党―フランス、日本等―の指導者がこれを是認し、これに追従することによって誤りが固定化される危険は増大しつつある。

わが党の中央委員蔵原惟人も、進んでこの役を買って出ているし、『アカハタ』は、もっぱらこの立場を強化しつつあることは全く残念なことといわねばならない。

（註）今の所、『アカハタ』掲載の良識ある意見と思われるのは一二月一三日付の山野三吉氏の「ハンガリー問題と追随思想」だけである。

私が冒頭にエンゲルスの言葉をもちだしてきたのは、私がエンゲルスの権威によって私の理論を権威づけようとしたためではない。少くとも一国の国民の運命を論じようとする場合、その運命の転換点となるべき事件が、国際共産主義運動の歴史的な誤謬から必然的に発生したと見られている場合、人間の認識史の上に弁証法的唯物論と史的唯物論が発生して以来、これら科学としての理論が、そのそもそもの初めから今日まで、民族、国家問題をどのように取扱ってきたか調べてかかかるぐらいの労を社会科学者としての共産主義者が省くことは許されないと思うからである。

私が冒頭にエンゲルスの言葉を持ちだしたことは、シェピーロフや蔵原のような人々に対する抗議でもあるのだ。

ハンガリー問題における最初の誤謬は、ソヴェト軍によるファシスト・ハンガリーの崩壊につづいて、ソヴェト軍の占領下において、ソ同盟とソ同盟共産党が、自国の社会主義の模型をハンガリー人民に押しつけたことにあるのだ。ソ同盟とその軍隊は、ハンガリーに広汎な民主々義を復活し、人民の直接参加による自由な選挙（意志表示）によって自己の政府をえらばせるべきであったのだ。この点でソ同盟に誤りがあったかどうかは今のところはっきりしない。つづいて平和条約を結び、ソ同盟軍隊は撤退すべきであった。
それ以上のことを絶対にしてはならなかったのだ。内政不干渉、主権の尊重、平等互恵とはつまり具体的にはそういうことをいうのである。ところが、それ以上のこと、つまり軍事ブロック政策が遂行され、従属化が行われたのである。

二「経済的なものが、それ自体で、直接に、あらゆる困難を始末しはしない」

エンゲルスのこの命題について、レーニンがどのようにのべているか、少しみてみよう。

「エンゲルスは、『経済的なもの』が、それ自体で、直接に、あらゆる困難を始末するものとは、まったく考えていない。経済的変革は、すべての民族を刺激して、社会主義へなびかせるが、しかし、このばあいには、革命―社会主義国家にたいする革命―も、可能であれば、戦争も可能である。経済への政治の順応は不可避的におこなわれるが、しかし、それは一挙にではなく、スムーズではなく、単純ではなく、直接でない。エンゲルスは、かれが、植民地にたいしてだけでなしに、すべての『他民族』にたいしても適用しているひとつの、無条件に国際主義的な原理だけを、すなわち、他民族[註]に幸福を強要することは、プロレタリアートの勝利をくつがえすことを意味するという原理だけを、『疑うべからざるもの』として提示している」（レーニン「自決に関する討論の決算」彰考書院版『民族問題』第三分冊、第九章より）

（註）大月書店、ML選集ではエンゲルスのカウツキーへの手紙中のこの言葉は「他国民」と訳されている。

「むかしの『経済主義者』は、マルクス主義をカリカチュアに転化させて、マルクス主義者にとって大切なのは、『ただ』『経済的なもの』だけである、と労働者におしえた。新しい『経済主義者』は、あるいは勝利をえた社会主義の民主主義国家は境界なしに存立するだろう（物質のない「感覚の複合」のたぐいだ）と考え、あるいは、境界は、『ただ』生産の要求によって決定されるだろう、とかんがえる。実際には、これらの境界は、民主主義的に、すなわち、住民の意志と『共感』とに応じて決定されるであろう。資本主義は、これらの共感を強要する、そしてそのことによって諸民族の接近の仕事に新しい困難をつけくわえる。社会主義は、階級的抑圧なしに生産を組織し、国家の全成員に幸福を保障する。そしてそうすること自体によって、住民の『共感』に完全な余裕をあたえ、ほかならぬこのことのおかげで、諸民族の接近と融合とを容易にし、それを大いに促進する」（前掲書と同じ、第一章）

ハンガリー事件の原因を、ハンガリーの旧指導者の失政という漠然たる命題に解消せしめようという試みや、単なる重工業重点政策や、性急な強制的な農業の協同化の促進等にのみ求めようとする人々に対しては、ただレーニンの言葉をかりて不快な、不手際な「経済主義」とでも呼ぶほかはないのだろうか。社会主義経済建設における、ソ同盟の性急で公式的な模倣はそれ自体確かに失政の重要な内容ではあるが、社会主義国家間の協力関係の面において犯された誤ちをぬきにしては、ハンガリー事件は説明ができない。

むろん今日でも資本主義のもとで民族的抑圧を絶滅することは不可能である。（しかし民族的抑圧を廃止することが全く不可能だということではない。いうまでもないが）このためには、階級を止揚し、社会主義を獲得することが必要である。しかし「経済にその基礎をおくとはいえ、社会主義は、そっくり経済に還元されるものではまったくない」。レーニンは『共産党宣言』において表明された原理を、発展させて、次のように言っている。

「民族的抑圧を排除するためには、土台―社会主義的生産―が必要であるが、しかし、この土台の上には、さらに民主主義的な国家組織、民主主義的軍隊その他が必要である。資本主義を社会主義へ改造したのち、プロレタリアートは、民族的抑圧を完全に排除する可能性をつくり出す。この可能性は、住民の『共感』に応じた国境の決定や、分離の完全な自由にいたるまでの、あらゆる領域に民主主義を完全に実行するばあいに『はじめて』―『はじめてだ！』―現実性に転化する。この地盤のうえで、逆に、ごくわずかな民族的摩擦も、ごくわずかの民族的不信も、実際に絶対的に排除され、諸民族のすみやかな接近および融合―これは、国家の死滅によって完成されるが―つくり出されるのである。これがマルクス主義の理論である」（前掲）

私がこれ以上何もいうことはない。ソ同盟共産党に対する独立性と自国の革命に対する責任をもつ精神にかけているわが党中央の多くの同志達とその政策が、日本のプロレタリアートと諸人民層の大きな支持と共感をえられないのは当然である。日ソ交渉において、特に領土問題について、歴史的に千島が日本の領土であったことを故意に問題としない態度によって、客観的には、千島は歴史的にソ同盟のものだったというソ同盟のあやまった主張にいかに一方的に追随したか。「ソ同盟の将来の善意」に期待せよと説教し、正当な主張をも「ブルジョア民族主義」として断罪し、これと闘った孤軍奮闘（実はソ同盟とあらゆる領分にわたっての共同―追随―）ぶりに対しては、多くを語る必要はないのではないだろうか。

（一九五六年一一月二八日）

三　ソ同盟を支持するかどうかということは国際共産主義の基準となりうるか

今日では、このような問題提起は一笑にふされるかもしれない。しかしつい最近まで国際共産主義運動を支配していた国際共産主義の判断の基準は、「無条件にソ同盟を支持するか、どうか」ということであった。レーニンが共産主義者の試金石として、プロレタリアート独裁を承認するかどうかを提起したことはよく知られている。十月革命は世界で最初のプロレタリアート独裁の国家―彼らは困苦にみちた闘争を遂行しつつあった―のソ同盟に対する信頼を生ぜしめたのは当然である。しかしそこから、十月革命を各国の革命の雛型とみ、同時にソ同盟を絶対視し、これを盲目的に擁護し、これに盲目的に追随する風潮が、世界の共産主義運動の支配的動向にまでなった。

いくつかの国の共産主義運動の指導層におけるマルクス主義に対する無知―無知は無恥に通じる―創造的能力の欠除、弁証法的唯物論と史的唯物論の世界観が十分に確立され、骨肉化されていなかった事情の中で、レーニン死後のスターリンの多くの理論上の誤謬、社会主義の諸制度と党の官僚化―行政機構化―イデオロギー上の個人崇拝、と結びついた書記長への権力の集中化等の諸弊害がそのまゝ、いくつかの国の党に模倣せられ、各国のおくれた社会層のおくれたイデオロギーの党内への流入と結合して、党が思想的にも組織的にも一個の官僚組織に転化していったのである。

こうして、レーニンがたえず強調していた「世界的な一般民主々義運動の見地」からの逸脱が起ったのである。

ソ同盟に対する態度によって共産主義とその運動の正否をきめようという態度は、第二次世界大戦後、更に強まった。ソ同盟がファシスト・ドイツをうちやぶり日本とドイツのしかけた軍国主義強盗戦争を敗北せしめ、中国における社会主義の勝利の国際的環境を作りだし、東欧にいくつかの人民民主主義国家を樹立するのに、大きな貢献をしたことが、ソ同盟に対する世界の党の信仰を一層倍加させたためである。

ソ同盟に対する態度が必ずしも国際共産主義者の基準になり得ないことは一九四八年以来の反ユーゴ・カンパニアの今日における破産が明瞭に物語っている。

劉少奇の有名な著作『国際主義と民族主義』は、いくつかの正しいことものべているが、―それらは『レーニン主義の基礎』においてスターリンののべているところからほとんど一歩も出ていない―それらは新しいものはなく、第二次世界大戦後の新しい国際情勢に適応した新しい命題を提起したものでもない。

逆に一九四八年一一月に書かれたこの著作は、ユーゴスラヴィアの社会主義建設の諸成果を国際共産主義運動を追放しようとするカンパニアに、一役も二役も果す結果となった。

劉少奇は新しい国際情勢に適応した民族問題を、どんなにありきたりの単純すぎる命題に解消してしまったか。彼は書いている。

「一九二五年の春、中国の偉大な愛国者孫中山は、臨終にあたってソ同盟におくった遺書のなかで云っている。『この自由な共和国の大同盟は不滅のレーニンが被圧迫民族の世界にのこした真の遺産であって、帝国主義のもとにある被圧迫民衆は、これによって、その自由を防衛し、古くからの隷属や戦争や利己主義を基礎とする国際制度から解放をはかることができる』と。この真理は、反ファシスト世界大戦によっていっそうあきらかに証明されたが、現在および将来の世界人類の解放闘争でも、さらにいっそうはっきり証明されるであろう。ちょうど同志毛沢東が『新民主主義論』のなかではっきり証明しているように、ソヴェト同盟と提携するかそれとも帝国主義と提携するか二つのうちの一つをえらばなければならないのである。これが愛国者と売国奴とをわける境界であり、これが革命と反革命とをわける境界であり、これが世界のどんな民族にとっても、進歩にむかうか退歩にむかうかをわかつ境界となるものである。ソヴェト同盟に反対することは、必然に帝国主義の利益と合致するだけで、自民族の利益には反するものである。」（劉少奇『国際主義と民族主義』三、国民文庫版四四頁。傍点筆者）

このような定式を一般的、普遍的のものとして承認するためには、次のこと、つまり、ソヴェト同盟は、いかなる場合も、絶対に誤りをおかさないし、おかすはずがないが、他国の共産主義者または社会主義国家は誤りをおかすかもしれない、ということが前提とならなければならない。

劉少奇ののべていることが、そのまゝ世界の共産主義政党間の関係を盲目的に規制していたことは事実である。

平等の原則にもとづく、協力と友好的批判の関係という原理は事実上存在しなかった。（この点ではコミンテルンへのスターリンの支配が決定的になった時、すでにその危険が内在していたのではないか、それがスターリンの誤りと結びついて―この点こそ問題なのだが―コミンフォルムにおいて復活し、支配的になったのではないかと思われる。）

ソ同盟共産党第二〇回大会がスターリンのユーゴに対する誤りをみとめて以来、平等の原則にもとづく、協力と友好的批判という原理は、ソ同盟共産党とユーゴ共産主義者同盟の間で協定され、これが一層発展して、全社会主義国家間の関係を五原則にもとづいて、樹立するということが確認されたのである。むろん実際には、これはまことに不十分にしか行われていない。ハンガリー問題における実際問題上の各国共産党間にある不一致が、これを困難にしているし、一層正確にいえば、フルシチョフがスターリン批判をしたように（内容とやり方にいろいろ問題はあるが）ソ同盟共産党の指導者が、真に勇気を振って過去の罪悪を直視しようとしていないところに最大の原因があるのである。

ソヴェト同盟と提携するか帝国主義と提携するか。われわれはこの一般的命題を拒否しなければならない。なぜなら、むろんわれわれはソ同盟との提携をのぞむ。平和のために、また社会主義のための国際的な事業のために。しかしソ同盟があやまりをおかした場合は、他国のプロレタリアートは第三の道を主張しなければならないからである。この第三の道は中立を意味しない。これは共同の目的のための友好的批判である。また、各国家間の関係を規制するものは五原則でなければならず、五原則が守られるならば、ソヴェト同盟とだけでなく、あらゆる社会体制の国々が平和的に共存できる、というのが世界的一般民主主義運動にてらしてみて、プロレタリアの国際的事業の真の利益と合致する一般的命題である。

むろん社会主義諸国家は社会主義の発展と世界平和のために無条件に緊密に提携―その利害の基本的一致がその提携を可能にしている―しなければならない。しかし、社会主義国家間の関係において、指導的国家の存在を断固として拒否すること。これら諸国の接近、協力、融合の基礎を五原則以外にもとめようとする考えを決して受けつけないことである。

各国共産党の関係において、指導的共産党の承認を拒否すること。各国共産党の相互の協力を促進する原則は、各国共産党が平等であること、相互の独立性を尊重することを基礎として、友好的な相互批判のための民主的条件を作りだすことである。

（一九五六年一一月二八日）

（編者注）

この原稿は『前衛』には不採用になった。本文書も本著作集編集時には原文を発見できなかった。従って『奴隷の死』収録文を底本にした。手書き草稿は高知聰氏旧蔵。

四 「民族の自決」の原則は世界の民主主義的運動の一般原則に従属する
—平和と独立と社会主義のための世界の民主主義的運動の一般原則とは何か—

「民族の自決」の原則、諸民族の分離の自由と、独立した国家を作る自由を擁護すること、このことの今日における表現は、すべての諸国家間の関係においては、五原則と呼ばれる。五原則とは領土主権の尊重、内政不干渉、相互不可侵、平等互恵、平和共存であり、これは恒久平和のための諸条件の成熟の中で植民地、従属諸国の独立のため、ますます発展し成功を収めつつあることによって、世界の諸国民とプロレタリアートにとって一層実感的なものとなった。

平和五原則のための闘争が可能になった第二次世界大戦後の基本的情勢は次の通りである。

① 日本、ドイツ、イタリア等のファシズム国家の敗戦、消滅と、東欧と中国における新しい社会主義国家群の誕生。強力な社会主義的世界体制の確立。一国における社会主義が、諸帝国主義列強に包囲されている段階から、社会主義世界体制が資本主義世界体制と均衡をうる段階にまで発展したこと。

② 中国、インド、インドシナ、エジプト、イラン、アジア、中近東、アフリカ大陸に帝国主義の抑圧から自己を解放した独立の国家群が発生し、米、英、仏帝国主義列強との莫大な超過利潤の源、戦略拠点であったこれら諸国が、平和のための防壁に転化し、世界政治における発言力を著しく増加し、国連でも、大きなキャスティング・ボートをにぎっていること。

③ 植民地分割、支配、利権の争奪をめぐって、米、英、仏の利害がたえず衝突し、ドイツ国力の増大、

ドイツ国家の復活の脅威をめぐって、北大西洋条約機構内部の統一が成功していないこと。

④　アメリカによる原水爆の独占が打ち破られ、この面での社会主義国家群に対するアメリカの軍事的優位性が失われ、新たな大戦は、人類皆殺し戦争にみちびく危険をもつことが、世界人民ばかりか此支配層にも認識されるに至っていること。

⑤　冷戦と軍事ブロック政策に反対し、原水爆の禁止と軍縮を求める世界平和擁護運動が広汎な諸国人民をまきこみ、世界の世論に大きな影響力をもってきていること。

⑥　社会主義のための闘争が、いくつかの資本主義諸国で発展し、時に、イタリア、フランスにおける階級的闘争の発展は、ヨーロッパにおける戦争の危険をいちじるしく弱めている。ソヴェト、中国、東欧等の社会主義の現実の成長、社会主義の資本主義に対する優位性の現実的証拠は、世界のプロレタリアートの社会主義への闘いを勇気づけている。

以上が朝鮮、ヴェトナムの戦争を終結させ、今またエジプトへの武力侵略を中止せしめた力関係の概括である。

世界の平和運動は、内政不干渉の原則を断乎として擁護してきた。軍事ブロック政策は冷戦を激化し、他国領土への軍隊の駐留は、必然的に、その国の主権を侵し、内政干渉をひきおこすことを主張してきた。これは、社会主義と資本主義とを問わず、一切の国々に適用されるべき原則であった。不幸にも一時期スターリンの論文に影響されて、多くの平和擁護者がその見通しをあやまったために、世界の平和擁護運動は損害を受けたのであるが、恒久平和の可能性がひらけた―スターリンはそう思わなかった―時期に、ソ同盟がいくつかの社会主義国家を他の多くの社会主義国家と区別し、その国々の領土に軍隊を駐留させ、これを、自国の防衛のためではなく、被駐留国と自国の共同の防衛のためだというアメリカ帝国主義と口裏を合せたような弁明によって維持してきた。この点に、ソ同盟ならびにポーランド、ハンガリーの旧指導者の誤謬があった。問題はこの誤謬が、条約加盟両国家の友好（共同防衛）を促進せずに、ソ同盟の側からの社会主義体制の官僚的押し付け、従属化の支柱となったことである。

ブダペスト暴動―正当な大衆の抗議、叛乱―が、ソヴェト軍の最初の干渉によって、反革命分子の活動の手掛りを大きくし、ソヴェト軍の一時的なブダペストからの撤退後、無政府状態と、白色テロの横行が発生した事実は、ハンガリーの社会主義がソヴェトのおしつけであったこと、勤労人民の生活水準と文化水準の向上が阻害されていたこと、国民感情の中に非常に大きな反ソ感情が鬱積していたことを物語っている。

次にもう一つの問題に移ろう。ハンガリーへのソ同盟軍の干渉は、ヨーロッパにおける戦争か平和かの岐路にあって、平和への道に通じるのであって、ハンガリー人民だけの問題ではない、という「理論」についてである。

「それは二つの角度から決定的なものであった。」とイギリス共産党書記長ジョン・ゴランは書いた（『アカハタ』一一月三〇日、一二月一日号所載―デイリー・ワーカーよりの転載）。「それは二つの角度から決定的なものであった。ファシズムか社会主義か、労働者階級の前進か反革命か。もう一つの点は戦争か平和かという点からである」。戦後ファシズムの危険の過大視、帝国主義の狂暴化の過大視が各国の共産党のセクト化の危険をまねいたことも想起する必要があろう。

第一の角度については問題外であるハンガリーの叛乱は、ソヴェト同盟との間にあった不平等（ソ同盟軍の駐留と結びついた）に対して向けられたものであった。世界のプロレタリアートはこれを支持すべきであった。むろん、「民族問題を偶像化することは、もっともいけないことである。しかしひとたび大衆的民族運動が発生した以上は、それを放棄したり、そのうちにある進歩的なものを支持することを拒んだりすると、それは実際には民族主義的偏見に屈服すること、すなわち『自分の』民族を『模範民族』とみとめること（もしくはわれわれの方から附言すると、国家建設について独占的な特権を有する民族とみとめること）を意味するのである。」（レーニン『民族自決権について』一九四一・四《ママ》—六月、第八章）第一の角度のもう一面、ファシズムか社会主義かについては、ハンガリーのプロレタリアートと共産主義者は社会主義を擁護し、過去の誤謬—ソ同盟への追随、重工業化と農業の協同化のゆきすぎ、個人崇拝と結合した政府と党の官僚化、法律の侵犯、民主主義の侵犯—を一掃するための闘い、叛乱を反革命分子に利用させないよう、警戒心を発揚し、団結を強化すべきであった。諸国のプロレタリアートはハンガリープロレタリアートのこの闘争の方向を支持し、この道からはずれないように助言するとともに、この叛乱に対する帝国主義諸国の介入の試みに反対して闘争することであった。

この点でハンガリーのプロレタリアートと共産主義者が十分でなかったということは考えられるところである。しかしとりわけ、決定的なソ同盟の軍隊と政府と共産党のとった行動はハンガリーのプロレタリアートの直面した困難を数倍化した。ソ同盟軍隊の最初の干渉（ブダペスト撤退前の）は叛乱に立ち上ったハンガリー人民大衆から理性と統制力を奪ってしまった。

いずれにしてもハンガリーの社会主義の防衛の仕事は、何人の主観的願望と意図いかんにかかわらず、まず第一にハンガリーの歴史的客観的情勢、力関係とその衝突の度合、方向いかんによって決定するのであって、これら階級闘争の激突の諸方向を見通せず、掌握できなかったハンガリーのナジ派とカダル派は、これらの運動の諸方向から浮上り、前者は無政府主義的ファシスト的テロに道をひらき、後者はソ同盟軍に「援助」を要請したのだ。第二に、国際的諸条件の変化いかんによって、決定するのであった。国際的環境の諸特徴を決定している要素については、前述した。このような情勢のもとであったにもかかわらず、ソ同盟の指導者は歴史の見通しに確信をもたず、ヒステリックな主観主義—ソ同盟将兵の英雄的、国際主義的自己犠牲という麗句で美化されてはいるが—におちいったのである。一度団結して立上ったハンガリーの労働者が復活しつつあるファシストの旧勢力に完全に打ちまかされてしまうなどという予想は、一体どこからでてくるのだろうか。自己犠牲の精神はハンガリーの労働者には縁がないとでもいうのだろうか。

ジョン・ゴランが二つの角度という、もう一つの点について、つまり戦争か平和か、については「第一の角度」についての私の反論がそのまま解答となるし、一言つけ加えれば、「戦争の危険の増大」についての公式的なヒステリックな叫びは、平和擁護運動の大潮流の諸方向についての理性ある判断と有効な世論喚起のための行動をまひさせてしまうのである。

ハンガリーへのソ同盟の「援助」を一九三八年のスペイン人民戦線に対するフランコの叛乱の際の、国際義勇軍と同じ性格のものとみるわけにはいかない。なぜなら、フランコの叛乱は、スペイン人民戦線とその政府に対する、ファシスト一味の公然たる武装叛乱であり、量的にも質的にも真にスペインのプロレタリアート各人民層を代表した政府の要請にもとづいたものであった、という点がハンガリーと違うだけではない。スペイン人民戦線に対するフランコの叛乱は、ドイツ、イタリア等のファシスト諸国家からの直接の武器の援助によって武装されたものであったというばかりでなく、一路新しい大戦へ向って邁進していったファシスト枢軸国の新戦争のための直接の橋頭堡であり、武装した内乱という形をとった戦争の最初の勝利であった。

この点に今日のハンガリー事件との本質的な相違がある。

「民族自決」の原則も、世界のプロレタリアートの一般的民主主義運動の利益の一部であり、それに従属する。フランコの勝利が、外国からの武器援助をうけていたとしても、スペインの国内における階級闘争の問題であった。にもかかわらず、これが、ドイツ、イタリアを中心にするヨーロッパのファシズムの巨大な前進であり、一つの大きな勝利の確保になるからこそ、国際義勇軍の組織は必要だったし、正当でもあった。

社会主義、ソ同盟への憎悪の火をもやし、世界再分割の途方もない野望と軍事力をもったファシスト・ドイツ、イタリア、日本、さらにオーストリー、ハンガリー、ポーランド等枢軸諸国の連合戦線の強化、フランス人民戦線―ソ同盟に結びついて、ヨーロッパにおける新戦線防止の最大の城塞―の崩壊、新世界戦争の前夜の時期と今日とを機械的にひきくらべることはできない。

このことについては多くを語る必要はないであろう。

いずれにしても今日に至ったハンガリーにおける事態を収拾し、ハンガリーの社会主義を防衛し、過去の誤ちを一掃するための最も信頼するに足る最も強力な力はハンガリーのプロレタリアートの団結である。ハンガリー共産主義者はこの団結をハンガリー復興と社会主義建設の決定的な力として組織することであり、プロレタリア国際主義の諸原則―ポーランドとソ同盟、ユーゴとソ同盟との新しい諸条件の発展がこれを示唆している―の精神にしたがって、人民を教育し、新たな国内政治の民主化と対外関係の調整に向かって実際的努力をつみかさねることである。諸国プロレタリアートは前述した原則にのっとって、ハンガリープロレタリアートのこの事業を支持し、断固たる連帯性を表明して、ソ同盟との間の不平等を徹廃し、帝国主義諸国の挑発に反対して、世界の世論とプロレタリアートの警戒心を高めることである。

最後に一言、ハンガリーへのソ同盟の干渉は、社会主義ソ同盟の平和政策が、一時的、戦術的、欺瞞的なものではないかとの疑惑を世界のプロレタリアートと平和を愛する人々に与えたばかりでなく、エジプトへの英・仏の侵略行為に対する、世界の世論と行動の喚起をいちじるしく弱めた。

以上で、ブダペストで大衆の抗議デモが行われたのに対し、「反革命的地下組織の仕業」と呼び、大衆を暴徒と呼んだゲレ政府―ラコシ派の一派―がソ同盟軍の出動を要請し、ソ同盟軍がこれに応えたことが、どれほど決定的な誤りであったかがわかるであろう。

事件の叙述については、ユーゴのチトーが、一一月一一日にプーラのユーゴスラヴィア人民軍クラブでイストリアの共産主義者同盟に対して行った演説の翻訳を一二月六日になって、雑誌『世界』一月号誌上で読むことができたので、そこから抜粋してみよう。その場合ユーゴはハンガリーとは最も広く国境を接している国であり、ハンガリーに発生した事件のなりゆきに、もっとも深い利害をもっている国であることを念頭にいれておく必要がある。

「そこでは（ハンガリーでは）労働者階級と進歩的な人たちとの大部分が武器を手にとって街頭でソヴェト軍隊と闘うまでになっている。ハンガリーの労働者と進歩的分子はラコシのやり方に反対し、そのやり方が今後も継続されることに反対して、デモンストレーションを開始し、ついで武装行動に移ったのである。その当時においては反革命的傾向などは存在していなかったことを、私は深く確信している。(註)反動はそこにきわめて肥沃な土壌を見いだし、そしてハンガリーに存在していた正当な反抗を自分たち自身の目的に利用して、事態をしだいに自分たち自身の方向にそらしてゆくことができたのであって、それは遺憾なことであり、悲劇だったということができる。」

「(ボズナン事件が起った当時―筆者) ポーランドには、あらゆる迫害と幹部を破壊するようなスターリン主義的方法が行われたにもかかわらず、ゴムルカを先頭とする指導者の根幹が依然として残っていた。彼らは第八回総会（ポーランド統一労働者党の中央委員会の第八回総会）で力強い成功を収め、事態を彼らの手中に握り、新しいコース、すなわち民主化、完全な独立、それとともにソ連との良好な関係に向うコースに大胆に彼らの刻印を押し、内政干渉に反対しては断固たる抵抗を行った。かような事変があったため、ポーランドでは反動勢力は姿を現さなかった。そういう勢力は確かに存在しているし、また共産主義者の間の衝突が起れば表面に出てこようという望みを抱いていたのである。ちょうど適当な瞬間に干渉を思いとどまったソヴェトの指導者たちの成熟した考え方と態度とのために、ポーランドの事態は現在のところかなり著しい安定を示し、かなりうまく発展している」

「あの国（ハンガリー―筆者）の共産主義者の下部でますます大きな不満が現れてきて、彼らがラコシを追いだせと要求したときも、ソヴェトの同志たちは、これまでのようなやり方が続けられないことをさとり、彼らを排除することに承諾を与えた。しかしながら、彼らは国民に対してすでに信用をおとしているゲレやその他のラコシ追随者たちまでも排除してしまうことを許さなかったために、大きな誤謬をやった。ゲレが残る場合にかぎってラコシを除くという条件をつけたのである。そうしてこれは誤りであった。ゲレはラコシと少しもちがっていなかったからである。彼は同じ種類の政策をつづけたし、ラコシと全く同じ責を負わなければならなかったのである。」

―「しかし事態はすでにかなりのところまで進んでいた。これはわれわれの知らなかったことである。従ってゲレがユーゴスラヴィアにきたことも、われわれの人民はいまなお権力を握っていたスターリン主義的分子に対しては絶対反対であり、彼らの排除と民主化政策の採用とを要求していた。ゲレを先頭とするハンガリー代表団が彼らの国に帰ったとき、ゲレは自分が困難な事態におちいっていることを知って、ふたたび彼の以前の姿を示した。彼はデモを行っている幾万の人たちを「暴徒」とよび、ほとんど全国民に対して侮辱を加えた。」

「それらの人民のなかの多数―おそらく大多数であろうと思うが―は共産主義者と青年だった。火薬の樽に点火し、爆発を起すにはこれで十分だったのである。こうして衝突が起った。」

「軍隊がゲレによってよびだされた。デモがまだ進行していたときにソヴェト軍をよんだことは致命的な誤謬であった。自国の人民に教訓を与えるために外国の軍隊をたのむことは重大な誤謬であった。その行動は人民をさらにいっそう激怒させる結果になった。自然発生的な暴動がはじまったのはそのためであった。」

「反動分子はこの暴動に混りこんで、それを彼ら自身の目的に利用した。ハンガリーには多数のホルティ派がいなかっただろうか？　ラコシが彼らを再教育したと期待できるだろうか？」

「要するにハンガリーには共産主義に賛成でない、単にラコシに反対であるばかりでなく、社会主義一般に反対している多数の人がいたのである。」

「これらの反動勢力は非常に急速に、二日か三日のうちに、彼らのほんとうの顔つきを暴露した。過去に行われてきた一切の事柄に対する一般人民の反抗が起ったとき、支配していた指導者達が、ハンガリー人民を激怒させていた分子を排除して、ハンガリーに特有なあらゆる内部的な様相をもつところの、真にハンガリー的な社会主義発展の道に立って踏み出そうとする欲求を少しでも示さなかったので、事態は急速にちがった方向に進みだし、反動どもがますます支配力をふるいはじめた。ある徒党に対する正当な反抗と暴動とが全国民の社会主義とソヴェト連邦とに反対する暴動に転化した。そして反乱者の隊列のなかにいた共産主義者たちも、暴動が事態を彼らの手中に握ってしまうやいなや、ついに否応なしに社会主義のためにではなく、過去へ復帰するための闘争に加わってしまうことになった。」

「ここで、ソヴェトの干渉は果して必要だったかということが問題にされるだろうと思う。最初の干渉は必要でなかった。」「これは絶対的に間違いであった。第二の誤謬は、責任ある人たちが第二回目の干渉を待ちうけたりしないで、彼らが後になって、第二回目のソヴェトの干渉が行われてからやったことを即刻やらなかったことである。というのは、彼らは新しい政府をつくり、宣言を発表すべきであったのである。」（そうしていたならば—筆者）「労働者および共産主義分子はおそらく反動分子から分離しただろうと思われるし、また決定的な情勢からの活路を見つけだすことも、もっと容易だったろう。ソヴェト軍隊の二回目の干渉について述べる前に、私はハンガリーの情勢が大へんなことになっていたことをいっておかなければならない。」

「恐ろしい大虐殺、恐るべき国内戦が行われることは明白であり、その結果、社会主義は完全に葬り去られ、そして第三次世界大戦が勃発しかねないような状態になっていたのである。というのは、西欧からの干渉そのものばかりでなく、ホルティや古い反動がふたたび権力を握ることは、ソヴェト政府のがまんのできないことだったからである。」

「多くの人たちは、今日、なぜ二回目のソヴェトの干渉が起ったのかと尋ねている。われわれが干渉と外国軍隊の使用に反対であることは明白であるし、そのことは前にもいったし、今後もいいつづけるだろう。現在では何がより小さな悪だったのか？　混乱、国内戦、反革命、そして新しい世界戦争か、それともその場にいたソヴェト軍隊の干渉かのどちらかしかありえなかったのか？　前の場合は破滅であろうし、後の場合は誤謬である。そして、それがもしハンガリーにおける社会主義を救うつもりだったとしたら、その場合は同志諸君、われわれは干渉に反対であるが、ソヴェトの干渉は必要だったということができるだろう。しかし彼らがもっと早くやるべきであったことをすべてやっていたとしたならば、何ら軍事的干渉の必要は生じなかったであろう。この誤謬は、不幸にも、軍事力がすべてを解決するという彼らの考え方の結果として起ったのである。ところが、それはすべてを解決しうるものではない。自分たちを理解して、独立したいという一つの目標をもっている場合、素手の、そしてまた貧弱な武装しかもたない人民がどれほど猛烈な抵抗をするかを、ちょっと眺めてみればよい。彼らはもはやどんな種類の独立がえられるものか、ブルジョアジーと反動の体制が復活されるのかどうかについては関心をもたず、ただ民族的に独立でなければならないということだけになっているのである。人民の間に支配的になったのはこうした考えであった。もちろん、現在私には、こういえるだけである。第一のこと—ブルジョア反動政権の復活—は起りえたかぎり最悪のことであったが、しかしそれがハンガリーにおける社会主義を確立し、世界の平和に導くことになるならばこのことはいつかは積極的な意味をもつことになるだろうと。ただし、あの国の情勢が落ちついて静かになりしだい直ちにソヴェト軍隊が撤退することを条件としてである。」

（註）一〇月二〇日のポーランド統一労働者党第八回中央委員会総会における発言の中でゴムルカは、ポズナン事件について、その事件の原因は反革命地下組織の陰謀に帰せられるべきでなく「われわれ自身の中に、党の指導のなかに、政府のなかに」その原因をみとめるべきだとのべ、「労働者の要求が正しいことをいささかのためらいもなくみとめるべきであったし、それらのことが今日ではできるとかできないとか説明すべきであったし、過去および現在についての真相を彼らにつげるべきであった」といっている。

内政不干渉の原則も、平和と独立と社会主義のための全般的利益に従属する。しかし第二回目の干渉の必要が、第一回目の干渉の結果、生じたとしても、内政干渉には反対であるが、（条約を楯にとって、政府の要請によるものであるから内政干渉ではないという意見はブルジョア法理論としては成立つだけで実際には強弁にすぎない）しかし新世界戦争の危険をおかすよりはまだましであった、とするチトーの見解に、私は同意することができない。ソ同盟が、ハンガリーでの反革命の復活という事態に対してがまんして報復に出ないとすれば、西欧の干渉が、果して新世界戦争にまで発展したかどうかは、先に分析した今日の国際情勢からみて、率直に言って疑問である。むしろ、世界の世論と、新戦争に反対する労働者階級—とりわけヨーロッパの労働者階級—の統一行動と、事態に気づいたハンガリーの労働者階級の抵抗によって、新戦争を回避しうる可能性はあったといえるのである。

なおここで念のために断っておくが、チトーの演説は長文のもので、ここに引用したのはほんの一部で、チトーの演説は当然、スエズ問題の解明を行っているが、この項などは全く抜いてあるということである。

（一九五六年一二月一〇日）

（編者註）
本文書も本著作集編集時には原文を発見できなかった。従って『奴隷の死』収録文を底本にした。手書き草稿は高知聰氏旧蔵。

五　日本共産党の反省と再建のために

ハンガリーの事態の真の原因についていいかげんなことを言い、はっきりした説明を拒みつづけるならば、それはわが党の逆コース—動脈硬化—をもたらすだろう

日本共産党の中央機関紙『アカハタ』は、もっぱらタス通信と新華社電以外には、もっと正確に言えば、ソ同盟とフランスの共産党中央によって代表される見解以外の意見は、ほとんど掲載していない。中国共産党の中央委員会の声明はアカハタに掲載されたが、これは大国の排外主義を自国民をいましめる形で批判し、社会主義諸国家間に五原則が必要なことを協調した（ソ同盟共産党のたとえばシェピーロフの粗雑な演説とくらべるとずっと趣きのちがったものである）ものであった。しかしこれとても、明白な（あまりはっきりしていて形容詞をつけるのがはばかられるのだが）軍事的内政干渉が行われたにもかかわらず、五原則は侵されていないと声明することによって、事態の本質をはぐらかしている。

武井昭夫氏（アカハタ国際部長）や、蔵原惟人氏らは『アカハタ』紙上で安心しきってソ同盟共産党の公式声明やプラウダ、タスによりかかって二番煎じを行っている。

このようなやり方が今後も長くつづくとすれば、ただ単に『アカハタ』の信用がおちるばかりでなく、党の生活を民主化し、党の生活全般にわたってマルクス主義に貫かれた集団主義を確立しようとするわが党の試み（正確にはわが党内の試み）は、失敗におわるだろう。これは誤りを犯した指導者がその誤った思想を温存しつつ、居直りと相互の妥協をつづけていく地盤を強化する以外の何ものをももたらさないであろう。私

は簡単にこのことを指摘し、私は断じてこのような傾向とたたかうことを明言しておきたい。

（一九五六年一二月一〇日）

ハンガリー事件は、人民のデモがファシスト叛乱に転化せしめられつつあった事実からみても、すきをみて行った英仏のスエズ侵攻のやり口からみても、ハンガリー事件が一方的に誇示され、社会主義全般が攻撃されている事実からみても、帝国主義陣営のやり口が決して生易しいものでないことがわかる。『アカハタ』や党中央の諸同志達は、ハンガリー事件のあれこれの現象を追いまわし、一方からのデマに対する自己弁護（実はソ同盟追随）に大童になると同時に、ハンガリー事件を真にわが党の過去の過ちに目を向ける契機として、生きた教訓として役立たせようとはしていない。かつて日本帝国主義が、国民の不満の増大を満州へ目を向けさせることによってそらせたように、ハンガリー事件に対するこのような態度は、わが党の反省と再建のための努力を、事件の現象によって引きずりまわすことによって押し流してしまう危険さえあるのである。

一例だけあげておくと、『文藝春秋』新年号の「ハンガリー流血の教訓」という対談の中で、臼井吉見氏に「内からの当然あるべき批判というものを、党内権力で圧殺してしまったという点も、ずいぶんあったのでしょうね、むしろ…」との質問に対して、わが党中央委員の宮本顕治氏は「それもね、日本なんかは、かなりやったでしょうね、むしろ…」と言って「問題は、党として団結しながら、しかも活発な討議をどうやっていくかという兼合せをやっていくうえに、まずかったとおもうのです。」と答えている。では例えば、一九五〇年の『前衛』五月号に掲載予定で目次にはちゃんと印刷されて、その頁だけ脱落する形で、党関西地方委員会マルクス・レーニン主義研究会の論文「日本共産党の歩むべからざる道」（椎野悦郎氏の「日本共産党の歩んだ道」批判）と、当時党中央委員候補遠坂良一氏の伊藤律農業理論批判の「農民運動の転換のために」が削除されてしまった事実などは、宮本氏は忘れてしまったのだろうか。

この事件の前に、例えば故徳田書記長の五〇年テーゼ草案に対する少数批判意見が公表されたのは、多数の圧迫（家父長制的派閥の圧迫）に対して少数者が党内民主主義のためにたたかった結果であった。この少数者の中には宮本氏もいたはずであった。

わが党の分裂は、ただ単に意見の対立があって、両者に分裂したという単純なものではない。デマゴギッシュなスパイ呼ばわり、中傷と打撃主義によって党の民主々義が「所感」を支持した党中央内派閥によって奪われたこと—これは六月に九幹部が批判意見者を排除して地下へと潜行し、党中央を独占することによって決定的となった—に、最大の原因があった。もっともここではこのことについては多くを語らず、他の機会にするが、宮本氏も事実を避けて通ってはならないのである。つまり、ハンガリー問題についての態度は、直ちにわが党の全般的生活に反映する、ということを言いたかったわけである。

（一九五六年一二月一七日）

「共犯者としてのわれわれ。民族・国家問題における平等の原則、民主主義の原則の蹉躍はソ同盟共産党やスターリン、或はコミンフォルムが単独に侵したものではない。彪大な共犯者の存在、傍観者の存在こそ、この誤りを長期にして深刻なものにしてしまったのだ。」

私自身のことを語ろう。私は日本共産党の政治方針の上の右翼的偏向、あせった主観的な盲動主義および少数意見を排除した党中央多数派の打撃主義、分裂主義に反対して一九五〇年夏、党を除名された。私が責任者をしていた地区も細胞にいたるまで全部解散処分をうけた。その際われわれの地区の被処分者は、チトーを多数派分派—例の名高い「所感」を発表した幹部達—と同一視し、われわれを処分した多数派分派の幹部をチトー呼ばわりした。そして、彼らをブルジョア民族主義に堕落し、帝国主義反動を利するものであるとして、われわれを直接処分した人々（県委員数名、その他）を逆除名する旨、党内に声明した。これは、処分されず多数派に残ったすべての共産党員の善意さえも傷つけるものであると考え、取消しと自己批判を行い、多数派に伝えた。そして私は全国統一委員会に加盟したのである。

しかし私の自己批判は、日本において、反対派に対する闘争にチトーをもちだすまでにいたった、われわれの狂躁的態度の真の原因にまでは向けられなかった。むろん「所感」支持派の幹部は、その共産主義者としての資質においてチトーとは異質なものであった。私が彼らをチトーと同一視したこと（否チトーに対するコミンフォルムの誤った評価を「所感」支持派を判断する鏡としたこと）がまちがっていたからといってチトーが再評価された今日、「所感」支持派幹部がチトーの再評価と同じように再評価されねばならないとは全く思わない。彼らの、例えば宮本百合子に対する攻撃はあたかも、スターリンのチトーに対するがごときものであった。徳田球一と伊藤律との関係は、あたかもスターリンとベリアとの関係におけるがごときものであった。私は今日一層そう思う。野間宏氏は『群像』七月号で「人類の立場」という論文の中で「宮本百合子を帝国主義の手先とののしった責任もまだ明らかにできていないし、その逆に徳田球一を帝国主義の手先といい、チトー、ゴムルカとののしった問題もまだ明らかにできていない」「またすでにチトーもゴムルカも名誉を回復した現在」「当時の徳田球一に対するこののしりがどのような性質のものであったかということが、はっきりしてくる」と書いた。しかし野間氏よ、徳田氏の復活すべき「名誉」とは一体なんだろうか？

私は反対派との闘争においてチトーに対するコミンフォルムの評価を、そのまま肯定的にもちだすにいたったのであるが、私などがこのような形で反チトーカンパニアに参加したということは、どんなに熱狂的に国際的な反チトーカンパニアが行われていたかを物語っている。

スターリンに対する個人崇拝は、戦後の新しい情勢を判断するに当って、新しい帝国主義戦争の危険を過大評価せしめ、それがソ同盟の東欧政策の誤りを、一そうヒステリックにし、世界的反チトー主義、反ユーゴカンパニアを一層狂信的なものにした。「資本主義国のユーゴスラヴィアに対する危険はソ同盟のユーゴスラヴィアに対する危険よりも少い」とチトーに言わしめた、ソ同盟の誤りに対して、私は闘うのではなしに、追随し、反対派との闘争においては、客観的には便乗したとさえいえる。(註)

（註）断っておくが私はチトーがすべて正しかったなどといおうとしているのではない。チトーやユーゴ共産主義者同盟の歴史の厳密な全般的検討は別に行わなくてはならない。

これは五〇年当時、わが党内に民族主義が濃厚にあらわれた時、これを深く歴史的に、調査、研究、検討して、克服する闘争を、弱め、その足をしばりつけてしまった、党全国統一委員会の多くの同志達にも、多かれ少かれ責任のあるところである。

この真の原因は、私が多かれ少かれスターリンに対する個人崇拝におかされていた結果、教条主義におちいっており、スターリンやコミンフォルムの理論と、私の見た現実との背馳について、深く研究し、検討することを妨げた結果である。

もう一つは、世界の共産党の相互関係が正常でなく、コミンフォルムの一方的宣伝だけしかわれわれの耳に達しなかったことである。

しかし、何といってもスターリン・ソ同盟共産党に対する先入観が、私を判断中止におとしこんだのであり、その思想上の基礎は物神崇拝であった。

私は、現在、このような思想を全く、跡かたもなく克服したいと思っている。

（一九五六年一一月二八日）

（編者註）

本文書も本著作集編集時には原文を発見できなかった。従って『奴隷の死』収録文を底本にした。手書き草稿は高知聰氏旧蔵。

六　ハンガリー革命と共産主義Ⅱ　—ソ同盟の東欧政策批判（その一）—

ハンガリー事件（革命）の時、ハンガリー人民がもっとも強く要求したことは、ハンガリーとソ同盟との関係を平等の原則のもとに建て直すことであった。と同時にそれは当然他の社会的諸改革の要求と結びついていた。特にあらゆる面で人民生活を圧迫していた官僚専制を打倒し、民主的諸改革を遂行することが彼等の目標となった。

ポーランドにおいて、ソ同盟との関係を平等の基礎の上におき、国家機構—政治的制度の民主化をめざす革命が勝利した一〇月こそ、ハンガリーの人民がもっとも勇気づけられ、改革への意欲が激情的に高まっていった時であった。しかしハンガリー勤労者党（共産党）には、すでにドイツ・ファシストからの解放戦を、自ら人民の先頭に立って闘った経歴をもち、人民の広汎な強い信頼をえた党内反対派は存在していなかった。革命的危機の切迫に際して、ラコシは後退したが、ラコシと少しも変らないゲレが首相に就任した。彼らは人民の革命的立上りを少しも理解できず、ただ恐怖のためにヒステリックになる保守的反動的政治家のようにふるまった。彼らは権力にしがみつくと同時に、ソヴェト駐留軍に援助を要請し人民を向うにまわして撃ち合いをはじめた。人民が目的を達成するためには市街戦にうったえるよりほかなくなった。彼らは圧倒的優勢のソヴェト軍に対し、貧弱な武器で立ち向うと同時に、これを機会に跳梁しはじめた反革命的暴徒とも、たゝかわねばならなかった。この革命を意識的、組織的に指導しうる労働者階級の前衛党は存在しなかった。勤労者党の誠実な党員達は彼らの指導者の意志におかまいなく、革命に参加したが、彼らは個々ばらばらで統一した指導部をもっていなかった。これがハンガリー革命の絶望的な試みの様相であった。

共産主義者は社会発展の法則に立脚し、人民の要求と人民にとっての焦眉の問題から出発しなければならない。

ハンガリー事件（革命）に対するソヴェト軍の干渉を合理化しようと試みる人々は反革命の陰謀から社会主義を守るために必要かつ有益なものだったと一様にのべている。しかしそういう人々には、たゞ〝社会主義だと名のりさえすれば〟、それは社会主義であり、〝共産党が政権についていさえすれば〟、それがプロレタリアート独裁だと無邪気に信じこんでいるのだろうか。

ハンガリーにおけるソ軍の干渉を擁護してもっとも積極的に発言している一人に宮本顕治氏がいるが、宮本氏は『前衛』二月号の論文「ハンガリー問題をいかに評価するか」において次のように述べている。

「すでにこれまでもかなりいわれていますが、この事件の原因としては、ハンガリーの政府や党の政策のあやまりや弱点、ソヴェトとの関係におけるいろいろなあやまり、党自身の不統一、そしてさらに反革命分子、ホルティ時代のファシスト分子の策動、外国帝国主義の陰謀、公然の干渉政策をあげるべきであります。今日、ハンガリーでは、農民の六割が個人農ですから、資本主義的要素が人口構成のなかにかなりのこっています。こうして資本主義的要素と結合した国内の反革命分子や、内外のファシスト残党が一年も前からこの反乱を用意してきました。アメリカ政府は、社会主義諸国の内部攪乱のために一億ドルの予算をくんで、毎年毎年ハンガリーにたいしても反革命勢力をはげましてきました。こうした外国帝国主義のいろいろな策動が内乱宣伝の放送や武器のもちこみに大きな役割を果したことは明瞭です。こうした条件のなかで、政府の政策に当然の不満をもった善意の人々も、反革命の武装蜂起にまきこまれるという事態が起りましたが、全体としては、こんどの事件は、けっしてハンガリー全人民とソヴェト軍との闘争というものではありません。ハンガリーの平和的な国際環境を反ファシストと外国帝国主義の干渉から最後まで守ろうとする自覚的な人民勢力とそれを援助するソヴェト軍があり、それに対して、善意の人々も入っていないとはいえないでしょうが、かなり意識的に社会主義制度を破壊しようとする勢力、ことに国連で資本主義国がまだこの問題をくりかえしあげているあいだに、資本主義国からの干渉を誘発するために、武装蜂起の煽動や混乱をくり返している勢力がたたかっている、というのが現在の姿であります。」（『前衛』二月号三三頁）

自分の主観的願望に合致するように事態をえがくためには、もっぱら（ないし、なるべく）抽象的にかつ非歴史的に語ることが必要である。

宮本氏は、同じ論文で中国の『人民日報』の一一月一四日の主張の次の一節を引いて、これを支持している。「ソヴェト同盟はハンガリー労農革命政府を援助し、反乱を鎮圧するにあたって、一〇月三〇日付の宣言（ソ同盟政府が、社会主義諸国家間の関係の基礎を平和五原則におく、とした宣言―筆者註）を犯しはしなかったし、また平和共存の五原則を侵害しもしなかった」「ハンガリーで秩序が回復された暁には、人びとはハンガリー国民が実際にはなにを要求したのか、またソヴェト同盟が破壊をおこなったのか、それともハンガリーの独立と領土主権をまもったのかをもっとはっきりと理解することができるであろう。」（同上三四頁）

しかし、問題の評価は宣言によって判断されるのではなく、それがどのような事実によって裏書きされているかに即して計られねばならない。私は、こゝでは「ハンガリーで秩序が回復された暁」より以前、ハンガリーで一〇月二三日のデモが行われる以前、「ハンガリーの独立と主権」は実際にまもられていたのか、軍事干渉以前に、ソヴェト同盟が破壊をおこなった事実はないのか、戦後一二年間のハンガリーはどのようにすぎ去ってきたのかを実際にみる必要があると考える。宮本氏は事件の原因の第二として「ソヴェトとの関係におけるいろいろなあやまり」をあげた。いろいろなあやまりとは何か、彼が前記の約六〇枚近い論文のなかで、具体的にはたゞ次の点だけにしかふれていないのは注目に値する（自分で深く資料を集めて研究する意志がないのか、その必要を認めないのか理解に苦しむのだが）。つまり宮本氏はソヴェト政府の一〇月三〇日の宣言が「新体制の形成と社会関係の深刻な革命的改革の過程」の「すくなからぬ困難や未解決の問題」

「のなかには社会主義国の相互関係におけるあやまり、すなわち社会主義諸国家の平等の原則をそこなうような違反とあやまりもふくまれている。ソヴェト同盟共産党第二〇回大会は、これらの違反とあやまりを断固として非難し、ソヴェト同盟が他の社会主義国との相互関係において、諸国民の平等についてのレーニン主義の諸原則を一貫して実行するという任務を提起した」とのべているのを引用し、つゞいて次のように書いている。

「ソヴェト政府は、第二〇回大会後、ユーゴスラヴィアとの関係の改善にのりだしました。この宣言でもすでにとりあげていた顧問団の召還問題のほか、ソヴェト軍の駐留問題の再検討を提起しています。また戦後のポーランドの石炭のソヴェトへの輸出価格が国際価格を割っていたのを補償する意味で、ソヴェト同盟がポーランドに供与したクレジットを減価償却ずみとしたことも報ぜられています。しかし、まだあやまりが具体的にはどういうところにあったかは、私たちには十分の実情がよくわかっていません、これらは今後とも関係諸国の間でより明らかにされてゆくでしょう。」(前掲四三頁)

しかし、「関係諸国の間」では、宮本氏が書いているより、もっと基本的なことが、事実によって明らかにされていたのである。

例えばポーランドの石炭が不当な価格でソヴェト同盟へもち去られていたことを公然とバクロしたのはポーランドのゴムルカであり、ゴムルカを先頭とするポーランド労働者階級と全人民が、自分達の地位と引きかえにポーランドをソ同盟へ従属せしめていた恥ずべき人々(彼らは恥しらずにもマルクス・レーニン主義者を潜称していたが)を権力から引きずりおろしポーランドの独立を守り、ポーランドの実状に即した社会主義への道を歩むことを決意したゴムルカやその他の人々を権力の最高機関につけ、その統一した団結力をもって、ソ同盟へ不平等の撤去を要求し、ソ同盟はその力におされて、譲歩したのである。生きた事実を勝手に組みかえ、自分に都合のよい図式にあてはめ、気にいらない事実はみんな捨象してしまうことになれた人々だけが、ポーランドで行なわれた革命の意味を理解できず、同時に例えば石炭の不当価格の損害をソ同盟が補償するに至ったという一つの事実の背後にある真実の過程を見ることができないのである。

私は、ソ同盟が何をい丶つゞけ、今後何を宣言しているかによってではなく、ソ同盟が実際に何を行い、今何を実行しているかによって判断しなければならないと考える。（この項次号へつゞく）

『風』第二号（一九五七年三月）

（編者註）

『風』は日本共産党茨城県委員会によって発行停止処分をうけ、第二号で休刊した。従ってこの大池論文は未完で終った。なお本稿のタイトルが「ハンガリー革命と共産主義Ⅱ」であるものの、「Ⅰ」は発見されていない。ただし二一一～三頁に記されているように、『風』第一号に発表された事実は明らかである。掲載誌は高知聰氏旧蔵。

第3部　『批評』時代

一　発刊のことば

批評同人は認識の基礎を科学に求めようとする強固な意志から出発する。

われわれは未来のために、ただ未来のためにのみ準備する。未来―それは人間の人間に対する一切の支配と隷属が消え失せ、個性の自由と、創造的活動のみが、みちあふれるであろう、いまだ遠い時点である。

われわれは、われわれに先立つ世代が、一九一七年一〇月、そこに人類の未来社会の原型が生まれたと信じ、四〇年をへた今日のわれわれの世代に至るまで、そこでは未来社会が着々と発展しつづけていたものと信じられてきたロシアにおいても、なお古い保守的なものが、革命当時のまぶしいばかりの光に彩られた前進への波動を制して、政治を後方へ押しもどしてきた事を、今に至って手痛い衝撃とともに思い知らされねばならなかった。本来、古い諸制度を打ち倒して、自己自身の全き否定を含む無産階級社会への過渡的社会をめざすべき前衛組織が、逆に組織の下に人々を組み入れ、服従、無知、思考中止という恐るべき状態に馴らしてしまい、組織自体決して自己を否定しえないまでに、下層から上層へ向かうにしたがって、より大なる権力への意志が固定してしまうに至った。いや保守的な軸を主軸とする「進歩的・前衛的」政治の巨大な遠心力は、真の実験的・創造的意欲を単に政治の分野においてのみでなく、およそ社会の進歩をめざすあらゆる活動分野において萎縮、拡散せしめている。無知と、組織を背景としての、また組織に従属してのさまざまなコンプレックスに裏打ちされた信仰感情はまことに抜き難いものがある。

批評同人は、この閉ざされた現実と、それを蔽う虚飾にみちた被膜を、未来の光によって透視し尽そうとする飽くことのない探究心をよりどころとする。

批評同人と雑誌『批評』の出発に当り、われわれの意のある所を汲まれ、諸賢の心からの御声援を期待するものである。（一九五七年七月）

『批評』創刊号（一九五七年八月一日）

二　プロレタリア独裁と国家の死滅 ―『人民日報』批判―

中国共産党の機関紙『人民日報』は、ソ同盟共産党二〇回大会で提起され、論争されてきたスターリンの功罪を論評して「プロレタリアート独裁に関する歴史的経験について」を発表した。党内のイデオロギー上の混乱を収拾しかねていた日本共産党の指導層の大半は、この論評をスターリン批判の決定版として宣伝、普及しようとした。しかし、まもなくボズナン暴動の前哨戦の後、ポーランドがソ同盟からの従属をたちきり、つづいてハンガリーの悲劇が起ったのであるが、これらの事態の発生をこの論評も、何一つ予測しえなかった。マルクス主義の強みは予見する能力にある。われわれが昨日の問題に科学的分析を加えるのは、明日を洞察し、今日の最も切実な問題をひきだそうと欲するからである。

ポーランドでゴムルカを中枢とする反対派が権力を握り、ハンガリーで蜂起が始った時、われわれの心はポーランドとハンガリー人民と共にあると声明し、自国の事にかこつけてではあるが、社会主義大国の大国主義を戒めた中国共産党中央が、旬日をへずにハンガリー蜂起を反革命陰謀と宣伝したソ同盟政府に追随し、鉾先を「小国の狂信的民族主義」に転じ始めた事に、私は注目せざるをえない。「再びプロレタリアート独裁に関する歴史的経験について」（以下『人民日報』再説とする）は一見目立たなかったが、注意深い人々に首を傾けさせたこの屈折の後に出されたものである。

私はここで共産主義の理念にとって、古いが、しかもいぜんとして新しい次の命題から出発したい。

プロレタリアート独裁のもとで、国家の死滅（共産主義）はいかにして準備されるか。

「その能力に応じて各人より、その労働に応じて各人へ」―われわれ共産党員のほとんどが、このスターリン憲法の条文を、社会主義のイメージを明快に表すものと、つい昨日まで考えてきた。しかし実際には、数十年の間ソ同盟における能力の意味は、スタハノフ主義、ノルマの超遂行―いかにして他人にぬきんでて労働の生産性をあげるか―ということをぬきにしては存在しなかった。「その労働に応じて各人へ」とはノルマ超過率に応じて幾何級数的鋏状にひらく差別＝出来高払制賃金、労働赤旗賞その他の報奨制度、スタハノフ労働者に対するアパート、休養地等の優先割当等各種の恩典、頭脳労働と肉体労働との甚しい賃金差、政府高官の各種特権＝住宅、別荘の給付、奢侈品の優先配給、等々を意味していた。

「マルクスの定義の二つの部分は分離できないものである」とレオン・トロツキー（註）は『裏切られた革命』（昭和一二年改造社刊、荒畑寒村訳）でのべている。「資本家ではなく共産主義者にとっては、『各人の能力に応じて』という意味は、労働はもはや負担でははなくなって個人的必要に変った、社会は今後決していかなる強制ももたないという意味である。ただ病人や普通の身体でない人々だけが労働を拒絶しうる。『その能力に応じて』―即ち、いかなる強力も加えられることなしに、肉体上の、また精神上の力に応じてという意味で―労働すれば、高度の技術の結果、社会の各員は社会の倉庫を充分に満たすことができ、従って屈辱的な管理を行うことなしに、社会は各人に『その必要に応じて』寛大な給与を行うことができるのである。この二面性をもちしかも不可分な共産主義の定式は、この様にして富裕、平等、あらゆる面への人格の発展及び高度の文化的訓練を実現できるのである。」（二四四頁）

（註）私見によれば、レーニンはロシアで労働階級とその党が国家権力を掌握した後、国家の死滅をいかにして準備するかという命題についてはは独自の理論的展開を示していない。レーニンが世を去った後、この問題を深めた理論家として、トロツキーをあげることができる。しかしこれも彼がロシアの現実の政治の舞台からは異端として無慈悲にしりぞけられて後のことであった。

トロツキーはスターリンが神格化される度合に逆比例して悪魔化されてきた。しかし最近の世界史の上でのいくつかの事件は、かつてスターリン派にたえず自己の見解を対置してきたトロツキーをも、第三インターナショナルの全歴史の再評価の一つとして過去の歴史の真実の軌跡に沿って再検討せしめる必要を私に感じさせている。今や今日まで少なからずわれわれを支配してきた宗教的感情に別れをつげて、科学を真に科学たらしめる態度をもって、虚妄の権威に支えられた虚偽に批判のメスを振うべき時であろう。

一九三六年六月一日、新憲法が採択された当時、ソ同盟で各人がその必要に応じて受取れるほどの消費物資を絶対に生産することはできなかった。そこで社会は労働者にその能力に応じて働くことなど許すことはできなかった。だからいまだにそこでは、食うために堪えねばならぬさまざまの桎梏をともなう労働がいぜん一般的であった。

ドイツ革命の敗北、イギリス総罷業の敗北、中国革命の敗北等、一連の革命の波がすぎさった一九二七年以降、十月革命のなしとげた全ての成果、とりわけ生産手段の国有化、農業の共同化を基礎とするソヴェト制度―国の農業人口を労働者階級の周囲にひきつけつつその独裁を維持する―の民主主義的側面を守りぬく事は、一連の敗北に対するソ同盟共産党とコミンテルンの中枢の指導上の誤謬（客観情勢の成熟時の主観的誤謬）を徹底的に明らかにするとともに、敗北の結果、ソ同盟の直面した困難をありのまま認めるところから、再出発すべきであった。

生産手段の国有化と国家的計画による重工業化にも拘らず―アメリカと同等の進んだ機械をいきなり知識と熟練度の不毛なロシアに移し植えたからといって―労働の生産性が極めて低かったことは止むをえない。全同盟的生産の組織の仕事は、古い労働者達と少なからぬボルシェヴィキ達が、内戦でその成員の多くを失ってしまった事情の中で、農村から大量に流入した新しい未熟練で政治的に盲目な労働者を相手に行われねばならなかった。生産の組織化そのものが上からの計画に対応する膨大な官僚機構を発生させる事になった。

戦時共産主義は、食料と消費物資の恐るべき欠乏という基礎の上に、ソヴェト制度の中央集権によって強制された純粋平等的な分配を意味していた。数次の五ヵ年計画を経た後では、計画遂行そのものにとって不可欠の官僚層を、その余剰部分をもって十分に養うに足り、なお労働者階級を分化せしめうるほどに急速な生産力の増大がもたらされた。ヨーロッパ及び中国の革命の敗退によって、自国と自階層の滅亡への不安にかりたてられ、世界的な階級闘争への不信におちこんだソ同盟の支配的官僚層は、他面では極めて根強くヨーロッパの革命的危機の再来を待ち望みながらも―この主観的願望は戦前のスターリンの著書の至る所にみられる―一国における社会主義建設という現実的には保守的な、政治的気分においては、今や大ロシアの支配的政党となったボルシェヴィキ党の多くの党員達の矜持と幻想に少なからぬ共感を覚えさせたスローガンに立籠り始めたのである。多くの党員とは、まずドイツ革命から中国革命にいたる失敗の自己批判と責任を回避したスターリン派の指導層であり、加えて十月革命以後、農村から補充された労働者出身の新しい数十万のあらゆる意味で未熟で、過去の実際を知らず、反対派の発生の意味をほとんど理解できない層―党と国家行政機構の中枢を握ったスターリン派によって教育されてきた層であった。ふくれあがった官僚層は自己の政治的人格的表現としてスターリンを絶対化しはじめ、公然と大きな政治闘争を展開したトロツキーを中心とする反対派は一九二七年の中国革命の敗退以後一層激化した政治的反動の中で、左遷、流刑、投獄、国外追放等の嵐によって、根こそぎにされてしまうのである。

スターリンは一九二六年一月『レーニン主義の諸問題』で二年前『レーニン主義の基礎』（第一版）で展開した自己の見解、即ち「ブルジョアジーを打倒するには、一国の努力で十分である」「だが社会主義の終局的な勝利のためには、社会主義的生産を組織するためには、一国の努力、とくにロシアのような農民国の努力だけではもはや不十分である。そのためには、幾つかの先進国のプロレタリアの努力が必要である」（『レーニン主義の諸問題』の六の中に引用された文章より、真理社版一七六頁）との見解を改めた。「一国の力によって社会主義の建設を完成する事が可能であるかという問題―この問題に関しては肯定的な答えが与えられなければならない」と彼はのべ、「多少とも真剣な復古の試みは」「国際資本の援助があった場合にのみ、起りうる」のであり、幾多の国の革命の勝利がない場合には、武力干渉―つまり復古から「完全に保証されている」とはいいがたいのみだといおうとしている。そして一九三六年には新憲法が制定され、ソ同盟で社会主義生産の組織に成功したと宣言された。国民は実際にはコンミュン型のソヴェト民主主義とは似ても似つかぬ大ピラミッド型中央集権制度を上に戴くことになったのである。

トロツキーはクレムリンで「社会主義の勝利」を祝う祭典が行われていた同じ一九三六年八月にこう書いている。

「ブルジョア社会はその歴史の過程において、その社会的基礎を変えることなしに、幾多の政治制度や官僚の身分制を置きかえた。ブルジョア社会はその生産方法の優越性の故に、封建的ギルド的諸関係の復帰を身をもって防いだ。国家権力は、資本主義的発展と協力することも、或いはまたそれにブレーキをかける事もできた。しかし一般的には、私有財産と競争とを基礎とした生産力は、すでに自己の使命を果し尽した。これに反して、社会主義革命から発生した所有関係は、その関係の元締めとしての新国家と密接に結びついている。小ブル的傾向に対する社会主義的傾向の優越性は、経済の自動作用―そこまでにはまだ距離がある―によってではなく、独裁制の行う政治諸方策によって保証されているのだ。かくして、全体としての経済の性質は、国家権力の性質に依存しているのである。

ソヴェト制度の崩壊は、不可避に計画経済の崩壊に導き、かくてまた国家財産の廃止に導くであろう。トラストとトラストに属する工場間を結ぶ強制の絆は消滅するであろう。そしてより一層成功的な企業が独立の途上に現れるであろう。それらの企業は株式会社に変身するかもしれないし、或はまた、例えば労働者が利潤に参加しうるような他の過渡的所有形式を発見するかもしれない。同時に、しかもはるかに容易に、集団農場は分解するだろう。かくて現在の官僚的独裁政治の没落は、もしも新たなる社会主義的権力がこれに代らなかったならば、産業と文化の破局的廃退と共に、資本主義関係への還元を意味するだろう。」（前掲書二三七頁）

ソヴェト同盟は、資本主義と社会主義との中間にある矛盾せる社会である。そこでは――

（a）生産力はまだまだ国有財産に社会主義的性質を与えうるまでに至っていない。

（b）国民の窮乏によって作り出された原始的蓄積傾向は計画経済の無数の孔を通じて破綻を示す。

（c）ブルジョア的性質を残している分配方式が、社会の新たなる分化の基礎となる。

（d）経済的発達は、徐々に勤労者の地位を改善しつつあるが、特権階級を急速につくりだしている。

（e）官僚は、社会的対立を利用しつつ自ら社会主義とは背反する専制的身分に転化した。

（f）社会革命は、支配的党に裏切られたが、今なお所有関係と勤労大衆の意識のうちに存在している。

（g）これ以上の諸矛盾の発展は、社会主義に導くこともできるが、また資本主義にも導きうる。

（h）資本主義への途上、反革命は労働者の抵抗を叩き潰さねばならぬだろう。

（i）社会主義への途上、労働者は官僚政治を顛覆しなければならぬだろう。この最後の分析においては、問題は、国内及び世界の舞台において生ける社会的勢力の闘争によって決定されるだろう。（『裏切られた革命』）

やがて歴史は進歩の弁証法の執拗な自己貫徹力をもって、ソ同盟の深化した内部矛盾の様相を表面化した。ハンガリー蜂起は、その国内政策と同一の根をもつソ同盟の民族主義的対外政策に大きな打撃を与え、ハンガリーの官僚専制に後退を余儀なくさせたにも拘らず、それを打倒し労働者の権力を生みだすには至らなかった。しかし反革命的ファシスト分子が蜂起の様々の展開の中に紛れこんでおり、経験と見通しをもった統一された革命的前衛党が存在しない中で、恐るべき混乱が支配したにも拘らず、新しい権力の萌芽をもった労働者評議会が都市に生まれ、蜂起が踏みつぶされた後、カダル政府によって経済政策と国政への発言を封じられつつも、存続しつづけようとしている。これが生産の回復と労働者階級の力の蓄積の一時期を経た後、階級闘争の何らかの過程で、再び労働者階級の権力として自己を主張し始めないとは何人も断言できない。ハンガリーはいぜん官僚政治が残されたにも拘らず、昨年一〇月の危機の瞬時の間に、集団農場は跡かたもなく崩壊し去った。またハンガリー蜂起は小ソ同盟を目ざしたラコシ、ゲレの徒党のアウタルキーの反動的試みの完全な破産でもあった。ハンガリー蜂起の武力鎮圧は、ソ同盟の官僚支配の危機の表現であった。ハンガリー蜂起は、一瞬の悲劇的光芒の下に、スターリン主義の国際プロレタリアートに対する貸借対照表の、ありうべき姿を照した点において、深刻な研究に値するものである。

先頃伝えられたソ同盟のフルシチョフ・テーゼと呼ばれる、工業と建設部門の経済行政機構改革計画は、国家の中央集権のもとに、集中されて発展してきた工業トラストをソ同盟全土へ分散させ、工業に対する行政官僚の一元的支配に打撃を加え、生産に新しい刺激を与えようとするものであった。しかしこの計画は、官僚及び軍部、特に軍部の圧力によって大幅な修正を余儀なくされ、期待は裏切られてしまった。にも拘らずこの事件は、ソ同盟における官僚と軍部の支配が、改良主義的方法―制度の平和的手段による改革によっても、覆される可能性があるという事を示したかにみえる。フルシチョフは生産力の発展段階と生産関係との現存する矛盾を、上から調整しようとしているのであるが―この事自体、労働者階級と新しい数十万の技術者層の官僚政治への不満の自然発生的昂揚と、古い行政官僚との衝突の激化、生産の停滞等々の事情に即応したものである―下からの改革への大衆的労働運動こそ、十月革命当時と較べて全く面目を一新した。高度の技術の基礎の上に、十月革命のなしとげ、またなしとげようとした社会主義的諸制度を甦らせる事のできる唯一の力である。

危惧はいぜん存在する。今の所、二〇回大会後、はけ口を見出し燃え上った全国的な反感のために、他面、今では自らも、金ばかりかかる無用の時代錯誤である事を感じ、自信と戦意を失っているがために、自己防衛のための再結集が困難となってはいるが、フルシチョフ改革が一定の調整を完了し、官僚にとって相対的安定期が再び訪れた場合、彼らがなお国家権力の主要なたずなを再び強固に掌中に握りしめてしまう可能性がある。下からのトラストと官僚制度の徹底的打破、コンミュン型の諸制度の樹立をめざす意識的な労働運動が存在していない現在、それは不可避であるだろう。またフルシチョフ・テーゼの実行によって、大幅に工業管理の権限を与えられる地域経済会議を、間もなく自己に従属せしめるかもしれぬ、分散されてはいても、地域的に一定の権力を掌握した小行政官僚機構が発生するだろうとみる事は極めて現実的である。この地域的小権力及びこれと一時的に妥協をとげるかもしれない工業管理者、高級技師、職工長級の労働者階級上層の発言権の増大が、一定時期、制度の民主化の運動を妨げる可能性がある。次に最も強くフルシチョフ・テーゼに抵抗した軍部は、防衛産業担当省の分野での各省の存置に成功した。しかし各省はもはや所管産業の直接運営指揮をとる事は許されず、兵器産業さえも地域経済会議の運営下におかれ、各省は企画・調整機関になる。とはいえ、これすら、生産手段の国有段階から地方分散化＝社会化への意識されたコースに基き、それに対応させてソヴェト民主主義の復活、権力の地方分散＝コンミュン型の制度の確立を目指すものでない限り、国際情勢の新たな緊迫化、フルシチョフ・テーゼ実施上の諸困難、労働者階級の組織され統一された政治的自覚の未成熟という条件の中で、経済及び政治の指導権を軍部が大幅に掌握するような事態が起らないとはいえないのである。

ソ同盟において、なお社会主義の名に値する社会主義に到達するには、時と条件によっては、暴力的衝突を含むかもしれない一過程を必要とするのである。そのためにはレーニン時代のすぐれた特質を受けつぎ、さらに最近の国際的経験によって自らを豊富にし発展せしめた、目的意識をもった前衛党が必要とされるであろう。官僚制度が打倒された時、党はまずソヴェトと労働組合の民主的機能を完全に回復せしめねばならない。ソヴェト各派の自由をも回復すべきである。そして大衆と共に国家機関の浄化を断行し、位階と勲章、一切の特権を廃止し、労働賃金の不平等を経済と国家機関の存立に必要な限度内にとどめねばならない。中央集権的な警察はいつでも解任しうる民警にかえられ、元帥以下の軍隊内の位階は廃止され―軍事的能力と政治的自覚の差によって、各段階の指揮官及び兵卒に分けられるのみ―地方的工業中心地と交通網の発達の程度に応じて、常備軍は逐次地方的軍隊＝民兵にとってかわられねばならない。青年に対しては独立して物を考え、学び、批判し、成長する自由な機会が必要とされる。対外政策は根本から改められ、国際主義にのっとって、ソ同盟、中国、東欧諸国はともに世界革命の拠点としてかつ予備力として、世界の労働者階級の利益と連帯性ある外交政策が基調とされるであろう。そうして、平和の時代には「力の政策」は二義的な役割を担う事になり、反戦闘争は第一義的には、資本主義諸国の階級闘争と、A・A諸国の独立闘争とに依存する事になるであろう。しかし、所有関係に関しては革命的手段ではなく、一連の改革が適用される。工業の地方分散化、工場と生産の労働者による管理―ユーゴスラビアで一九五〇年以降実験を続けている所から示唆される点が多いに違いない―国家的所有から社会的所有への漸次的移行と並行して、労働者と農民大衆の意志に応じての、国民所得の分配の適正化の一連の措置がとられるであろう。計画経済はなお長期にわたって試みられるが、全般的オートメーション化と原子力の工業動力への導入という、十月革命当時は夢想もされなかった高度の技術のもとに、経済の自動化への漸次的移行が可能となる。やがて来るべき世界革命の勝利は、国際的経済の計画的相互依存を可能ならしめ、国家の死滅への最後の過程が始るに至る。その能力に応じて各人より、その必要に応じて各人へ、個性の全き開花をみる。

レーニンはかつてカウツキーを厳しく批判した時、カウツキーは「マルクスがパリ・コンミュンの分析において与えたものの総てを『忘れた』」と言った（『プロレタリア革命と背教者カウツキー』五、《ママ》世紀書房版六七頁）。今日『人民日報』再説が「けれども、マルクスとエンゲルスは、七二日間しか続かなかったパリ・コンミュンを別として、それ以外には彼らが生涯を捧げたプロレタリアート独裁を自ら体験した事がなかった」と評して、対比的に十月革命におけるレーニンとソ同盟共産党の体験を持ち出す時、当のレーニンは何と評するであろうか。レーニンはソヴェトをコンミュン型の国家ないしそれへの出発点と考え、そこからのあらゆる逸脱と、それに対するあらゆる俗流的解釈と闘い続けた。にも拘らず、中国共産党中央は少なくとも七二日間以上続いた十月革命からどんな教訓を導き出したか。

「①プロレタリアートの先進的成員が、マルクス＝レーニン主義を行動の指針として採用し、民主的中央集権制の方針にそって構成され、大衆との密接な結びつきを打立て、勤労者大衆の中核となるよう努力し、党員と人民大衆をマルクス＝レーニン主義の精神で教育する共産党に自らを組織する事。」

革命の発展へのいかなる展望をもつかによって、中核たりうるか否かが決定するのであって、見通しなしに何を望みうるか?!

「②プロレタリアートが共産党の指導のもとにすべての勤労者を結集し、革命的闘争によってブルジョアジーから政治権力を奪取する事。」

運動の干満にどのように対処するか。革命的危機の客観的様相を捕え、今日の焦眉の問題をいかに提起しうるか、権力奪取のための生きた煽動と組織化、全戦術の一般化は？

「③革命の勝利の後プロレタリアートが共産党の指導のもとに労農同盟を基礎に広汎な人民大衆を結集し、地主、資本家階級に対するプロレタリアートの独裁を樹立し、反革命の琶抗を粉砕し、工業の国有化を実施し、さらに一歩々々農業集団化を実施し、こうして搾取制度、生産手段の私有、階級を廃止する事。」

まさにプロレタリアート独裁の基本的素描と諸機能が問題とされているのに―。パリ・コンミュンについてのマルクスの生きた描写に含まれる科学的洞察の深刻さと較べて、何という無味乾燥な図式であろう。

「④プロレタリアートと共産党に指導される国家が社会主義経済文化の計画的発展に人民を導き、これを基礎にして人民の生活水準をしだいに引上げ、共産主義社会への移行を積極的に準備し、そのために活動する事。」

「⑤プロレタリアートと共産党に指導される国家が、帝国主義的侵略に断固として反対し、すべての国民の同権を認め、世界平和を擁護する事。プロレタリア国際主義の諸原則を堅持して、すべての国の勤労者の援助をうるよう努力し、同時にすべての国の勤労者とすべての被抑圧民族を援助するよう努力する事。」（以上五項、昨年三月三〇日付『アカハタ』紙上「再説」第一部）

レーニンは「民族的共感にもとづく国境の設定」「独自の国家を建設する自由」という概念と切り離して民族自決を論じはしなかったし、「ひとたび大衆的民族運動が発生した以上は、それを放棄したり、そのうちにある進歩的なものを支持することを拒んだりすると、それは民族主義的偏見に屈服すること、即ち、『自分』の民族を『模範民族』と認める事（もしくは、われわれの方から付言すると、国家建設について独占的な特権を有する民族と認める事）を意味する」（「民族自決権について」一九一四年四―六月、第八章、彰考書院版レーニン民族問題第一巻三一四頁）としている。「勝利したプロレタリアートは自らの勝利を葬り去る事なしには、すべての他民族にどんな幸福をも強要することはできない」（エンゲルスのカウツキー宛の一八八二年九月一二日付手紙）とのエンゲルスの一句を「植民地に対してだけでなく、すべての『他民族』に対しても適用される無条件に国際主義的な原理」であるとレーニンは述べている（「自決に関する討論の決算」一九一六年一〇月、第九章、彰考書院版民族問題第三巻五八頁）。これは世界の労働者階級を分裂から防止し、諸国民、諸民族の接近と融合をもたらすための前提であり、最初に一国、ついで数国、さらに全地球上にプロレタリア独裁がひろがる、長期にわたる世界革命の一連の断続的過程の辿る必然的な一時期である。ソ同盟の東欧に対する衛星国化政策はプロレタリア独裁の概念とは何の共通性もない民族主義であり、官僚政治の不可分の申し子である。

中国においても十月革命以後のソ同盟の経験は他山の石以上の深刻な意味をもっている、スターリンの誤謬をスターリンの誤謬それ自体として理解する限り、その国内的、世界史的な発展の未成熟故に、官僚が勝利していった真実の弁証法は解き明すべくもない。『人民日報』はスターリンの誤謬の客観的基礎を「幾百万大衆の習慣の力」に求めているが、なるほどそれは森の中の一木ではあっても森そのものではない。再説が「ソ同盟が経済的に急速な進歩をとげたという事実は、その経済制度が大体生産力の発展に適応していたという事実を証明している。さらに、その政治制度も経済的基盤の諸要請に適応していた事実を証明している。スターリンの誤りは社会主義制度から発生したものではない」（再説第二部）という時、幾重もの誤りを犯している。十月革命の生んだ国家的所有と計画経済は後進国ロシアに歴史の数十年をとびこえさせて、進んだ機械を大量移植し、大工業国に変貌せしめた。しかしそれは、社会成員の間に新しい分化が起り、不平等と位階、特権が生じ、自己閉鎖的な官僚政治が大衆を押しのけて国家権力を支配する道ゆきと重なりあっていた。国家の富の増加は、確かに人民の生活水準を向上せしめた。しかし、それとて楯の一面であり、資本主義が隆盛にむかう時にもみられる一面にすぎない。商品循環を基礎とする労働の生産力の向上は、同時に社会的不平等の発達をもたらす。生産指数の向上に正比例して人民の幸福が向上すると考えることは、よしんばより以上の不平等の発展がなかったと仮定しても、粗末な空想にすぎない。人民の物質的文化的欲求は、拡がりと高さの双方においてたえず増大するし、特に革命期の人民の前方への志向は平常の数倍にも達するであろうから—。技術の極めて低い段階、農民が人口中の圧倒的多数をしめている段階から出発しなければならぬ今日の中国においても、新たな水準で窮乏が一般化する事は避けえない。それと共に、必需品に対する闘争が新たな規模において始まり、資本主義的法則がたえず自己を貫徹せしめようと試みるであろう。一切の古い屑が新しい制度を脅し始めるであろう。「スターリンの誤りは社会主義制度から発生したものではない」然り、それは官僚の大衆に対する勝利の表現であった。

「社会主義デモクラシイは、いかなる場合にもプロレタリアートの独裁に対抗すべきではない」と再説（第三部）がいう時、全く奇妙な倒錯ないしは概念のあいまい化がそこにある。「社会主義デモクラシイの唯一の目的は、政治的・経済的・文化的分野において等しく」プロレタリアートと全勤労者に「社会主義建設の見通しを与え、すべての反社会主義勢力との闘争で彼らの精力を十分発揮させる事である」云々。誰が「与え」「発揮させる」のか？　プロレタリア独裁が社会主義デモクラシイを利用して？　プロレタリア独裁は収奪者の収奪のためのものであると共に、労働の経済的解放を基礎にしたあらゆる個人の自由の共同体をめざして、独裁そのものを否定してゆくものである。プロレタリア独裁は全人民に社会主義建設への見通しを与えるばかりでなく、労働の解放のための不可欠の梯子であり、一たんそれが確立されるや、直ちに自己の死滅を準備し始める新しい型の国家である。われわれはその全特質を社会主義デモクラシイと名づけ、それをプロレタリア独裁の概念に結合するのである。

低い技術的基礎のもとでは、プロレタリア革命による所有関係の変化は、直ちに労働の解放をもたらすことはできない。農村ではやっと資本主義的な商品経済が一般化したばかりである。資本主義的要素の復活と闘いつつ、高度の技術水準を獲得するまで、長期にわたってその独裁の機能を保ちつづける事は、至難の業である。中国において、避けられる以上の社会的不平等や位階、勲章、特権等、支配のための安易な使い古された諸手段が、プロレタリア独裁の機能を消し去っていかないためには、国内生活のあらゆる面における広汎な民主主義が必要である。最近中国で毛沢東の演説を中心に行なわれている「人民内部の矛盾」についての論議を当然論評しなければならないが紙数がない。

最後にマルクスの『フランスの内乱』からわずかな一節を引いた。願わくは各位自ら同書を繙かれんことを――。

「コンミュンの第一の布告は、常備軍を廃止し」「武装民兵」をおく事であった。コンミュンの議員は「選挙民に対して責任をおい、短期に解任されうるものであった。」「コンミュンは議会のような団体ではなくて、同時に立法府であり行政府である一つの行動体たるべきものであった。警察は」「中央政府の道具である事をやめ、直ちにその政治的性質を奪われ、責任ある、いつでも解任できるコンミュンの道具にかわった。行政府のあらゆる部門の官吏も同様であった。コンミュンの議員以下、公務をとるものは労働者の賃金だけをうけとらなければならなかった。国家の高位高官者達の既得権や交際費は、高位高官者そのものと共に、姿を消した。」「司法官は、あの虚偽の独立性を剥奪され」「他の公僕と同じく治安判事も裁判官も、選挙され、責任あり、解任できるもの」とされた。「ひとたびコンミュン制度がパリ及び第二流の中心地に打立てられれば、古い中央集権的政府は、地方においても、生産者の自治政府に道をゆずらなければならなくなるだろう。」「時間がなかったためにコンミュンがくわしく展開できなかった、その全国的組織のざっとした見取図をみると、どんな小さな田舎の村でもコンミュンがその政治形態となるべきこと、また、農村地方では常備軍をやめてそのかわり服役期間のごく短い国民兵をおくべきことがはっきりのべられている。各郡内の農村コンミュンは、その中心都市における代表者会議で共通の事務を処理し、さらにこの郡の会議がパリの全国代議員会に代議員をおくることになっていた。その代議員はすべていつでも解任することができ、またその選挙民の拘束的委任命令（正式命令）に制約されることになっていた。それでも少数の、だが重要な機能がなお中央政府の手にのこる。故意にあやまりのべられているようにそれらの機能は廃止されるのではない。コンミュンの、したがって責任を厳重にとる諸機関によって処理されるはずになっていたのである。国民の統一は破壊されるべきものではなく、反対に、コンミュン制によって組織されるべきものであった。そして国家権力―それは、国民そのものから独立し、国民そのものに優越して、国民の統一を体現したものと称してはいるが、国民そのものからすれば、一つの寄生した不用物にすぎない―を破壊することによって、国民の統一は実現されるべきものであった。ふるい統治権力のもっぱら抑圧的な諸機関はたちきってしまうべきであったが、他方、その正当な機能は、社会そのものより優越している権利をうばったものから、これをもぎとって社会の責任ある機関の手にもどすべきであった。普通選挙は、三年ないし六年に一度支配階級のうちのどの分子が議会で人民を代表するかをきめるのにつかわれる、というやりかたをやめて、コンミュンに組織された人民に役立つべきものとされた。」「他方、階層制による任命で普通選挙にかえることほど、コンミュンの精神に縁遠いものはありえなかった。」

「従前の政府形態がすべて甚だしく抑圧的なものであったのに反して、コンミュンは「どこまでも発展性のある政治形態であった」コンミュンの真の秘密はこうであった。即ち、コンミュンは本質的に労働者階級の政府であり、占有階級に対する生産階級の闘争の所産であり、労働の経済的解放が達成されうる、遂に発見された政治形態であった。」（『フランスの内乱』三、大月書店版ＭＬ選集第一一巻三二八頁～三三二頁）

『批評』創刊号（一九五七年八月一日）

三　何をしてはいけないか
――人間疎外をもたらす一切の制度の死滅への展望――

一　コンミュンについて

私が未来に思いえがく革命は、制度が人間を支配するのではなしに、人間が制度を支配することによって、人間の疎外をもたらす一切の制度を死滅させてしまう最後の制度を打ち立てるであろう。

過去の人類史上のすべての革命は、生産力の桎梏となるに至った生産関係を破砕し、新しい生産力の発展に適応する生産関係を生みだしたことにおいて、ただそのことにおいてのみ革命と呼ばれうるものであった。しかしこれまでのすべての革命は、新しい制度を生みだしはしたが、制度が人間に対する支配の道具であることを遂にやめることはなかった。

一八七一年七月のフランスの内乱は、パリにコンミュンと呼ばれる全く新しい政治形態を生みだした。労働の経済的解放を達成しうる創造的諸徴候、先駆的諸要素がその中に含まれていた。

コンミュンとは何か。

コンミュンの本質は、その抑圧的な性格において特徴づけられるべきでなく、その無限の進展性において既存及び現存のすべての国家と区別されるべきものである。

従来、コンミュンとはプロレタリアート独裁の政治形態であると理解されてきた。レーニンの著作にはふんだんにこの種の概念の混同がみられた。「独裁とは直接に暴力に依拠しながら、どんな法律にも束縛されない権力のことである」（レーニン『背教者カウツキー』世紀書房版一〇頁）とレーニンは言い、「みずから社会主義、マルクス主義者と称しながら、実際には、主要な問題、すなわちコンミュン型の国家の問題については、ブルジョアジーの方へ移行している人間」「コンミュン型の国家の問題を一度も究明しようとこころみなかった」（同前六八頁）人間たちを厳しく攻撃した。

社会主義革命は、体制としての資本主義の危機の産物である。すでに国民を支配する能力を失ったブルジョアジーに対するプロレタリアートの闘争が極点に達し、プロレタリアートが武器をとって、武装権力を掌中におさめ、力によって収奪者を収奪し、全抑圧機構を破壊することである。しかし、それが社会主義革命であるためには、プロレタリアートの勝利とは、とりもなおさず一つの制度の他の制度に対する勝利であって、その制度は階級支配そのものをも止揚する共和国への希望を、制度自体に現実的に転化表現していなければならない。その制度は、もっぱら階級支配の道具として、抑圧的な面において特徴づけられてきた従来の国家形態に対して、もはや国家と呼ばれるべきものではない。それはいぜんとして、旧支配制度の息の根を止めるために、プロレタリアートがそこに依拠しなければならず、国民的統一がなお過渡的意味をもっている時期には、それはやはり半ば国家であるが、もはや在来の国家という言葉をあてはめることはできない。それはその制度のもつ本質的な能力によって自分自身を死滅させずにはおかない、無限の進展性によって特徴づけられるものであって、コンミュン（共同体）又は半国家と呼ばれるべきものである。

コンミュンとはいかなる制度であるか？

―それはマルクスとエンゲルス達によって最初の理論化が行われたのであるが―。

立ちあがったプロレタリアートは、ふるい政府の物質的な力である常備軍と警察を一掃し、ついですべての銀行、鉄道、通信施設、大企業からブルジョアジーを追放し、古い制度を自分の制度とかえねばならない。

コンミュンは常備軍を廃止し、武装民衆を配置する。警察も、これまでのように中央政府の道具であることをやめ、ただちにその政治的性質を奪われ、責任ある、いつでも解任できるコンミュンの道具となる。司法官は虚偽の独立を奪われ、検事も裁判官も、選挙され、責任あり、解任されるものとなる。銀行は没収され、鉄道、港湾、空港、通信施設、鉱山、工場、土地等労働手段はすべてコンミュンの所有に移される。

コンミュンは普通選挙によって選出された議員から成り立ち、選挙民に対して責任を負い、短期に解任されるものである。大都市―大工業中心地においては、いきおい、その議員の大部分は労働者、または労働者階級の承認した代表者となる。コンミュンは、議会のような団体ではなく、同時に行政府であり立法府である一つの行動体たるべきものである。

行政府その他のあらゆる部門の官吏も警察官同様、責任ある、いつでも解任できるものとなる。コンミュンの議員以下、公務をとるものは労働者の賃金だけをうけとらなければならない。

国家の高位高官者達の既得権（位階、勲章等一切の特権を含む）や交際費は、高位高官者そのものとともに姿をけしてしまう。公職は中央政府の手先の私有財産ではなくなる。すべての住民が立法官になり行政官になることによって、やがて、政治が社会生活の特殊な領域であることをやめて、全住民の生活に同化してしまう過程が始る。

ふるい中央集権的な政府は、地方においても生産者の自治政府に道をゆずらねばならない。どんな片田舎でもコンミュンがその政治形態となり、軍隊、政治警察、官僚制度をうちたおさねばならない。

中央集権的な抑圧がたちきられたならば、真の国民的統一が可能となるであろう。国のすみずみにまでうちたてられたコンミュンは、大都会のコンミュンの知的指導のもとにおかれ、過渡期の国民的統一が達成される。

以上が、マルクスが『フランスの内乱』で描写したものをもととした私のスケッチである。

ここで一つの問題を出すのだが、それは、レーニンがコンミュンを支持しながらも、コンミュンの概念をプロレタリアート独裁という概念によって全く置きかえてしまっていることである。独裁とは社会に対してますます排他的に聳え立つ階級的抑圧の制度を指すのであって、コンミュンは、その成立の当初から抑圧的な性格―収奪者を収奪し、旧制度の復活の試みを抑えつける階級的暴力―を消滅させていく能力をもっている点が、これまでのあらゆる階級支配と全く異なるわけである。いいかえるならば、レーニンにあってはプロレタリア独裁を認めるか認めないかが革命家であるかどうかの別れ目なのであるが、独裁が独裁である限りは、必ず行政権力の相対的強化と、社会からの遊離に導くのであって、コンミュンとは相いれない。革命の際、労働者階級が、自分を支配階級に高めるに当って、コンミュンの原理にのっとって、自分の制度を作りあげない限り、支配と服従をやがて死滅させる自己運動を行なう制度ではなくて、支配せんがための制度―つまり独裁―に変っていくほかないのである。

革命にあたって、あるいは市民戦にあたって―といってもよい―労働者階級は政権を掌中に握るためには、打ち倒された支配階級の抵抗を力によって抑圧しなければならないが、その場合労働者階級の政治力の一さいの源泉はコンミュンの制度にあるということである。

ロシアでは一九〇五年以来、労働者階級の手のうちで試されてきたソヴェト（労働者評議会）は、一九一七年の二月革命以後、「すべての権力をソヴェトへ」のレーニンのスローガンに表現されたように、コンミュン的なもの、つまりコンミュンの特徴を萌芽的にもっている制度に発展したのであった。

コンミュンは、旧制度の打ちかち難い極信の中で、労働者階級によって、闘争の中で、長い年月をかけてたえず試され、たえず消長をとげながら、経験として蓄積されていく。同時に、前衛によってたえず労働者階級のそれらの経験に意義と方向が与えられていくのであるが、危機の瞬間に武器をもって立った全労働者階級を包みこむ制度に転化し、国の政治と経済、国民生活のすべてを組みこみ、制度の自己運動―国家の死滅―の中へ融合させてしまうのである。

レーニンは『国家と革命』、『背教者カウツキー』において、コンミュン型の国家を擁護しているが、労働者階級が自分の権力を維持するためには、国家死滅の自己運動を保証しているコンミュン制度を確立しなければならず、そうでなければ、旧ブルジョア制度の復活の危険ばかりでなく、プロレタリア独裁の行政権力がついには労働者階級を上から支配してしまう危険をおかすことに気づかなかった。コンミュンの本質の中にこそ史的唯物論の弁証法の真髄があるのに──。スターリンはまさに後者の危険の有能で戦闘的な推進者として、行政権力のすべてを自分の手のうちに握ってしまった。彼は革命で地ならしされた上に、財産の国有形態と中央集権的行政権力を足場に、労働者階級に対する支配者になっていった官僚の代表選手にほかならなかったのである。後進国ロシアの上に驚くべきテンポで築きあげられた物質的財貨がスターリンの栄光をいやが上にも輝かせた。そしてスターリンが不可侵のものとして君臨した第三インターナショナルは社会主義の理念、コンミュンの理念を、プロレタリアート独裁の硬直した教条におきかえてしまった。そしてプロレタリア独裁とは政治心理的には党の独裁を意味した。社会主義は忘れ去られ、権力意識が前衛の組織にしっかりと根をおろし、それを腐食しつくしてしまったのである。

エンゲルスはパリ・コンミュンについての叙述の中でこう言っている。

「コンミュンはそもそものはじめからつぎのことをみとめなければならなかった。すなわち、労働者階級はいったん政権を獲得したならば、ふるい国家機関ではやってゆけないということ、またこの労働者階級はようやく獲得したばかりのそれ自身の政権をうしないたくないならば、一方ではこれまで彼ら自身をおさえるために利用しつくされてきたいっさいのふるい抑圧機構をとりのぞかなければならないし、しかし他方では、彼ら自身の代議員や役人をいささかの例外もなくいつでも解任しうるものと宣言して、それらにたいして身をまもらなければならないということである。これまでの国家の特質はなんであったか？　社会は、その共同体の利益を処理するために、はじめは簡単な分業により社会自身の機関をつくりだした。ところが国家権力（ゲワルト）をその頂点とするこの機関は時がたつにつれ、その機関自身の特殊利益に奉仕するようになり、社会につかえる下男から社会を支配する主人にかわってきた。」（エンゲルス『フランスの内乱』第三版への序文＝大月書店版ＭＬ選集第一一巻三八四頁）

「国家と国家機関とが社会につかえる下男から社会を支配する主人にかわるというのは、これまでのいずれの国家でもさけられないことであった。この変化をふせぐためにコンミュン（パリ・コンミュン＝筆者）は二つのたしかな手段をもちいた。まず第一に、行政、司法、教育などのすべての地位につくものを、関係者の一般投票による選挙できめることにし、しかもまたその関係者によっていつでも解任できるようにした。第二に、地位の高低をとわず、どんな勤務にも他の労働者なみの賃金しかはらわぬことにした。一般に支払われた最高の給料は六〇〇〇フランであった。これがため、なおそのうえに各団体は自分の代表者に拘束的な委任状をつけくわえたが、それがなくとも猟官運動や立身出世主義はしっかりと阻止されてしまった。

コンミュンがこうしてこれまでの国家権力を破壊し、それをあたらしいほんとうに民主主義的なそれとおきかえたしだいは『内乱』の第三章にくわしくのべてある。けれどもここで、その二三の特徴について簡単にもう一度、説明しておくことが必要であった。というのは、まさにドイツでは国家への迷信が、哲学からはじまってブルジョアジーの、いや多くの労働者のふつうの意識にさえもひろがっているからである。哲学的な考えかたにしたがえば、国家は『理念の実現したもの』であるか、または哲学的なものに翻訳された地上の神の国、永遠の真理と正義とが自己を実現しあるいは実現するはずの領域である。このことからして、国家と国家に関連するすべてのものとにたいする迷信的崇拝ということがおこってくる（筆者註1）。しかもひとは子供のときから、社会全体に共通の仕事や利益はこれまでのようなしかたで、つまり国家と国家の高官とによるほかは管理できないと考えるようにならされているから（筆者註2）、いっそうこうした迷信的崇拝が生じやすいのである。世襲王国にたいする信仰から解放されて、民主主義共和国のただしさを確信するようにでもなれば、それだけでまったくたいした大胆な一歩をすすめたように思っている。けれども実際は、国家は一階級が他階級を抑圧するための機関にほかならず、そのことは民主主義共和国においても王国においてもすこしもかわりない。いくらうまくいっても国家は一つのわざわいである。このわざわいは階級支配をめぐる闘争で勝利をえたプロレタリアートにもひきつがれるだろう。彼らはこのわざわいの最悪の面を、コンミュンとまったくおなじように、すぐさまできるだけきりとらざるをえないだろう。そしてついにあたらしい自由な社会状態で成長した世代が、国家のがらくたをすっかりかたづけてしまうであろう。

社会民主党の俗物はちかごろまた、『プロレタリアート独裁』ということばをきいてたわいもない恐怖におちいっている。よし、諸君、この独裁がどんなものかしりたいか？　パリ・コンミュンをよくみたまえ。それがプロレタリアートの独裁であったのだ。」（前掲書）

（筆者註1）ソ同盟を社会主義国だと頑固に信じている人々は、それが強くかつ大なる国家であること、生産手段を国有化していること等々の雑駁な概念を混合した信仰感情の虜になっている。

（筆者註2）わが国の政党の最左翼、プロレタリアートの前衛を自称するわが日本共産党の組織は、高位高官達がすべての行動と思考の規範を上から示す、中央集権的な抑圧的な権力と本質的に似通っている。党の高位高官達はおのれが獲得しようとしている（渇望している）国家権力の姿に似せて党を作りあげている。

レーニンはその著書『国家と革命』『背教者カウツキー』において、プロレタリア革命の打ち立てるべき制度としてコンミュン型の国家を口を極めて擁護した。

「マルクスは」一八七一年のフランスの内乱における「革命的大衆運動のうちに、たとえそれが目的を達しなかったにしても、絶大な意義のある歴史的企図を、プロレタリア世界革命の前進への確実な一歩を、数百の綱領や考察よりもずっと重要な実践的一歩を、見てとったのである。」（レーニン『国家と革命』第三章の

一）

そしてレーニンはマルクスの定義を繰返して、革命においてプロレタリアートは「『既成の国家機関』を打ちたおし粉砕せぬばならず、単にその掌握にとどまっていてはならない」と述べた。そして、プロレタリアートは常備軍、政治警察、官僚制度を打破したならば、自分を支配階級として組織することによって、民主主義を闘いとることによって、既成の国家機関におきかえねばならない。レーニンの考えをのべると、支配階級として組織されたプロレタリアートの組織はコンミュンでなければならず、要約すれば、一、普通選挙によって選ばれ、責任あり、いつでも解任される議員によって構成される同時に立法府であり、行政府である一つの行動団体。二、公務にたずさわるものは選挙され、有責で、随時に解任され、同時にその俸給が労働者賃金並であり、すべての特権、交際費は廃止され。三、常備軍、政治警察のかわりに、完全にコンミュンの付属物となる武装した民衆を置く。等、マルクスの考えを支持している。

しかし、レーニンが支配階級としてプロレタリアートの組織は中央集権的でなければならないと言い、「マルクスは中央集権主義者である」「国家に対する小ブルジョア的『迷信』で一杯になっている人たちだけが、ブルジョア的機構の絶滅を中央集権制の絶滅だと考えることができるのだ！」（前掲書七〇頁）という時、ひどくまちがっている。

マルクスはこう言っているのである。「それでも少数の、だが重要な機能がなお中央政府の手にのこる。故意に誤りのべられているように、それらの機能は廃止されるのではない。コンミュンの、したがって責任を厳重にとる諸機関によって処理されるはずになっていたのである。国民の統一は破壊されるべきものではなく、反対に、コンミュン制によって組織されるべきものであった。そして国家権力―それは国民そのものから独立し、国民そのものに優越して、国民の統一を体現したものと称してはいるが、国民そのものからすれば、一つの寄生した不用物にすぎない―を破壊することによって、国民の統一は実現されるべきものであった。ふるい統治権力のもっぱら抑圧的な諸機関はたちきってしまうべきであったが、他方、その正当な機能は、社会そのものにより優越している権利をうばったもの、からこれをもぎとって社会の責任ある機関の手にもどすべきであった」（『フランスの内乱』三、大月書店版ＭＬ選集第一一巻三三〇頁）

近代国家組織が革命によって解体した後には、自由な小国家の連邦制を生みだすべきだと考えたプルードンや、ベルンシュタインに反対して、レーニンは「マルクスは中央集権主義者である。そしてここに引用した彼（マルクス）の説明には、中央集権制からそれているところは少しもない」（『国家と革命』前掲七〇頁）と言う。そして『国家と革命』で右のマルクスの言葉を引いている。

しかし、マルクスの右の考えはマルクス自身によって充分展開されていない。社会主義革命後の過渡期の経済過程及び政治過程が、必然的に各国民の高度の国民的統一をもたらし、従属諸国、植民地諸民族の国家的分離と独立をうながし、そのことが諸国民と諸民族の接近と融合の前提条件となるのであるが、マルクスは自分の考えを世界革命の展望と結びつけなかったために、レーニンによって、中央集権主義というレッテルをはられてしまったのである。

マルクスとエンゲルスは一八七三年頃から無政府主義と激しくたたかった。彼らは、非実際的で勝つ見込みのない無政府主義者の空想的な非権力主義に反対して、しばしば、階級闘争の中央集権的な指導、中央集権的な組織を擁護した。例えばバクーニン主義者達はこう主張した。一、政治への不参加、まして選挙への不参加。二、無政府、つまり国家の廃止。三、労働者はプロレタリアートの即時完全な解放を目的としないような革命にはけっして参加してはならぬ。四、革命政府は労働者階級にたいするあらたな欺瞞であり、あらたな裏切りにすぎない、等々。彼らは国際労働者協会の分派（同盟派）であるが、スペイン革命において、これらの綱領はことごとく破産してしまった。一、革命の進展はいやおうなしに彼らをまきこんだが、統一した労働者の代表を選挙戦に立候補させず、ブルジョア的共和主義者（非妥協派）に追随した。二、地方自治体に少数の議員を送りこんだ彼らは分散した、各自治体毎の、てんでんばらばらの自治に没頭したため、反革命軍にたちまち席捲され、壊滅してしまった。一言でいえば、スペインのバクーニン主義者は、吾々に、いかに革命をおこしてはならないかということの比類なき手本をあたえてくれた」（エンゲルス「バクーニン主義者の活動」大月書店版ML選集第一三巻、参照）

マルクスは「労働者階級の政治闘争の革命的形態」として「ブルジョアジー独裁のかわりに彼ら自身の革命的独裁をもって」すること「彼らは、武器をすて国家を廃止することのかわりに、国家に革命的な過渡的な形態をあたえる」ことを主張している（「政治的無関心主義」ML選集第一三巻二頁）

私が問題とするのは、中央集権的な国家制度の抵抗に対して、労働者階級は中央集権的な規律をもって闘わねばならないとすれば、自分の規律を革命的独裁にまで高めた時（革命の勝利）、どのようにして中央集権的規律をコンミュン的組織（規律）に転化させうるか、ということである。一八七〇年代にスペインのバクーニン主義者やスイスのジエラ（ママ）派のような理念が破産をまぬかれず、階級闘争を多少とも意識的に指導するためには中央集権主義に多かれ少なかれ頼らざるをえなかったとしても、逆に、中央集権的な規律さえあれば、勝利した労働者階級は、それぞれの歴史的条件（限定性）をとびこえて、国家に革命的な過渡的な形態をあたえることが可能かどうか、ということである。

ロシアの十月革命後の、国家と政府党（ボルシェヴィキ）の中央集権は、ソヴェトの民主主義と相いれることができず、急速にソヴェトのコンミュン的性格をおし殺し、労働者階級から独立した国家権力に生長してしまった。十月革命はロシアの国家的経済的独立と、新たな生産力発展の刺激を生みだしたのであるが、それはロシア労働者階級とその権力の国際的孤立（主な側面を言っているのであるが）、農業国＝非工業国＝農奴制の極めて広汎な残りもの、低文化という歴史的条件をとびこえて、コンミュン制度を確立することはできなかったし、逆に中央集権的な生産の組織を基礎とした中央集権的な抑圧的な国家機構の生長こそ必然的であった。

ロシアにおいて、またここ数年間中国においても、マルクスやエンゲルスが予想もできなかった史上新しい国家制度、新しい階級的国家が発生し、また生長しつつある。他方資本主義制度は、第二次大戦後も、なお、その内部の、発展力を失っていないことを示した。死滅し下降しつつあり、慢性的不況にさらされつづける資本主義、という概念は、実際といかにもかけはなれた願望であることが現実に示された。アメリカは、いまだ技術の進歩と、生産力の増大へのたえざる内部的刺激を持ちつづけている。二つの世界市場にともなう二つの世界体制、その間にあってA・A諸国の独立とあるていど独自の経済的発展、これらの状況の中で、労働者階級の存在形態は、組織的にも文化的にも、また量的にも質的にも成長しているし、もっと正確にいえば成長する前提と契機を含んでいる。

私は規律そのものを排撃しはしない。生産の組織そのものが労働者階級を一定の規律のもとに習慣づける。しかし技術の進歩の結果、労働者を流れ作業の単純労働の繰返しのもとで、精神的活動を鈍磨させられている現状が、オートメーションの広汎な採用の過程で、徐々に打破されはじめ、精神的活動（管理、設計、構成）のもとに、生産の工程を支配する状態が発生してきている。エンゲルスは「権威原理」に挑戦する無政府主義者に対して、例えば鉄道はいやおうなしに、機関士をダイヤの権威に服従せしめるという近代の生産の特徴をのべて、批判している。だが、近代生産のもとでの技術の一層の進歩は、今度はたえず「権威」の限界を突破すること、労働者が生産工程に組みこまれる量に比して、生産工程を労働者が組みこみはじめる量の増大をもたらす。

私が想定する、未来の世界革命の断続的継起の中では、コンミュンが唯一つの労働者階級の過渡的制度とならなければならないが、それまでに、労働者階級は、コンミュンを可能とする政治的、組織的前提を、自分たちの階級闘争の形態の中に、しだいにもちこみ、作りあげているであろう。

（註）私はこの論文でおそらく修正主義者のレッテルを頂戴するにちがいない。しかし、科学の進歩と歴史の現代的状況は、以前よりも比較にならずに、未来への展望を可能にしている。一九世紀にはあわれな空想であった無政府主義者の問題意識も、飛躍的な技術と文化の水準のもとでの革命の展望の中へ、発展的に組みこむことを可能にしているのではないだろうか。修正ということについていえば、修正は進歩の一現象であるといえば足りる。修悪ないし教条主義は、反動と保守の一現象であるだろう。

こういうやっかいな問題を取扱うには、何度でも入口に立戻らなければならない。

労働の経済的解放は個性の創造的活動の自由（言論の自由）と不可分の前提をなしているが、その双方とも、どんな意味の中央集権主義とも相矛盾する。

充分に成熟した、またはしつつある両体制―つまり現代資本主義と現代社会主義＝官僚主義的全体主義―の没落と、それにかわる新しい社会秩序―コンミュン的統治形態によって組織され、統一された世界的制度の誕生は必然である。

世界的な規模で発展した生産力は、古い制度を崩壊に導く原動力であるが、全人類的な会計のための世界経済の融合と統一がなしとげられるまでには、なお、ある過渡期を経なければなるまい。過渡期の有様を多少とも具体的にえがくことはできない。しかし、それは、もはや、いかなる点でも、中央集権的なものとはなりえない。過渡期には、経済の国民的単位、計画経済（全人口のための、むだのない計画はたえまない修正なしには、民主的討論なしには不可能である）の国民的規模の境界をただちに取り除きはしない。しかし、国民の統一は、抑圧的な中央集権的な諸制度によってではなしに、社会成員全体に根をはったコンミュン制度によって、つまり新しい統治制度が、ふたたび抑圧的な社会の主人に成長することを身をもって防止できる制度に、国民が自分を組織することによって実現されるであろう。

レーニンの引用しているマルクスの文章をここでもう一度引用してみよう。

「パリ・コンミュンは、もちろん、フランスの大工業中心地への手本のはたらきをしなければならなかった。ひとたびコンミュン制度がパリおよび第二流の中心地にうちたてられれば、ふるい中央集権的政府は、地方においても、生産者の自治政府に道をゆずらなければならなくなるだろう。時間がなかったためにコンミュンがくわしく展開できなかった、その全国的組織のざっとした見取図をみると、どんな小さな田舎の村でもコンミュンがその政治形態となるべきこと、また農村地方では常備軍をやめてそのかわりに服役期間のごくみじかい国民兵をおくべきことがはっきりのべられている。各郡内の農村コンミュンは、その中心都市における代表者会議で共通の事務を処理し、さらにこの郡の会議がパリの全国代議員会に代議員をおくることになっていた。その代議員はすべていつでも解任することができ、またその選挙民の拘束的委任命令（正式命令）に制約されることになっていた。それでも少数の、だが重要な機能がなお中央政府の手にのこる」云々（傍点筆者、『フランスの内乱』前掲三二九頁）ごらんの通り、これは徹底した民主主義である。「他方、階層制による任命で普通選挙にかえることなど、コンミュンの精神に縁遠いものはありえなかった」（同前）。上からの階層制による任命（あるいは選択といってもよかろう）を抜きにした中央集権主義などとは言葉の矛盾である。

「さてそこで、プロレタリアートと貧しい農民階級とが国家権力をかれらの手中におさめ、全く自由にいくつものコンミュンに組織され、これらのコンミュンの活動を資本にたいする共同の打撃において、資本家らの琶抗抑圧において、鉄道・大工場・土地などの私有財産の全国民、全社会へのゆずり渡しにおいて、統一するならば、それは一体中央集権制ではなかろうか」（『国家と革命』前掲七〇頁）いや、それは民主主義である。「しかもプロレタリア的中央集権主義ではなかろうか。」（同前）いや、それは徹底した民主主義であって中央集権ではない。「自発的な中央集権制」（同前）などと論理を弄んでも始らない。

マルクスはいう。コンミュン制は、農村の生産者たちをその地方の中心都市の知的指導のもとにおき、その都市の労働者が彼らの利益を自然に代表するようにしてやったのである。」（前掲三三一頁）中央都市、つまり産業と文化の中心地と他の全地方との関係においても同様の論理を適応することができる。諸大国民の統一は「たとい最初は政治的強力（フォース）によって成立したとしても、いまでは社会的生産の有力な協力要因となっているものである」（同前）国民の統一は共産主義の第一段階には、いぜん生きのびる。国民の統一はコンミュン制度によって維持され、またそれ故に、しだいに死滅しはじめ、世界的統一が形造られる。旧制度の崩壊の後には、従属国、後進国は、一層自身の国民的独立と統一を際立たせる。被抑圧民族がはじめて自分の民族国家を分離せしめ、国民的統一を完成する光景さえも見ることができるであろう。先進国による後進国の搾取の除去、経済的平等を基礎に、諸国民間の接近と融合が始まる。各国間の技術水準の落差の消滅、国内においては、都市と農村、知能労働と肉体労働との対立の止揚は、諸国民を国民として性格づけているすべての条件を崩壊させる。全地球を包みこむ、自由で豊かな一つの共同体が出現する。

「歴史上まったくあたらしく創造されたものは、社会生活のふるい死滅さえしてしまった形態と、いくらかでもにているようにみえると、その模造品とみあやまられるのが一般に運命らしい」（マルクス、前掲三三〇頁）「コンミュン制（コンスティテューション）は、諸大国の統一を、モンテスキューやジロンド党員たちが夢想したような小国家の連邦に解消するこころみとみあやまられた。だが、この統一は、たとえ最初は政治的強力（フォース）によって成立したとしても、いまでは社会的生産の有力な協力要因となっているものである。国家権力にたいするコンミュンの対立は、過去の中央集権にたいするむかしからの闘争の誇張された一形態とみあやまれた。」（前掲三三一頁、傍点筆者）それはむかしからの闘争のむしかえしではなく、全く新しい民主主義的制度の出現であった。レーニンは、コンミュンを中央集権に対するむかしからの闘争のむしかえしとみた連邦主義者に反対し（そこまではよかったが）、マルクスの「国民の統一は破壊されるべきではなく」云々という文句をとりだして、マルクスを中央集権主義者と断定し、あげくに「自発的な中央集権制」という矛盾した概念を作りあげた。中央集権制にとって自発的たりうるのは中央のみであり、彼らは自分の掌中にあらゆる権力を集中しつづけようとし、非中央、中央でないすべての者をその下に掌握しようとすることによって、民主主義を破壊しなければならない。

この点ではレーニンもまた自分を支配していたふるい生活概念をもって、コンミュンを解釈したのである。（註）

（註）対馬忠行はその著書『クレムリンの神話』でコンミュンについて詳述しているが、中央集権の問題では、レーニンの見解を擁護し、マルクスの見解と同一視している。「なお、ここで、コンミュン国家は、連邦主義（Federalism）を原則とするものではなく、中央集権主義（Centralism）の原則に立つことを一言しておくのも無駄ではあるまい。コンミュン国家の排撃するのは、『ブルジョア的・軍事的・官僚的中央集権』であって、自らは『民主主義的・プロレタリア的中央集権』に立つものである」云々。

しかしみられる通り問題はマルクスがコンミュンの叙述において、非中央集権主義者である、というに止まらず、コンミュンはその性格上、中央集権主義とは全く相いれないということである。

レーニンはただ理論的にまちがっていたばかりでなく、実践的にもまちがっていた。十月革命後彼は、ソヴェト党を、自分の思想に似せて、まさしくロシア的現実の枠にふさわしく、中央集権的な行政機構に変型させ融合せしめた。行政機構は社会の下僕から社会の主人に転化した。むろんこれはただ単にレーニンの罪ではなく、ロシア革命の不可避の行方であったが、ただ彼はそれを正しいと確信してやまなかったまでである。

レーニンが死の床でしたためた遺書は、党の分裂をさけるために党の中央委員を五〇名乃至一〇〇名ぐらいに増員するよう提案しているが、レーニンは行政権力がしだいに社会から独立しはじめ人民に対する恐るべき恐怖となりはじめたことを予感せざるをえなかったのであろう。しかし、中央委員の増員で、党の分裂の危機（実は党自体が巨大な抑圧的な行政権力―労働者階級の主人に転化した官僚制度―と一体化していくことに外ならなかったのであるが）を回避できるかもしれないと期待したのは、焦燥にかられた結果の一つの思いつき以上のものではありえなかった。

レーニンはコンミュン型の制度を擁護し、例えば、十月革命直後、ブルジョア的専門家達を高給を払って雇わなければならなかった時も、こう言っている。「このような処置が一つの妥協であり、パリ・コンミュンやあらゆるプロレタリア権力の諸原則からの退却である」と公然と説明し「高い給料の腐敗的な影響が、ソヴェト政権に対しても、…また労働者大衆に対しても及ぶことは争う余地がないことである。けれども、いやしくも思慮ある誠実な労働者や貧農は、すべて、我々に同意するだろう。そして、我々が資本主義の悪い遺産から、すぐにはのがれることができないということを認めるだろう。…（中略）我々労働者や農民自身が、ブルジョア専門家を利用して、よりよい労働規律を学び、より高い労働技術を学ぶことが、より早ければ早いほど、それだけ早く我々は、これらの専門家に支払うあらゆる『貢税』から免れるだろう。」（「ソヴェト政権の当面の任務」対馬忠行『クレムリンの神話』一五八頁より）。しかしレーニンは、ロシアの国際的国内的環境のもとでは、コンミュン的制度の諸原則からのあらゆる点での後退のみが可能であったことを見ることができなかった。彼はロシアの生んだ稀なすぐれた理論家であり実践家であったが、その思考はしばしば、ロシア的現実の狭い境界を突破することができなかった。中央集権の問題にしても、一九一七年にロシアにおいて支配的党として政治を行なわねばならない「現実」の要請に、史的唯物論を折衷せしめてしまったのである。

しかしながら、コンミュンもまた歴史の所産であって、一定の物質的前提なしには不可能である。

一般に、わが共産党員たち、「マルクス主義者」、「コミュニスト」、「社会主義者」その他は、今日のソ同盟および中国を社会主義国家と呼んでいる。

ソ同盟の場合には主要な点で発生のそもそもにおいて社会主義の物質的前提が欠如していた。

一九一七年当時のロシアは、工業の発達の未熟な遅れた農業国であった。ロシアのブルジョアジーは、力弱く、その上、イギリスとフランスの資本に極めて強く従属していたので、自力で産業革命をやり、戦争で疲弊した国民経済の建直しと、新しい発展を促す能力がなかった。否応なしに、プロレタリア化した大衆による革命によって、国民経済の死活の問題を解決するほかはなかった。そうでなければ、ロシアには、四分五裂と救い難い堕落があるばかりであった。しかし、革命をやったのはプロレタリアートであったが、工業化を遂行するためには、強烈な理想主義と、強固な権力意識によって武装し、一枚岩のように結束した選ばれた部隊であるボルシェヴィキに、生産の組織と国家行政のすべてをゆだねざるをえなかった。党は国家機構と融合し、それを従属せしめ、国有化した財産を基礎に、恐るべき特権を享受する一つの階級に転化した。

革命ロシアを社会主義共和国と呼ぶことについて、ロシアでは社会主義はいぜんとして未来の問題ではあるが、この名は新しい政権の社会主義への決意を表現するものだ、とレーニンは言ったが、スターリンの時代に入って、その決意さえも、大衆に勝利していった官僚によって徹底的に弾圧をうけ窒息させられてしまった。この事情は私の他の論文に不充分ながら書いたので詳述しないが、私は今日のソ同盟を官僚の共同会計のための国家（いわば経済、政治の両面にわたって本質的に官僚主義の国家）という概念がもっとも適切ではないかと考える。官僚は中央集権的な国家機構をその掌中に握り、国有化された生産手段を上からの網の目に組みこむことによって国民の富を収奪してしまった。そこでは、労働時間と労働の強度に応じて、社会の共同の倉庫から受取るという、共産主義の第一段階に想定される経済法則はなく、商品経済が一般的であり、いぜん価値法則が支配している。第二次大戦はソ同盟にいくつかの従属国をもたらしたが、ソ同盟の従属国に対する経済政策は資源の略奪、資本輸出、合弁会社設立という典型的帝国主義的特徴をそなえている。それは資本主義と極めて似通っているが、大衆に勝利した官僚が国家的富を収奪したという点において、銀行、鉄道、通信施設、航空、港湾、工場の全般的国有を基礎としている点において、また、当初から強力な中央集権的な計画経済の全般的実施によって、社会的富を蓄積していった点において、古典的な典型的な資本主義の発展過程とは全く区別されるべきものである。

われわれはこの点に関して、史的唯物論に全く新しい一章を加えねばならない。所有関係における国有が存在する限り、それは堕落していはしても労働者国家だとするレオン・トロツキー及び、今日トロツキストを自称する人々の説は、国有が実質上官僚の共同所有に変っていることを見落している。また対馬忠行のように、ソ同盟を国家独占資本主義だということも、十月革命の後に労働者の中から生まれた官僚が、自分の手中に握った行政機構を足場に、財産の国有化―つまり官僚的共有をなしとげ、労働力を搾取する巨大な階級にまで育っていった事実を正確に表現するものではない。また単に国有という事実をもって、国家独占資本主義というならば、ブルジョアジーの共同会計のために、いくつかの生産手段を国有化し（しかし、その固有の財産形態のために全般的国有は実施されないが）、国家機構の統一的な国民への統治の機能に依存している現代資本主義―計画経済はそれ自体では、発達した資本主義のもとではますます例外ではなくなりつつある―をも、国家独占資本主義と名づけてはいけないだろうか（註1）。問題は、ソ同盟及び東欧諸国には、一群の史上全く新しい社会的特権層が存在し、彼らはその特権を擁護するために全体主義的国家の抑圧的な性格に依存していることである。彼らは、元帥以下のあらゆる身分制、レーニン勲章以下のあらゆる位階勲等を旧制度からひき移している（註2）。

（註1）「株式会社による資本主義的生産はもう私的生産ではなく、多数人の共同計算による生産である。もし株式会社からすすんで、産業部門の全体を支配し独占するトラストにうつるなら、そこでは私的生産がやむだけではなく無計画性もまたやむ。」（エンゲルス『エルフルト綱領草案批判』大月書店版ML選集第一七巻三七九頁）

（註2）ドウヂーンツェフの小説『パンのみによるにあらず』を読んで見給え。ソ同盟では文官も皆軍隊並の位階をもっており、工業関係のある省の大臣は「将官の白い肩章をつけ」ており（山村房次、久野公訳、講談社刊、一五五頁下段）、国立鋳造機設計研究所長は将官であり（一七二頁下段）技師も（一六五頁下段）、婦人の検事補も（一二二頁下段）肩章をつけているのである。それは『「国家機関」を官僚主義の要塞に化し』『「民間に生まれた生きた思想をほろぼす」独占

者（モノポリスト）たちの連帯保証』のための相互の、パスポートである。この本は、お望みならば、社会主義のもとでの、非公開の秘密政治裁判まで見せてくれるのであるが、作者の社会主義についてのイメージの弱さと愛国主義という夾雑物によって、曇らされているとはいえ、正義と自由のために、専制制度に向って挑戦する党員と非党員の姿が感動的にえがかれている。

　ついでながらつけ加えると、この小説のトルストイ的スタイルはロシアにおける芸術形式の多様な発達がどれほど制限されているかの指標ともなるであろう。この内容の触発力は明らかにこの形式以外の何かを必要としたように思われる。

　ソ同盟はその四〇年間の歴史において、ある高度の技術水準をもった工業国に変貌し、ようやく社会主義に転化しうる経済的前提を生みだしつつあるが、そこでは、官僚の共同計算による生産が支配的であって、それが社会主義的生産に席をゆずるためには、一つの革命を通過しなければならない。労働者階級は力をもって官僚の抵抗を破砕し、中央集権的な抑圧的な権力常備軍、政治警察、官僚制度を打倒し、新しいコンミュン型の民主主義共和国を打ち立てねばならない。それは国有をコンミュン的所有、全社会成員の共同所有に転化し、官僚主義的（疑似独占資本主義的）生産を、言葉のありのままの意味において「全社会の勘定によって、あらかじめ定められた計画にしたがって経営される社会主義的生産」に転化しなければならない。

　中華人民共和国においては問題は一層単純である。中国の国家権力を掌握した独占的政党—中国共産党は、成立の当初から、スターリニズムの亜流である。ソ同盟では官僚が大衆に勝利するためには、レーニン主義とトロツキー主義の伝統をもった反対派との苛烈な政治闘争を経なければならなかった。中国共産党では、ソヴェト制度（コンミュン）への志向は、権力を掌握するずっと以前に滅ぼされていた。彼らは、スターリニズムよりも、より誤りが少なく、官僚主義的国家制度の確立に専心することができる。厖大な人口、広大な国土と豊富な資源—中国の未来の一定の時期を想像するのに、われわれは今日のソ同盟によって、あるていど的確な示唆をうけとることができる。

（註）ソ同盟と中国の国家の本質については別稿で詳述する予定である。

従属国について一言するならば、今日のＡＡ諸国の資本主義列強からの離脱と、ポーランドのソ同盟からの離反とハンガリーの暴動（悲惨な一〇月以後一年たった今日でも余燼のくすぶりを仄聞することができる）はそれぞれの体制的危機の表現である。

戦争の危険は、二つの世界体制の利害の対立の中に、各体制内部の階級的矛盾の外部への転化の可能性として存在する。体制内部の階級対立を止揚することによってのみ、戦争の危機を回避することができる。将来はますますある国の危機はその体制内の全般的危機としてあらわれるであろうから、一国の枠を越えて世界的な共同の利害に結ばれているプロレタリアートは、一国の革命を決して国民的単位にとどめておくことをしないであろう（註１）。将来の歴史は各国につぎつぎとプロレタリア革命の生起する壮大な一時期を現出するであろう。

それは人間の疎外をもたらす一切の制度の死滅に至るすさまじい序幕となるであろう（註２）。

（註１）　革命が民族革命の段階に止まらざるをえないために、または一国の枠内に止まらざるをえないために、さけることのできない革命からの後退―例えば、武装民衆にふたたび常備軍がとってかわること―の可能性―例えば卑近な例で、武装民衆にふたたび常備軍がとってかわれば、それは直ちに位階制と特権、抑圧的な権力の温床となるのであるが―は、革命がたえず断続的に一国の枠を突破することによって、たえず外発的に防止される。

（註２）　しかし問題は依然として残る。理念としての、あるいは原理としてのコンミュン制度を、具体的な民主主義的統治の形態に引き写して考察することである。人間はやがて政治制度を自分に従属させるであろうが、民主主義なしに、統治なしに生きていくことはできないのであるから―。この問題については、現代資本主義と現代社会主義のより立ち入った分析なしには答えを得ることはできない。戦争の問題、現代資本主義の社会主義（コンミュン）への転化はどのようにして起るかという問題もまた同じである。

二　同世代の革命家達へ

私は、仮に言うならば「前方への意志」とでも名づけられる思考を身につけて、この二年間—日本共産党第六回全国協議会以後の二年間—をくぐりぬけてきた。それは暗い巨大な党の螺旋階段を登りつづけて行くうちに、閉ざされた登攀者の眼に上方からの光明が見分けられるようになる、その無限に上昇しつづけようとする自己否定の連続であった。

最初の一年間を、共産党の保守的な方向への新たな回帰へのわが攻撃と圧迫の時期であるとするならば、後の一年間は、わが後退戦の時期であった。この時期に党内では保守的な力が再び勝利し、対立者達は、徒らに復古に反対はしていても、自身科学的な見通しを獲得しているとは、言い難い状態にあった。

私は、日本共産党員としては俗に「中堅幹部」と呼ばれる「地位」にあった。私は今年の二月の第二回茨城県党協議会において、県委員に再選された。私はその直後の県委員会総会において、県常任委員への再任を多数で希望されたが、私は固辞し、水戸第五細胞に自ら所属した。わが後退戦の最後の戦いを、私はそこで行った。二〇歳前後の数名の若い革命家達も、その時ともに戦ったのである。

私は今、一つの新しい地点に立っている。私は二一歳になって間もなく革命運動に入り、やがて二九歳になろうとしているのであるが、私の今日の姿勢は、歴史が前衛に新しい回生を要求する時代に私が漸く幸運にも辿りつきえた、特殊な転換点に固有のものである。

私は、茨城県における反中央の革新的な一つの力とみられていた。しかしわが後退戦の時期の私を、単なる党内革新派一般と同一視することは誤りである。また、私の県委員辞任と上京とを指して、ついに刀折れ矢つきて退却したものと見なすことは、輪をかけた謬見にすぎない。私は断じて党内革新派一般ではなかった。というより、もっと正確に言えば、むしろ私は党内革新派からも、しだいしだいに自己を区別し、革命家としての、時代的な、新たな視点と方向とを見出すべく、苦悩を負って孤立していったのである。「お前はいまだに革命家たりえているか、何をもって自分を革命家と規定しうるか」という厳しい問いの前で、私はたえざる自己検討―自己否定を「わが後退戦」の客観的道程と重ね合せていったのである。

革命家は絶えず前方を見つめ、たえざる自己否定の螺旋階段を登りつづける苦悩を自らに課さねばならない。革命家は孤絶した自分自身から出発することはしない。常に新しい時代的課題から出発する。それはこれから始まろうとする壮大な歴史的展望についてのイメージによって現実性を与えられる。その見通しが遠ければ遠い程、現実的課題は一層切実かつ明瞭なものとなりうる。革命家達は自分の未来図を、可能な限り遠い時点に定着させようとする。革命家が前方への意志をもちつづけ、科学的探究をつづけるならば、未来図を定着させうる時点はたえず遠ざかる。そのつど新しい発見があり、新しい自己否定がそこに重なり、これから始まろうとする過程への洞察は一層明瞭となり、現実の課題はより焦眉のテーマとなってわれわれを突き動かすことになるのである。

「前方への意志」は「革命的姿勢」と名付けてもよい。革命家が科学を認識の基礎としようとする限り、科学は科学であるために、革命家に「革命的姿勢」を要求する。人間の意識は歴史的環境によって限定され、自己を限定している歴史的環境の条件性を究めつくすことによって、今度は認識はたえずその限界を突破することが可能になった。社会科学が一時代にわたる未来の歴史上の仮説を立てうるようになったのは、人類が資本主義的生産様式を獲得した後であった。マルクスの仕事は近代の諸科学を基礎とし、深遠な科学的洞察をもととしてはじめて可能であった。しかし、マルクスの著作は、彼と同時代又は彼に先行する時代の諸科学に対する批判的傾向によってのみ特徴づけられるものではない。マルクスはいくつかの極めて解明困難な仮説に向って挑戦している。その思考の前方への飛躍性とその飛躍した漠たる問題意識と自分との間隙を、精微な論理で埋めつくさずにはいない、抽象と一般化へ向う認識の上昇性においてきわだっている。

けれども、われわれは自分をしばしばマルクス主義者と呼んできたが、マルクス自体、いやマルクスの著作自体決して自足的なものではなく（保守的な科学の諸傾向が、様々の蒙昧の中に止まっていたのと比較すれば、マルクスの予見は恐るべき卓見であったし、現在なお、多くの学問的示唆に富んでいるのであるが）、一九世紀後半のヨーロッパの一定の歴史的条件における学問的所産であって限定性をまぬがれることはできない。われわれは、今日の歴史的条件と諸科学の到達点の上に立ってマルクスの著作をもわれわれの認識の一参考とし、一層明確でかつ豊かな未来への仮説の構成の中へ、批判的に組みこまねばならない。それはその瞬間から本来のマルクス主義である事をやめ、新しい何ものかが誕生するのであって、われわれもそのことによって、社会科学の学問的宝庫を豊かにし、今後の科学の発展と歴史の進歩に寄与することができるのである。

プロレタリアートは実践の中で、自身の認識を獲得するが、ただ彼らが実践―認識―再実践―再認識を根幹とし、感性的認識から理性的認識へという実証主義的認識過程を歩みつづけるのみであるならば、彼らの理性的認識のゆきつく所はせいぜいトレード・ユニオン主義であり、社会主義の理念には遂に到達することがない。

科学的予見（仮説）は近代の諸科学の深い教養を前提として始めて可能である。これは革命的実践のための革命的認識を洞察しうる前提条件である。無知の土壌には教条主義と盲動主義の徒花しか開くことはないのである。教条主義に対して実践（大衆に学べ、大衆の中から大衆の中へ）を対置すれば事足れりとするのは、「新綱領」に対して火炎ビン戦術を対置せしめようとする滑稽に通じている。火炎ビン戦術は経済主義と同じく革命的理論を持たないか、または教条主義の偏ぱな信念にこりかたまり、理論を運動に結びつけて渾然一体化する能力をもたない無能者達は、テロ以外に自分の憎悪のはけ口を見つけることはできない。

教条主義も経済主義もテロリズムも、ともに革命家集団の前近代性の所産であり、彼らはしばしばその三つの混沌たる混汚物である。

ある人間が革命家であるためには、まず自分の理論をもたねばならず、彼が革命的理論のたえざる創造者であるためには、科学的洞察と、自己省察とをたえず合せ行なわねばならない。くりかえしいうが理論のない実践は、それがどんなに困難な坂道をよじのぼっているように錯覚されても、所詮は社会の進歩に受動的に引きずりまわされる体のものである。

エンゲルスは自分の死（つまり肉体的生命の終焉）が、他人の感性に、神秘的に投影し、多少とも否定的意味を生ずることを峻拒して自分の骨を粉にして英仏海峡に投ずるよう云い残した。これは今では革命家達の間に語り草にすぎなくなっているが、これには人々が偉人ゆえに許される奇異な行為として感じられる以上の深い意志がかくされている。私はそこに自分の生涯の最後まで革命家であろうとする意志、死そのものにも「革命的姿勢」を付与しようとした先駆的実験者の姿を読みとろうとするものである。

われわれは権力による政治の消滅を準備すべく政治の渦中に身を置こうとするものである。この弁証法を理解できないものは、断じて革命家たりえない。したがってわれわれは、自分を絶対化しようとする意志とも、自分を永遠化しようとする意志とも無縁でなければならぬ。個人に即して云えばわれわれはただ限りなく発見者であり、たえまなく変革者であり、自己否定者である。例えば労働者階級は、階級そのものの消滅を準備すべく、自己自身支配階級たるべき一時期をもつのである。彼らは自分の使命にふさわしく、自己の運動を組織し、それにふさわしい制度をもって現存秩序にかえねばならぬ。この弁証法を歴史の現実の過程に照応させえなかったならば、その実践は破綻をまぬがれえないであろう。

私の想定する革命とは、人間疎外をもたらす一切の制度を死滅せしめる能力を、内部に本質的にもっている制度をもって現存秩序にかえるものでなければならない。

一切の批判の規範としてこの問題意識がある。わが同世代の革命家達が、自由な討論の場所に現代社会についての全問題を引きずり出し叡智を結集して、まず時代の省察に当るならば、そこに全く、切実な実践的課題がより急速にかつ全面的にわれわれの面前に提出せられるに至るであろう。だが、私の見る所では、わが革命的同世代人は今一つひじょうに危険な転換点に立っている。

私が同世代の革命家と呼ぶ場合に、まず武井昭夫を念頭におかざるをえない。彼は、一九五〇年に、勝手に共産党中央委員会を解体し、地下へ潜行して党指導の実権を掌握した腐敗的徒党、徳田、伊藤、志田、野坂、椎野、ぬやま、春日（正）らに対して、全国統一委員会に参加した。全国統一委員会が、コミンフォルムと中国共産党の国際的圧力に屈して解散した後、それまで行動を共にしていた宮本顕治がしだいに退嬰化しはじめるや、その反対者として立ち、さらにその後新日本文学会において行動を共にしていた花田清輝が、最近、とみに進歩を見せなくなりはじめるや、彼と訣別し、対決しはじめている。

が、しかし、今、私は武井に進歩をよみとることができなくなってきている。花田も宮本も、文学と政治の両舞台において、武井が立ちつづけた地点から、後退した。が、しかし、武井は一体どこからどこへ、どのような問題をひっさげて飛躍したであろうか。なるほど彼は、党を水晶のように純粋さにかえようとする頑固なまでの意志を貫き通してきた。しかし他方、彼は最近の歴史が、それ自身の展開をもって示した、深刻な全問題の所在と意義を、ほとんど把握するに至っていないように見える。

ハンガリー事件一つとってみても、彼が『新日本文学』で、シェピーロフを擁護した時、彼は、モラルにおいては鋭く対立している宮本と政治的にはまさに同一地点に立っていることをはしなくも示した。一時は彼もまた、「スターリンの理論だけではなくて、コミンテルン時代からの世界革命運動の方向についても検討が必要ではないかと思う」とのべた。また「第二次大戦前の一国社会主義の理論と世界革命方式との関連の問題、第一次大戦以後の情勢変化によるその関連の変化ということについて明らかにしていかなければ、スターリン批判の問題は明確にならないのじゃないかという気がする」とものべている。さらに「とにかくスターリン批判一つ取ってみても、日本の共産党の党史の問題として、また第二次世界大戦後の日本の革命運動の問題として、歴史的事実に基づいて理論的に究明していくというような仕事は、機関誌の『前衛』や『アカハタ』においてはほとんどやられていないわけなんです」ともいっている（『中央公論』昭和三二年臨時増刊号、座談会「若き日共党員の悩み」）。ならば武井自身はそれをやったのだろうか。「フルシチョフの秘密報告などというものは、要するに共産主義者の文章として非常に程度の低いものであるということからまず出発しなければどうしようもないのじゃないか」と言う武井自身「まず出発」したのだろうか。どれほどか程度の高いものを生みだしたのだろうか。他に求め、自らは果さず、自らに課し、自ら果さず―この果さない今日の時期の武井昭夫について、私は深い憂愁を覚えざるをえない。

井上光晴、奥野健男、清岡卓行、武井昭夫、吉本隆明の連名で書かれた「芸術運動とは何か・原理論として・オールド・ジェネレーションへ」と題する論文（『綜合』九月号）は、「芸術運動のプログラムを提出したい」という論文冒頭の宣言にもかかわらず、そこには何らのプログラムの提出もないばかりか、論旨は停滞し、論理は虚ろな抽象に堕している。

芸術は「生のままの現実と認識された現実とによっていわば二重の上部構造性をもつ」「芸術家は内部の世界を認識された現実とかかわらせることによって芸術作品を創造し、生のままの現実とかかわらせることによって実行（実生活から芸術運動にわたる）するものである。すくなくとも、実行によって政治理論をつかみ、つかみとった政治理論をもって実行し、この過程を内部の世界に循環せしめる態の政治家が、芸術家と同じように内部世界を認識された現実と生のままの現実とにかかわらせる過程をもつものであることは、いうまでもない。このとき、芸術家と政治家とを内部的に区別するのは、かれが内部の心理部分にたいする現実の反映に着眼するか、イデオロギーにたいする現実の反映に着眼するか、のちがいであるにすぎない。」

「大衆と結びつく」ことを主張するこれら若い「芸術家」にして「政治家」たる人々の認識論の骨子をなす二重の上部構造の中の認識された現実とは、具体的世界の中ではどのような様相のどのような投影をさすのであろうか。自分の内部の奥深い壁にまで立入って、その、外部世界との照応関係を探ろうとする自己省察の深刻な姿態に、私は清冽な共感を禁じえないが、しかしそこに、その真摯な意図にもかかわらず、観念的な停滞のもどかしさを感じるのである。ここにみられる「図式的な誇張」や、実行によって政治理論をつかむなどという、素朴な実証主義が、変革への契機と結びつきうる歴史的段階はすでにとうにすぎ去ってしまったかのように思われる。政治家が政治家として革命的実行者たりうるためには、まず科学者であることが要請される時代にわれわれは住んでいる。芸術家が（革命的）創造者たりうるためには政治が社会制度を規制するその本質的なメカニズムの理論的把握に止まらず、人間の時代的苦悩と、人間の精神に宿る微妙な情緒と意志についての深い共鳴力と、巧緻な形象力とをその能力として持っていなければならない。（決して他人がのぞきみることのできない神秘な固定した）内部世界を外部とかかわらせるという図式的操作をもってしては、決して現代史的課題にこたえうる革命的問題意識を自覚することはできないのである。

過去にどんなにか、党の純粋性のために、党のモラルと民主主義のためにたたかってきたにしても、今にいたって、未来への党の歩みについての、プログラムを示しえないならば、彼（武井）は、何によって共産党の都委員たりえているのか？　革命的理論によってでないとすれば、過去の実績によってである。過去の実績に対する称賛、畏敬―革命家がそんなものにわずかでも囲まれている世界に甘んじるということは、何ということであろう。

私の手元に『人民中国』一九五五年一二月号がある。そこには「毛主席、元帥の称号と勲章を授与」と題するグラビア頁がある。五五年九月二三日朱徳以下一〇人の将軍に元帥称号が贈られ、延べ八一八名に各種の勲章がおくられることになった。この事実は、中国紅軍が、今や中国六億の人民に支配力をふるう大権力として立身出世主義と特権の温床と化してしまっていることを、公然と暴露したのである。朱徳に勲章を手渡している毛沢東は平服を着てはいても、心の中では自らを元帥に擬していることだろう。

私は武井を、毛沢東や朱徳と同一視するものではないが、武井の姿勢は、大きく類別すれば、大衆の権威主義と、過去に執着する感情に依拠したものであって、組織の中で、組織の保守的な意志に真っ向から逆って、自己否定的な前方への意志を育くもうとするものではない。武井昭夫は今なお同世代と若い世代から進歩の強靭なバネとして期待されているとしても、自らの姿勢と内部から湧きでる精神の伸展力によって、同世代と若い世代に向って能動的に問題を提起しうる立場からは、はるかに異ったコースに入りこみつつある。

ふたたび問おう。彼は何によって都委員たりえているのか。科学的批判が抑圧されている結果、全成員の参加による科学的討論にさらされることのない組織内部で、無自覚的な風潮、自堕落な拡散傾向との対比において多少目立っている学生運動の指導成果の評価によってであろうか。しかし、理論のない運動は、どんなにもりあがっても、革命的プログラムと結びつくことはない。客観的法則性の把握なしに、運動の前進、後退、飛躍曲折を適切に計量し、大衆に能動的にかつ正確に働きかけ自分の行動を歴史の進歩の歯車にかみ合わせることはできない。原水爆禁止運動一つとってみても、世界的な社会主義への転化の道行を把握し、国際的な労働運動に直接依拠することをぬきにした運動は、一見どんなにはなばなしくとも、幻想的な力弱いものにおちいりがちである。

武井昭夫は「今後の学生運動の実際を見てくれ、自分達の理論の正しさを証明してみせる」という意気を示したことがあるが、いつまでも小さな短い時点にとゞまっていてはならない。今のままでいけば、学生運動とよばれうるものは、あと二年もして、今の三年生が大学を卒業してしまえば、あとに、わずかな波紋を残すぐらいで消え去ってしまうであろう。

前衛は、時代の提起する問題を把握できなくなれば、直ちに前衛でなくなり、保守に転化するのである。

「オールド・ジェネレーションへ」とするこの連名の論文は「わたしたちの希望は、もしも芸術家が自己の内部を典型化することができ、大衆が自己の内部を典型化することができたときは、大衆芸術と芸術家の芸術は、ちがった質をもちながら、しかも内部的な構造を同じくするだろうということにかかっている」と書いている。当るも八卦、当らぬも八卦である。現実の認識のかわりに固定的な図式をもって大衆との質的相違を云々することは、ファナティシズムの変型に外ならず、「この断層と異質さ（彼らの芸術運動と大衆との——筆者）を意識するとき、すでにわたしたちは、大衆の方向に顔を向けて歩いている」というのであるが、その顔とは、どのような顔なのであろうか。

すさまじく発光しながら、新たな課題に触発しつづけたいくつかのすぐれた知性が、きわめて解決困難に見えた一つの壁を突破した時、拍手と畏敬の念に多少ともとりまかれると、その地点はただ次の飛躍への一ステップにすぎないことの自覚を失ない、知性はなえ、ついに自身保守的な壁として後世代に立ち塞がるにいたった恐ろしい光景を、われわれは眼のあたりに見てきた。これがわれわれの時代的経験であり、絶望ということの真の意味である。武井、吉本、奥野、井上、清岡ら、文学者にして政治家たろうとする（あるいはその逆の）人々が、花田清輝を敵にして一せいに砲口をひらいた。それは壮観というべきであろうか。否、それは気負った文体の外観上の花々しさ、「オールド・ジェネレーションへ」という挑戦的な標題にも拘わらず、科学的自己省察の全き欠如の故に、放たれた弾は眼前一尺の所から、発砲者自身の方へひょろひょろと引返してぽとりと落ちる体のそれだまであった。

花田清輝が戦時に時代の苛烈な先駆的精神であったとしても、若干の声望に取囲まれ、名声そのものが、彼のジャーナリズムでの姿態を支えはじめた時、彼はそこから尻をはずすことができず、彼もまた老いたのである。それにしても彼をその歴史性において把えることができず、図式的教条の規範で初めから終りまで計量しようとする「ヤンガー・ジェネレーション」よりも、しかし、私は老いてなおヤンガー・ジェネレーションに向って問題を問おうとする花田の方に自己省察の苦悶を読みとることができる。

階級闘争場裡には、新しい登場者達が、自身の問題意識をひっさげて登場しつつある。わが同世代の革命家達よ、われわれもまた老いるのだ。新しい登場者達に向って、いやさらにずっと新しいまだ生まれてもいないヤンガー・ジェネレーションに向って、われわれのなしうることは、現代社会の科学的批判をやりなおし、やりつくすことであり、そこにわれわれの歴史的経験の科学的総括を重なり合わせることであり、未来社会からの輝く光芒によって自己省察をなしとげることである。それは認識の完璧をめざし、たえず完璧でない自身を発見し、たえず自己否定をとげる革命的姿勢をわれわれに要求している。

革命家武井は、決して自身を単なる政治家などと呼ぶべきではない。革命家武井はよろしく都委員をやめて、自ら身を置いてきた小さな世界をも含めて、時代の歴史的考察に精魂を傾けるべきである。

実践は真理の最後の検証者である。革命組織は数百の綱領よりも一つの実践によってはかられる。ならば現在の党の指導部の実践を見給え。彼らがどんなにはなばなしく、『前衛』誌上の綱領論争を展開しようとも、この党が革命党ではなく、二枚舌の指導部、権力主義者の指導部の党であることを実践は如実に示している。かかる実践から、まじめではあっても、たゞ一途にさいの河原に石をつむ徒労を重ねる実践に至るまで革命的理論のない実践は、歴史の進歩に能動的に作用しうるものとはならない。私は知っている。ピラミッド的組織の一部位にいると大衆に向ってであれ、組織の下部に向ってであれ、「指導者」でなければならず、実は何もわかっていないのに、わかっているかのように思いこみさえするのである。武井はハンガリー革命について反革命呼ばわりの自己の発言について真剣に考察かつ考証してみたことがあるのだろうか。彼が自己省察の習慣を多少ともももっている人間ならば、事ごとに自己の良心に妥協を促がさねばそこにとどまりえないのである。中央への服従、多数への屈服、つまるところはどういう風に表現するにせよ面従腹背、言行不一致である。彼を最後に支えているものは、反権力者らしきもの、異質らしきものの外被をはぎとってみれば、必ず心の底にひそんでいる権力への意志であり、野党から与党へ、異端から正統へ、非権力者から権力者へ転化しようとの意志である。それは自己を貫徹するや否や、保守―反動へ転化する可能性をもまた内包するものである。

革命家とは、人間の疎外をもたらす一切の制度や組織を破砕し、死滅せしめるためにのみたたかう者を指すのであり、前衛の組織はそれ自体いかなる権力をも意味してはならない。かれらは社会の発展法則の把握者であることによって、大衆の制度への挑戦に対し一つの力たりうるのみである。人間を疎外する一切の制度の破砕と死滅を準備するためには、革命家は、現実をまじめに分析し未来を把握せねばならない。そうしてはじめて彼は現在の焦眉の問題を見出し、それを大衆に向って投げかけることができるのである。

三　わが後退戦

私は密室の中へ向って、なしうる最大限の攻撃を行ないながら、孤立した後退戦を戦いぬいた。これは、中央集権的な保守的な意志と徒党的な自己防衛本能の固定化したピラミッドの中で、一人の革命家がどれだけのことをなしうるかという実験であり、この社会から自身を隔絶した密室の中から、外へ出る以外には、革命家として生きのびる資質の最後の一かけらまで失うに至るであろうという緻密な計算にしたがった実証的考察でもあった。

今年の四月、私の所属していた日本共産党水戸第五細胞では、細字のガリ版刷一二頁ほどの機関誌『風』を発行した。

細胞責任者の吉田和夫（二六歳）は「風のことば」を書いた。

「私達の細胞の仕事はまず自由に物をいうところから始めたい。なれあいと退嬰的な風潮を排して、自主的で創造的な党風を作りあげねばならない。風は党を正す整風の風であり、だぼら風や臆病風を許さない。この誌上を活発な批判と相互批判の場所にしたい。」（要旨）

これは『風』を発刊する際の、細胞全員の意見いわば最大公約数的なものであった。

創刊号五〇部は全部売れたが、事件は第二号が発行された時に起った。

党の県委員でもあり、第五細胞管轄地区の委員でもある土田信夫が、県委員会事務所で私に向って、地区常任委員会の決定として、『風』の発禁とすでに頒布した分の回収を要求した。つまり、私達がほぼ予期していた通りの事になったのであるが、むろん私は承服しなかった。

その翌晩、第五細胞の会議に土田地区委員にも出席してもらい、『風』発禁問題を討論した。地区委員会の発禁理由は—

第二号掲載の高知聡（二二歳）「官僚・グロムイコ」という小論は、社会主義国ソヴェトに対して、基本的に疑惑を抱かせる内容をもっている。

創刊号及び第二号掲載の大池文雄「ハンガリー革命と共産主義」その1、その2はハンガリー事件を基本的に反革命とみるわが党ならびに各国共産党の見解に反する。

このような論文を掲載した機関誌を党内外に配布する事は党規律上許されない。このような見解は自分の細胞内だけで討論するか、上級の党機関へ上申する事はできても、他の細胞の党員や党外の人々に発表することは許されない。

私はこれに対して、私達の細胞のまだ社会に出始めたばかりの若い同志達が、一体どんな反応を示すだろうか、と見守っていた。しかし、全員がこの措置に反対し、それが討論の自由に対する侵害である事、当面する行動においては多数決を基準としながらも、(註) あらゆる政治的、理論的討論は自由でなければならないことを主張した（間もなく私は、レーニンも一九〇六年には似たような事を時の中央に向って主張しているのを知った。大月書店版レーニン全集第一〇巻四三九頁）。私は、ある意見を、たえず党中央の発表した見解と異なっているかいないか、この論文のあの部分は？　この部分は？　また、まだ中央が見解を発表していない問題にふれていはしないか？　あの部分はどうか？　ではこの部分は？　等々と詮索して党外に発表してよい、悪い等と区別しなければならないとすれば、党はまたたくうちに自身自由な絶対的な検閲者達と、自由のない盲従者達（決して自分の頭で考えようとはしなくなってしまうところの―）とに分解する事になり、党内部の発展の芽は悉くつみとられてしまうだろう―と言った。

（註）しかし私は今では、当面する行動においては多数決に従うという考え方に不満である。なぜなら理論と行動とは革命家にとって不可分のものであるのだから―。一九〇六年のレーニンの論文＝大月書店版レーニン全集第一〇巻四三九頁＝が、特定の行動の統一を破らないこと、党綱領の諸原則の範囲内での批判にとどめることを条件として、党外での批判の自由を擁護していることには一層反対である。党綱領の諸原則は固定的なものでありえよう筈はなく、科学的革命的批判が綱領そのものを対象となしえないとする事は、例え党内での批判の自由を認めても、科学を特定政党（＝特定少数）の専有物とする事であり、批判を党内に隠蔽する事は、歴史の発展の見通し＝理論＝綱領的諸原則にもとづいて行動を起し、歴史の発展の実際の軌跡に沿って検証する科学的方法の基礎を奪ってしまう事になるからである。党綱領そのものが極端に誤っていた場合などは一層悲劇的であるが、ある綱領が正しいかどうかを特定の中央委員会又は大会の多数のみに任せる事はできないし、特定行動というが、ある行動を特定行動であるかないかを一体誰が決定するのか、を問題にすれば、党の政治生活から「行動の絶対的統一が要求される特定行動」という概念を設定する事自体矛盾している。

第五細胞は、問題となった二論文への批判を、地区委員会が適当と思う人に執筆してもらい、それを『風』第三号に掲載し（反対意見を同等に扱う事は『風』の当初からの編集方針であった）、『風』誌上で論争を進める事とし、発禁措置を中止するよう土田信夫に提案し、拒否された。しかし私は、自分で責任をとることにして、第二号の頒布を続けた。私は革命家である以上、自分の見解を大衆に明らかにせず、自分と異なった中央の見解をもって大衆に答える事は欺瞞ないし堕落であると考えたからである。

問題の第二論文は、それぞれ筆者個人の意見であって、細胞全体がこれに賛成しているというのではなかった。最初から誌上論争を予想して掲載されたのである。

「官僚・グロムイコ」は、グロムイコがソ同盟で外相に就任するまでの経歴を分析し、社会主義国ソ同盟で純官僚畑出身（グロムイコは専門学校を出るとすぐ外務省入りをし、ずっと外務官僚としてすごしてきた）の外務大臣が生まれるという事態は、社会主義の原則と相いれないのではないか。人民によって選挙され、立法及び行政を統一的に行うコンミュンに従属し、いつでも解任されうる官吏という概念と、グロムイコの経歴は矛盾する、という点を衝いて、ハンガリー事件にふれつつ、ソ同盟がコンミュン型の国家とは異った性格を持っているのではないか、という問いを投げかけたものであった。

「グロムイコは、すくなくとも、一二五年もつづけて官僚である。それはグロムイコ個人についていえばレーニンの原則に反し、ソ連全体についていえば、いつまでも官僚がレーニンの原則を無視したかたちで存在している点で、弁証法の法則に反しているのである。

したがって、ソ連ははたして社会主義社会であるかというきびしい問いが、すべての共産主義者と共産主義運動に向って問いかけられねばならないのではあるまいか。」

とそれは最後に書いている。

「ハンガリー革命と共産主義」（その1）は、ハンガリー人民の武装蜂起の直接の契機を外国の手先（ホルティ派）の扇動に求めるのは正しくない、とのべている。ラコシ・ゲレの徒党の専制とソ同盟へのハンガリーの従属を是正せしめようとする人民の運動に対して、支配的徒党が、頑強に抵抗し、人民に席をゆずるかわりに、大衆的デモを圧迫、遂に銃を向けるに至ったこと、そして駐留ソ軍が、確かに旧体制への復帰を望む人々も混ってはいたが大部分が社会主義を望む労働者や学生達に立ち向かったことに武装蜂起の原因を求めるべきである。一度立ち上った人民は、ふたたび屈辱を肯じまいとすれば、貧弱な武器でも絶望的な叛乱に突き進む以外に道はなかった。彼らは見通しをもった信頼しうる前衛党の指導もなく「社会主義」のソ連軍と、戦わねばならなかったが、決して右翼の跳梁を黙って見逃したり無差別に彼らと肩を並べたりしたわけではなく、意識ある労働者達は右翼とも戦い、ブダペストでは右翼の破壊から工場を守ってさえいる事実を指摘していた。これは人民が、蜂起によって、どのような新しい体制をハンガリーに打ち立てようとしているのか、明確なイメージもたず、国際的な孤立の中で戦われた悲劇的な蜂起だったことをのべ、野坂参三が、この蜂起をエジプトへの帝国主義の侵攻と同じだと言って、他方ソ同盟の軍事干渉を擁護したことを批判したものであった。

同（その2）は第二次大戦以前からのソ同盟の東欧政策（スターリン外交）を分析しその民族主義を批判し、宮本顕治の、ソ同盟の誤りを部分的なもの、いくつかの現象としてしか見ないで、むしろソ同盟を擁護している意見を批判した。これは更に数回、連載されることになっていた。

この『颪』発禁事件は私から県委員会総会に持ち出し、第五細胞は地区へ引きつづき抗議したが発禁は解除されなかった。

これで一つ確めえた事は、例えピラミッドの最底辺にいたとしても、党中央に批判的であることは、今の党にあっては許されないということであった。批判意見の発表を自分の所属細胞内に止めるか、直系の上級へ上申するか、その二つしか途がなく、一たび他の細胞や傍系の上級機関に向って党中央に対する批判意見を発表しようとすれば、それは党規律違反に問われた。まして大衆に向って発表することなど、「自由主義」の最たるものとされた。今の党組織においては細胞もまた人民大衆に向って自らその内部をバクロすることのない厚い壁にかこまれた小ピラミッドでなければならないのである。掟を破るものは異端者であり、圧迫され、そのシステムに屈しなければ排除される。『颪』発刊の言葉を書いた吉田和夫は『颪』発刊の「自由主義的規律違反」を責められ、自己批判しなかったために、当初吉田を地区委員に推薦していた地区委員会の委員達が主張して、地区党会議の役員選衡委員会で吉田推薦は取消され、党会議の本会議場では、吉田本人が要求しても、推薦、取消しの理由は終に発表されなかった。これは非公開の秘密裁判と同じ性質のものであった。

　私の考えによれば―それは今も変らないのであるが―新しい革命党は各個人の自主的な同盟体でなければならない。選挙された中央委員会は選挙者に責任を負い短期間に改選され、またいつでも解任する事ができる。この最後の条件がなければ中央委員会の決定はやがて進歩をやめ、状勢に適応しなくなった中央委員をやめさせることも、古くなった綱領を速かに改めることも不可能になってしまうのである。中央委員会の決定はただそれが歴史の進歩の道程を示している場合にのみ、大多数の党組織に受容れられ、実行に移される可能性があるというにとどまる。言論は完全に自由でなければならず、中央委員会は全国的新聞や雑誌へ、どんな意見をのせるかの選択権をもつが、中央機関紙で没になった場合でも、中央への未提出原稿の場合でも、それを地方党機関紙、党外紙誌、及び党外集会で発表する事は完全に自由である。意見発表の方法のいかんによって党員を処罰したりする事はできない。上部はただ下部に対してのみ責任を負い、いつでも解任されうる。党員はむろん定期的に党費を納入し、綱領及び規約（組織原則）を承認しなければならないが、それ以外には規制されない。この規約の前には全党員は完全に平等である。こうして、いかなる理論が客観的法則を表現しえているかによってのみいかなる理論が大衆を獲得する事ができるかということに決着をつけることができる。革命の諸戦術に伴う、さまざまの大衆組織、例えば、軍事組織においても、他のどのような組織、ソヴェト（コンミュン）のような団体においても、党籍はそれ自体何の特権にもならない。軍隊の指揮官も、コンミュンの代議員も、大衆自身が選挙し、またリコールする事ができる。コンミュンにおいては党員も大衆と同じ権利しかなく、同じ義務を果さねばならないのである。これはごく当り前の事であるが、ソ同盟においては党籍は一つの身分制的特権たりえている。私が将来に想定する党は、高度の技術水準にめぐまれた社会的環境において高度の文化水準をもった労働者階級が自己の歴史的使命、正確にいうならば階級としての最後の使命を世界史的規模で果しおえる時期の党であるが、つまり党についていえば、労働者階級の前衛党としての最後の党であり、それは、階級が消滅するずっと以前に自己の歴史的使命を果しおえていなければならない。そのために、党籍が一つの身分制的特権に転化したり、党内での地位が、そのまま身分制的序列を意味したりするようになる危険を絶対に防止しなければならない。そのためには党生活そのものが、たえず自己否定的なものでなければならず、あらゆる党員が自己自身、党内と党外とを問わず、反動的な傾向に対する反対派でなければならず、党内外の反対派に対する許容を前提とされねばならず、それ自身、各々が反対派である傾向の競合を通して、結局、もっとも科学的で見通しをもった傾向が勝利していくという過程を、党生活そのもののあり方としていかねばならない。

　大体、レーニンにしろ、毛沢東にしろ自分達を一つの党にまで高める以前は、皆反対派分派であったのであって、レーニンは公然と党を分裂させたし、毛沢東は中央集権など知らぬ顔で、自分の道を歩んだのである。それなのに一体なぜ、今各国の共産党にみられるような規約が党のために絶対必要かくべからざる大原則であるということになったのであろうか。私は規約というものが、運動に携っているものの申し合せである以上、いや運動の任意の部分の固定的表現であるからこそ規約はたえず進歩の障壁に転化しうるということについて、レーニンも毛沢東も（前者より後者の方が一層）自覚が足りなかったと考える。しかしこれも、単に一指導者の意識の問題にとどまらずソ同盟における官僚専制の勝利していった過程、世界的に第三インターナショナルが凋落していった過程の歴史的考察によって、はっきりするところである。

　日本共産党の六全協そのものは、その後の一連の世界史的事件、フルシチョフの秘密報告、さらにはハンガリー革命の深刻さと較べれば、ほとんどそれは、はじめから、これはくさいぞ、うっかりしているとはかられるぞ、と思わせるようなあやしげな、妥協的言辞をつらね、形式的な体裁を整えたものであった。

　ハンガリー革命（これをはっきり革命として受取るにはしばらく時がかかったのであるが）は、フルシチョフ報告がスターリンの個人的罪悪のバクロについての偏執狂じみた熱中ぶりの中にこそ、恐ろしい欺瞞がかくされているにちがいないと私に思わせた。ハンガリー事件は、ハンガリーの内部ばかりでなしに、ソ同盟の内部のメカニズムをも少なからずのぞかせるきっかけとなった。そのメカニズムはスターリンのもとで育ったものであるが、スターリン自身もまたそのメカニズムによって仕立てあげられたのではなかったのだろうか？

レーニンの遺書、トロツキーの「レーニンの遺書について」（これは私がトロツキーの著書を読んだ最初である）、同「暗黒裁判」（この本は私が、レーニンの遺書と「レーニンの遺書について」を読んで漠然と考えていたことをある程度ときあかしてくれた。なぜトロツキーとその同調者のみは、名誉回復—この言葉の虫ずの走る侮辱感は別として—されないのか？　スターリンは後半生に同僚や部下に加えた打撃は前半の粛清の延長線上にあるのではないだろうか？）この時期私は『群像』誌上で行われた花田清輝に対する埴谷雄高の二つの批判、「永久革命者の悲哀」「闇の中の自己革命」を読んだ。

埴谷は花田に語りかける。「幸いにして、われわれの第一命題は一致している。花田清輝が立脚しているのは、勿論、科学である。けれども、本質の把握能力がなければ、そこに現われるのは、ばらばらの現象にひきずられる無原則な追随主義と羅列主義であって、ひとりよがりに玩具を弄んでいるその当人だけの喜悦と満足についての病理学的現象を除けば、事物の核心についてこの世界が知り得たところはそこに何もない。認識が基本的な力であり、ひいては、組織力であり、変革力であるかぎり、無能なものが言葉の上だけで科学的と唱えつづけて眼前の事態になんらの証明の閃光をも投げかけていないとしたら、それは組織と革命にかかわりもない擬科学に過ぎない。われわれは与えられた空間と時間のなかに投げこまれて与えられた現実に直面している。われわれが向き合っている現実とは、自然とか社会とか自己とかを加え合わせて総括してもつねになにかがはみでてくるようなものの総体であって、われわれの視野が鋭い澄明度を得るにつれて、そこに見出される一つの本質と法則の向う側の彼方に、謂わば白い霧につつまれた区画の垣根を越えてなおさらなる本質のぼんやりしたつらなりが見出されることになる。事物の総体に直面した認識は、従って、横の拡がりにも未来に引きずられる部分にも一条の鮮かな閃光が遥かに当てられるほどの異常な深度をもち、広角で、しかも鋭利でなければ、長い時間もちこたえて進むもののなんらかの指針となり得ない。マルクス主義の基本的な好さは、理論家のみが前衛となることである。革命運動に差別があり得ないのは、このように理論のみが唯一の基礎だからである。無理論の勇気だけで前衛たることはそこでは不可能な筈であって、理論なしに戦列の先頭にいるものがあるとすれば恥辱である。けれどもまた、輸入の理論の鸚鵡である学者が支配的なところでは、所謂前衛なるものも、屢々、或る古ぼけた言説の鸚鵡をつとめるだけに過ぎない場合があって、そこでは恥辱は理論についてではなしに列の並び方について起る。このようなところでは、内発的な種類の革命は、腹立たしいことに、前衛自体によって阻まれる。この前衛自体が変革を阻害している暗い翳のなかにあまりに長くとりかこまれると、デカルト、ニュートン、ライプニッツなどが蝟集して、時代から飛び出るすぐれた飛躍を一方で行ないながら、他方、神の枠にしばられて自身の飛躍をその枠に調整せざるを得なかった灰色の時代の歴史、その僅かの一点の打破のために数百年も気長に揺すりつづけねばならなかった歴史のかたちが、フィルムの二重映しのようにふと思い出されてくる。そして、その前衛達が自身を調整するものについて凝っと眺めていると、所謂前衛達を現在一つの枠にしばっている神は現象らしく思われてくる。眼前に新しい現象がつぎつぎに出現すると、発展と聯関についての分析なしにそのまま受けとられることがあまりに多いので、そこでは生起するその場その場の現象が謂わばすべてを裁き解決する全能の神となり、追随主義と怖るべき無能が前衛達のあいだの動かすべからざる模範となってしまうごとくである。そこには眼前に現象はあるけれども対象はつかまれていないのだ。主体の判断力がないかぎり、現象はつねに神である。そして現象を支えている現実の奥底のダイナミックな歯車はついに仔細に眺められることも分析されることもないのである。」

「この科学的態度に欠けている結果は、革命の目指すものが制度の変革であって、人間の抹殺でないという重要な方向が何時しか忘れられることになる。そこで変革さるべきものは制度であって、それ以上は政治のひきうける部分ではないのだ。一人の将軍も軍服を脱げば好々爺と化してしまう。彼がなお軍服の意志をもって革命に抵抗するのは、軍服を軍服たらしむべき制度がまだ傍らにある見込みがあるときだけである。もし見込みがなくなってしまえば、彼も新しい制度に適応するにいたる。ここで注意すべきことは、しかしながら、この制度の変革は必ずしも同時に現実の総体の変革の可能性を意味しないということである。ドストイエフスキイが『悪霊』のなかで適確に指摘したような「地球と人類の物理的変化」といった自然と人間自体の枠をも飛躍しようとする種類の現実の秩序に就いての変革の渇望と闘いから起るさまざまな問題は、芸術や他の領域にゆだねられこそすれ、政治のもつ力がそこまで到達することはついにない。政治は古き生産関係を変革して新しい制度のなかに人間を置き、徐々に或いは急速にその人間の活動様式と社会意識の方向を変革すれば足りる。ところで、このとき、また制度の副次的問題として注意すべきものに、古き制度と移りゆく新しき制度の二つの体制に跨って橋となるべき種類の組織と機構の問題がなおある。それは嘗つて芽生えたかたちと未来に見出されるべき範形を同一時にとりいれているべき一つの容器であるが、新しい姿勢をもつべきこの容器が屡々その跨った古き方向へひきずられて自身の目標を見失った反対物に転化することもあるので、このような組織のあり方は制度の変革のかたちのいち早い予備実験として仔細に注意されていなければならない。組織はもしピラミッドの型に組みたてられると、それ自身の秘密と機構をもった体系となり、ひとたびその機構へはいって権力の螺旋階段の上を駈け足で踏みのぼりはじめると、その権力の機構をただただ維持するために眼前の咫尺の空間に視界がかぎられ、機構外の広大な事物に対する認識の鋭さと革命性をついに失なってしまうようになる」「自己革命がもたらす組織のかたちは、謂わば、革命を映す鏡であって、将来ひきだされるかたちの予備実験がそこに行なわれている筈であるから、もし革命団体の組織がピラミッドの重苦しさと愚かしさをもっていれば、その意味は重大であって、そこではあらゆる未来のかたちが否定されてしまう。しかし無能の隠れ家となり、認識を阻む権力の機関となり、革命性を失ったところの革命への組織がそこに厳然と存在してしまえば、部分的の修正をもってしては、もはやその全体をたてなおすことなど不可能である。」

「変革さるべきものは制度であるという確固たる基準なしに無理論のなかから出発すると、やがてそこにうまれる双生児の姿は、一方に大衆侮蔑、他方には憎悪の哲学である。制度の変革へのたゆみない根強い努力をなし得ないものはすぐ安易な抹殺の道へ導かれるが、その抹殺の基準は憎悪の哲学であり、その抹殺の意志が向けられるのは外部に於ける階級敵と内部に於ける異端であり、そして、その目ざすところはつねに人間のみの抹殺である。しかし、すでに述べたごとく、革命に於ける外部の敵は制度であり、内部の敵は無理論であるとすれば、憎悪の哲学は果して何によって支えられつづけているのであろうか。階級的憎悪は理論を与えられれば納得の事態へまで昇華させられるのに殆んど時間を要しない。これに反して、抹殺への意志を固執する憎悪の哲学が、一見理論をまとって現われ、そして理論に向って強烈に闘うのは、その真のモティーフを探ってみれば、それが権力に向い、また権力を背後に負っているからである。いったい権力を背後にもたない憎悪の哲学なるものは可能であろうか。歴史の示すところは、否である。」（埴谷雄高『鞭と独楽』未来社刊中の「闇の中の自己革命」より）

それまで私の頭脳の中に、埃をかぶって雑然とつめこまれ、忘れ去られていたいくつかの書物のあれこれの章あれこれの片言隻語が、全く新しい意味をもって甦ってきた。

民族問題（ソ同盟の東欧政策）を解くためにレーニンの民族問題の主要著作の全部をよみ、マルクスとエンゲルスにも及んだ。

第三インターナショナルの凋落と、ソ同盟の国家制度の史的過程を知るために、トロツキーの『裏切られた革命』、『中国革命論』その他、各種の訪ソ記、各種のソ同盟研究、ユーゴの諸文献をよみあさった。革命の理解のために、マルクスとエンゲルスが改めて重要な研究対象となった。

私は時代の全き本質的把握を遂げることなしには、私自身進歩に対する反動に転化することは必然と思われた。

それまでに私の書いた党中央への意見書はそれを集め一著作を作ってもあまるほどであるが、私は私の意見を公然たる討論の場所にさらすことを義務と考えるようになった。昨年の一二月下旬、社会、労農、共産三党の座談会が茨城県のある日刊紙主催で開かれた時、私は、ハンガリー革命に対して、当時の党の公認の見解（その見解はいまも同じであるが）に公然と論駁を加えた。また「われわれは保守党とちがって総辞職しない」という野坂＝志田らの六全協における責任のとり方（実は責任回避、居直り）を批判した。この時の発言はまだ端緒的なものであった。

その当時から私はハンガリー革命の手に入る限りの資料を分析した結果、ソ同盟の東欧政策がきわめて帝国主義的諸特徴―軍事占領、株式の五一％所有による合弁会社の設立とその結果の資源の強奪―に類似していることを知り、ついでソ同盟の内部体制と東欧に打ちたてられた制度の本質の究明を行ったのである。

正月の特集に掲載されたこの座談会での私の発言は党員からほとんど完全に黙殺された。誰もふれようとしない。一国の人民の叛乱についての一つの見解に対して、ほとんど全組織が沈黙をもって答えたということは、この党が革命的政党として全く無能であることを示したことになる。私は一県の党役員として座談会に出席した。県党としては、私に県党の意見（それがあるとすれば、少なくとも県委員会の意見）を代弁することを、現行規約に従って強要できた筈であった。私は明白な規約違反を犯したのだ。しかし私はお目こぼしにあずかったらしい。そして、その後の県委員会でも、何度持ちかけても、ハンガリー問題についての討論は次回廻しの運命にあった。

また共産党中央機関紙編集委員会が私のハンガリー革命についての論稿を没にした時、同編集委の米原昶は『人民日報』の「ふたたびプロレタリアート独裁に関する歴史的経験について」が出た後では、私の心境が原稿を書いた時と変化しているのではないでしょうか、との意味の手紙をくれて、彼らの心理の興味ある告白をしてくれたことがあった。

彼らはいぜん自分の理論的無能を、借りものの権威で被おうとしているのであるが、一人の無能な少からずスターリン主義者であり、中央集権的ピラミッドの忠実な擁護者であった人間が、その反対物に一歩々々転化していくさまを見てどのような感想をもったであろうか。私の問題提起へのさりげない黙殺と、時折の、「清算主義者」とのあからさまな攻撃が、彼らの新しいものへの本能的畏怖をあらわしていたのであろう。

自分に即していえば私は、私がそれまで、党脱皮のため闘ってきたと考えた私の歩みをも、階級闘争の歴史の一極小部分として客観的に把えなおす必要から、私は、県委員会の過去の腐敗（しかも公然と自己暴露を行っていない）に対する錐もみ様の攻撃を加えながら、その革命的外被（それすらもはやぼろぼろであったが）の下に、権力への意志をひそめた暗い密室の中から自分を引き抜く闘いを開始したのであった。私はモラリストから科学的認識者へ、現状打開派から革命家へ転化すべく模索を開始したのであった。

科学を基礎として、時代の省察をやりなおし、やり遂げること、私はそのために同世代の革命家達が、相互に協働できると考え、わけても私は武井昭夫に一つの期待をかけた。

われわれの命題は一致しているかのように見えた。時代の歴史的省察をやりなおすこと。ところで、彼が今年の四月東京都党会議で都委員に立候補し、当選した時、武井が党外出版物で党中央を非難したという理由でその当選を承認しない、と規約をたてに中央常幹から圧迫された。そして党外出版物『中央公論臨時増刊』で中央を批判したことについて「党外に発表した点はまちがっていたが、自分の意見は正しい」との自己批判書（?）を出して、辛うじて都委員として止まることができた時、私は彼のゆるやかな転回、危険なのめりこみの第一歩が始ったことを感じた。私は、形式的に「自己批判書」を出して都委員に止まることによって、今後の闘いの地歩を確保しておく、「意見を曲げるわけではない。その発表方法のまちがいをみとめるだけだから。」という彼の言葉に反対した。どんなものにせよ、発表の場所によって、意見の正否がきまるものではない。むしろ都委員をやめさせられて、彼を支持して投票した人々に対して、彼を排除しようとする現存秩序の本質を公然とばくろすることこそ、真に責任を果す道だと話した。そういう批判を行った者は、彼の知友の中でおそらく私一人であったろう。革新派といわれる彼の都委員会の同僚達は「なに、一筆書けばいいんですよ」と彼にすすめたのであった。彼は正しいと信ずる意見をピラミッドの内部にのみ閉じこめてしまう現存秩序に妥協した。歯に衣をきせずに言えばそれは彼が、野党から与党へ転化する可能性を選んだことであり、その転化の暁には、彼自身も又、同じ秩序の護持者になる以外にないことの無慙な転回であると私には思えた。

　ほぼ似たりよったりの時代的経験を共にした同世代の革命家達の中では、しかし、多分、私が最初の武井に対する公然たる批判者となるであろう。私の苦い悲哀もそこにあるのである。

　そうだ。恐らく武井昭夫をはじめ同世代の革命家達に対する厳しい問いとなるべき、この論稿を書きつづるに当って、私は深い感慨をおしとどめることができない。

　私が六全協以前ほぼ一年半、共産党の地区委員であったことに、私は云い知れぬ恥辱を覚えるのであるが、六全協を迎えた時、武井昭夫が、誤った組織の中に身を置く余地のなかった批判者として、そこにいたということは、私にとって一つの厳しい問いとなった。

　徳田、伊藤、志田、野坂、椎野、ぬやま、春日（正）といった集団に対する批判的党派として存在した全国統一委員会が解散した後―私は統一委の茨城県の責任者に選任されていたのであるが―比喩的にいえば、私は私の平和擁護闘争における全実績をひっさげて、党への復帰をたたかいとったのである。

しかし私は個人的批判者でなく、統一委という組織を作ったことについて、党の分裂の一方の原因を作ったと書いた時、すでに私は、私の革命家としての立場に一つの危険な変更を加えたのであった。

党分裂について潜行九幹部の責任を追求し、新綱領（あの愚劣な反封建綱領）、規約草案に対する批判意見を持して譲らなかった私達の復党を、当時の党は容易に肯んじなかった。しかも私は公然と極左冒険主義に反対しつづけていたために、党から憎悪されていた。東京では決してみられなかったことであるが、いくつかの地方では、私達のような批判者も、ある力関係の微妙な作用の間隙から再び党籍を得ることができた。

私はその当時、一つの戒律（何とストイックな匂いの言葉であろう）を自分に課した。それは、自分の信じたことは、かくさず、断乎として主張しつづける、ということであった。ピラミッドの中で、内部から、壁をたたきつづけ、ついにはそれを変革しおおせる（ど、の、よ、う、に？　ああ、なぜこの問いが、全面的に展開されなかったのであろうか）という、いわば悲壮な決意に裏づけられていた。私はこの戒律に忠実であった。この戒律は（笑う勿れ）、党分裂の中で私が獲得した第一の教訓であった。

復党に続いて私が激しく闘ったのは、極左冒険主義と、山口武秀氏らの除名に反対してであった。

しかし、戒律はやはり戒律にすぎず、科学を前提とした透徹した知性と、認識力の広大無辺さによる落ちついた確信とは自ら質の異なるものであった。私は、党の統一は絶対に破壊すべきではない、ということを遂に認めたのであるが、それはとりもなおさず、私の理論の限界、認識の狭隘さの結果であった。私は党外に対しても、いつでも自分の意見はかくさなかったのであるが、私が党の中央集権主義の内部から席を与えられていたということは、私が現存秩序と全く異質のものとはいえないということを意味した。一度その中へ入り、その上からの秩序をみとめてしまえば、転落はただ時間の問題であった。

私が六全協以前神山スパイ問題が起ったとき、一九五〇年の党分裂との本質的同質性をみることができず、神山の否定的傾向(註)のみに目をとめ、分裂主義者としての彼を非難しさえしたということ、その一事をもって、私がいかに自己満足的な保守的傾向に陥っていたかを説明するに充分である。私は変質しはじめていた。私は自分に戒律を課したが、たえず、未来を探究し、未来からの光による自己省察を行ない、自己否定をつづける革命的姿勢をもってはいなかった。

（註）神山をすぐれた認識者と現在考えているわけではない。

私に手ひどい侮辱を与え、私の蒙昧な頭脳をこっぴどく、打ちたたいたのは、六全協であった。県ビューロー、責任者針谷武夫は、「今度分派という経歴はきえて、除名されていた分派時代も一貫して党籍を持続されることになった。喜んでもらい度い」との伝言を私の妻を通じて伝えた。私は、逆に、それではそう易々と私の経歴から分派の二字を消せないぞと思ったのである。私は、それ迄の党内の論争の中で私達が遂にこんな決議とこんな事態（一口にいえばそれは唾棄すべき妥協であった）しか生めなかったのかと自分を嘆いたのであるが、同時に六全協と、それを生み、またそれが生んだ全事態に対して鋭く身構えたのであった。

類似を同一と言いかえることはできないが、武井がいま入りこみつつある地点と方向は私がかつて入りこんでいった地点と方向に類似している。彼は危険な方向、革命家が革命家として責任を負うことが絶対できず、研究と思索の正常な発展が完全に阻止されている中央集権的ピラミッドの中に、入りこみつつある。狭く閉ざされた、頂点のみに視野の限られてしまう組織の中に自分をおいてから、間もなく二年を経過しようとしている。

私はこの論稿をおわるに当って、時代的苦悩を共にしてきた同世代の革命家達への、いいしれぬ友情が、私の内面にぬきがたくあるのをたしかめて、深い感慨にとらわれている。

私は、武井昭夫が現存秩序の内部へ少しずつのめりこんでいかざるをえないその姿勢を批判しなければならない。これは私の理性の命ずる理論的要請である。

しかし、私は武井の生活、その苦悩と苦闘の量と質、その思索力と、他への浸透力、何にもまして、その革命家としての清冽な魂の得難さを知っているから、この批判を発表する。私の心理的状況は表現しがたいものがある。私の芸術的表現能力は、私がこの批判をやりとげるに当っての、私の感慨の量と質には及ぶべくもないのである。

だが、時代の歴史的考察のやり直し、やり遂げるための同世代の革命家達の協働はある極小部分ではすでに開始された。武井昭夫も遠からず、その知性の稀な透徹力をもってこの課題の解明に参加するであろうことを深く心に期している。

私は最後にもう一度、いまだ内部の苛烈な触発力を失っていない同世代の少からぬ革命家達に向って、言おう。

あなた方は、大衆に対し、また革命闘争場裡に新しく登場しつつある若い世代に向って、いかなる自身の展望とプログラムを示そうというのか。果してどのような問題をひっさげて、どこからどこへ行こうとしているのか、と。(一九五七年一〇月四日)

『批評』第二号(一九五七年一一月一日)

四　しまった、しまった

『新日本文学』に八回連載された、中野重治の「中国紀行」は、新中国のお国ぶりの良さ、中国人の素朴な人間らしさ、溌剌とした生産的息吹きといったものへの受身な共感に満たされている。そこではすべてが悠揚たる大河の如く、流れるべくして社会主義へ向って流れているといった、全的肯定の態度（正確には気分、端的には盲目的信仰）が全篇の基調となっている。

中野は、北京からの帰国の汽車にのりこんだとたん、スメドレーの墓に詣でることを忘れたことに気づき「しまった、しまった」と思う。彼は自分の小説に、その墓碑銘が朱徳の筆であることを書いた。彼がその墓に行きたかったというのはそのことに関連しているらしい。

しかし、スメドレーが朱徳たちと寝食を共にしていた当時の朱徳は、紅軍の総司令ではあったが、今のように元帥ではなかった。エドガー・スノーの『赤い中国』を読んでも、また他の史実に照しても、革命前は、少なくとも形式的には紅軍に位階制はなかった。戦闘指揮の序列はあったが、衣食は隊長も一兵卒も同等だった。

アグネス・スメドレーの『女一人大地を行く』を読むと、彼女の前半生は凡庸な女性の生き方をはるかに抜き出ており、全人間的な自己発現をめざす、すさまじい現実との体当りの連続であった。彼女の不順奔放な精神は左翼を含むアメリカのどこにも、安住の地を見出せなかった。

スメドレーの『偉大なる道』を読んでいない私は、中国紅軍と、その朱徳総司令に対し、彼女がどれほど人生を共にするに価するものを見出したかは定かではないが、スメドレーは西遷の途上で、果して後の朱徳の元帥叙勲に想到しえたであろうか。

胡風は毛沢東の文芸講話を、文芸を切る五本の刀と評して粛清された。胡風の反革命陰謀云々と発言した中国政府は、得心のいく証拠を何一つ示しえなかった。

「百花斉放」はみんなにしゃべらせて、右翼分子を摘発するための手段だった、との周揚の先頃の論説は、嘘も方便、社会主義のためには、一時人民に嘘をついてもいいということになるのか。

丁玲の追放は、中国の現政治体制が、独立した批判精神の存在や、独立した集団を許しえなくなりつつあるということであろう。

社会主義は経済や物質的成功以上のものである。精神の危機は社会主義の危機である。

中野はこれらへの回答を探ろうともしなかったのか？ 中野はあこがれの中国で、まるでおのぼりさんのように物を見、人に会ってきたのか？

素朴な楽天主義は人間的たらんとする意図に寄与することはない。一昨年一〇月ハンガリーの労働者評議会がソ軍に踏みつぶされた時、臼井吉見に向って、中野は何と云ったか（『中央公論臨時増刊』）、「片方で火事をひろげるやつがいる（いわゆるホルティ派のことをさす）…何としても火は消さなければならん。」苦しまぎれのお粗末な比喩でごまかしているが、事実をまじめにしらべた根跡は皆無である。たしか、朝鮮戦争と日共の徳田ら九幹部の少数派をおいてきぼりにしての地下潜行とをひっかけての、共産党関東統一委員会（国際派）のある集会での、ある人のもちだした火事と消防自動車の比喩に対し、中野は「比喩はあくまで比喩で、事実の論争にはならん」といって相手を一蹴したことを覚えているか。私は覚えている。

ナジは秘密裁判で殺された。ボズナン暴動の場合には、蜂起者は無罪放免されたが、ハンガリーではタスによれば外国から落下傘で降下したといわれるホルティ派の連中が、どこかで大量に革命裁判にかけられたという話はついぞきかない。そんなホルティ派がどれだけの力をもっていたか？ 殺されたナジやマルテルはカダルがソ軍に屈服するまではカダルの同僚ではなかったか。中国共産党の東欧政策は？　国内政治は？

文明批評の欠けた紀行文。中野よ、あゝ何とつまらない。

招待外交の招待旅行ということも、その旅行での中野の受容的態度も、全く醜悪ではないか。

一九五八年九月二〇日

『批評』第三号（一九五八年一〇月一日）

五　奴隷の死

一　証言

私は当時、私もその成員の一人であった日本共産党茨城県委員会に、ハンガリー革命について討議を行なうよう再三再四要求した。私はハンガリーへのソ軍の干渉を批判し、ハンガリー内に作られた労働者評議会を支持していたが、他の県委員達は、はっきりと自分の感想を述べようとはしなかった。私の要求は遂にそのつど次回廻しの運命にあった。

私達共産党員が、長い党生活の中で、衝撃的事件に直面しても、自分の感情を抑えつけておけるよう、馴らされてしまった状況をまたしてもまざまざと見せられたほぞをかむような口惜しさが、そこにあった。

時代の先駆的精神をもって任ずる共産主義者達が、理解し、客観性にまで到達しようとする努力を、しばしばはじめから押し止めてしまうということは恐ろしいことのように思われた。

みな、じっと待っているのであった。

解答は上から与えられ、つねに全党の意志となるべく予想され、各自は自己の判断を中止して、それを受け入れることによって、不安を解消しようと待っているのであった。

党員達は、そのほとんどが、人生の意味を発見した喜びと、清純な理想主義をもって、党の入口に立ったのであるが、これが理想であり、これがモラルであり、これが社会主義だとして党から与えられるものを、むりやり受けいれ、批判や自発性への衝動を余りにしばしば抑制してきた結果、党という外なる権威に自己を同一化させることにほぼ完全に成功したかのように見える。自主的で独立した個性として生き、かつそのために理性を働かせようとする能力は抑圧され、外なる全体主義的権威が、内なる権威に同一化される。「愛」「良心」「忠誠」「義務」等々が内なる権威に与えられた偽りの倫理的名称である。

日本共産党の第六回全国協議会を機会に、解散された小河内村山村工作隊員の一人が山から下りてきて、代々木へ行き、自分達を誤った行動に駆り立てた指導部への憤懣をひとしきりぶちまけた後、他の任務につき、民衆むけのアジビラを書こうとした時、自分が人々に語りかける言葉を全く失っているのに気づき愕然としたという告白を聞いたことがある。彼は余りにも上からの指令や命令と同じ口調で、不断に語りつづけ、思考しつづけてきたために、遂に生き生きした言葉と思考を失ない恐るべき「自己改造」に到達してしまったのであろう。

ナジ処刑に抗議するため、六月二三日パリで開かれた自由と平和擁護委員会の会合の席上でアンリ・ルフェーブルの行なった演説から一節を引こう。

彼等自身と戦うこの努力において、受諾できないものの受諾を、彼等の献身の名で自らに押しつけるほどに、あまりにみごとに成功したものもある。彼等は彼等自身に対して勝利を得たのであり、否と叫ぶ声を押し殺したのである。彼等は、スターリン主義者たちが侮蔑的に「自然成長性」と呼んでいるところのものを彼等自身のうちに殺したのであり、それによってプチブルを殺したと信じたのである。のみならず、彼等は、非人間的な行為の必要を宣言することに、名誉に関係することのような力瘤の入れ方をした。そうした政治的行為が非人間的であればあるほどそれが甚だしかった。このような受諾の仕方、このような熱狂振りを以って、彼等は、支持する大義への忠誠の基準としている。彼等はそれで強い気になっている。彼等にしてみれば、彼等の意見に同調しないものは弱虫なのである。私は彼等の名において は語らない…

共産党の人間関係における本質的な構造は、すでに、昭和の初期に牢固として組織を浸潤し尽していたかのようである。埴谷雄高はその時代の雰囲気を次のように伝えている。

（『世界』一九五八年八月号より）

小林多喜二の時代は、どの総合雑誌にもインテリゲンチャの没落という題目が掲げられていた時代であって、それは明治、大正のごとき勃興期の資本主義の体系へ組みいれられなくなったインテリゲンチャの壁にうちあたった嘆きの声であったが、そのとき打ちだされたプロレタリアートへの移行という新しい処方が、思いもかけず、彼等の多くに不可思議な万能薬として受けとられたといえる。立身出世主義の奇妙なヴァリエーションがかくしてそこに生れた。彼等の目標は確固と定まり、「偉い人」になるとは共産党員になることと見つけ、そして、その新しい発条となった意識は遺憾なことに小林多喜二のなかにも抜くべからざる棘の芯として最後まで潜んでいるのである。私が当時屡々聞いたのは、あれはツエレ？　という短い言葉であった。細胞（ツェレ）の一員であることを訊くのは一般的に厳重なタブーであったが、また、それは頻繁に使用され、繰り返され、破られたタブーでもあった。そして、一方の「偉い人」は他方の「屈従する人」を生み、この二つの層の不思議な心理のコンプレックスは、他の利用と奉仕する義務とのあいだの巧妙な噛み合わせを極めて当然なものとして前面に押し出した。この二つの層のあいだに介在する最大の魔術的な言葉は、階級的裏切りという威圧的な語句であって、それがあまりにも見事な成果を収める苛らだたしい場面を私は屡々目撃した。交通費を貸さないなんて階級的裏切りだぜ、からはじまって、俺のいうことを聞かないなんて階級的裏切りだぜ、と女をきめつけるに至るまで、そこには僅か一つの単純語にまつわる無限な応用の範囲があった。それらは、革命運動に流入してきた謂わゆる未熟な街頭分子に多く見られる悪現象であったが、しかし、より重要なことは、その基本形が当時の非合法活動に従事していた殆んどすべてのものの心理の奥底で一般化していることであったといわねばならない。

（『新日本文学』一九五八年四月号より）

これとほぼ重なる時代の外国に例をとって、もう一つ、『神は躓ずく』の中のアーサー・ケストラーの一篇中の一節を引用することを許していただきたい。私がこれらの証言を重んずるのは、これらが外面的には数十万の共産党員の経験でありながら、人間としての自己自身の心理の深層に迄至る分析を行うことのできた数少い人々によって得られた、稀な特定の諸経験に属するからである。

―細胞会議は、まず一つまたは二つの政治講演（党で規定した方針にもとづいた）をもって始まり、次に討論が行われるのであったが、この討論たるや、実に奇妙な性質をおびたものであった。共産党の規律の原則として、いったん党が与えられた問題を認め、それに対してある方針が決定されると、その決定に対してはどのような批判も許されなかった。もし異論をはさめば、それはすべて、分派主義者のサボタージュと見なされるのであった。（中略）

それゆえ、われわれの会議の討論は、常に完全な満場一致のかたちで示された。その形式は講演が終ると、細胞の一党員が立ち上って、例の魔術的なきまり文句で、賛意をくどくどと朗読するような調子で述べたてるのであった。その生気のない歌うような調子は、語られている言葉が、彼の本心から出たものでないことを如実に物語っているのである。われわれは彼らのように、全く無批判の態度が容易にとれないので、何とかして党の方針を、正当化しようとして苦しんだり、党幹部の思考―それは理非曲直の如何を問わず、常にわれわれ自身の意見として持つよう強要された―の影響をうけた点はないかと、絶えず自分たちの心のなかを暗中模索しているのであった。この苦労は多くの場合成功した。たとえばこんなことがあった。来るべきプロシャ国会の総選挙にあたって、共産党のスローガンは、「中国プロレタリアを、帝国主義日本の侵略の魔手から救え」というものであったが、当時の情勢からすれば、むしろ当然ドイツにおける百万の失業者に関するものとか、ナチスの脅威に関するものとかが至当であったので、このことを幹部からきかされたとき、私は多少あっけにとられたかも知れないのである。だが、たといあっけにとられたとしても、もはやそれを思い出すことができないが、しかし、そのときすぐ私が、上海での出来事がドイツ労働者階級にとって、ベルリンにおける事件よりも、なぜ重要であるかということを、真面目にかつ力強く説明した論文を、選挙パンフレットにしたことははっきりと思い出すことができる。それに対して党の地区委員から、肩を叩かれながらお讃めの言葉を浴せられて、私はすっかりいい気持になってしまったがそれはどうにもしようがなかったのである。

（村上芳雄訳『神は躓ずく』国際文化研究所刊―現在ぺりかん社刊―より）

私は、この小論で、以降、権威主義的性格と権力の倫理に論及し、目的と手段の問題にもふれるつもりであるが、以上の証言は以降の論理を言わず語らずのうちに補足しうる示唆を含んでいると思われるので、この証言を以後もたえず念頭に入れておいていただきたい。

二　服従へのダイナミックス

発達した理性をもち、自主的で健康な情緒特性をもつ人間ならば、不正や非合理的な事態、人間を支配し隷属せしめようとする行為に対しては、怒りや非難の感じをもつが、自分を抑え権威に隷従しようとする行為に対しても、軽蔑と怒りを感じるであろう。そして、人々の受難や不幸に対しては、悲哀や同情を禁じえず、当然のことながら、自分の人生を大切にし、支配や隷従への衝動から自己の独立を保持しようと努め、愛や生産的な仕事への自発性において人々と結ばれようとし、そのような人間にはじめてもたらされる精神の昂揚のうちに人生を送ろうとするであろう。

人間が自然の懐に抱かれて、自然の中に融合していた太古には、人間は自然の一部としての宿命の中で生き、そして死んだ。人間が大自然の一部であることをやめ、他の人間達からも自分を分離した存在として自覚できるようになって、はじめて人間の社会的歴史が始まった。しかし、半ば個性としての自覚をもちながら、半ば自然に同化していた長い歴史が終りをつげ人間がこの太古の絆から完全に抜けだして個性として独立するようになったのは近代に入ってからである。

しかし、個人の生涯においても、母親との第一次的絆から、生産的で成熟した姿勢で抜け出してくることにしばしば失敗するように、人類としても、氏族や自然、中世紀的身分制社会や教会に結びついていた第一次的絆から、独立して、自主的な個性として自分を確立することに必ずしも成功しはしなかった。

第一次的絆からときはなされ自由をえた人間は、以前とは異った仕方で、人生の方向を見定め、世界の中で安定を見出さねばならない。もしそれに失敗すれば、残された道は、再び自由を放棄し、個人的自我の統一性を破壊し、新しい権威の絆に自分を結びつけることによって、孤独と不安と無力感から逃れねばならない。

こうした心理的衝動が、経済的、イデオロギー的文化的要素と関連し合って、宗教改革やファシズムの広範な基盤になった。このテーマを追求したすぐれた著書として、私はエーリッヒ・フロムの『自由からの逃走』（創元社刊）をあげる。スターリン主義の場合も人間の孤独と不安に依存し、人間の非合理的衝動を組織したという心理的意味においてはファシズムと同質であると考えられる。

ロシア十月革命は、既成の一切の制度と共に古い倫理を破壊し、人間の自発性への可能性を開くかに見えたが、指導者達は新しい秩序を生み出すに当って革命の美名のもとに再び専制的な古い統治方法に頼り、人民は、新しく発生した特権的官僚群の存在と民衆との差異を隠蔽することとなった「国有」経済における、「物質的成功」という素晴しい贈物と、その成功の唯一の過誤なき偉大な指導者スターリン、という権威に額ずく結果となった。

共産党はまた、鉄の規律をもった、一枚岩の組織でなければならないとされた。

そしてもし、一度その党の規範を受け入れ、鉄の規律に隷従しようとする衝動に身を任せはじめると、自発性は抑圧され、フロイドが超自我と呼んだ検事的な存在が、「良心」「義務」「献身」「忠誠」という倫理的外衣をまとって、成長し、たえず自己発現の能力が党規律の枠からはみではしないか、上部からの意志に逆らうことになりはしないか（「裏切り」に通じはしないか）と監視しつづけるために、情緒的不安は遂に消えさることがなくなってしまう。そこで一層自分を権威と同一化しようとする激しい衝動にかられるようになるのである。

権威主義的性格における重要な特長は万能か無力か、二つの傾向しか存在しないことで、それは直接暴力によろうと、より穏健な制度の行使によろうと、力をもつものが、その力が守ろうとする価値ゆえにではなく、それが力であるがために、すべてである、という盲目的な物神崇拝感情におちこんでいることである。服従への愛や、賞讃の衝動にかられる者にとっては、自分の服従するものが力をもてるが故に、万能である。

現代共産主義内部では、共産党が、ロシアばかりでなく、中国において権力を握り、自己の指導下に国家的統一が形成され、ソヴェトにつづいて中国でも、着々と物質的成功がもたらされつつあるという事実への拝跪から党員達がどうしても自由になれないでいる。そしてハンガリー革命へのソ軍の干渉、ナジの秘密裁判と処刑、中国での百花斉放の中止、丁玲事件、再度の反ユーゴ・カムパニアと修正主義への弾劾、等々を、「社会主義をまもるために」「平和のために」という名のもとに、すべて合理的措置として受けいれてしまうのである。
そこにあっては人々は単なる受動的の大衆に止まりえず、悪しき衝動にかりたてられる。
「社会主義」（人民）への愛と献身の美名のもとに（人は自己を合理化せずには一刻も安んじられない）
深層の不安と恐怖につき動かされて
ひたすら自己滅却（権威への同一化）の道を辿る
スターリン主義の歴史の中には、人々の心理の深層に暗黒の影を落さずにいない血で彩られた部分がある。それは先頃のナジ処刑に至るまである連鎖をもって連なっている粛清の歴史である。ある時は生死を共にしてきたもっとも親しい友人からの、ある時はどこの誰ともしらぬ者の密告や讒謗によって、さらにすべてをなげうって慴伏している指導者の気まぐれな猜疑によって人々が、突如、またいつともわからず裁判もなしに次々と消されてしまったこの現代史の暗黒部面は、現代人の精神の深層に立派に投影していて、前意識的な不安衝動の源の一つとなっている。
このことはわざわざ証明を要しない。私達のほとんど誰しもが入党の過程で、粛清が反革命から最少の犠牲において革命の成果を防衛するための止むをえざる、不可欠の手段だったのだと、何とか自分を言いくるめてしまうのに、激しい精神的葛藤を経験したことであろう。
フルシチョフのスターリン暴露演説の、スターリン時代の暗黒部面の血腥さに人々が改めて、愕然としたのは事実であるが、私は、あの演説の決行迄に、フルシチョフの内部に抑圧されつづけた自我の激しい迸りをみる。そして止むに止まれぬ衝動につき動かされて、次々と口をついてしゃべりまくった体のあの演説ですら、本能的とさえいえる正確さで、歴史的事実の暴露にブレーキがかけられていること、すべてスターリン一人が悪かったという主題、フルシチョフら生き残った政治局員達の自己弁護の主題にみちみちているのを見て、おそらくフルシチョフの背筋を走りつづけたであろういまわしい過去の記憶に対する戦慄のすさまじさを思い見るのである。

権威主義的人間を彩っているのは、その感情的情緒的特質である。彼等は進んで喜んで権威に服従しようとする。必然とは彼等にとっては、人間のかくあらしめたいという自発性にもとづく進路の選択と建設の努力の如何に拘わらず、すでに予定された絶対的に、かくなるもの、である。その哲学は宿命論的であり、人間の自由を束縛するものを愛し、ある優越した力に自分を委ねることを好む。

共産主義諸党が人間の自発性に基く、理想主義的創造的能力をどれほど失ってしまったかは、疾風怒濤の時代といわれる現代にあって、すでに半世紀近く過去のものとなった、ロシア革命に対する盲目的崇拝におちこんでおり、理論の分野では、いぜんとしてマルクスやレーニンの学説の現実への適応という、本質的にドグマチックな非学問的な方法が支配しているのをみればよい。

ピラミッドの頂点にいるものも、依存感情は全く同質である。ただ彼らよりは大きな力、又は性格の異った力に依存するのである。

過去や現実へ拝覧する点でも、ピラミッドの頂点と下辺に変りはない。十月革命は、人類の過去の偉大な試みの一つであるから、真剣な研究に価する。ところが日本の党の指導者達は、党員の自発性を抑え、上からの体制を強め、自己の地位の保全のためには、極めて熱心に活動するが、自発性と創造性は彼ら自身にもない。彼らが社会主義という時、それはまずソヴェトと中国の五ケ年計画とその指令を与えている党の権力をイメージとしているのだが、あれを見給え！　われわれもやがて社会主義を獲得するのだ、とたえず自分にも他人にも言いきかせていたいのである。

ここでもう一つ証言を引くと――、

井上光晴の小説「病める部分」の主人公落合良は、朝鮮戦争の時、反米ビラを撒いた所、上部機関の指導者から極左的な「挑発ビラ」を撒いた「トロツキスト」と罵倒された。

—「客観的に、感情をまじえず考えねばならぬ」「党は何時も正しいのだから」「うむ、党はいつも正しい」「そして俺もつねに正しく決定に従うのだ」

少し、唐突ではあったが、落合はこの自分の結論になんとなく満足した。「党はいつも正しい…」

（小説集『書かれざる一章』近代生活社刊五七頁）

党の決定に従わず極左的方針をとったという理由で落合良は他の数名と共に除名される—、何かが崩れる、何かがガラガラと崩れていく。除名。挑発者。陰険な策謀。また除名。落合良はすでに立っていることに耐えていた。「俺が、除名！」—昨夜おそく森田の家についた時、顔をみるなり森田が叫んだ。

「おい、お前除名になったぞ」まさかと思ったが何べん読み返しても同じだ。N県委員落合良。歴然。掲示板がぐらぐらする。彼は何回もしゃがみ、また立上ることに耐えた。

「党はつねに正しい…しかし俺は何を考えればよいのだろう」（同前六二頁）

プロレタリア英雄主義という概念は、すでに初めの光彩を失ってしまった。スターリン主義にあっては、勇気とは「指導者」が自分に課した使命を、不平をいわず、たえしのぶことである。それは、私達が帝国軍隊で経験したものと心理的には同意義である。山村工作隊（それは懲罰大隊的な一面をもっていた）や中核自衛隊の党員達は、実に、服従し、耐え忍ぶということが人間の最高の美徳であるかのように行動した。それは、信念、忠誠、義務の名のもとに、自己の無力感に打ちかとうとする衝動につき動かされたものである。そして人間の未来の潜在的な可能性の発現への思考と確信という意味での信念は持ち合せていない。権威主義的性格における信念とは、疑惑、不信、無力感を優越した権力によりかかり克服しようとする必死の努力の結果とみることができる。統一的世界観というみせかけに反してそれは本質的に相対主義的であり、しばしばニヒリズムや人間の否定におちこむ。そうでなければ、一方で、英仏のスエズ侵攻を非難し、他方ではソ軍のハンガリー干渉を擁護するということ、また一方で松川事件の拷問による自白の強要を攻撃しながら、他方ではナジの暗黒裁判を当然のことのように受容れてしまうことを説明できない。

三 反逆者と革命家と

反逆的言動に見られる強い独立性、反権威主義、革命的情熱の発露等々は、表面上のものにすぎない。六全協によって、上からの権威が弱まり、よろめいた時に、党中央の指導者に対する怨嗟の声が党内にわきかえったことがあった。しかしこれらのほとんどが、理性と客観性を成長させ自分の内部に抑圧されていた能力を、独立と発展の軌道にのせるべき合理的な進路は見出しえなかった。それは服従と自己放棄の代償を求めるヒステリックな挑戦にすぎなかったようである。私達が不正に抗議し、これと戦う場合、奴隷が主人にたてつくようなものであってはならない。また憎悪にかられた報復であってもならない。

いっそう徹底した反逆者達は「革命的共産主義者同盟」である。この人々は、かつて、自ら『反逆者』という機関誌を発行していたが、当時は、スターリン主義の裏返しのようなトロツキズム拝跪におちいっていたことを反省し、機関誌の題名も『世界革命』と改め、組織の名称も日本トロツキスト連盟から「革命的共産主義者同盟」へと変更した。

しかし、私の見る所では成員達はいまだに権威主義的憧憬（サド・マゾヒズム的情緒）から十分に自由でないように思われる。今の所、革命的又は創造的であるよりも、むしろ、破壊的傾向が優っているように見える。政治理論においても、現代社会主義及び資本主義、党の組織論等の経験科学的研究よりも、マルクス

―レーニン―トロツキーの機械論的踏襲の域を出ず、余りに思弁的な正統派的原理論拝跪が見られる。「スターリニズム官僚打倒」といった同じ調子の呼びかけに、あいもかわらぬ鎌とハンマーの図柄を配した機関誌は、「革命的」の名にふさわしい情操の豊かさや、創造的息吹きよりも、まず挑戦的で、いどむような調子に特色がある。権威に真向から抗っているかのような自らの姿勢に、自分で幻惑されて、自分の非力や、権威主義を意識できなくなってしまうことを、私は怖れる。

革命家が意識するとしないとにかかわらず権力や権威に拘泥するのは、革命家の堕落である。また私は「革命的」という概念に「反逆的」要素を少しも含ませるべきではないと考える。革命的ということを、私は、個性の独立が尊重され、犯すべからざるものとなり、人間の愛し生産する能力の成長が促され、人生が人間の能力の全面的開花と同じ意味をもつようになる未来のために準備することであると考える。革命家の生涯は、それ自体がまた目的であり、自身の人間的能力の追求そのものであり、どんな型の自己放棄や自己滅却とも、どんな傾向のサド・マゾ的感情の追求とも異質であらねばならぬ。「革命家」とは人間的たろうとする者であって、それ以外ではない。

四　目的と手段

H・D・ラスウエルは権力を定義して

重大な価値剥奪（周囲の事情を熟知している共同社会の相当多数のひとびとによって、重大と解されている価値剥奪）の期待を伴う関係　　（ラスウエル『権力と人間』永井陽之助訳、創元社刊、一二一頁）

としたが、スターリン主義にあっては、権力の極限状況として

消される期待を伴う関係

だと言って良いと思う。

「政治的タイプを特徴づけるものは、激しい、満たされない尊敬への渇望である」とラスウェルは述べている。

これらの渇望は、第一次サークルにおいて強調され、しかもそれが満たされない場合に、公の目標（権力過程に関連ある人間と活動）に転位される。

その転位は、公共の利益の名において合理化される。

そこで動機の発展という観点から、政治的タイプを要約するなら、次のようになる。

私的動機を

公の目的に転位し

公共の利益の名において合理化する（同前四六頁）

スターリン主義は、激しい権力への渇望を、世界の労働者階級の利益という名において追求し、公共の成功のすべてをスターリン一個人の名に結びつけてしまった。

粛清を逸れて権力の階段を登っていった人々は、人間としての最も高い代価を支払わねばならなかった。彼らはスターリンに自分を適応させ、注意深く、恐らく異常な努力をもって自分をおさえつけておくことに成功したというだけではない。またむろん、新しいソヴェト官僚としての行政的手腕に熟達していたというだけでもない。彼らが権力の狭い階段をスターリンの側近に迄登りつめるには、批判や反逆者達に対してばかりでなくスターリンとその党及び新しい国家に帰依していた同胞や同志、時には個人的友人に向ってさえ、卑劣な密告者、でっちあげ裁判の検事あるいは同調者として振舞わねばならず、しかも、スターリンの疑惑や恐怖の前にたえず生命の危険に脅かされてきたのである。

アイザック・ドイッチャーは、フルシチョフの秘密報告の中のあるエピソードを次のように要約している。

彼らがスターリンに反対する行動がとれたかもしれないような時でさえ、彼らはそれを望まなかったことをフルシチョフは示している。赤軍がヒットラーの最初の猛襲によろめいた一九四一年にスターリンの勇気が挫け、彼は自分のテントの中で落胆し、ふさぎこんでいたとフルシチョフは語っている。これは党指導者たちが彼を除くのによいチャンスだったと思われる。ところが、彼らはスターリンに代表団を派遣し、彼が再び支配権を握るよう乞い、かくして彼ら自身と国とにさらに一二年の恐怖政治と堕落の運命を与えたのである。

日本共産党の指導者達は、領袖徳田球一の死を五三年一〇月二〇日から第六回全国協議会の五五年七月二九日迄、私達にかくしておいた。党の下部組織が、彼らの命令に従って、けんめいに破滅的冒険に突込んでいる時、党員の動揺と徳田の名によって人民に与えている威信の崩壊をおそれて、彼の死を公表することを不得策としたのであろう。

しかし、彼等のもっと怖れていたのは、「人民への惜みなき愛情と献身」（徳田球一）というキャッチ・フレーズによってかりたてられてきた党員の行動にブレーキがかけられ、それを機会に、党員達の間に批判的精神や反逆的衝動が目覚め、組織が内部から解体しはじめ、それが大津波となって、指導者達をも押し流してしまったかもしれないことであろう。

フルシチョフのスターリン暴露は自己保全の衝動にかられて、即席でおこなわれた公算が大きいが、六全協は時間をかけ、おそらく北京の助言をえて、周到に準備された形跡があらわであった。彼等は徳田球一に密着していた度合に応じて、かつての冒険主義や党分裂（これは「粛清」と同じ意味を持っている）の責任を死んだ領袖と共に分ったが、領袖の側近や片腕であった自分達の地位が危うくならぬよう、注意深く、死んだ領袖の誤りにブレーキをかけ、彼の屍に大げさな賛辞を呈したのであった。

そして利巧に立ち廻るには、すでに余りに突走りすぎておりかつ新時代に即応せず、旧権力にあまりに固執した人々は、ロシアの場合も日本の場合も、馬脚を現わし、また叩きおとされ権力の座から転り落ちてしまった。

五〇年に中央から除け者にされ、「不遇な境遇にあった」とされる指導者では、宮本顕治が六全協で、さらに神山茂夫が第七回大会で、その徳田派閥と無縁であった過去を看板に、党を崩壊から救う役割を買って出たのである。「宮本は党再建の使命感にしばられているのだ」とある知人は話したが、私が昨年四月、宮本顕治から直接聞いた、自分が六全協で中央常幹を引きうけなかったら、党は収拾がつかなかった、という意味の言葉からも、宮本の意識にはある尊大な動機がかくされていることがわかる。神山茂夫の場合にはもっとずっと反逆者的傾向が強い。彼はただただ反逆に賭けてきたかのようである。最後に骰子はふられた。しかしこれは心理的にも、実際的にも八百丁であった。彼は自分が党批判者であったことの全意味を抹殺するような行動に出た。まるで中央委員に返り咲くことが人間神山の真の目的であったかのように――。

集団指導は世界中の共産党の合言葉となったが、例外を除いては、制度の本質上の変更は見られなかった。本質と言うのは理念としての人間に対する態度及び人間を組織に関係づけるその仕方である。

ハンガリー事件は、ソヴェトの政治と党のあり方が本質的な変化をとげなかったことの無慙な結果でもあった。この事件の結果、資本主義諸国の党内の良心ある部分がソヴェトと党の現状の批判に進み出た。フランスでは著名な知識人党員達が多く除名された。イギリスではピーター・フライヤーのブダペストで目撃したハンガリー革命の記録がデーリー・ワーカーから没にされ、彼は進んで党を離れた。

フルシチョフは工業の集中排除のような、思い切った改革を行ない、老朽したスターリン時代の屋台骨をいくつか取りかえたがスターリン時代に滅ぼされてしまった社会主義の偉大な理念は何一つ回復させはしなかった。私達がわずかに知りうる所では主として文学の面で、また歴史研究の面で、批判的精神が復活しはじめたが、ふたたびイデオロギー的な圧迫が加えられている。

ハンガリー革命にソ軍が干渉にふみ切った時、ソヴェト共産党の集団指導制の指導部では、古いスターリン時代の恐怖隷属者達が自己の支配から離脱し、独立していくことに対する恐怖―が勝利を占めたかに見えた。彼らは自分に力がなければ、決して訴えないような手段に訴えた。

ナジの処刑は、フルシチョフ主義もまた、苛酷な価値剥奪の体制であることを示した。

日本の党の第七回大会では、少数の代議員の反対を押し切って、下部は中央の許可なしに自由に中央を批判することはできないという、従来の規約の原則を確認した。中央機関誌上で発表が許されるか、無害とみとめられた場合の外は、異見の持主は、自己を抑えて納得できない公式声明の代弁者とならねばならない。党員の人格に要求されるこの自己欺瞞の体系、一枚岩の鉄の規律は、どのようにして、社会主義の理念、独立と民主主義の理念に結びつけうるのであろうか。

余りに多くの事件を見、かつ経験してしまった党員達の多くは、猜疑心に悩まされ、遅疑逡巡におちいっている。皆、傷ついた自我と倫理観を建て直そうとして、組織の要求との矛盾に悩んでいる。たとえ理論癖のある宮本―神山主義でも党の若い世代を、ふたたび強固な靱帯で結びつけることはできない。いまでは余りにも、社会主義の名において専制を隠蔽し、理想と正義の名において人間性を破壊してきたからである。

自分達がまるで馬車馬のように目を塞がれ極端な場合には指令の口調でしかものをしゃべれなくなるほど

知能をおとしめられ、社会的犯罪にさえ加担させられてきたということを、党の若い世代は深い葱塊と悲哀をもって振り返っている。

第七回党大会を前にして私を党から除名する旨、統制委員会及び中央委員会は『アカハタ』に発表した（編者註、三七一〜三七二頁）。除名決議にはいろいろな理由が付せられているが、意味はただ一つ、批判的活動を中止せよという統制委員会の勧告を私が受け入れなかったからである。私はここで、改まってその答を書くつもりはない。

ただ私達は自分達の進路について、恐らく十分な答えをもっていない。そう、しかし、共産主義者であるなしに拘わらず、人生そのものを目的とし、自分に対しても、他人に対しても決してそれを手段にまでおとしめまいとする人々は、人生の進路を自分で選ぶ権利をいつでも保留している。

私は世界共産主義運動のメカニズムをとく一つの重要な鍵は経済史的、政治史的研究と並行して文化史的な研究がぜひとも必要であり、わけても党を形づくってきた集団に固有の精神と心理のダイナミックスを探る社会心理学的、精神分析学的研究が不可欠であるように思われる。

私達は下部構造が上部構造を決定するという、経済決定論的な素朴な人間観、楽観的な人間観を克服しなければならない。

人間性は、ある時代の経済的、イデオロギー的、文化的な影響の圏外にあることはできなかったが、また逆に人間性の環境へのある特殊な反応が、経済的、イデオロギー的、文化的様相に多大の影響を与えてきた。

意識されているいないに拘わらず、人間性にはその特殊の反応法則があり、その本性を合理的に成長させることに失敗すると、非合理的な様々の形態の自己放棄におちこまざるをえない。

私達は理想主義者であり、人間の独立と、愛しかつ生産する能力の発現のための合目的的な規範を求めている。それは専制主義とはちがった型の自己放棄に導く、資本主義的な市場的な倫理とも専制主義の倫理とも異った、人間の独立と創造的能力の発現が促がされ、人々が愛しかつ生産のために協力できるような目標を含んでいる。

私達が社会主義的民主主義的共同体に至る過程の十分な仮説を、もち合わせていないにしても、しかも私達は過去と現在の人間の歴史を分析して人類の目的についての仮説を導き出すことは可能である。

そして採用すべき手段もまたそれを遂行する人間にとって、それ自体目的であり、人生そのものである。私達にとっては人間と人間的能力の発現こそ目的であり、他はすべてこの人生の目的に奉仕するものとしてのおのずからの調和のうちにおかれるであろう。（一九五八年八月二五日）

『批評』第三号（一九五八年一〇月一日）

第4部　『論争』時代

一　戦後転向論　―人間の価値基準の回復のために―

一　普遍的価値は探りうるか

死を見るほどの関心をもって果して生を見ているかどうか　―埴谷雄高

現代日本社会の本質を捉えようとして様々の試みがなされはじめている。それというのも日本の進歩的知識人達の暗黙の最大公約数であった価値体系―弁証法的唯物論と史的唯物論が、現代共産主義の複雑かつ決定的な事件―スターリン批判に始りハンガリー革命、丁玲、パステルナーク事件、チベット叛乱につづく諸事件のあいつぐ衝撃によって崩壊しつつあるからである。

古典的マルクス主義は、日本をも含む現代資本主義の経済構造及び国家の性格を説明しえなくなったと云われる。しかし、わが国では現代マルクス主義の崩壊は現代の社会要因及び人間状況への経験科学的接近の結果起ったのではない。スターリン批判やハンガリー事件の結果、現代共産主義に対する心理的拝覧（信仰）が傷つけられたために起った。ここに現代マルクス主義革命運動に支配的な人間状況の性格が現われている。

そしてマルクス主義的価値基準の崩壊が、今日の日本知識人の知的混迷の一誘因となっていることも事実である。

核弾頭誘導弾に象徴される威嚇が幅をきかせている世界的紛争のさ中で、人間の価値の回復に手をつけようとすること自体、無意味ではないのかとのシニカルな囁きが聞える。

だが、硬直したイデオロギーと化した現代マルクス主義が、スターリンの人間に対する許し難い罪悪が暴露されたことから崩壊しはじめたという事実の中に、どのような全体主義も知的暗黒も人間の内奥からの良き意志を完全に抹殺することは不可能であり、人間の力はどんな暴力よりもついに強く、どんな理論よりもついに真実であろうとの希望を呼びさましてくれる。

現代共産主義の世界体制の上に起った上記の諸事件は、自ら信じていたほどにはわれわれは世界を知らないのだという強烈なショックと共に、唯物史観にみられる経済決定論や下部構造決定論のような単純な図式は現実の複雑な社会過程を理解する妨げとなるばかりでなく、社会発展の必然的法則に対する信仰は自由に関する誤った概念、本質的に宿命論的哲学に導くことを知る契機となった。そして人間の認識にとって文明状況のつまり人間の社会環境の支配の方が、社会の物質的経済的環境の支配よりもはるかに扱い難い要因であることを知った。

未来は予測しえないとしても、われわれがどのような文明状況を生み出していくかは、与えられた時と所における制約の中で、どのような可能性を選ぶかというわれわれの意志に負うところ極めて大きく、われわれが過去及び現代を分析しようとするのは、少くとも本質的に似通った悪しき人間状況の再現からまぬがれようとの期待からにほかならない。

人間の普遍的な価値を探る試みはどこから始められるであろうか。私がくぐりぬけてきた戦時の超国家主義と戦後の共産主義の二つの体験は、善意や正義感にもとづいていると自ら信じている行動が、必ずしも人生と社会に良い結果をもたらすとは限らないということを私に教えた。人々はしばしば愛や社会正義や自由を標榜する社会運動を額面通りに信じてそれに賛同したり参加したりするが、今日その罪状が明らかとなった日本軍国主義、ファシズム、スターリニズム等の人類に対する恐るべき破壊主義もやはり愛と自由の教義をふりかざしていた。

マルクスの思想の解放的中味と理想主義とに拘わらず、その哲学の最大の盲点は、人間性に対する楽観的な見方であると思われるが、もし言語の大義名分（表面的倫理性）に惑わされず人間の言動のなかに潜む真の動機、真の衝動をつきとめることができるならば、特定の文明の価値を発見することも可能となるであろう。

神経症の治療の実証的研究から導き出されたフロイトの方法には今日いくつかの重大な誤りが発見されているが、かれの科学的方法、進化論的概念、および無意識の概念、無意識は真に非合理的力だとの学説に見られる精神分析学上の価値ある発見を人間状況の批判的分析に応用することによって、特定の文明が人間性の本質的欲求の合理的発展に適したものであるかどうかを見究めることができるようになった。

フロイトは神経症が、幼児期にうけた愛の傷害によって歪められた欲動の、代用満足を求める衝動から出ていること、そして両親や学校での倫理的強制によって抑圧され、無意識界や意識下に追いやられた欲動に起因していること、成長した人間においてなお幼児期の精神的外傷への固着がパーソナリティを規制している状況が見られ、人々はしばしば幼児期体験への退行現象を示し、非合理的な情熱に駆られることを発見した。精神分析医の患者への寛容と愛の雰囲気のもとで、分析医への信頼に誘発され（感情移転）た患者の自由な連想を辿っていく（自由連想法）と、結局何らかの抑圧された無意識の欲動につきあたり、患者が虜となり、その病的行動を支配している（強迫）観念と非合理的情熱がそこに起因していることを見ることができる。そして抑圧されていた欲動の正体がわかり、非合理的行動の原因が意識されるようになり、患者はしばしば、強い習慣的歪ひずみをもった感情的呪縛（感情規制）をうち破って治癒する（抑圧から自由になる）に至ることを、フロイトは臨床的に実証したのである。

しかしフロイトは彼がリビドーと名付けた性欲動こそ人間の基礎的な情熱であり、人間が神経症に陥る最初の危機は近親相姦への期待（エディプス・コムプレックス）が抑圧されることに始まると考えた。彼は文明は人間の性欲動が適切なコントロールを受けて昇華したものだと論じた。フロイトは、人間の社会生活つまり文明の進歩のためにはリビドーは抑圧されねばならず、しかし神経症からまぬがれるためには性欲は解放されねばならないとの矛盾した見解から生涯逃れることができなかった。

精神分析学のその後の発展と応用科学としての文明状況の解明の努力の結果、人間の基礎的な情熱は生物学的本能に根ざしているばかりでなく、人間が自然及び自足的共同体や身分制社会とのつながりを失って独立しはじめるに及んで、他の人間及び自然とのあいだに新しいつながりを見出そうとする欲求に根ざしており、中世から近代への推移、さらに現代に至る過程で起った様々な社会運動や革命及びその結果生じた社会形態や文明状況はそれぞれの仕方で、その欲求の解決を試みたものであることが証明されるようになった。フロイトは第一次大戦のひき起した怖るべき殺戮から深刻な影響を受けた。彼は人間性に固有なものとしてリビドーの他に破壊衝動があることを認めるようになった。そして文明に対するペシミズムから生涯脱け出ることができなかった。もし破壊的な衝動が真に超歴史的な、人間に固有の本質であるとするならば、われわれは遂に危機を回避することはできないかもしれない。しかし人間の文明は、巨大なエネルギーが自然の変形、破壊、征服に向けられ、現在も向けられつつあることを示している。マルクスは生産力の中で最大のものは人間の革命的情熱だと考えた。産業改革において人間は真に創造的な強大な情熱を発揮した。人間の破壊的情熱は自然に向けられ、かつ生産的意欲と結合されるならば、また近代の民主主義文明の示すように、悪しき人間状況に向けられ持続的かつ適当に制御され、しかも創造的意欲と結び合わされるならば、良き目的の良き手段となることをも教えている。フロイトは破壊性は人間に先天的なものであって、それが人によって異なるのは破壊の対象が他人か自分かによるものだと考えた。しかし、自分を幸福だと感じ自分に敵意をもっていない人々には、人生に対するヴィヴィッドな活力と他人への寛容性が見られ、却って失意と人生に対する憎しみにさいなまれている人々において、自他に対する強い破壊的衝動が見られることも事実である。そこから破壊性は成長を妨げられた生命力の変形でもあるとの仮説が成り立つのである。

性行為は人々が愛と生産的雰囲気を得ることができず、生の不安をまぎらすための忘我の手段ともなり、異性を征服し傷つけるサディズムや、それに対応するマゾヒズム的衝動にもとづくことがしばしばあるが、やさしさの感情を基調とした一体感にもとづく性行為は、喜悦と休息をもたらし、人々の生産的意欲を刺激することもまた事実である。

文明状況の人間性に対する規制力とその文明に支配的な情緒特性の容易に打ち破り難い持久力とを知る上で、フロイトの感情規制に関する考えから貴重な示唆を受けることができる。神経症患者において一旦形成された情緒特性は、強力な規制力をもって人間の欲動の自然な生長に対抗する。そのため神経症患者にあっては、彼の眼前に治癒に必要な外的物質的環境が訪れたとしても、それを治癒の実際的契機として見ることができず、反応することもできない。これは社会の一定の生産力の一定水準が必ずしも人間環境の同じ質の変化をもたらさないことへの解答のいとぐちをわれわれに与えてくれる。フロイトの疾病利得の概念は、内的な治癒力を失った重症の神経症患者は、病院での食事の給付、医師、看護婦等に没我的に倚りかかって生きていける環境から独立して生きていかねばならない不安から逃れようとして、決して治癒したがらないことを教えている。この概念はナチズム、スターリニズム及び軍国主義等の人間状況の解明の手がかりをわれわれに与えてくれるのである。

応用科学としての精神分析学は、特定の文明が、人間性の本性の解放に役立つかどうかを人間状況の中に探りうる手段をわれわれに与えてくれる。かくて特定の文明の価値を探ることができるようになった。その文明状況に特有の倫理言語がいかなるものであれ、人間の本性を抑圧する規範が人間関係を支配している社会は悪しき社会であり、個人の人生内容において自由で独立し、愛しかつ協働する能力に表現される生産的姿勢（構え）を成長させうる社会は善き社会である。

フロイトは、ダーウィンの進化論の強い影響を受けており人間の行動の動因を欲望の満足に見ていた。また一九世紀に流行したタイプの唯物論の潮流の中で呼吸していた。人々のすべての精神現象の基礎は生理学的現象の中に見出されるはずだと信じていた。彼は人間行動を性的本能に基因する様々の現象に分解してしまった。彼は人間存在の全体、つまりすべての人々に共通な人間状況と社会の特定の構造によって影響されている生活の実践の中に、根本の現実があることを理解できなかった。フロイトに影響を与えたこのタイプの唯物論を克服するという決定的な第一歩は、マルクスによってその史的唯物論で扱われた。むろんマルクスはフロイトを知らず、一方フロイトはマルクスの人間性についての無知を批判したが、彼はマルクスが文明を人間の全社会行動から見ようとしたことの意義をついに理解できなかった。

私は以下で、日本の社会科学と日本知識人の隠然、公然の主要な価値体系となり、日本の文明状況に少なからざる影響を与え、今日も与えつづけているマルクス主義の立ち入った再検討に鍬を入れてみたいと思う。

マルクスを含む一九世紀の洞察力をもった人々がヨーロッパの富と権力の形成過程に、文明の衰退と非人間化が進んでいることに向けた、宗教的で道徳的な批判のヒューマンな概念の系譜の上に、今日のわれわれの学問的努力もつづけられている。よりよき社会を求める解決策において、社会の一定の物質的生産力水準を目ざすことは、それ自体としては誤っていないばかりか、極度の不平等、赤貧、餓、大量失業の瀰漫している環境において人々に正気を求めることはできないし、不平等と貧困の克服のためには、高度の近代工業生産力を必要とすることはいうまでもない。残された問題はその生産力を、生産力の一定成長率を保持しつつ、効果的な再分配を経て、社会的消費水準を高めるよう、人々が社会の経済的状況を把握し、巧みに操縦しうる能力をもっているかどうかにかかっている。

マルクスもまた、人間と歴史に関する倫理的概念をもっていた。人間こそが人生の目的であり、決して手段におとしめてはならない。物質の生産はそれ自体が目的でなく、人生の豊饒のためのものである。人生の目的は人間の創造力を表現することにあり、歴史の目的は、社会を正義と真理による支配に変革することである。『資本論』によれば、社会主義とは、「各人の自由な発展が万人の自由な発展の条件であるような共同生活」であり「各個人の完全かつ自由な発展が指導原理となる」ような社会である。

「急進的であることは、根本をきわめることを意味する。そしてその根本とは人間じしんである」とのべている如くマルクスの根本的関心は人間であったにも拘わらず、その後のマルクス主義学派が、社会の経済的土台のみに、極端な場合には抽象化された「資本の論理」の追求のみに従事してきたことは驚くべきことである。真の意味で俗流のマルクス主義者が、主として社会主義の成果を、物質的生産力の向上にのみ求めてきたことは、逆説的に云えば彼らは自分が攻撃しているブルジョアジー以上にブルジョア的であり、人生の目的を財貨の生産に従属させている物神崇拝的情緒衝動にとりつかれていることを物語っている。あたかもマルクスが利益にたいする渇望が、人間行動の主な動因だと述べでもしたかのように—。

マルクスは資本主義の社会主義への経済的変化のうちに、人間の自由化と解放、ほんとうの民主主義の決定的手段をみていた。彼にあって、社会の経済的土台についての論述が後期の著作の過半を占め、人間性に関する議論は影をひそめてしまうのであるが、いつでも経済的側面は、人間の欲求の手段であって、目的となったことはなかった。

マルクスの国家論こそ、彼のもっとも矛盾した理論であった。社会主義の目的は無階級的であると共に、無国家的であった。「国家は社会主義が勝利した結果として死滅する。」マルクスとエンゲルスの政治権力の集中に対する反対は、マルクスの『フランスの内乱』及びそれへのエンゲルスの序文に充満している。しかし、彼等は、終局的な到達点である国家の死滅は、労働者階級が国家権力を掌握し、ブルジョアジーの反抗を打ちくだいて国家を全く変えてしまった後に始まると考えていた。マルクスにとってブルジョアジーの支配権力を力をもって転覆し、国家権力を、奪取することは目的に至る不可欠の手段だった。

ベルンシュタインとレーニンの二つの異ったマルクス主義の流派が、マルクスの国家理論を全く二様に理解したのはこのためであった。前者は、マルクスの概念をプルードンの反国家主義、反中央集権主義と類似したものであるといい、後者は、マルクスはいかなる点でも反集中的ではなく、「マルクスは中央集権主義者であった」と頑強に主張した。

しかし、マルクスの第一インターナショナルにおけるほんのわずかでも異なった意見に対する容赦しない態度、例えばバクーニン主義者を大会からしめだすために、大会を急にジュネーブからロンドンに移して強行したような独断専行振りを見ると、レーニンもまたマルクスを全く曲解していたわけではないことがわかるのである。暴力革命の考えは世に流布されているごとく決してマルクスの創造物ではなく、過去数世紀の君主政治に対するヨーロッパ中流階級の伝統的な考えであるが、マルクスが例外を認めていたとはいえ暴力革命を容認し、使激していたことは、彼の中央集権主義と密接な関係があり、彼は、社会内部の暴力的軋轢は国際間の戦争と同じく人間の文明状況にとって破壊的であるとの認識をもたなかった。彼の大衆の貧困と野蛮への同情は、反逆的情操に彩られていた。マルクスは権威主義的性格の持主であり、レーニンは一層徹底した権力主義者であった。

史的唯物論は、社会進化の法則を理解する上での永続的な貴重な貢献であることは疑いない。彼は文化的発展の客観的条件としての経済的発展の社会環境への諸影響の叙述に力を尽した。彼は弁証法によって人間の生理よりもむしろ人間の行動にもとづいた真にダイナミックな綜合的理論を発展させた。それは、経済と文化の発展の相関関係を理解する第一歩であった。後のマルクス主義者の多くはここから一歩も前進せず、マルクスが折角克服した一九世紀唯物論に逆もどりし、実りのない独断論に落ちこんでしまった。というのは、マルクスの史的唯物論そのものが危険な誤謬を含んでいた。それはわれわれが俗に「下部構造決定論」と呼んでいるものであり、人間の物質的条件がその生産と消費の様式を、ついで人間社会、政治制度、ついには人間の生活様式と生活感情をも決定するという仮定である。これは社会進化の重要な側面をついたものであったが、人間の文明の形成過程に対する極めて単純な独断論であった。

マルクスは人間行動の動因（モチヴェーション）の複雑さを見得なかった。彼は人間性がそれ自身の欲求と反応法則をもち、人間の情緒特性、生活感情の複雑な総和である社会的文明状況が、史的進化を形造る上で経済的条件（下部構造）とたえず相互作用の関係にあることを充分理解しうる心理学的洞察力をもっていなかった。

マルクスの偏見は、資本主義の経済学的究明に没頭することによって、一層著しくなった。基本的な仮説と予言は部分的に正しいにも拘わらずいくつかの点で誤っており、とくに普通「窮乏化論」と呼ばれる、労働者階級（賃金取得者）の貧困化の必然性の仮定は今日全く破産してしまった。だからといってマルクスの経済理論の重要性を毫も否定しようというのではない。ただマルクスもエンゲルスも、やはり、産業改革のもたらした労働者大衆の貧困化と野蛮化に対する同情からその科学的理論追求をも左右されたということをいいたいのである。後に貧困化論が極端な狂信的ドグマにまで硬直しはじめると、多くのマルクス主義者は自己のドグマの勝利のために大衆が一層貧困化すればよい、更に進んで経済的カタストロフがやってくればよいと希望するようにさえなった。スターリンの著作の至る所に見られるように彼らはその希望を一局面を誇大に単純化して示したり理論的予言の形で表明したりしてきた。その動因は心理の深層における征服的破壊的衝動であり、それは権威主義的姿勢に特有のものである。

マルクスもエンゲルスも彼らの学問的貢献がレーニンからスターリンへと歪曲され、人間に自由を恐れさせ、自由を憎悪し—レーニンは自由思想を口を極めてののしった—権力欲と破壊欲を生み出すような人間内部の非合理性の扇動のためのイデオロギーにまでおとしめられるとは、想像さえできなかったであろう。彼らは人間内部の非合理的な力を認識せず、非合理性は生産力の桎梏となっている生産関係の階級支配の体制の中にのみあると信じていた。彼らは、西欧社会を蔽うかもしれない暗黒を予言していたプルードンやバクーニンのような人々と違って、間もなくよい社会がやってくるだろうと信じていた。人間は生来善であるとの暗黙の仮定が彼らの人間観の基礎であった。つまり、人間を疎外している経済的束縛を除いてやれば、善性があらわれてくるという一八世紀の素朴な楽観主義と同じ考えにたっていた。共産党宣言の「プロレタリアは失うべき鉄鎖以外の何物もない」との言葉は心理的矛盾を含んでいる。よりよい人間状況のためにはかれらは鉄鎖をはめられていた時代に生じた、すべての非合理的衝動や、神経症的代用満足感をも失わねばならない。

私は社会科学が心理学、精神分析学上の発見を急速に吸収することによって、綜合的で統一的な価値体系の創造に極めて大きな役割を果すだろうと確信をもって述べておきたいと思う。

精神分析学はまだ極めて若い学問であり、わが国では今日に至ってはじめて応用科学として僅かな注目を浴びているにすぎない。フロイトが厳格な家父長的家庭に育ち、ドイツの権威主義的文明の影響に制約されたように、われわれも自らの情緒特性による反応の特殊な敏感さ故に誤りを犯すかもしれないが、にも拘らず応用科学としての精神分析学を適用してわが国の文明状況に支配的な情緒的性格の真の動因（モチヴェーシヨン）を明らかにし、人間状況の諸悪のそれぞれの倫理言語の偽りの構造を暴露することによって、社会的情緒の合理的再編成に役立てることができるであろう。

戦後四〇年間、わが国に一般化したマルクス主義はレーニンとスターリンの系譜を忠実に引きうつしたものであり、日本の共産主義運動がドストエフスキイの小説『悪霊』に見られる確信犯的タイプによって彩られているばかりでなく、日本の知識人と労働者階級の一部の中に、現代共産主義の呪縛が心理的コンプレックスをなしており、これが社会の知的文明的進歩を阻害している。なお一般に自発性と責任性を基調としない社会生活全般の風潮が、警職法、教員勤務評定をめぐる政治状況にみられる如く政治的民主主義を屡々動きのとれない不具状態におとしこんでおり、日本の文明状況の生産的な再編成なくしては社会進歩は望めないと考えるのである。

二　転向における自由の意味

われわれは自身についての分析によって得ることのできる特定の諸経験を得なかったものには、精神分析にくちばしを入れる権利がないということを、われわれの確信として告げしらせないわけにはいかなかった。　—フロイト

自分で考え、自分で選択するということは私にとって大へんなことだった。私は党の一員であったし、党が頼りにならない時は、レーニンやスターリンの命題にたよった。六全協につづいて数年日共の旧悪のおそるべき姿が明るみに出され、更に、五六年のソ連共産党二〇回大会でのスターリンの専制の暴露とハンガリー革命の悲劇等々の衝撃は、私を深刻な懐疑主義に突き落した。

私にとって世界は全く新しい意味をもつようになった。私は絶対的な教義としての原理論にはいかなるものであれ拝跪することをやめた。私は私の陥ちこんだ懐疑主義の暗闇から自分の力で出ていこうと決意した。多くの共産主義者は、この時期を混迷のうちに過してしまったようであった。指導的革命家達は、未来の革命権力であるべきピラミッド型の党権力を保持する保身的反動的ごまかしに腐心していた。日本知識人達は大部分事の真の意味を真面目に探求し、知的決意を表明する勇気を持たなかった。共産党活動の最も暗い部分について、一つの例だけあげよう—。

六全協後のある日、一人の党員が下獄しようとしていた。判決による罪状は窃盗である。しかし彼は私に

こう語った。

「俺は党の軍事活動資金を敵から奪うために、電話線ケーブルの鉛の被覆を盗み、それを売った金を指導者に渡した。けれども、党を守るために、このことは最後まで黙秘したのだ。」

私は問題は制度―つまり人間の組織形態にあると考えた。中央集権主義は必ず悪しき結果に導くに違いないと思われた。しかしやがて私は、どのような制度を選ぶかは人間の選択にかかっており、人間の選択は物事にどのように反応するかという感情と情緒の質にかかっていると考えるようになった。習慣化された情緒特性は特定の文明状況の影響のもとに人間性に固有のある反応法則にもとづいて形成され、そうして形成された集団的雰囲気こそ人間の存在状況を規制するのだと考え、ざるをえなくなった。

マルクスはその著作『ブリュメール一八日』で血と暴力に頼った革命が結局血と暴力に支配されるようになるダイナミックスを見事に描写しながら、プロレタリア革命だけを例外と考えたのは彼の重大な誤謬だと信じるようになった。

精神分析学は、私を懐疑主義から脱出させる大きな助けとなった。マルクスの性急な革命理論は、人間は生来善なる性質をもち、社会の生産力が一定の発展段階に達していさえいれば、プロレタリアは私有財産制度を打倒した後に、搾取なき自由な共同体をほとんど自動的に作りあげるであろうと考えた。

しかしスターリニズム、ナチズム、日本軍国主義の人間状況を研究してみると、人間はそれほどた易く、階級的イデオロギー的制約を破って、自由な協働関係を結びうると楽観することは許されなくなった。現代共産主義の革命運動そのものが、文明の過渡的状況の反映であり、人間の内在的非合理的動機の恐るべき抜き難さの証明であると思われた。

これらの考えを得るに当って、故ダービンやストレイチー等英国労働党の指導者達、フロイト及びE・フロム、L・S・フォイヤー等社会心理学者の著作に私は多くを負うている。私見によれば英国の歴史は社会主義に至る人間の事業における最も注目すべき実験であると思う。そこでは民主主義は生活の知恵として骨肉化されつつあるように思われるからである。

特定の文明の価値を探る統一的な価値基準は、その文明を支えている人間の真の情動を明らかにすることによって得られるかもしれないとの確信がしだいに大きくなった。共産主義とよばれようが、人民資本主義と呼ばれようが、人間性の自由な成長を抑圧したり、スポイルしたりする社会状況は悪しき偽りの価値をもった社会であり、とりわけ、単一の哲学を押しつけ、自我の成長を公認の枠にはめ、歪め、不自然な外的権威の奴隷にしてしまう現代共産主義文明とファシズムこそ、われわれがどうしてもさけて通らなければならないものとなったのである。

私の歴史観は大きく進展した。

熱心なマルクス主義者であった私の過去の信念によれば、歴史は予測可能な必然的な発展法則をもっていた。だからもし仮に私一人が現代史の傍観者であったとしても、労働者階級又はそれと一体となった知識人によって、必ず真理が発見され、彼等は真理の実現の歴史的使命を自覚した者として歴史を創りあげる筈であった。したがって傍観者であることをがえんぜず、人生を自発的に生きようとするならば、自分の主体性を必然性に従属せしめるほかはなかったのである。

しかし、くり返すことになるが、現在進行中の出来事が、どのような結末にわれわれを導くかは殆ど予断を許さない。つまり社会発展にはいくつかの同等の可能性をもつ解決法があり、従って決定的な問題は人間の意志がどの方向を選ぶかにかかっている。現代から未来にわたる大きな決定的問題に対する答えは、決して歴史的必然性によって決定されているのではなく、非決定的であり、人間性にもとづく前進的志向を尊重し、各人がそのために努力しあうことこそ最もよいことであり、経験主義的個人主義文明の所産である民主主義こそ、不確かな試行錯誤の形態であり、かつそれ故にこそ確かなよりどころである、と考えるようになった。

「自由とは必然性の洞察である」とする、疑いもなく、人間の知性の全能に対する激しい期待と焦燥を物語っている誇らかなテーゼから「自由とは可能性に対する人間の選択である」との立場に私は行きついている。人々は逆境から脱けでるために、時として団結して闘うが、団結を促す衝動は屡々、偽装的な愛に反対投射された憎悪の感情である。

幸福な個人にあって、はじめて社会の幸福のために働くことができる。

社会の幸福を究極価値とするストイックな観察や思考からは、狭い独善的な哲学しか生まれない。自由で独立した生産的姿勢において他人との関係づけを持とうとする個人にあってはじめて、人間と人生の普遍的な意味を探りあてることができ、男女の仲にあっても、同世代間のあるいは異なる世代間の友情にあっても、親子、兄弟間の関係にあっても云えることであるが、真の愛、真の幸福、人間性の伸展と解放にともなう豊かな感情の発露を知らない者が、自他の幸福な未来像を探り当てうるとは全く考えられない。幸福への願望が抑圧され、歪んだ心理的特性の持主にあっては、社会の合理的発展の諸契機、人間の自発的協働への諸要素に生産的に反応することは不可能にちがいないのである。幸福な個人であって、はじめて幸福な社会をめざして働くであろう。

私達の少年時代は、軍国主義イデオロギー一色に塗り潰された時代であった。私達は日本の労働運動、共産主義運動、民主主義者や自由主義者達の存在については知りもせず、知らされてもいなかった小さな天皇制イデオローグであった。満一七歳に近く敗戦を迎えたのであるが、それまで、中学三年修了直後志願して一年四ヵ月の軍隊生活を送った。

貧困、愛のない家父長的家庭、身分制的村落共同体、ストイックな国家主義的学校教育、「末は大臣か、大将か」と云った官僚的立身出世主義が少年達に与えられた物質的文明的状況であった。したがって子供達の自然な欲望（リビドー）の満足は阻害され、独立した自由な個人として社会的関係を結びうる如き自我の発達はうちくじかれ、内面化された外的権威（超自我）につき従う、没個性的で狂信的な少年達を生み出すあらゆる社会条件が備わっていたといえよう。

敗戦によってそれまでのイデオロギッシュな外的権威が破壊され、はじめて抑圧されていた成長期の人間的欲求が解き放たれ、あらためて人生の可能性を自分で選択しようとする強い欲求が生まれた。しかし自由を求めて送り出る情動を闊達に発展せしめるには、日本の経済的知的風土は余りにも荒廃しきっており、その上少年期に培われた権威主義的情緒特性は、シニカルでペシミスチックな思考方法の中に形を変えて生きつづけていたようであった。

私の場合自由と幸福を求め、それが容易に得がたいための絶望的心理状態から、ともかくも社会の中へ一歩ふみだして、合理的進歩の可能性をまさぐる啓示を得たのは、ウィリアム・ジェイムズの思想からであった。

当時共産主義運動に身を投じた私達同世代人の多くが、その動機をヒューマニスティックな感情からだったと云っているが、私の場合もそうであった。

精神の不毛の荒野から抜け出して、愛に基く能動的な一体化を社会との間に求めようとしたその動機の中に、すでに私が今日、共産党から離れて、日本の民主的社会主義の可能性を追求しはじめるようになる契機が含まれていたと云えるのである。私の転向は、荒廃し貧困を極めた終戦後の数年間であったとはいえ、新鮮な生きる喜びと幸福な人生への熱望を感じつつ、全身で自由を呼吸しようとした体験によってすでに予定されていたとも云い得ると思う。

三　日本近代とペシミズム

―権力の問題、国家権力を敵と措定して、そのことであらゆる迫害のなかに追いこまれて行くことのなかに実現する人間としての幸福の問題、この「不幸」を祝福したかった。
―労働者は、そのままで置かれる限り組合主義意識にとどくのに過ぎぬ。革命の意識、労働者階級の階級的使命の意識は、革命的インテリゲンチャによって外から注入されなければならぬのだ…そうだろうか？　―中野重治『むらぎも』

日本近代工業は最初から国家権力との緊密な結合のもとに発展し、短期間に急速な集中を遂げた。戦時経済に入ると、生産の性格は国策によって決定され、生産から消費に至る迄が官僚統制下におかれた。ヨーロッパで産業改革によって発達した自由主義経済段階に相応するものは、国家権力の強度の育成策と、軍事的膨張とが結びついて急速に発展した日本資本主義の特殊な発展過程には見られなかった。戦後占領軍による財閥解体と農地改革、及び一連の経済政策を契機としてアメリカの経済援助の挺てこ入れのもとで、代議政体その他民主主義諸制度の確立と補足しあって、生産力の急速な回復と驚くべき生長が促がされ日本の経済と政治制度は根本的な変革を蒙った。

わが国農業農民問題の戦前の特徴は、財閥及び特権官僚と緊密に結合しつつ、独自の発言権をもって天皇制権力の重要要素となっていた地主制が農業と農民層をほぼ総体的に組みこんでいたことであろう。零細地農業と専ら肉体労働に頼る後れた生産力及び高率小作料とは農業の資本主義化を抑え、農村人口の増大は都市の産業予備軍を形成し、植民地的と云われた低賃金労働と相互依存関係をなしていた。半封建的地主制は米騒動を契機として崩壊過程に入った。米の投機性がうすれ、地主の社会的経済的地位の弱化と相俟って、国策にたすけられた土地売逃げ―自作農創設が進んだ。戦時経済による農業生産の全般的官僚統制と、地主と自・小作の供出米買上げ価格の差別待遇、小作料金納化に従って、地主制は往年の支配力を喪失してしまった。占領軍の農地改革は、この趨勢を法制化せしめて、地主制を決定的に崩壊させ、独立自営の小作農経営を農業生産の基本に据えたのである。

ここでぜひ一言しておきたいことは、日本資本主義の右のような特殊な発展過程は、ヨーロッパでのように産業改革と結びついたヒューマンな合理主義的な人間性を解放する余地を与えなかったことである。日本の維新の担い手はブルジョアジーではなく下層武士階級であった。

また一九世紀ヨーロッパは産業革命の産物として、産業プロレタリアートのよりよい生活をめざす闘争の反映としてのマルクス主義を生んだが、他方では、自由主義的完全競争の肯定的改革のヴィジョンの上に彼らにとって邪魔なのは不労所得をえている地主だけであった―自由で独立した生産者達の分業を基礎とした共同体を夢想する完全主義が生まれた。フランスの哲学者やイギリス経済学の始祖達はこのヴィジョンによって奮い立った。

イギリス自由主義の飽くなき擁護者であったアクトン卿の思想は産業改革の直接の結果である完全競争世界のイデオロギーを反映している。彼の自由の信念は、自由経済の擁護と不可分に結びついており、いかなる形にせよ生産の集中と国家の干渉の増大は、自由主義生活様式全般の破滅を意味した。

日本の近代思想においては、自由主義的思考、理想主義的ヴィジョンと要求が日本の経済構造―生産様式自体から生まれる余地がほとんどなかった。自由主義は自由競争経済の発展と結びついて育ったヴィジョンである。日本資本主義は前述したように古典的な自由主義経済段階をもたなかった。その上、人口の六割を占めた農民層は高率小作料による極度の貧困と、半封建的な部落共同体的な身分制にしばられていた。泣く子と地頭には勝てぬ、長いものにはまかれろ、といった生活感情のもとでは、どんな自由主義も発生しえなかった。

明治二六年北村透谷は「人生に相渉るとは何の謂ぞ」と問うて次のように答えている—

吾人は記憶す、人間は戦ふ為に生まれたるを。戦ふは戦ふ為に戦ふにあらずして戦ふべきものがあるが故に戦ふものなるを。—彼の一生は勝利を目的として戦はず、別に大いに企図するところあり、空を撃ち虚を狙ひ、空の空なる事業をなして、戦争の途中に何れへか去ることを常とするものあるなり。

斯くの如き戦は文士の好んで戦ふところのものなり。

その透谷も、空の空なる戦いに疲れ果てて晩年首を括って死んでいる。明治四四年に石川啄木は「時代閉塞の現状」を嘆いてこう書いた。

我々青年を囲繞する空気は、今や少しも流動しなくなった。強権の勢力は普く国内に行亘ってゐる。現代社会組織はその隅々まで発達してゐる。—さうしてその発達が最早完成に近い程度まで進んでゐる事は、その制度の有する欠陥の日一日明白になってゐる事によって知ることができる。戦争とか豊作とか飢饉とか、すべてある偶然の出来事の発生するでなければ振興する見込みのない一般経済界の状態は何を語るか。財産と共に道徳心も失った貧民と売春婦との急激なる増加は何を語るか。将又今日我邦に於て其法人の規定してゐる罪人の数が驚くべき勢ひを以て増して来た結果、遂に見す見す其の国法の適用を一部に於て中止せねばならなくなってゐる事実（微罪不検挙の事実、東京並びに各都市に於ける無数の売春婦が拘禁する場所がない為に半公認の状態にある事実）は何を語るか。
斯くの如き時代閉塞の現状に於て、我々の中最も急進的な人達が、如何なる方面に其「自己」を主張してゐるかは既に読者の知る如くである。（筆者註—幸徳秋水等の大逆事件のこと）実に彼等は、抑へても〳〵も抑へきれぬ自己其者の圧迫に堪へかねて、彼等の入れられてゐる箱の最も薄い処、若くは空隙（現代社会組織の欠陥）に向って全く盲目的に突進してゐる。—

—斯くて今や我々青年は、此自滅の状態から脱出する為に、遂に其「敵」の存在を意識しなければならぬ時期に到達してゐるのである。それは我々の希望や乃至其他の理由によるのではない。実に必死である。我々は一斉に起って先ず此時代閉塞の現状に宣戦しなければならぬ。自然主義を捨て、盲目的反抗と元禄の回顧とを罷めて全精神を明日の考察—我々自身の時代に対する組織的考察に傾注しなければならぬのである。

ところが明治四四年七月、病床の啄木は杖にすがって金田一を訪ね、自分が今思想上の一転機にありアナーキズムの重大な誤りを発見したと述べ、自分の到達した思想は「強て云へば社会主義的帝国主義」だと云った。そしてかつて「病床に跪坐して火を吐くやうに現代の社会組織を呪詛した口から、涙ぐましく一切の現実を此儘肯定しようとする血の出る様な言葉が響いた」（金田一京助『啄木年譜』）

透谷、啄木は日本的ペシミズムの原型である。彼らの社会状況への戦闘的な身構えは、非常に絶望的な感情に支えられていたようである。これは日本近代の政治、経済構造の強権的、搾取的、極端な身分制的性格が、芽生えかけた日本知識人の自我を反逆的方向へ反動化せしめていったためであろう。
日本の明治維新は下層武士階級の叛乱としてはじまり、それが成長転化した天皇制国家権力の政治的経済的へゲモニーが逆に打破られなかった。自由主義者や民主主義者は国政の主導権を握ることが遂に出来ないまま、昭和期に至るも、日本知識人達は日本の社会的、文明的指導階層たりえなかった。

日本的階層社会に遂にその居場所をもたなかった知識人達は当然のことながら、深い存在の不安に脅かされていた。昭和期におけるマルクス主義への大量移行は、知識人の生存の一つの解決であった。その見かけの反権力的姿勢は社会との能動的関係づけから排除され、社会との一体感と生存を脅かされた結果の反動であった。彼等のその知的能力は、レーニンによれば外部から意識を注入されなければ自分ではその貧困から逃れ出る道を知りえないプロレタリアートを指導することにおいて、社会的優位を保ちうることとなった。

小林多喜二を雛型とステロタイプする日本の革命的知識人の中にはマルクスに見られる一九世紀西欧文明の影響、つまり普遍的人類的価値感情に貫かれた理想主義的共産主義の息吹きは移植されず『何をなすべきか』『国家と革命』の二著書に象徴されるレーニン主義としてのマルクス主義の、後に極端な形でスターリン主義に受けつがれた権威主義的傾向のみが、日本的ペシミズムと合流していったのである。

明治四〇年代の社会主義協会弾圧、赤旗事件、大逆事件、大正年代大震災時の弾圧、昭和期三・一五、四・一六等相つぐ強権の発動下に、日本の革命運動は、その内面の敗北主義的ダイナミックスと相俟って、遂に大衆的労働運動との結びつきを得られず、またそれを喚起することもできず、少数知識人の地下秘密結社の絶望的運動の域を出なかった。そのイデオロギーはますます空論的となり、その行動は一俗に挑発的と形容される一神経症的反応に終始していた。この点ヨーロッパのマルクス主義運動と全く様相を異にしていたのである。

日本近代の透谷、啄木的ペシミズムは、一つの運命論（宿命感情）にまで後退し、マルクスにあってはその必然論は「科学的理論」の合理的確信に裏づけられていたが、日本共産党にあっては、それはついに（プロレタリア独裁）権力の専制的意志とも云えるものに変質してしまったのである。

中野重治はすでに一九二四年（大正一三年）に、その小論「啄木における断片」で、啄木が「今最も厳密に、大胆に、自由に『今日』を研究してそこに我々自身にとっても『明日』の必要を発見しなければならぬ。必要は最も確実なる理想である」（「時代閉塞の現状」）と書いたのを引いて、「彼の云う必要とは何を指すか」「それは実に『必然』（Notwendigkeit）以外の何ものでもない。必然こそ最も確実な理想である」（傍点筆者、中野はこの部分を文中で二度繰返している）と書いている。

また最近中野は転向時代を回想して「〝歴史的使命の自覚〟が言葉としてあのころ通用していたけれど、個々人の『ダス・イヒ』『我』の問題とはなっていなかったと思うんだ。」「〝歴史的使命〟を自覚したとすれば、その人間はそのまま（獄中に―筆者）生涯閉じ込められてしまっても仕方のないことだ。歴史そのものなんだから。そこまでわれわれが行っていなかったということがあるでしょう」（『図書新聞』四月一一日号「転向と文学の諸問題」）と云っている。

透谷、啄木にあっては自我の社会状況との直接的対決と挫折以外の何ものでもなかったが、マルクス主義的知識人達は、日本の現実の経験的、実証的、多角的検討によって進歩の可能性を探るよりも権威主義（反逆的姿勢に特有の）と宿命感をないまぜたサド・マゾヒズム的な姿勢のもつ破壊衝動の自己運動に身を任せてしまったのである。

かくて転向、つまり戦争協力は日本知識人がマルクス主義へ大量に流入した契機の中にすでに準備されていたのである。彼等は官憲の弾圧によってプロレタリアの中へ行く道が閉ざされるや、屈辱と栄光の無惨な両面価値感情にさいなまれながら、「聖戦」のイデオローグとしてその知能を野蛮と暴力に奉仕せしめるに至ったのである。

日本知識人が近代的自我の確立に失敗した過程にみられるコムプレックスは、戦後の「進歩的知識人」の中にほとんどそのまま生きつづけている。日本知識人にとっては、戦争体験も敗戦体験も自由で独立し、人生と社会に責任を負う個人としての能動的経験ではなく、与えられた必然への自由の従属化に外ならない受動的な経験に過ぎなかった。

ひるがえってマルクス主義の西欧における事情はどうであったかを概観してみよう。

マルクスの資本論の情緒的制約は、産業革命に伴う資本制初期の大衆の恐るべき貧困と野蛮化への深い同情のためである。その独断的でイデオロギッシュな論調は、反復する恐慌と貧困や人口の増大を前にして、革命こそ唯一の解決策であるとの彼の信念に根ざしている。彼は生涯この情緒的制約から自由になりえず、一九世紀後半資本主義の発展の中に徐々にかつ顕著に現われはじめていた新しい傾向を把えることができなかった。にも拘らず彼は、民主主義制度がすでに社会生活の伝統となっている国々、オランダ、イギリス、アメリカのような国々では、革命は避けうるかもしれない、—それは革命は避けられないという彼の信念からみれば僅かな比重しかもたないにしても—との不確かな仮説を表明していた。

果断で機略に富み、敵愾心を冷静な判断力のもとにかくした策謀家レーニンは、自由とか民主主義とかいうものに感情的な共鳴を呼び起しうる情緒的特性をわずかしか持っていなかったようである。彼がほとんど全著作を通じて憎悪をたたきつけているものは、民衆の自然成長性であり、自由主義、個人主義、懐疑と逡巡であった。この天才的な煽動家はマルクスの革命理論を普遍的な真理にかえてしまった。『国家と革命』『背教者カウツキー』によれば民主主義は階級独裁に従属すべきものであり、それは前衛的革命党によって指導されることを条件とするコンミュン（ソヴェト）を意味した。『共産主義の左翼小児病』では若干の国で革命は避けられる（かもしれない）とのマルクスの予想は時代おくれであるとした。例えばイギリスは第一次大戦の間に軍国主義国家となったので、労働者階級はもはや革命的蜂起に訴える以外に道はなくなったというのである。レーニンはイギリス軍国主義が、一時的な、戦時の発展局面であったことを見ることができなかったばかりか、ヨーロッパの国々で民主主義が一層発展し、経済的にも進歩しつつあることを把握できなかった。

このようなヨーロッパの進歩を背景として、マルクスの理想主義的な面―資本主義は搾取のないより高度の生産関係によって止揚され、自由な人間の人類的統一が齎らされるという立場―を継承した社会民主主義者達も、自分達の実践活動を弁護するために、マルクスの後継者をもって任じていた。レーニンも社会民主主義者達も、共にマルクスの一面を受けつぎ、それぞれロシアと西欧の環境の中へ持ちこんだのであった。

西欧の社会主義（マルクス主義諸分派）はロシア革命につづく、ポーランド、ドイツ、オーストリー、イタリー等におけるプロレタリア革命の生起と失敗の経験を経ている。ドイツとイタリーで社会主義勢力がナチズムとファシズムに席を譲った後、西欧民主主義はスターリニズムとナチ及びファシズムとに対して深刻な闘争を行なわねばならなかった。

日本ではマルクス主義の西欧的分化―わが国では社会民主主義という言葉は侮蔑的に口にされた―は厳密な意味では見られなかった。

今日、英国労働党や北西ヨーロッパの社会民主主義は、マルクスの科学的方法を批判的に受けついでいるが、それをはるかにのりこえてしまった。そこでは進歩的知識人は社会主義政党の中でも枢要の地位をしめ、国の政治の実際問題にも関係し、支配的な文明状況を作る上での指導的な階層となっている。レーニン主義はこれと違って暴力革命を経た独裁政権においてはじめて自己を政治における指導的力にしうるとの考えに貫かれている。経済外的な強制に多くを負うていた明治、大正期の日本資本主義にあっては、労資二大階級の外にはみ出され不安に駈られたひ弱な近代主義的知識人達の一部がプロレタリアートへの移行というマルクス主義の処方にとびついたのであるが、小林多喜二を一つの雛型とする革命家の秘密結社が、天皇制権力の過酷な弾圧のもとで、殉教者的な犯し難い権威をもって知識人を支配したのであった。

あるていど効果的に作用する民主主義制度は敗戦によって、はじめてしかも外から齎らされたことを思えば、小林多喜二、徳田球一、宮本顕治的タイプが、戦後も今日に至る迄、日本知識人に隠然たる支配力をもっていることもうなずけるのである。

日本ではマルクス主義の社会民主主義的流派は、理論の面でも、実践の面でもイギリスや北欧諸国のように実際に効果のあるものとしては生まれなかった。現代日本は経済構造、階級階層構造、代議政体においては、発達した現代資本主義の入口に到達しているにも拘わらず、この現実を実証的に把えるべき社会科学は、講座派においても労農派においても戦前的価値感情の呪縛から自由になっておらず、したがって現実から浮き上った空論をたたかわしているのである。

今日、民主的社会主義は輸入理論の段階を少しずつ抜け出しはじめたところであり、実践の面では、社会党西尾派にわずかに体現されているにすぎない。

民主的社会主義の理念と行動は、戦争体験と戦後マルクス主義の知的実践的体験の、この二つの型に現われた日本的文明状況に根ざした過去の悪しき人間状況の本質を解明する試みを通じて現われるであろうと私はしだいに確信しはじめている。かくて日本のおぞましき知的停滞は新しいダイナミックな流れに変貌しはじめるであろう。

四　マルクス主義の呪縛

―私の批判者は―私が西欧資本主義の成立について書いた歴史的概観を（それぞれのおかれている歴史的状況がどうあろうと）、どの国の民衆にとっても必然的な一般的歴史哲学に変形しようと考えています。しかし残念ながら―その批判者は、私をあまり買いかぶるとともに、私を辱かしめてもいるのです―。

―マルクス

戦前の知識人のマルクス主義への大量流入は次のいくつかの契機にもとづいて起った。

第一に、既に述べた日本資本主義の特殊性のために、知識人はその知識を国の経綸と経済政策の立案、文明状況の再編成等に発揮しうる位置が与えられなかった。知識人達は天皇制国家の強権による圧迫と、日本の伝統的文明状況と家父長制的で身分制的な部落根性と天皇中心の超国家主義的風潮に抗し切れず、個人主義文明を生み出すことに失敗した。マルクス主義への大量流入は、この地点から始まった。

わが国ではプロレタリアートの解放のためにというマルクス主義の呼びかけは、知識人が民衆に対して社会的優位を保ちつつその知的能力を指導的に発揮しうる唯一の処方であるかのように見えた。「自由は歴史的必然の洞察である」「階級的愛、忠誠、献身」等の倫理言語は、自我の確立と社会への生産的関係づけに失敗した知識人のマゾヒズム的自己破壊ないし無責任なペシミスチックな破壊衝動の偽りの価値の表現であった。「階級的・革命的良心」という言葉は、翻って「階級的裏切り」という死の断罪と表裏の関係にあり、全体主義につきものの権威主義的価値感情に基いている。

それはまた官権の弾圧に曝され、否応なしに革命的性格を帯びてきた労働運動や農民運動に対する呪物崇拝の感情ともなった。この事情は中野重治の小説『むらぎも』の主人公達―東大新人会員達―によく読み取ることが出来る。又河上肇は自叙伝で、彼が学問を学問として研究する立場から、実践に魅入られ、実践のための学問に身命を賭するようになる心理経過を述べている。

第二に、十月革命がレーニン主義的マルクス主義の体制的勝利に終り、ツァーリの、圧政と貧困と戦争のロシアが「労働者の祖国」に生まれ変ったことが、天皇制の圧政と貧困と軍国主義の日本の権威主義的文明状況において、「進歩的」知識人を引きつけたのは当然であった。

第三に、マルクスの理論に見られる科学的方法、他思想と較べての体系的一貫性と統一的価値基準は、確かに社会科学の偉大な進歩を含んでおり、産業改革の結果生じた新たな社会構造を総合的に把握したいと考えた急進的知識人の拠り所となった。

さらに後にレーニンやスターリンによって鋭利な刃物のような戦闘的で硬直したイデオロギーに精錬されていった。マルクスの理論の独断的論調と煽動的調子はペシミスチックな無力感からの逃げ口を求めていた知識人の不安の感情に強く訴えたのである。

戦後「進歩的」恰好をしている戦前派知識人の多くは、マルクス・レーニン主義的情緒特性をもつ反逆者から体制者（奴隷的屈服）への惨めな挫折の経験をもっている。一方共産党員の中には、転向を肯んじなかった少数の殉教者と非転向の獄中生活者達がいた。この事実はマルクス主義に傾斜していた「進歩的」知識人達の権威主義的性格にとって、深い精神的外傷となっている。彼らは精神分析学で固着と呼んでいるところの、深刻なコンプレックスから立ち直れないのである。

非転向者は大本教信者やフォーリネス派の牧師達にも見られた。知識人達がなぜ共産党員非転向者だけを特別に神聖視したのか、それはマルクス・レーニン主義がもっている哲学的理想主義と社会に対する科学的理論に見られる近代産業改革の知的息吹き故であった。大本教やフォーリネスの教義は彼等にとっていわば宗教―古い迷信―でありマルクス主義は新しく脚光をあび、新しい階級的担い手をもった科学的認識であったからであろう。しかし戦時にみられた殉教者的敗北主義と狂信的態度に見られる深層の動機は共によく似た面をもっていたのであったが―。

もう一つは、権威主義的で非生産的な性格に特有な両面価値感情である。彼らは地球上の三分の一を支配している「社会主義」（＝現代共産主義）の物質的成功に幻惑され、憧憬と愛とを感じる。しかしその感情は巨大な運命に自己を結びつけることによって不安を解消しようとする衝動と結びついた退行感情に外ならないのだが―。所が他方では、内奥からの自我の欲求に呼び醒されて、歴史が必然的に（現代）共産主義に移行していくならば、自我は存立を許されなくなるに違いないという根底の不安に脅かされている。現代共産主義は数十万の血の粛清の恐怖と結びついている。もしも自分が、歴史的必然を甘受しえないならば、いつの日か被粛清者の運命は他人事ではなくなる時がくるかも知れない。日本の「進歩的」知識人は長い間、ロシア革命の血の粛清を、良き社会主義への陣痛の苦しみであると信じようとしてきた。又それは革命を圧殺しようとするブルジョアジーの企図への悪しき必要な復讐であったと云いわけしてきた。しかし、スターリン批判とハンガリー革命は、血の粛清が、かつて存在した最も残虐な性格をおびたものであることを否応なしに明るみに出した。彼らは怖いのだ。怖いから黙っているのである。

この両面価値感情は日本知識人の場合、極めてはっきりした二元論的イデオロギーとなっている。この種の証言には事欠かない。

> ハンガリー国民は自分達の欲する政治組織を作る計画を持ち、ああいう反乱を起したことは正しい。共産党政権もけしからんしソヴェトもけしからんと思う。
> ―しかし―世界民主主義の問題からすれば、あすこで共産党が地歩を失えば非常に弱くなる。従ってソヴェトがあすこで軍事力を発動して、押さえつけたのは正しいと思う。それはしかし、一応の支持であって、本質的に考えれば、相当誤ったものがあそこには含まれていると私には思える。（傍点筆者）
> ―私の立場は二元論ですが、共産党のほうは世界史の必然性法則性で押し切る危険性があると思う。
> （一九五七年三月『中央公論』臨時増刊、座談会「日本共産党は何を考えているか」二六八頁）

これは非マルクス主義的な日本の進歩的知識人の中堅の一人、鶴見俊輔の発言である。

更に臼井吉見の発言を聞こう。

臼井　つまりソ連として、あるいは中野さんのいう社会主義の立場からいえば、あのとき火を消しとめるためには、たとえ火元が自分であっても、他人の国（ハンガリーを指す—筆者）へも戦車を出さなければならないのだという立場からならわかる。けれども、なんといってもソ連のハンガリーにおける失政を補うために、ソ連の戦車がハンガリーの労働者階級を敵にしていたとはいえるでしょうね。

中野（重治—筆者）そういえるなら、そういってもいいよ。もしそうなら、きみ、失政は大砲でも、なんででも、補わなけりゃならん。放ったらかしておくというのはいかんよ、無責任だよ。

臼井　理屈としてはそういうことになるでしょうが、やられた方はやりきれない。

中野　僕は責任をとるっていうのは、そういうことだと思うね。

臼井　論理的にはそうだ。しかし、倫理的なことと政治的なこととをはっきりと分ける必要があると思う。

（傍点筆者）（同前、対談「一匹と九十九《（ママ）》匹」一二八頁）

中野のサド的権威主義に対する臼井のマゾヒズム的権威主義になり切れない両面価値感情がよく表れていると思う。

以上はすべて日本の特殊な知的風土の中で可能となった事情である。

マルクス主義は権力に抑圧された非合法の存在から、戦後突然、公然たる研究と実践の場へ投げ出された。爾来十数年、今日漸く理論的にも実践的にも大衆化し、現代日本共産主義の功罪について漸く実証的研究の材料が出揃った所である。しかし現代日本共産主義の実態を把握する仕事は簡単なものではない。学問研究の自由を擁護している日本の大学の研究機構そのものが、大学を一歩でた実際の社会に定着の場をもたない。ペシミズムと特権意識をないまぜた閉鎖性と、横の関係の稀薄な、縦の関係の濃厚な派閥性と独善性に支配されている。

ダイナミックな現実の学問である政治学は日本ではまだごく若い戦後の学問である。わが国の場合文化人類学も若く、精神分析学は更に若い。

日本の中央論壇を支配しているいくつかの綜合雑誌も若い学問をたすけ、総合科学への道を切り拓くことに殆んど理解を示さないばかりか、いぜんとして極左的論調に多くの席をかしているありさまである。日本知識人は、戦前の国家主義によって傷めつけられた記憶から逃れられず、保守政治勢力の施策に対しては、たえず神経症的反応（動）を繰り返している。しかし左翼的なラジカルな革命行動の齎らす全社会的な結果は経験していない。この点、右も左も経験済みの西ドイツ等とも違っている。

加うるに日本の地理的条件の特殊なことである。例えば日本では、ソ連のハンガリー弾圧是非は理論上の文題にすぎないが、ヨーロッパでは直接その日から数万の避難民を受け入れる問題である。日本では僅かな翻訳を通じてではあるが、ヨーロッパでは、直接蜂起した人々の生の体験をぶつけられたのである。

以上概観した如く、現代共産主義としてのマルクス主義の呪縛は日本の悪しき知的伝統となっている。日本知識人がこの呪縛から自らを解放し、新しいダイナミックスを獲得することなしには、若い世代の前に立ち塞がり、パーソナリティの調和ある発達を阻む悪しき文明状況を再編成することはできない。そして、エネルギーの無目的な破壊的放出に走るか、我利我利の投機的性格に陥るか、人間の市場的商品化を伴う社会への受容的適応に堕するか、何れにしても、独立し、愛し、かつ協働する生産的なパーソナリティの陶冶に必ずしも成功しつつあるとはいえない若い世代に対して、責任をもって知的先導を務めることはできないであろう。

五　それは可能か—日本文明状況の再編成のために

今日、人間はもっとも根本的な選択、すなわち資本主義か共産主義か、―ではなくて、資本主義的と共産主義的の違いはあるにせよロボット化か、それとも人間的な共同主義的な社会主義か、との選択に直面している。　―エーリッヒ・フロム

さて、どのようなものであれ、人間の非合理的衝動に根ざす変化に反対し、しかも人間の創造的能力を解放する人間性の合理的欲求に根ざした社会進歩に味方しようとするならば、民主主義をわれわれの社会生活のルールとしなければならない。

そして変化は経済的、政治的及び文化的要因―つまり人格、伝統、思考方法、情緒的特性など―が相互に影響し合う、調和のとれた同時的な進歩となる場合にのみ、一要因に対する跛行性のもたらす破壊的結果からまぬがれることができる。われわれはすでに跛行性の不幸な結果を、スターリニズム、ナチズム、日本の超国家主義の中に経験してきた。

戦後の日本はおそるべき変貌をとげた。しかし経済的・制度的変化に政治的・文化的変化が追随せず、危険な断層を作っている。私はこの章で、この断層を埋めるための知的努力は、どのような方向においてなさるべきかを論じてみよう。

戦後の日本資本主義の変貌はあらゆる意味で、マルクス主義的な独断を打破するに十分な様相を帯びていた。生産力の発展がその上部構造たる政治と文化の型《タイプ》を決定するに至るという史的唯物論の命題は、戦後のわが国の経済的変化の主要な契機が敗戦によるアメリカ占領政策の結果であることによって、直ちに打ち破られてしまう。占領軍の財閥解体が、マーシャル経済援助―その動機のいかんを問わず―と相俟って生産の回復とそれにつづく新しい進展の少なくとも一つの主要因となった事実は、生産力の発展は金融寡頭制の極限に

まで達するとの二〇世紀資本主義に与えたレーニンの定義の全くの誤謬を物語っている。賃金は上昇し、貧農は自営小農民に変り、ホワイトカラー、自由職業者等社会階層の複雑な分化が進み、窮乏化論は巨大な労働運動や民主的圧力のもとで修正されてしまった。農地改革については、戦前の農業生産力の漸進的発展に伴う農産物の商品化の進行によって、半封建的地主制の崩壊を準備したといえようが、農地改革がスムースに進行しえた決定的要因はまず戦時統制経済に求められ、ついで占領軍権力による上からの指令と監督に求められる。

マルクス主義、特にレーニン主義によれば生産力の発展の帰結としての金融寡頭制は必然的に国家の抑圧的軍事的性格を促進し、国家は社会に超然たる暴力機構となるはずのものであった。しかしわが国の戦後経済復興と、戦前水準の二倍以上に達する巨大な生産力の上昇は、わが国の民主主義的政治制度の発展と並行し相互に影響し合って起った。

日本を含む戦争で疲弊した二流の資本主義国へのアメリカの経済援助には、他の世界に比して異常な程度に迄達した国内蓄積を、国外に吐き出すことによって恐慌を回避しようとの意図があったことは否めまい。しかしアメリカは三〇年代には売れない余剰生産物をくれてやるよりも、焼いたり埋めたりする方をえらんだのである。大破局は赤化の好餌となるとの恐怖も経済援助を決意させる大いな原因となったと思われる。ともあれこの未曾有の規模の援助も、アメリカ国内に人道主義的精神の高揚がなかったら政府に決意せしめえなかったかもしれないということも見逃してはなるまい。日本もそのお蔭で立直った。これに対しレーニンの「資本輸出＝帝国主義」との公式をそのまま当てはめるのは、少なからず酷である。

日本資本主義は変貌し日本の高度の生産力水準は少なくとも今日、古い意味の帝国主義的利潤や軍事的侵略に依存していないのである。

しかしこのような物的環境の変化は、そのまま古い社会的諸力が滅びて、新しい前進的諸力が優勢になりつつあることを意味しはしない。問題は、日本の民衆を取り巻く、経済的諸力の中に、もしわれわれが、その作用の方向と力の及ぶ範囲を計量することができ、更にそれを現実に善き意図のために働かす能力を持ち得るならば、疑いもなく個人の福祉に役立たせ得る新しい諸機能が現われてきているということである。

新しい経済的諸機能の中で最も重要なものは福祉国家的諸施策（諸制度）、高率累進課税、預金保障、主要農産物価格維持、財政投融資計画、金利政策、外国為替管理等、国家を通じてなされる国民総生産と総需要の調整及び所得再分配の機能である。これはマルクス主義者達が侮蔑的に「改良主義」と呼んできたものであり、今日現代資本主義の新しい性格として「ビルト・イン・スタビライザー」と名付けられているものであるが、それはやがて――、

　国家の経済的諸機能
×《カケル》建設的批判的圧力を伴う民主主義的制度及び雰囲気
×《カケル》良き意志と実現可能な計画をもつ実行能力ある政府

ということになれば、それは真に構造的安定装置《ビルト・イン・スタビライザー》であるばかりでなく、巨大な生産力水準のもとにおける権力の分散という、民主的社会主義的共同体に至る経済的政治的過程の土台を準備しうることになろう。だがわが国の場合形式的には代議制が完備しているが文明状況のひどい跛行性の故に、右の定式と比べて「国家の経済的諸機能」に乗ずるに文明的跛行性と政治的ポラリゼーションをもってしなければならないのが現状である。

その状況は次のようにも云い得るであろう。第一に戦後の経済的・制度的要因の再編成が日本人の自発性と知的能力にもとづく主体的行為として行なわれず、ために激しい経済的、制度的変革に文明状況の変革――人間状況の情緒的性向の変革が伴わず、その間に重大な間隙が生じた。

第二に、それが、政治運動の「保守」・「革新」両面のダイナミックス、及び民主主義運動、労働運動、平和運動、革命運動上の形態とイデオロギーの後進国的跛行性となって現われた。

いいかえれば経済的、制度的要因は現代資本主義の最新段階へ急激に変化したにも拘らず、文明状況はいわば産業資本主義時代の課題と様相を帯び、共産主義運動もはじめて大衆化し実験段階に入ったのであった。

日本の支配層が最新段階資本主義の経営能力を持ち合せていなかったことは、主要な経済復興政策がほとんど占領当局の示唆に出ており、労働運動や社会主義運動の跛行的後進性は二・一スト、国鉄機関区労働者の職場放棄、更にメーデー事件、火焔瓶闘争等に如実に示されている。労働者住宅の建設から始まったイタリアの復興、基本的な経済調査機関の設立からはじまった西ドイツの復興と高級料亭からはじまった日本の復興との相違は、よって来るところ遠く、かつ深いと云われる。日本の今日の経済復興は朝鮮戦争、いわば隣人の悲運の上に築かれたとさえ云われかねない所に、日本のトップ・クラスの能力の質が如実に示されている。

レッド・パージという民主政治にあるまじき事件は、日本の「保守（反動）」と「革新（ラジカリズム）」の、どちらにもその責を帰せられるべきものであった。このダイナミックスは最近の警職法と教員勤務評定をめぐる政治状況の分極化にそのまま引きつがれていると云えよう。

民主的社会主義はまだ地球上のどこにも実現されていない。われわれが今日民主主義の実在を問題にする場合、それは「資本主義的民主主義」ないし「政治的民主主義」の存在を指すのであって、経済的平等やユートピア的民主主義を意味しているのではない。

だが資本主義的民主主義であっても、それが民主主義と呼ばれるためには、単に法文化された制度としての形式的民主主義以上のものでなければならない。第一の特質は、民衆が自分で政府を選ぶ能力をもっていることである。現代資本主義のもとでは国家は国民の経済生活に強力に干渉しうる機能をもっているので、国家の支配権を握る政府と国会を構成する人々の性格いかんが、国民生活に及ぼす影響はきわめて大きい。

自由な投票によって政府を交替させる力を民衆が獲得し、保持しうるようになることが、わが国今後の歴史に決定的な影響を及ぼすことは論をまたない。現代共産主義やファシズムのもとでは、あれか、これかの選択は存在しない。選挙は独裁の暴力的支配のロマンチックな粉飾のためのお祭り騒ぎでしかない。これはわれわれが戦時翼賛選挙によって夙に体験した所である。翼賛会推薦でない候補者の多くは、「選挙違反」に問われ、警察で鞭打たれ、民衆に政見を披瀝する機会さえ与えられなかった。現代共産主義のもとでは反対派は立候補することとさえ許されない。反対派が権力を握ることは、正統派が粛清されることを意味する。だから彼らは反対派を必死になって抑圧する。そこにあるのは国家と民衆を支配する権力をめぐる残忍な死闘である。

政府を交替させる力は消極的な力である。一般民衆は未来の明確なイメージをもっていない。現実に自分の好まない政策に「反対！…」と云うことに心を動かされる。民主国家における政治的変革は、新しい理念の成長によってよりも、むしろ現実の政府の施策に対する不満の緩慢な累積によって生ずる方が多い、と云われる。民衆にとって体験は想像力よりも影響が強い。未来への創造的イメージが社会進歩に対して無力だと云っているのではない。民主主義は経験によって予言者の幻想をゆっくり吟味しつつ前進していく。理念と制度上の経験とを噛み合せ、咀嚼して、嫌なものに反対し、好ましいと思う事柄を徐々に拡大するよう主張しつつ、民衆はしらずしらずに社会の進歩を促がす。

労農派や講座派の学者達や、共産党や社会党内急進勢力の指導者達は、民衆のこの緩慢な選択のもつ建設的力を信じない。彼らは強引なアジ・プロによって社会にファナティックなイデオロギー潮流を作り出し、この民衆の経験主義的ではあるが本質的諸要求をねじ曲げ、建設的な力を破壊してしまうのである。日本の革新勢力は民衆、特に賃金取得者層の自然成長的な圧力を、実質的社会変革の漸進的プログラムに結びつける術を学ばねばならない。

間接的な立法府という今日の代議制は、直接的自治の概念からは極めて不充分なものである。しかしこれとて、権力の分散の重要な一過程である。それは国政を執行する権力に対してこれを否定する権力—それは永続的な進歩の保証である—を民衆及び野党が保持しているということを意味するからである。

第二に、民衆の真の反対の保証である。時の政府に反対する自由がなければ、政府を倒すという否定的権力の存在は保証されない。現代共産主義及びかつてのファシズムの独裁政権は、民主主義的へつらいに懸命である。彼らの総選挙は、その社会で生存し、時には権力欲を満足させるために、すすんでだまされようとする者以外はだれひとりだまされまい、と思われるような、現実的意味の全くないお祭り騒ぎである。

共産党及び労農派の人々は「話し合いの革命などナンセンスだ」とばかり、社会主義への革命的変化を賞揚しているが、革命政権樹立後は、反対党をどのように取扱うのか具体的に公約するのが責任ある政治家の態度であろう。なぜなら彼らが民主主義を宣伝のために使っているのではなく、彼らの政権の下でも、反対党の存在が許され—別の政党が次の選挙で多数をとって、彼らを政権から追い落す可能性が許されている、と考えてよいのか、どうかということである。反対派が迫害され、非合法とされ、あるいは根絶やしにさせられるかぎり、民主主義もまた終熄するからである。

民主主義のための第三の要因は、明確な形をとって現われにくいものではあるが、政治的民主主義の前述の二つの特質—責任ある政府と反対派の法的保護—を可能ならしめる条件、つまり民主主義的習慣の要因をなしている社会的に形成されたある型の情緒特性である。

民主主義の社会的諸機能が、比較的円滑に作用した場合、醸し出される思想的雰囲気の効果は、抽象化された「科学的概念」を組合せた、何かはっきりした方程式では表現しきれないものである。民主主義は普通選挙権に基く代議政体、基本的人権の保護や、行政から独立した法廷等に止まらない、児童教育の環境から、自治のある学園、良心的官僚制等、社会生活に全般的影響を与える諸側面の総体である。そして重要なことは、民主主義は単なる制度の結果ではなく、民主主義は国民を構成している個人にあらわれる情緒的均衡の随伴現象である。それが民主主義の存在と存続のためにもっとも大切な条件を生みだす。それは政権をめぐって争う政党間に、相互に迫害しないという暗黙のとりきめが存在することを可能にする。

私のいうことは常識的なことである。もしも社会党が政権についた時に自民党を解体し、思想上の保守主義を迫害根絶するためにも権力を利用するであろうと自民党政府に信じられているとすれば、つまり自民党が二度と政権につけないよう暴力的に迫害するかもしれないとの決意が陰に陽に披瀝されているとすれば、このように脅迫されている政府はけっして平和裡に政権を渡そうとしないだろうし、統治の手綱を勝ち誇る迫害者達に渡さないことこそ政治指導者の義務でさえある。買収の行なわれる腐敗した選挙を通してではあっても、なおかつ現政権は民意の一定の反映であり、社会のある部分の一定の利害と、一定の理念の守護と遂行を委任されているからである。

保守の側の反共産主義的強迫観念についても同じことが云える。少なくとも野党に政権を引き渡すことは民主主義の終りだと彼らは考えている。彼らは屡々力によって野党と労働運動を圧迫したい誘惑に駈られる。自民党のジレンマは、選挙のさい賃金取得者と農民、中小企業者達のかなりの部分の票を得るために、彼らの面倒を見てやらねばならないこと、大株式所有者層と大会社の経営陣という現代的形態の資産家達の利益を擁護するという二つのことを合せて行うことの難しさにある。有権者の中のうるさい煽動者達を黙らせてしまう方が簡単だとの誘惑にかられるのはそのためである。児童教育を牛耳れば自分達のイデオローグ達を大量に社会に送り出せるとの浅薄な考えは、勤評反対闘争に見られるように画一的なファナティシズムや力をもって教場を乱してはばからない日教組幹部と相対応するものである。

民主主義のもとではいかなる階級の利益を擁護する政府といえども人口中の大多数の世論を考慮し、譲歩し妥協することを知らなければ、政府を組織するに充分な投票を獲得することはできない。世論は大新聞、ラジオ、テレビが作り出しているものだということも確かであるが、大新聞もまた、民衆の雑多な自然発生的意向を無視しては数百万の読者を維持することはできない。

現代民主主義は空論家達やペシミスト達にとっては民衆を欺く欺瞞の政体か、頼りにならない偶然的なものにすぎないが、この不確かな試行錯誤の形態こそ守りかつ発展させる価値あるものである。

私が云いたいのは、日本において政治的民主主義が遂に根づき、数十年にわたり日本の経済、社会構造を漸次改造して行ったと仮定した場合、そこにどんな型の社会が生まれるかを、誰も正確に描写しえないとしても、民主主義の慎み深い緩慢な作用は、その社会的情緒に対する合理的で建設的な効果故にやがて、あらゆる特権を、革命がなしうると錯覚されているよりも、はるかに完全に解消しうるものであるとの確信である。現代民主主義の諸環境によって保証される効果は、時と所における可能性の限界をつねに踏み越えてしまう革命的狂信家達の行為と違って、社会の客観的な可能性の線に沿ってゆっくりと手探りで進み、結局は最も速く、人間性の解放、社会正義、分配の平等と権力の分散等の理念において最も遠い地点にまで達しうるにちがいないのである。

日本文明状況の跛行性を正す処方箋を書くことはよく私のなしうる所ではない。これはいうまでもなく日本知識人の多面的検討に委ぬべき仕事である。戦後の一時期、真に勇気ある人々が文学上の近代主義論争と哲学上の主体性論争とにおいて、この仕事を開始した。しかし前者は、人間の実存の問題以外には、中心に据えて解答さるべきものはないのだ、との深い自覚にかけるうらみがあり、後者は、歴史の発展の必然性を認めた上で、自己と歴史又は社会との主体的結合を図らんとの意図からであったため、半ばすでに敗北主義的であった。ために前者は日本共産党の宮本顕治や中野重治らの「帝国主義を利するもの」との恫喝と文学的キャムペーンに曝されてたじろぎ、総体的にいって不徹底に終った。主体性論争は、論争の主唱者のほぼ全員が最後に歴史的必然の体現者たるべき共産党に主体性を結合従属させることになり、挫折してしまった。今日この論争が高い次元と新しい角度から始められる必要があり、かつ始められるにちがいなく、今度こそ敗退することなく新しい豊かな結実に至ることを期待してやまない。

日本知識人が敗北主義的で閉鎖的な自己満足とペシミスチックな現実逃避から脱却して、生産的な姿勢と価値感情を醸成し、普遍的な価値体系を創造しうる時こそ、日本文明状況の深淵を埋めることが可能となるであろう。私はそのための社会科学理論の再構成がもたらす、知的役割を無視できない。

私の小論は、一切のペシミズムに抗して人間の統一的価値体系を創造する試みは必ず成功を収めていくであろうとの、内奥の確信の表明に外ならない。

（北川一郎名で発表）

『論争』創刊号（一九五九年六月二〇日）

二　『論争』創刊号編集後記

自由な独立した精神のみがよくなしうる真の創造のための場となる理論雑誌を出したいということは、私達の年来の強い希望だった。『論争』創刊号を世におくることができ、喜びにたえない。

わが国論壇や思想界の常識を破る、ある意味では冒険とも思える私達の試みに、助言や助力を惜しまれなかった方々に心から御礼申しあげます。

創刊号は二、三の論稿を除いてはすべて新人の野心的な述作ばかりである。かくも新しい問題提起をたくさん盛りこみえたことも、貴重な友情の賜にほかならない。

「あなた方の意図をかりに一〇年つづけられたなら、それは必ず何ものかを生み出すにちがいありません。」とある人から激励されたが、何ものかを生みだすために、創刊号に示された多くの好意と友情を大切にしていかねばならないと深く心に決めている。そもそも社会科学理論は、その総合的な効果において、理性と情操と良識を培うことによって人生と社会に寄与するものであろう。それが私達が『論争』を編集していくに当ってのいつわらない心構えである。

「現代資本主義論争」は一層発展させうべくして停滞しており、「社会主義の再検討」はソ連共産党二〇回大会、ハンガリー事件以後、あるていど行なわれたまま中止されているものであり、これを発展的に復活させようというのが、毎月継続される予定の二つの論壇のねらいである。

ストレイチー『ドイツの悲劇』はコミンテルンの決議文に見られる硬直した偏見と大同小異の解釈を通してしかナチズムを知らされていない日本の読者にとっては新しい驚きであろう。この種の外国の理論家によるユニークな研究を毎号掲載していきたい。

荒畑寒村氏の回想は、五時間にわたる談話を録音筆写したものであるが、氏は御老躯にも拘わらず喜んで求めに応じて下さり、読んで面白く、資料としても貴重なものを作りえた。編集部が最も力を入れたものであり、次号には続篇として「大逆事件」までを掲載する予定であり、期待していただきたい。

最後に予期以上に原稿が豊富となり、石垣彦人氏「ドイツ共産党の悲惨な終末」高瀬祥子氏「埴谷の面をかりて己を語る」の二つを割愛せざるを得なくなったことを詫びします。

『論争』創刊号（一九五九年六月二〇日）

三　幻影と感傷

薦められて中薗英助著『侮蔑の時』（現代社刊）既刊二巻迄を読んだ。—中薗は現代の苦悩を一身に負うた作家である—と。

現代といい、現代の苦悩というのは一体何だろう。

この小説の舞台の朝鮮戦争下の日本は米軍の基地となり兵器庫とされ、死の商人が跳梁し、労働者は搾取され、再びかつての暗澹たる暗い谷間を思わせる。そんな状況の中で共産党だけが日本人の抵抗の支えである筈であった。

しかし現実に立戻ってみると、日本は破滅しなかったかわりに、破滅的愚行をくりかえしたのは共産党であった。だからこの小説の状況設定そのものが、御都合主義的なものであるが、これを戯画といってしまえないのは、恐らく作者の戦争体験と戦後の党生活の中で傷つき失なわれた青春への漸愧が二重写しになっているためであろう。

主人公地能がその内部に人生をいかにいくべきか、を探らうとする—むしろ絶対的な選択としてそこに人生を賭けようとする共産党は、遂に宿命的に陰謀団的な実体であることをやめない。その党が内部と周囲にたえず再生産する人間状況は、恐らく作者のライトモチーフであるはずの青春や愛といったシンボリックな人生の意味、人生そのものを侮蔑する状況でしかない。

結果的にいえば共産主義革命は、戦後の無残な夢であったし、今日いぜんとして幻影にすぎない。こうなると人間侮蔑でない人間尊重の革命党という非現実のイリュージョンで作者から鞭打ち鞭打たれる主人公地能の苦行僧的な自己追求にも作者の気負った感傷が感じとれるばかりになっている。

近刊の小林秀雄の雑文集『感想』（創元社刊）に「ドストエフスキイ七十五年祭《ママ》における講演」が収録されている。これを読むとロシア的文明とロシア的インテリゲンチャのパターンは、なかなか他国の追随を許さないものであることが改めて肯かれる。

因みに抜書してみよう。「破壊のパッションは、即ち創造のパッション」だという有名なモットーを虎の子にしていた裸の野人バクーニンはロシアの大衆の茫漠たる魂を信じて、自分の背後には四万の学生の組織があるなどと豪語する。ネチャーエフは良心もあり教養もあるロシアの一青年でありながら、高級な理想を抱いたが故に、あのような低級な行為に追いやられる。ラスコーリニコフ、イヴァン、スタヴローギン、こうしたニヒリスト達の発想は全くロシアのものであって、「私は、ヨーロッパにおける、最初の完全なニヒリストだ」といったニイチェのニヒリズムは哲学的教養の過剰の上に咲いた妖しい花であり、彼の呪いは詩となり、警句となった、と小林はいう。ラスコーリニコフの精神にはニヒリズムの発想が充満していたかも知れないが、それがアイロニイやパラドックスとなって完成するというような道は何処にも開けていない。

「この狂った魂は飢えてゐる。全体か無かに賭けてゐる。彼の斧は、やがて、リサックの爆弾となって、アレクサンドル二世の前で破裂すると考えても少しも差支へない。」

ラスコールはロシア正教会からの分離派である。ニコンという長老、一七世紀の、たった一人の学識ある坊さん、ロシアの教養ある余計者が、教会の礼拝の形式に関する諸規定の改革を断行した。（ここからドストエフスキイはラスコーリニコフという作中人物の名を選んだ）ところが頭脳による上部からの新改革は、忽ち一般の古い宗教感情と正面衝突を惹き起した。ツァーの圧政に苦しむ民衆にとってただ一つの嘆きのはけ口であった宗教における礼拝の形式は、信仰そのものを意味したが、旧信者はことごとく破門され、ラスコールとなり、軍隊警察の弾圧に対して徹底的な反逆を試みた。三〇〇年の間間断なく続いたこの地下運動では、追いつめられた二万の農民が、妻子を連れて、村々の納屋にこもり、自ら火を放って焼死するという「火の洗礼」と呼ばれる大惨事も起った。

夥しい数や種類のラスコールの根本の信条は一つ、「ツァーの統治するロシアの国家、即ち第三ローマ帝国は、偽りの国家である。サタンの国家である」「ツァーがゐる限り、来るべき神の国については、全然妥協の余地はない。ツァー以前にあった真のロシアは、ツァー以後に現れるであろう。現在のロシアは信ずるに足りぬ、という信仰である。」

一九世紀の革命的インテリゲンチャの先駆者、教養ある将校達、フリー・メーソンのモスクワの支部員であったデカブリスト達について「フリー・メーソンもロシアに支部が出来れば、革命派になるのである」と小林は書いている。デカブリストの失敗は、インテリゲンチャの心に非常に大きな影響を与えた。

やがてラスコーリニコフというラスコールニキが現れる。「彼には、棲みつく家はない。ロシアの様な国に居を構へるのは罪悪である。」

ベリンスキイ以下の有名なロシアの急進的インテリゲンチャ、チェルヌイシェフスキイ、ドブロリューボフ、ネクラーソフ、チェーホフ—「モーパッサンは、絶望した懐疑派であったが、チェーホフは胸の火を遂に隠しおほした聖者だった」と小林はいう—等はみなロシア的インテリゲンチャの系譜である。

「レーニンの革命の成功は、彼が、誰にも増して、マルキシズムという言葉を、ロシア風に読んだ事にあった」という所へすすもう。

恐らく、レーニンは、ロシアのインテリゲンチャの伝統に従って、西欧の原本への信頼とその直訳から事を始めたのであるが、これを頑強に押通すのが、ロシアにおいては最も有効である事を、革命家の本能から直覚したのである。「火花を燃え上らせたのは、マルキシズムであったが、この火花は『イスクラ』というデカブリストの火花だった」

「レーニンの有名な言葉がある『活動の必要から、各人が、一〇人の仲間の九人に対して、自分の正体を隠していなければならない時に、革命家達が集って、仲間の一人を選挙によって要職に選ぶなどという事が出来るか』これはバクーニン、ネチャーエフの伝統であります」

「レーニンの『何を為すべきか』は、ベリンスキイ以来の、ロシアの革命的インテリゲンチャの何を為すべきか」の問題に終止符を打った。これはツァー政府の転覆という彼等の夢を実現したという点で、決定的な終止符であったが、それは、革命は神であり、人間は、その手段にすぎないという確信を強行する事によって成就されたのである。

要約はここでやめる。さて次は私の蛇足になる。

日本の小林多喜二のような作家は、明治以後の急テムポの産業改革の結果生じた文明的跛行性の極端な犠牲者であった。彼はロシアから輸入されたボルシェヴィズムの図式を通して、そこからはみ出る日本の現実はすべて捨象してしまった抽象的現実―そのように抽象できるような天皇制の圧制があったわけであるが―に対する全的否定の哲学、苦行僧的禁欲の生活に突き進んで、むごたらしいテロをうけ遂にあの惨死を遂げるのである。

しかし、あの転向という現象が日本で起って、ロシアではなかったということの中に、日本の近代史の大きな問題があるのだ。これは全てか無か、全的否定即創造という中間のないロシア・インテリゲンチャの心情を規範としてそのまま日本知識人を総体的に把握しようとする試みは恐らく徒労におわるであろうことを暗示している。

思想の科学研究会編の『転向』の盲点は、文章や事件のロジックの表面的な追跡が人間の自由の意味を探る上においてどんな波紋を招くかを曝け出してしまったようだ。

『侮蔑の時』の主人公地能も一個の懐疑する人ではあるが、つまりはボルシェヴィキ的イリュージョンの中で苦悩する人であって、生命に迫真力を与える教養をほとんど感じさせないのである。共産党内の権力主義的位階制、人間侮蔑や、腐敗を本来あるべからざるものと地能は考えるが、ロシア・ボルシェヴィズムにとってはネチャーエフであれ、レーニンであれ、殺人も強盗も私刑も意に介しない所であって、革命がすべてであって、人間は手段なのであった。獄にあったネチャーエフは獄外の仲間から、お前の脱獄を助けるとすれば、ツァーの暗殺は見合せねばならぬがどうすべきかと決断を仰がれて、何のためらいもなくツァーの暗殺を指令し、それが成功するや、自分は従容と死刑に処せられているのである。

人間性は政治や制度から絶えずはみ出してしまうものであって、革命が人間を改造し得ると考えることこそ不遜な独裁者の独断である。人生の自由な選択―時と所の条件の下での―は究極において地能には許されていないのだから、精神の内的自由の実感は今の所この主人公には掴まえ得ないのである。作者のこの点の無自覚がこの作品のモチーフから感興を取り去り、生命に迫真力を与える教養をほとんど感じさせないのであろうと思う。

尾崎秀樹著『生きているユダ』（八雲書店）は綿々たる自己弁解の書である。何とも歯がゆい思いをしながら、それでもある同情をもって一気に読んだ。著者の異母兄秀実は反戦平和の愛国者であった。その兄を特高に売ったスパイ伊藤律は、兄と同じ愛国者面をして戦後の共産党の政治局員におさまった。まさに生きているユダだ―とこの書は伊藤を弾劾する。

だがしかし秀実はスパイでなかったか。秀実はコミンテルンのゾルゲ諜報機関の一員でありながら、近衛のブレーンの一人として、新体制の国策立案に参画した。近衛新体制は日本の破滅への一歩でもあった。彼はいかにして愛国者たりえたか。またコミンテルンの世界革命に協力したことが、とりもなおさず悪名高いスターリン主義の一派として躍ったことにほかならなかったことが今日明らかである以上、いかにして反戦、愛国の徒たりえたか。こういう問いは肉親の著者には堪えがたいことであろうが、文学として人間の問題に迫ろうとするならば正視してみなければならない。スパイは正史にのらない。役目がすめば抹殺されるのが宿命である。戦後秀樹が兄のスパイの汚名をそそぎ愛国者としての業績を明らかにすべく奔走するや悉く共産党に妨害され脅かされたのはそのためである。兄を信じようとすることは兄がそのために殉じた共産党を信じようとすることであった。戦後著者が兄への思慕を共産党への思慕と重なり合せて、しかも党に裏切られつづけ、なおかつその党への強い執着を絶ち切れなかった悔い多い青春の十数年に対する、自身と他への自己弁護、それがこのノン・フィクションのかくれたるモチーフである。

（北川一郎名で発表）

『論争』第二号（一九五九年九月一〇日）

四　『論争』第二号編集後記

第二号編集に当って、また多くの人々の熱心な御協力をえた。とりわけ、創刊号の内容について、ジャーナリズムの上で、いくつかの好意ある批評を得、又多くの方々から助言と激励を得た。これらが私達の多きな励みとなった。

×　　×

二号も過半を新人で埋めることができた。主体性論争の姫岡玲治氏は全学連中執委員、柳父章氏は東大五月祭懸賞論文入賞者で全く対照的なスタイルをもった人々である。

北欧の社会主義についてはは従来ほとんどまとまった研究が行なわれて来なかったが、高木邦雄氏によってフィンランドの歴史と現状を紹介することができた。さらにノルウェーにつきまとめていただいている。

戦後体験は本誌の独壇場である。これは戦後の「進歩的」運動の正史に対する、人間生活の内奥からの最も有力な反証である。高瀬祥子氏のものも創刊号の薬王寺氏に劣らずさまざまな立場を越えて読者の共感を呼びうると思う。

梅本克己氏は、胸部の大手術をされた予後静養中ですが、酷暑にも拘らず熱意をこめた論稿をいただいた。

荒畑寒村氏も、暑さのため心臓を悪くされた病床で、草稿に手を入れて下さった。記して深く感謝を表します。

荒畑氏の回想を待たれている読者には、筆者御回復されしだい、大逆事件迄約六〇枚に加筆願い、第三号に発表の予定ですので、御了承ください。

× ×

Original Report は本誌独特の文明批評欄で「一家言」とでも云うべき、各界の指導的な人々の概括的な物の見方、考え方をお知らせしたい意図で設けた。幸い木内信胤氏の興味ある一文を御紹介できた。御一読願いたい。青山秀夫氏のものも云わば文明批評であり、かつて『綜合』誌上に発表され、当時殆んど注目されなかったが、やはり読みごたえあるユニークなものと信じ、本誌に再録させていただいた。

× ×

「思想の戦国時代」と云われ「思想のルネッサンス来るか」とも云われるが、そう云ったムードは『論争』二号にも自ずから反映しているようだ。しかしそれはムードに止まらず現るべきは必ず現れるであろう息吹きも感じられることと思う。

『論争』第二号（一九五九年九月一〇日）

五　イデオロギー的戯画　―梅本克己氏にふれて―

レーニンにふれて

私の知っている限り、最も激しく論争を行ないながら、最も厳しく論争を拒絶した人はレーニンであって、レーニンの論争は一方的であって、反対者を非難攻撃する点容赦ないもので、他方反対者からの批判、論難は峻拒するものであった。レーニンに比べるとスターリンの反対派との論争など物の数ではないように思われる。スターリンは独裁者として、宣告を下して反対者を粛清しさえすればよかったのだから―。カーメネフ、ルイコフ、ラデック、ピャタコフのように反対者は屈服してなおかつ、死刑に処せられるか、トロツキーのように屈服せずに、ついに狂信的暗殺者の手に斃されるか。しかも大多数の被粛清者は声もなく抹殺されていったのである。

レーニンがその革命党の組織原則を確立したのは『何をなすべきか』一巻においてであったといわれるが、これはマルトィノフ等の自由主義的傾向、大衆の自然成長性への拝跪の傾向、労働組合主義、政治闘争を経済闘争へ従属させる傾向、ブルジョアジーから経済的譲歩をかちとることに重点をおいて国家権力の奪取（革命）をないがしろにする傾向を終始一貫最も激しく痛罵することに捧げられている。要約すると、

大衆は自然に成長するままに任せておけば決して革命的になる事はなく、経済闘争の枠内に止まり、せいぜいトレード・ユニオニズム（資本主義の枠内での賃金値上げ、労働者福祉立法の確立等）を推進するにすぎない。

ロシアでは革命的意識はブルジョアジー出身の教養ある子弟によってまず体得せられ、ついで大衆に伝達

されるべきものである。

　革命家の集団は、その組織を維持するためにはいかなる意味でも合法的、民主主義的たるべきではなく、強力な中央集権主義（権力獲得後は合法的民主的たるべきことを約束されているとはいうものの）であるべきこと。

　革命家の集団は階級意識で武装され、非合法活動に習熟した選ばれた人々の集団たるべきこと。

　レーニンの論文は、一つの宣告であって反対者を容赦しないものであったから反対者と論争する事によって、論争自体から将来に何らかの結実を求めようとするものではなかった。ロシアのツアーリズムは、生きる事の意味を求めて苦悩するロシア・インテリゲンチャに死か、しからずんば革命の選択しか許さない過酷なものであったから、レーニンの右の煽動は、ロシアの革命的インテリゲンチャの心情を捉えて離さない強力な緊縛性を持ち得たに違いない。

　レーニンにおいて思想や理論はすべて党派的なものであって中間的立場はあり得ないのである。プロレタリア・イデオロギーからわずかでもはずれているものはすべてブルジョア・イデオロギーの強化に奉仕するものであるとの有名なテーゼに見る通り、如何なるあいまいさも懐疑をも許さない。レーニンの著作はそのほとんどすべてが論争の形をとっている、とはマルクス・レーニン主義者の好んで口にする所である。しかし、レーニンの論争は、相手を決して自分の領域にまでふれさせない所のやっつけであって、それがそのまま革命的インテリゲンチャへの煽動となりえたのである。

　バクーニンは茫洋たるロシアの革命的未来を夢みていた子供のような、天性の野人だったといわれるが、レーニンは革命的理論（予見）のみが現実を変革しうると称して、革命の目的に向ってあらゆる権謀術策を弄して顧みなかった天性の実践家だった。これを革命的ロマンチシズムというならば、今日の日本で革命を夢想することなど、シャボン玉のようにちっぽけで儚ないロマンチック・ムードでしかないであろう。圧政と貧困と愚昧にみちた出口のないロシアで、何をなすべきかの壁にぶつかって、呻吟していた革命的インテリゲンチャの心情に確かな拠り所を与えたレーニンの煽動が革命の爆発の導火線になったからといって日本でも可能だとは云えないのである。

戦後の日本の革命運動の中で、革命的ロマンチシズムの模範を求めるならば、小河内の山の中に、掘立小屋を作って、住民に支援されるゲリラ戦の拠点を作るべく、三年も山中をはい廻っていた山村工作隊員をもって本命とするだろう。その実、彼等の得たものは、村民からの後ろ指と悪罵であり、総選挙で小河内の村民が共産党に投じた票は工作開始前より少ないただの七票だった。それから数年後の今日、別に社会主義革命は起らず、資本主義と呼びならされた社会制度が存続されたままで、小河内にも東洋で屈指のダムが出来、日曜ともなれば白ナンバー族がドライブに押しかけている。マルクス・レーニン主義者達の口にする日本の危機についてのイデオロギー的戯画については、ありふれた現実が回答を与えているので、ほとんど論争にはなり得ないのだが、事が人間の問題人間性の問題となると、私はマルクス主義者とまだまだ徹底的な論争を辞さないのである。

フロイトにふれて

『論争』創刊号に書いた私の文章「戦後転向論」は私の試論の大づかみな総体的な展開であって、人間の問題、人生の問題、マルクスの用語を用いれば、現代における人間の「疎外」の問題に迫ろうとする私自身にとってもたくさんの示唆を含んだ試論であった。梅本克己氏が『論争』第二号誌上で、私の文章を、恰もマルクス主義を批判するフロイト主義に拠ったかのように書かれているが、私は今ではかつて青年共産党員であった頃のようにはマルクスをもレーニンをも、またフロイトをも他の誰のものをも読まないのである。私の「戦後転向論」はマルクスにもフロイトにもふれているが、私はそれぞれ摂取と批判を行なったのであり、それは私の経験と実感に基礎をおいている。私が日本の戦前、戦後の共産主義運動を批判するに当って深層心理学の仮説から多くの示唆を受けたからといって、梅本氏のいうように「科学的仮説の段階から、独断的形而上学へ昇天していった或る時期以後の」「フロイトその人の特徴がよくでているのではないかとおもう」との指摘に対しては、私は言葉の上での或いは概念の上での類似は、何ら実体的な或いは本質的な類似を表わしはしないとお答えするよりほかにない。フロイトの独断的形而上学への昇天を非難される梅本氏が、なぜマルクスその人の独断的史観（独断的唯物論）をば、二〇世紀中葉の今日易々として受け入れてよしとしておられるのか。

フロイトの自伝（岩波文庫）や、Ｅ・フロムの『フロイトの使命』（みすずブック）を読むと、フロイトは単なる臨床医であったのではなく、精神分析学運動の創始者であり、精神分析による人類の（心理的）抑圧からの解放という、とてつもない夢につかれていたことが覗われる。彼も又、一九世紀の主知主義、合理主義、理想主義の子であり、理性に対する信仰、科学的真理に対する強い確信がみられ、理性による人類の救済というメシアニズムともいえるような信仰にとりつかれていたように思われる。フロイトに先立つ時代、マルクスを偉大ならしめた科学的認識への信念が、『資本論』というあの膨大かつ独断にみちた科学的体系（世界の本質的、統一的把握と未来への科学的展望）を生んだのであるが、彼らは共に時代の真只中を生きた人々であり、彼らの時代と、彼らの人生を知ることによって、初めて単に理論のロジックを追うことからのみでは得られない知慧を得ることができるのである。

今日の正統派マルクス主義者の儀式化された、余りにも思弁的な概念様式には私は今では何の興味も感じないのである。

梅本氏に一つの質問をさせてもらえば、レーニンのようにマルクスの理論を煽動の武器として革命的実践を行なうべき現実は、今日どこに存在しているのか。それがマルクス主義の発展形態であるとして、現代的に変形され泥くさく歪んだものを、今日なおかつマルクスの名を冠して呼ばねばならない理由はどこにあるのだろうか。

今日生きるということは複雑な様相を帯びている。座して批判する事は易しい。真に難しいのは行動において、生きるその態度において自分に責任を負い、謙虚に語りかける事である。

主体性論争にふれて

梅本氏は戦後の主体性論争の主唱者であった。敗戦を境に、それまで抑圧されていたマルクス主義とその運動は、急激な社会的反動としてクローズ・アップされてきた。マルクス主義決定論は青年達を駆って、怒濤のように政治の集団的抗争にまきこんだのであったが、主体性論争は、マルクス主義運動の知的同伴者達の中からあげられた、歴史的決定論（必然性の信仰）に対する数少ない鋭い懐疑の声であった。

歴史の歩みが必然的に決定されているものとすれば、個はいかにして個たりうるか、というのがその問いの基本点であったが、これはマルクス主義運動の渦中においてのみではなく、今日の変貌する産業社会、高度の消費文明のさ中において、自己を見出し、他との新しい関係づけを求めようとする人々の普遍的な問いともなりうるであろう。梅本氏はやがて革命の同伴者から革命の主体者に転化したのであるが、氏が人間の問題を問いつづけている限り、ボルシェヴィズムにその範を求める革命運動の主流からはついに異端であるほかはないであろう。しかし今日ボルシェヴィズムの云う革命的党はどこへ行ってしまったのか。実践の場を失った革命理論家は、存在自体が論理矛盾である。マルクス哲学の現代的創造的発展という考えはそれ自体、革命つまりアウフヘーベンの概念と矛盾するものである。

「戦後転向論」の末尾で私はこうのべた。

日本文明状況の跛行性を正す処方箋を書くことはよく私のなしうる所ではない。これはいうまでもなく日本知識人の多面的検討に委ぬべき仕事である。戦後の一時期、真に勇気ある人々が文学上の近代主義論争と哲学上の主体性論争とにおいて、この仕事を開始した。しかし前者は、人間の実存の問題以外には、中心に据えて解答さるべきものはないのだ、との深い自覚にかけるうらみがあり、後者は歴史の発展の必然性を認めたうえで自己と歴史又は社会との主体的結合を図らんとの意図からであったため、半ばすでに敗北主義的であった。ために前者は日本共産党の宮本顕治や中野重治らの「帝国主義を利するもの」との恫喝と文学的キャムペーンに曝されてたじろぎ、総体的にいって不徹底に終った。主体性論争は、論争の主唱者のほぼ全員が最後に歴史的必然の体現者たるべき共産党に主体性を結合従属させることになり、挫折してしまった。今日この論争が高い次元と新しい角度から始められる必要があり、かつ始められるにちがいなく、今度こそ敗退することなく新しい豊かな結実に至ることを期待してやまない。

氏は私が共産主義者の世界から抜け出してしまったことにふれて、「共産主義者としての自分の名を自分の頭上からはぎとらぬこと、非難と抗議の矢の集中するその場所を去ってはならぬこと」を強調していられる。氏はまた私の転向を「右翼社会民主主義乃至は修正資本主義と結びついている」と評される。たしかに私は革命の暴力的破壊作用よりも現実の中から具体的可能性を引き出す修正の緩慢な作用の方を選ぶ。しかし私を何主義と呼ぼうが、私は、自らも明らかでないしばしばバランスのとれない感情につき動かされもする複雑な実体である。変貌する現代にあって生きることは日々の選択であり、屡々予知しえない事態への挑戦である。こう思う時、私は又謙虚になりうるのであり、陥穽が待ちうけているかもしれない未知の世界にも決意と勇気をもって入っていけるように思われる。

私は心の内奥の経験、そこにのみ人生があるとさえ思える微妙な実感、私は私だ、という云い表わし難い感情を大切にしていきたいと思うのである。

一つの自己完結的な決定論の世界、一つの党派を最高とする世界は、イデオロギー的テロリズムの世界である。人間というこの微妙な構造物はそこで人間としての息づきを止めてしまうように思われる。

梅本氏は「主体性への断章」(「云わば本質的なものへの序章として」書いたと云われる)を書いてはいても、実は本質的な問いに正面から答えることを避けているのではないだろうか。かつて「自由とは必然性の洞察である」とのテーゼに対し、しからば個の個たるゆえんのものはいかにして可能かとの問いをひっさげて体当りした時には、氏の戦時から戦後にかけての人生の経験からの実感が息づいていたのではないだろうか。今日、氏が主体性を語る時、そこにどんなヴァイタリティがあるのだろうか。私はフロイトや新フロイト主義の理論によってマルクス主義をこえたのではない。私は共産党員になった時も、そこから脱け出した時も何らかの理論の鋳型に自分を鋳込んだのではない。私は行動の中に、人生の意義を見出そうとしたのであり、自分の選択において自分と他に責任を負おうとしたのである。共産党員であった当時の、幼い経験さえも、今、確かなリアクションとなって私の魂に幾条もの深い亀裂を残している。

今、梅本氏にあえて云わせてもらえば、自分の言葉に他人の名を冠しないこと、どの党派に属するかによって人間の価値の高低をきめないこと、選ばれた前衛としてではなく、一人の人間として語ること、その時こそ私が改めて自分の問いに正面から向き合えるようになると思われてならない。

正統派共産主義者も、左翼理想主義者も、行為というものを、その行為者から、行為者の動機と意図から、行為をとりまく状況から引離すことから始める。次ぎにその引き離した行為を事件についての独自の解釈の中にはめ込む。それに彼らは、自分たちの目的の絶対的価値を当然のこととする以上、他のものに対する、或いは敗者に対する彼等の非難は全く容赦なきものとなる。誠実であれば、人は決定の瞬間まで引き返して、その決定をめぐる状況を検討せざるを得ないはずである。もしそのようにすれば、その人の解釈は身勝手の度がずっと少なくなるであろう。終りがどうなるかは知り得ないということ、なおお互いに相反する目的もそれぞれ部分的には正当たり得るということを認めることは、自らを真理の決定者として立てる独断主義から刃を取り去るに違いない。（スティーヴン・スペンダーの自伝『世界の中の世界』より）

（北川一郎名で発表）

『論争』第三号（一九五九年一二月一〇日）

六　反動としての反逆　―トロッキズムについての感想―

共産主義の二つの分派

日本共産党から共産主義者同盟が分離した理由について、後者は二つの点をあげている。

一つは、日共の革命理論がナンセンスである。

二つは、日共が腐敗した権力主義者の集団である。

私は、学生のマルクス主義者を中心として共産主義者同盟が生まれた動機として、第二点に、より真実があると思う。

これらについては、倫理的に説明することができる。彼等は不正を憎んでいる。彼等は社会正義と理想に燃える浪漫主義者であり、社会生活の中で暗黙に容認されているものの一切をあばき立て、これに挑戦する。フルシチョフによって、稀代の専制君主であったことが暴露されたスターリンに長い間追随し、誤った戦略と戦術によって党を民衆から孤立せしめ、あまっさえトラック部隊のようなスキャンダルにまみれた、現在の共産党指導部は、青年共産主義者達にとっては我慢のならない存在である。

まして来るべき革命に当って、日共が権力の座につくことを想像するのは、今日のいわゆる「独占資本の支配」よりも一層怖るべき事態だと想像するのは当然の事である。

日共指導部の言動は、モスクワと北京の空模様によって変わる。こちらは晴れていても、北京が曇っていれば、やはり東京も曇っていなければならぬ。現実の政治というものはこうした論理によって動くことがしばしばである。共産主義者同盟は、もっと夢想的な完全主義者であるから、こうした代々木のだらしなさ、権威主義にも反撥する。

理論的にいえば、共産主義者同盟は、マルクスとレーニンの原典に、その認識論のすべての枠組を見出している。それに加えて彼等がトロツキーの再評価ということを云うのは、スターリンが彼が自称したように、レーニンの忠実な弟子ではなく、レーニンの晩年にはむしろ仇敵でさえあったという事実が、レーニンの遺書の発表によって博く知れ渡った一方、もう一つの神話、つまりトロツキーが国際帝国主義の謀略に躍ったという架空の物語りが転覆され、彼が、より知的な、しかも有力な反スターリン派の巨頭であったという事実がクローズアップされたからである。

日共代々木にとっては、革命はモスクワや北京のような強大な国家権力の現実的な支持勢力を持っている。共産主義者同盟にとっては、一九世紀のマルクスの予見この方、一回も実現されたことのないコンミュンについての永遠の夢想があるのみである。

理論と実践の統一はマルクス主義哲学に不可欠の命題である。共産党員のいう実践とは、物理的な肉体的な運動を伴なう行動である。彼等の思索は、いかに行動するか、という行動の図式に限定される。

共産党にとっては、理論は現代共産主義の諸国家の政策を絶えず考慮に入れている点である意味で現実性をもっている。共産主義者同盟は一途にマルクスとレーニンの古典に、理論の源泉を求めている点で、より純粋かつ一貫性をもっており動揺しない。両者共、その実践において、その理論の架空性をばくろするが、共産党の青年達はより画一的、集団的であり、より破壊的である。代々木共産党は度重なる失敗と腐敗及び衰退のために、半ば誇りを失い、自らの行動に半信半疑であるが、同盟の青年達は、自分達の行動こそ、主体的選択の結果だと強固に信じている。共に、現代における主体性とは何かという、人間性の内面に対する根本的な問と、他者（社会）との新しい関係づけを求める自身の声を押し殺してしまおうとしている点では共通しているのであるが—。

反動としての反逆

彼らは、現代の政治・経済機構の一切に反対しているが、今日の政治・経済上の民主主義の発達は、彼らが独占資本の支配体制と呼ぶものとは著しく異なっている。ただ日本の民主主義は、文明状況における個人主義的倫理の稀薄さと相関連して、特に政治的民主主義が形式的にしか機能していないという点で、彼らの云うことにも一面の真理がある。

去る五月二〇日の、新安保条約の政府与党のみの単独強行採決の如きは、日本の保守政治家と、これに対抗する革新政党に、政治権力万能主義的な時代おくれの事大主義が、骨の髄まで浸透していることを改めて見せてくれた。アメリカ占領軍が引上げて、日本の民主政治が一人立ちして後、国民主権がこうした危機にさらされたことが屡々あった。戦後今日まで、日本の政界の中から、知性、教養、想像力、決断力をもった、有能な人物が一人も現われなかったことが、むしろ不思議なくらいである。然し私はこれを政治家の責にのみ帰することはできないと思う。なぜなら、分析し、総合し、批判し、想像し、独創的なイメージを創り上げる仕事は、文筆をもって禄を食む知識人が引受けるべき領域だからである。

日本の産業社会は、恐るべき政治の貧困と対照的に、高度かつ複雑・多岐な発達を遂げている。産業社会の変貌に伴なって、近代国家もまた大きな変質を遂げつつあるように見受けられる。先進国では経済的国家主義は前時代のものとなり、新しい共同体理念がとってかわりつつある。政治と経済の役割は前者が後者を支配する関係から、相互に補足しあう関係に入りつつあると思われる。そうして政治の機能はより有機的かつ高度のものとなった。経済に対する政治の優位が相対的に弱まっているように見えるのはそのためである。り、日本のように政治の貧困にも拘らず、経済発展の潜在的力がさして弱められていないのもそのためである。経済に対して政治の果す役割は、物理的な権力支配から、指導的な機能に変わった。これは最近のヨーロッパ経済共同体の推進に当ってのドゴールやアデナウアーの役割をあげるだけで充分であろう。日本では、民主的な議会政治が少しも根を張らないうちに、経済的には、第二次産業革命ともいうべき技術革新が絶え間なく進行し、かつてない高消費時代が現出している。

日本の大学教授や評論家達の多くは、今日の多元的な産業社会の様相を把握し得ないでとまどっている。彼らのマルクス主義は日本の保守と革新の時代後れの抗争に、やっとその適用の場所を見出しているしまつである。戦前の専制的な政治国家は、比較的たやすく、マルクス主義的分析の対象となり得たが、今日では、マルクス主義的一元論に対する疑惑と動揺が、彼らを無力にしている。問題は別の所にある。日本でも私の見る所では、複雑かつ多元的に発展しつつある社会の文明状況の中で、一つの真の危機が進行している。私が恐れるのは大学教育を受ける青年達が、自分が教育を受けるのは、卒業証書によって社会の一定の地位と収入をあがない、良く適応した社会人として、幸福な（一般的基準で幸福だとされている）家庭を築くためだと、莫然と観念しているらしいことである。

高度の消費社会が、青年から野心を奪ってしまい、受容的な孤独な群衆を生み出す事実は、アメリカの社会学や心理学が、既に立証している所である。独立した個人のもつ自負や野心は、性格破産者の憐れむべき不適応として白眼視される。偉大な英雄主義は過去のものとなった。人々は自分は自分だという、云い表わし難い、内的確信にもとづいて社会との生産関係づけを求めようとせず、自分は良き市民であり、その属する階層の良さ、少なくとも過不足ない働き手であると、他人に認められるよう心を配る。

共産主義者同盟や全学連の青年達は、少なくともこうした状況に根本的に敵対しているように見える。彼らは既往のマルクス主義が教条化し、多くのマルクス主義者が教条の奴隷となっていることにふんがいしている。しかしこうした憤激の見せかけにも拘らず、彼らの反逆は、真の英雄主義や創造的主体性とは余り関係がない。結論から云えば彼らは、人間に受容的適応（彼らはこれを独占資本による被支配と呼ぶ）を強いる一切の社会現象に対する反動として、自らの主体を反逆的行動に委ねたのである。彼らがビート族や怒れる若者達と違う所は、自分の行動が明確な目標をもっていると信じている点である。彼らは大衆のエネルギーを革命へ向って組織することを使命と感じ、自分の選んだ道に誇りを抱くエリートである。

しかし彼らの反逆的スタイルは見せかけほどには反逆的ではない。そしてより以上に、彼らが信じているようには創造的ではない。ただ云えることは、日本の政治状況が、今日の様相を繰り返す限り、まだ当分の間、彼ら若い共産主義者達は、明確な目的意識をもって反逆するだろう。日本の政治状況は一見極めて、マルクス主義的分析には適しているから、彼らの目的意識についての確信がまだしばらくの間揺ぎそうもない、という意味で―。

彼らが主体的でもなければ創造的でもなく、まして何ら英雄的でもないということはすぐに証明できる。彼らが全エネルギーを注入して繰り返す、反政府デモの、飽くことなき単調さはうんざりさせられるほどである。彼らの書く文章はしだいしだいに、マルクス主義のいくつかの語彙を、ある平面幾何学的関連によって結べば足りるほどになってきている。これらは知識とか現実認識とかとは呼び得ない。従って彼らには真の選択はない。自由とは必然の洞察であって、必然性という、実際にはあり得ない外的条件によって、彼らの行動目標は決定されている。彼らの行動と思考の画一性は、こうして彼ら自らが（必然性を洞察した結果）選んだものだということになる。かくて革命が必然となった時、つまり彼らが信じているように万人がその所を得て万人が幸福を得る筈の社会がやってきた時、実はもはや解放さるべき人間は一人もいないという奇妙なジレンマに立到る。なぜなら、人間にとって解放とは自由を意味し、自由はまた、与えられた現実における選択に外ならないのだから、外的に決定された必然性に身を委ねてしまった人々に、真の選択はあり得ないのだから。画一的に思考し、画一的に行動する人間達―革命後、前衛党がその任務を終ったとしても、そこに残されるのは、打ちのめされた無力なマスのみではないか。そこでは共産主義は専制主義と同義語になる。

彼らの反逆は、現代の複雑、高度な物質文明に受容的に適応することから脱出しようとする、一つの自己欺購ではないか。脱出は不成功に終るだろう。彼らは打ちのめされた時、自分は一体どこにいるのか、何という社会、どういう人々の中にいるのか、自分とは一体何なのか、と殺到する厳しい問いのまえに立ちすくんでしまうのではないだろうか。一粒の砂のような無力感のみが残ることになりはしないか。

彼らが若いということ、体験というものが、あらためて意味を持ちはじめるべく、生きようとする強い衝動を失わないかも知れない、という点をのぞいては—。

同伴者達

不幸な若者達アンラッキー・ヤングメンにとって更に不幸な事情は、日本知識人—青年のではなくて大人の—の多くが、人間の自由と独立という問の追求を放棄してしまって、マルクス主義的一元論の前にひざまずいていることである。彼らは世界を改造しようという革命運動にはお追従を送るが、世界に超然たろうとする、人間精神の自由への欲求に対しては極めて冷淡である。彼らは政治的行動こそ人間の主体性が確立される道だ、と信じているようなふりをしているが、実は憐れにも、生きるということ、個人であろうとすること、こうしたことは恐ろしい冒険に思えてならないのだ。

行動は他人任せ、自分は書物や左翼的ジャーナリズムで流布されている定説に椅りかかって、仲間うちの評判を気にしながら、口舌の徒として生きる（禄を食む）。むろん青年革命家達は、彼らを本当の味方だなどとは思っていない。二、三の人々に対する場合を除いては。一蓮托生、信用のできない大人達の中では、利用価値のある人間の一群だと感じているに違いない。他方同伴者的知識人達は、利用させて、自分の名声（虚名）と原稿料の種にするのだけれど—。前者は行動の大義名分の方へ主体を移行させ没入させる危険を冒しているのだが、後者は移行させ没入させるべきものすらすでに失なってしまっているのである。

解答は得られるか

私の書いたのは現代日本の人間状況のうちの一局面にすぎない。過度の単純化は許された時間とテーマ故に、避けられないものである。日本トロツキズムも、今日われわれが生きるに値する生を生きるという問題が、いかに難かしいかの一例証でもある。

むろん古典的英雄主義への回顧は、何ら現代の人生の解答とはならない。われわれはトロツキストのように、現実性の稀薄な観念によって楽天主義的に行動しつづけることもできるし、また与えられた現実にただ受容的に適応して、善良な市民としての幸福を味わうこともできるが、これらはただ外的なものへの自己投入であって、現実や他人との積極的な結びつき、現実への創造的参加の感覚をもたらす、人生の根本的な経験とは程遠いものである。マルクス主義は、歴史の必然性に主体を投入せしめるという点で、合理主義のもっとも頽廃的な局面を作り出している。フロイトの心理学も、人間状況の解説的役割しか負わされない限り、人間の無力、無為を合理化させる役割しか果すことはできない。

人間性の不合理性、不条理性は理論では解明し尽くされない。生の欲求は特定の目的によってしか誘発されないものではなく、深く人間性の内面に根ざした打ち消し難い力である。それは現代の与えられた現実の中で、新しい生産的方向づけが得られなければ、反動的な反逆へ向かうか、非生産的な適応、ニヒリズム、無力感への陶酔に向かうかするものである。

古典的な個人主義も、又、現代共産主義に見られる全体主義も、われわれに解答を与えてはくれない。われわれを取巻く与えられた現実の物質的側面からいえば、今日は、史上かつてない豊饒の時代である。そして、個人は、高度かつ多元的な政治・経済組織の一員としてのみ、社会との関係づけを得ることができる。また現代社会における組織の地位、目的、価値についての認識をもち、自分の知識、技術、及び内面的な価値を、組織の要求と機会を伸展させるべく発揮し得る場合に、はじめて、一個人として他人との生産的関係づけの経験を得ることができるであろう。

変貌しつつある新しい産業社会について述べる余裕はないが、新しいフロンティアは、マルクス主義者やその知的同伴者達の想像力をはるかに越えた地点にある。それは恐らく個人と社会、自由と秩序という相対立する概念が、高次元で複合される地点であるように思われる。

強固な内面への志向と、逞ましい想像力と、柔軟な適応性と、危険を冒すことを恐れない、勇気あるエリート達が、新しいフロンティアに立って、創造的課題に取り組みつつある兆候はすでに現われている。

われわれが日本で取り組まねばならないのは、政治的革命であるよりも、文明状況の変革であり、そうした把握し難い、成果も目標も、しかとは見極め難い仕事こそ、われわれの想像力と創造性を無限にかき立てるように思われてならないのである。

（北川一郎名で発表）

『論争』第五号（一九六〇年六月一〇日）

七　自戒　—自戒『論争』第八号後記にかえて—

第三回『論争』新人賞の応募原稿は、今回これといって良いものがなく、編集部一同がっかりしていた矢先、締切真際に送られてきたのが、太田哲夫氏の「現代資本主義」であった。新しい才能を発見するということは編集者として大きな喜びである。新人賞などもやっぱりやってみるもんだ、ということになった。第一回の渡部義人《任カ》氏、森川清氏、今回の太田氏共に三〇代にはまだ遠い人達だ。好漢願わくは自重あらんことを。

戦後一七年目、言論に雪解けが始まっている。戦争直後は、天皇制の神話の崩壊に伴なって、解禁となった左翼のイデオロギーが、青年客気をとりこにしてきた。

知識人が一つの絶対によりすがって魂の門戸を閉じる時、そこに知識人の頽廃が始まる。合理を追い、理想を求めることは、知識人達の永遠の仕事であり、見果てぬ夢である。それはそれでよいが、創造とは、言葉をかえれば生きかつ生かす事であり、オリジナルな経験、豊潤な教養、内面的な直観力をばねとしている。戦後の神話は青年客気をとらえはしたが、今日それは一つのムードとなりはてた。ジャーナリズムによってもてはやされ、印税や原稿料という生活の糧を与えられて、誰しもが同じ言葉を語る心地よいムードの中に住んで、ぬくぬくと暖衣飽食していれば、堕落しない方が不思議なくらいのものであろう。嶋中事件や浅沼事件は、安保騒擾のリアクションだともいえるが、文筆をもって生活の糧としており、それ故にこそ社会的な尊敬をも受けている人々が、安保の時はプラカードと同じ言葉のリフレーンしか喋れず、右翼テロには脅えて、—といって悪ければ自信喪失して右往左往するしか術ない様は病状の恐るべき深さを示している。

反体制者が甘やかされてきた時代は終りつつある。デモクラシーにあっては反体制者も又体制者としての責任を要求される。反体制者が自分のムードに流され、体制者としての内なる自覚と責任を失った時、太平の夢は、極右か極左の狂暴な力によって打ち破られないとは誰も断言できない。

今回の特集も、こうした頽廃への警告の意図の下に編集した。

編集者は書き手に対しては読者の代表であり、文明社会のディレクターである。とすればわれわれも又、自戒あるのみである。

『論争』第八号(一九六一年三月一〇日)

第5部　回想と資料

一　ソヴェト映画『ベルリン陥落』について　その思想性と芸術性

（一）

映画「ベルリン陥落」が、東京で封切られた。「夜明け」いらいのひさしぶりのソヴェト映画である。今月から全国的に公開されるそうだ。そこでこれからこの映画をみようとする人たちに（すでにみてしまった人たちにも）できるだけ読んでもらいたいと思って、私はこの解説と感想を書く。

一九四一年、花の季節のある晴れた朝、小学校の生徒たちが若く美しい女教師ナターシャに連れられて、製鉄工場の見学に行く。ちょうどその日、熔鉄工のアレクセイ・イワノフは彼の毎日のすばらしい生産記録にたいして労働功労賞を授けられ、表彰されることになった。工場長の依頼でナターシャはその夜工場のクラブでアレクセイの功績をたたえる演説をおこない、アレクセイは感激して彼女を家までおくってゆき、一しょに音楽会へ行くことを約束し合う。

アレクセイはスターリン首相の招待をうけて、モスクワへ出発した。クレムリンの一室でスターリンをはじめ閣僚たちと会食したアレクセイはすっかり固くなっていたが、仕事の話、ファシストとの戦争の見通しについての話の中ですっかりうちとけてきて、スターリンにナターシャとの恋愛問題までもち出すようになる。いつもナターシャに詩で悩まされていた彼はスターリンにはげまされて、仕事でナターシャに対抗する決意をして故郷へかえってゆく。

故郷の麦畑の中で、アレクセイはナターシャにモスクワでのできごとを話し、二人はほうようしあい、恋のよろこびにひたっていたが、突然侵入してきた独軍の攻撃に二人は別れ別れになってしまう。ナターシャは独軍にとらえられてドイツに送られてしまい、アレクセイは銃をとって戦線にむかう。

場面かわって、ベルリンの総督府では、ヒットラーがモスクワ陥落の報告を待っている。やがて聞こえてくるラヂオの声は、革命記念日に赤の広場で演説するスターリンの声だ。いらだたしくどなるヒットラー。ただちに独軍航空隊と戦車隊はモスクワへ殺到したが、強力な防衛隊にモスクワは守りぬかれる。

ヒットラーの疲労はますますふかまる。

突然彼は「これは象徴だ。これは天才的だ！スターリングラードでスターリンにとどめをさすのだ。」と叫んで作戦室へとびこんでゆく。

そのヒットラーにゲーリングが、スイスにある英系会社の代表者ベッドストーンと会見し、戦車のためのウオルフラム鉱入手をはかろうと申出た。彼はそれを許可する。

掠奪した各国の美術品を一杯に飾った自分の山荘でゲーリングはベッドストーンと会見し、そこで一つの密約が成立した。

だが、ヒットラーのスターリングラード作戦も完敗におわり、独軍は西へ退却をはじめる。独軍を追ってふるさとへたどりついたアレクセイは、焼けおちたわが家の前へたって復讐をちかう。

リウージャ宮殿の一室で歴史的なヤルタ会談が行われた。スターリンとチャーチルとの間には、連合軍の作戦に関して、ソヴェト軍の評価に関して、異なった意見がのべられる。ルーズベルトは軽くチャーチルをたしなめ、皇帝のために乾盃しようというチャーチルを無視して、カリーニンのためにグラスをあける。（前篇終り）

ゼーロフ高地の敵の反撃を撃破して、ソヴェト軍はベルリンへむかって進軍する。アレクセイはナターシャをもとめつつつき進んでゆく。

砲爆撃に燃えあがるベルリン市街。ヒットラーは米軍とソヴェト軍の衝突に、最後ののぞみをかけるが、かいなく、地下室で愛人エヴァと結婚式をあげて自殺する。

同僚のコスチャやコスボフとベルリンに入ったアレクセイは、参戦して国会議事堂へ突入し、その屋根へ赤旗をたてにゆく。親友二人はこのときの乱戦で戦死してしまう。

ベルリン陥落の歓喜の中で、空路モスクワから到着したスターリンの戦士たちへのことばがおくられる。

「この勝利は大きな犠牲によってえられたものだ。―われわれの同志が払った貴い犠牲を忘れてはならない。今や自由を愛する人民の前に、歴史の新しい道が開かれようとしている。すべての人々は世界平和のため、あらゆる国、あらゆる民族の幸福のために各々の力をつくさねばならない。…輝かしい未来のために、平和をまもってゆこうではないか！諸君の平和と幸福をいのります。」

この飛行場で、収容所から解放されたナターシャとアレクセイは再会したのである。

「ベルリン陥落」は戦後ソヴェトで作られた他のいくつかの作品（註1）とともに「芸術記録映画とよばれているが、このあらすぢからもわかるように、この映画は大祖国戦争の直前から、ヨーロッパにおける戦争の全期間とその勝利にいたるまでの、ひじょうにぼう大な歴史的事件をえがいたものである。

この芸術記録映画ということについて、最初に若干のべておきたいと思う。（ここのところはちょっとむずかしいかもしれないが、がまんしてよんでもらいたい）

それは計画的に「大祖国戦争の記録」を組立てる部分となるものであり、記録的には正確で、芸術としては表現力をもち、リアルであり、情緒的には映画芸術作品として満足されるものでなければならない」

本質的には新しい美学のカテゴリーに入り、社会主義リアリズム芸術における新しい形象である。

アレクセイとナターシャの物語は、平和な時代、戦争の時代、勝利の時期を通じてのソ同盟人民の一つの典型として、シナリオのペー・パブレンコとエム・チャウレイが創作したものである。しかし大祖国戦争の推移ないしその歴史をつくっている重要ないくつかの事件の骨子は、そこに作者のフィクション（虚構）の入りこむ余地がないものがある。そこでは真実の再現のみが問題となりうる。だがそれは一方では純粋の記録―つまりニュースではない。創造された芸術作品である。

ある場合、たとえばヤルタ会談の場面のごときは、記録的要素がひじょうに大きな比重をしめるし、アレクセイとスターリンとの会見というような、いわば架空な事件をえがく場合には、フィクションないし劇的要素が大きな比重をもつことは当然である。レーニンなきあとのソ同盟のいかなる面を語るばあいにおいても、スターリンを最高の指導者とするソ同盟共産党を中心都市、スターリンおよび党の指導者のもとに結合している人民の姿、その結合のあり方そのものをのぞいて、真実を語ることは不可能に近いであろう。アレクセイとスターリンの架空会見記は、人民と党、指導者と大衆との結合のあり方―指導者に対する心からの信頼、人民に対する深い愛情と思いやり、同じ目的で結ばれている者同志の感情、指導者としての高いゆたかな人間性と、指導者への尊敬等々―を、より具体的にしめしえたものとすれば、それもまた一つの真実（芸術的真実）―現に生きているこの偉大な歴史的人物の真実の芸術的表現―だということができるであろう。

だから芸術記録映画の方法とは、劇的要素と記録的要素を、高い思想性と、すぐれた技術によってくみあわせ、融合させ、（いわば芸術的に統一することによって）大きな歴史的事実をスクリーンに再現するものだといってもよいと思う。

したがってこの方法は、「計画的に大祖国戦争の記録を組立てる部分（フロヴィエフ）したにとどまらない。「解放された中国」（わが国では公開されていないので私は内容をしらないが題名からおして、新中国のたん生に取材したものであろう）も芸術記録映画の一つにかぞえられている。

（二）

上映時間三時間二〇分におよぶこの大作の、スケールの大きさと、画面の躍動的なことは、まことにナチ・ドイツをかいめつさせた偉大な大祖国戦争史にふさわしいものである。

「強い宣伝臭」という見出しでこの映画の悪口をかいていた「朝日」の批評でも、その点で類がないのではないか、とみとめていたが、亀井、土方共著の「ソヴェト映画史」によると、この映画の監督、エム・チヤウレイは、一九四六年から製作を意図し、この映画の重要なスタッフは四七年六月にドイツにむかって、一カ月にわたる綿密な調査の上、シナリオ執筆がはじめられた。翌年の五月までにシナリオの書直しが八回もおこなわれ、周到な準備のもとに一一カ月にわたる撮影がおこなわれたそうである。資本主義的な営利企業ではとうていなしえないところである。

一つの作品をして、大祖国戦争の真実の記録たらしめるためには、作品のなかへもりこまなければならないいくつかの基本的な事実（条件）がある。

対独戦争についてだけみても、まず第一に、それが最初はドイツと英米仏との帝国主義諸国間の戦争としてはじまり、ヒットラーの対ソ侵入を機に、ソ同盟が加わって、ドイツファシズムに対する米英仏ソ連合戦線ができあがったことであり、第二に、ソ同盟は社会主義の諸国を防衛し、進んでナチの手からドイツの民衆や東ヨーロッパの諸民族が解放される援助をするために、国と民族のすべての力をこの戦争になげいれると同時に、確実にしかも一刻もはやく勝利と平和をもたらそうと終始一貫努力をかたむけた。これに反して米英の支配者や資本家たちは、強大なドイツファシズムの野望に対しても、大いに恐怖し、したがってドイツをうちやぶるもっとも大きな力としてソ同盟に期待しながら、一方ではドイツがソヴェトにより大きく打撃をあたえることをのぞんでいる。実際に彼等は戦争終結のそうとう前から、ソヴェトを打倒しないまでも、これに大きな被害をあたえる力としてドイツを最大限に利用した。そのための大資本家たちの利害打算にもとずく恥しらずな取引と、ファシズムをのろい、自由と平和を望む全世界の諸国民の国際的なれんけい、およびその力が国境をこえた英米の支配者にあたえたさまざまの影響を考えにいれなければなるまい。

そしてもう一つ、第二次世界大戦を大祖国戦争とよばせるにふさわしいものとして、反ファシズム解放戦争と呼びはじめた力の中心に、ソ同盟を構成する全民族、全民衆の運命と指導者の運命を一つの大きな目的に結びつけた、社会主義のすぐれた力をみなければなるまい。

それならば、映画「ベルリン陥落」はこれらの事情をすべて、映画のなかにもりこむことに成功しているかどうか？私は成功しているとみてよいと思う。そしてこれらのきわめて複雑な条件を注意ぶかくとりいれ、ほとんど破綻なくまとめあげた手腕には、まったく敬服せざるをえない。

（三）

このことを作品にそってのべてみよう。ゲロワニの演じるスターリンは熔鉄工アレクセイと会見する場面で、国の生産と建設の指導者として親しく人民とともにあり、また温和でゆたかな人間愛を表徴するものとしてえがかれている。そして対独戦がはじまるや、祖国と人民の運命と世界の将来を肩にになって、強い確信と、冷静さ、科学的な判断力、大胆な決断力のもち主として、信頼すべきたのもしさをみせる。

ヒットラーの軍隊がモスクワ周辺にせまったときのスターリンをシナリオにみよう。

○スターリンの私室

（スターリンはジューコフ元帥の報告をうけ、）

うなずきながら室の中央部へゆく。

ス「ヒットラーの手中には、いまや西ヨーロッパ大陸の全資源と三億以上の人間がある。これはみすごすことはできない」

ジューコフに近づいて

ス「がんばらねばならない。彼等の力を弱らせながら反攻準備のために必要な時をかせがねばならないのだ」

ジュ「わかります、同志スターリン、私の手もとにはどうも人間がすくなく、武器も思わしくありません。いま、もし百五十《（ママ）》台の戦車があれば、ひじょうに役に立つのですが…」

ス「百五十《（ママ）》台…いまのところ十八《（ママ）》台ばかり使いたまえ。それに装甲自動車を、なかなかよい武器だ」

モロトフ「なかなか役にたつ」

ジュ「三千《（ママ）》ばかりあれば有効です」

ス「三千《（ママ）》ではすくなすぎる。だが、いまのところ二百《（ママ）》台使いたまえ、攻撃がはじまればなんでもわたそう。なにものもおしまないで。ヒットラーの冒険的な作戦は困難と自失をあてにしているのだ。平静をもって対することこそ、彼等の計画をざせつさせることなのだ」

ベルリンではヒットラーが自己の勝利に酔い、各国大使や要人、ローマ法王の枢機員たちを謁見して、彼らのおついしょう笑いに気をよくしている時、十月革命記念日の閲兵式にのぞんだスターリンは落着いた声で、困難に動じない確信ある面もちで、ソ同盟人民の英雄的な抵抗と反撃を鼓舞し、勝利を予言する演説をおこなっている。

「ドイツの侵略者どもの完全な破かいに対し…ドイツ占領軍を殺してしまえ、われわれの光輝ある祖国その自由、その独立万歳、レーニンの旗のもとに勝利にむかってすすめ！」

ヤルタ会談の場面のスターリンの堂々たる行動は、チャーチルの実に卑小で陰けんな感じと対照をなしている。ベルリンに対する総攻撃の準備計画をたてる時の政治局員、ソ同盟元帥らとの会議の時のスターリンの断固とした態度も大へん印象的であった。

ス「軍に対する補給はどうだね？」

ミコヤン「すべて充分です」

ス（モロトフに）「戦車、飛行機、燃料は？」

モ「必要なだけ供給できます」

ベーリヤ「一刻の遅滞も起こさないよう万全を期してあります」

ス「アメリカの援助なしに？」

ベ「もちろん」

ス「スタンダード・オイルなしで」

ベ「もちろんです」

一同笑う。スターリン座っているカリーニンの方へ身をこごめて

ス「社会主義機構というのは立派なものです。今こそその全力を発揮せしめねばなりません」

顔をあげて一同に向い

ス「われわれはドイツに対する最後の打撃準備を四月十六《（ママ）》日までに完了することに決定した」

シュテメンコ、スターリンの前に地図をひろげる。

最後の場面ではベルリンの飛行場で、赤軍兵士や、釈放された各国の捕虜たちを前にして、あらすじにのべたような平和をよびかける演説をするが、まことに彼は世界の平和と自由の大きな支柱を思わせ、みるものに絶大な信頼感をよびおこさせずにはおかない。

他方アレクセイとナターシャは、いわばソ同盟人民の象徴であろう。アレクセイが自分の分隊（?）のものをひきいて突撃するさい、「祖国のために!スターリンのために!」とさけぶやいなや突っ込むところなど、兵士と祖国、人民と指導者をむすびつける表現のしかたにおいて、いくらか形式的な安易さを感じさせないでもなかったけれども、アレクセイは、祖国をまもり、ファシズムをうちたおすために銃をもってたった労働者をしめし、ナターシャはナチスドイツにふみにじられ、破壊された祖国と人民の悲惨な境遇と、そのようななかでも、なお人間としての勝利への確信をもって抵抗しつづける人々を代表しているとみてさしつかえなかろう。

ベルリン陥落の日、飛行場へおりたったスターリンの面前で、アレクセイとナターシャが再会しほうようするエピソードは、勝利によってもたらされたソ同盟人民の幸福の象徴でもあり、平和と自由そのものの表現である。

スターリンがゆたかな人間性、卓越した知性、不撓不屈、決断と勇気をもったひじょうにすぐれた人間像としてえがかれているのに対して、もっとも対照的に、冷酷残虐な非人間性、知性のかわりにうぬぼれ、大うそつき、科学性のかわりに妄想、危機にさいしての焦燥、落胆、支離滅裂等々の結果、ついに自分の首をくくることになったヒットラーがえがかれている。

彼らの残虐性は、捕虜収容所の抑留者を機関銃で掃討し、さらにはヒットラーが自殺の直前、地下室にソヴェト軍が突入したというので、数千の市民や負傷兵が避難している構内へ、シュプレー河の水を流しこむにいたってきわまる。

どんどんかさをます水にのまれて溺れてゆく人々の絶叫をよそに、エヴァ・ブラウンと結婚式をあげるヒットラーの姿こそ、まさに独裁者の本質そのものであろう。

ヒットラーから次々と去ってゆく将軍たち、お茶坊主のように、最後までヒットラーにへばりついているゲッペルス、強欲な権力主義者のゲーリング。敗色がこくなっていらい思いつきや希望的観測でますますあてがはずれ、しだいに狂気と混乱におちいるヒットラーを、ゲーリングは侮辱と嘲笑をもってごうぜんとながめており、一方英系資本家ベッドストーンなどを通じて、外国の大資本家とも渡りをつけ、反共十字軍の統帥として権力をヒットラーからうばいとろうと画策し、ベルリン脱出をはかるが、これらのファシストどもをそれぞれの特徴においてこのようにリアルに感動的にえがきだすことができたのは、これらファシストどもの実さいに演じた歴史的役割の全般にわたってのこく明な分析の結果であろう。

また彼らは、ソ同盟の指導者たちの、おたがいの葛藤と団結の姿に対しても、まったくよい対照をなしている。ヤルタ会談の場面は、もっとも感銘深かった場面であるが、ここでチャーチルは英国独占資本の最高の代弁者として、ブルジョア政治家の背信的な不誠実な、腹に一もつも二もつもあるかけ引の真骨頂をみせてくれる。

軍事科学上の正確な判断にもとずいて、「連合国軍は的の輸送船にたいする空軍の攻撃によって、西部戦線ならびにイタリヤから東部への軍隊の輸送を妨害し、二月の前半に攻撃を開始すべきであるとわれわれは考えます」とのスターリンの提案に対して、「時間が必要である」とか、「決定的な攻撃をはじめる前に、われわれは基本的な問題で意見の一致をみなければならない」等々、言を左右して、ドイツ軍に対し、西方から圧力をかけることを承知しない。そのくせ「あなた方はベルリンに最初に入ろうとして、多くの危険をおかしている。もしわれわれが同時に入れば、それは国際連合の理想のためにひじょうによいことだ」とけん制している　。

スターリン「われわれは、ここだけでなく、テヘランでもすでに多くの問題で一致をみたと私は考えている」
ルーズベルト「われわれの間には大きな意見のくいちがいはないと思うが」
エロトフ「われわれはドイツの占領について敗戦後の管理について意見の一致をみたではありませんか」
チャーチル「基本的な点だけ。ただ基本的な点だけだ」
モ「賠償の額についても話しあいました」
チャ「条件つきで、条件つきで」
ル「私の記憶によれば、条件つきではなく、無条件であったと思うが。（笑声）われわれは全員一致でそれに賛成し、ポーランド西部国境に関するわれわれ全体の観点を定義したのだ」
チャ「条件つきで、条件つきで」

ここでルーズベルトはいくらかやつれをみせているが、信義と友好とに裏づけられたもっとも高い政治性をしめす。チャーチルが会議後、英国皇帝のために乾杯してくれとスターリンにたのんだのに対して、私はカリーニンの健康のために乾杯します」と彼は盃をあげる。むろんこのような親愛と誠意をアメリカのすべての政治家や指導者たちがしめしたということではない。ルーズベルトなきあと、トルーマンの政治と外交がよくそのことを物語っているし、また現にこの会議中にも、レーギ海軍大将はルーズベルトに対して次のように報告する。

「アイゼンハウアー将軍は、現在なんらかのだんこたる積極作戦は不可能だと考えています。わが軍は混乱状態にあり、補給にひじょうな困難が感じられております」

（つまり東方からのソヴェト軍に歩調を合せて、西方からドイツ軍に大攻勢をしかけることは不可能だという

のうである）

ドイツ軍がスターリングラードへ総攻撃を開始したとき、ゲーリングはあらかじめ招待しておいた、スイスにあるイギリスの会社の代表ベッドストーンの訪問をうける。ベッドストーンはゲーリングのねがいをいれて、鋼鉄の原材料であるクロームとウオルフラム二万トンをクルップ（有名なドイツ軍需会社）へ渡すことを約束する。ゲーリングはいう、「われわれがあなた方の前哨だということを忘れないでほしいのです。もしわれわれがいまロシアを処理しないと、あなた方とアメリカがはじめからやりなおすことになるのです」国際独占資本とナチスとの内通がばくろされている。彼らが自己の連合国に対して、裏ではいかなることをやったかはあきらかである。

いうまでもないことながら、スターリンもモロトフもチャーチルもヒットラーもその他すべて、歴史上の登場人物すべてが俳優によって演じられている。この大きな歴史上のできごとの複雑な進行と、多面的な性格を、破綻なくしめしえたのは、パヴレンコとチャウレリのシナリオの骨格のゆるぎなさにまつことはもちろんであるが、監督チャウレリはもちろんのこと、個々の俳優がいかに高い思想性をもち、事件のあらゆる面にわたって鋭い理解をもっているか、そしてそれを自己の演技に表現する、いかに卓越した技能をもっているかということをこの映画はよくみせている。

音楽はショスタコヴィッチが作曲している。瓜生忠夫はその著「ソヴェト映画」のなかで次のようにかいている。

「荘重、壮麗な彼のライト・モチーフが一つの交響曲としてこの作品をつらぬき、それが大きな変化をしめす画面をみごとに融合しているのは、この映画のテーマがショスタコヴィッチの思想感を強くひきおこしたことを証明している」

（四）

大作「ベルリン陥落」の解説としては、これはおそらくひじょうに不十分のものであるが、これからこの映画をみ、またすでにみた人たちにあるていどの参考となるものと思う。もっとくわしい解説を読みたい人々は、瓜生忠夫の「ソヴェト映画」（月曜書房・二〇〇円）のなかの「続戦争と平和」の項（この項のなかの第Ⅱが「ベルリン陥落」にあてられているが）全部を読まれることをすすめる。つけ加えておくが、この本はひじょうな好書である。

むろん私は、この映画をみてすこしも不満を感じなかったわけではない。たとえば、ヒットラーがスターリングラードに死力を集中している時、スターリングラードそのものが一つも出てこないのである。戦闘の場面は、ソヴェト軍がもっとも苦境に立った時、そして「最大の結果を生みだしうるところで、決定的な打撃をあたえ、この打撃によってドイツを壊滅にみちびく」ために全力をつくして防衛し、攻撃を準備していた時期は抜きで、ソヴェト軍が攻勢に転じ、ドンとヴォルガの戦線が連結されたところからはじまる。スターリングラードの遠い背後、ドン流域のステップ地帯で、両戦線の兵士たちがときの声をあげて、双方からかけよりだきあうところから場面は展開する。シーモノフの小説「夜となく昼となく」や、クロスマンのルポルタージュ「スターリングラード」等を読んだことのある私は、最初「おや？」と思い、ついでいくらかがっかりした。日本の多くの観客は、このステップ地帯における両戦線の結合が、第二次大戦においてどのような比重をもっていたか、また、スターリングラードでくりひろげられた死闘が、どのようなものであったかを知らないからそういう点からもちょっと残念な気がした。

次に話は前にもどるが、対独戦にソ同盟が参戦し、米英仏ソ連合戦線ができあがったその経過、さらにヒットラーの対ソ侵攻以前のヨーロッパの戦局の様相をも多少もりこんでもらいたかった。少し欲が深すぎるかもしれないが、大祖国防衛戦がどのような客観的な情勢のもとで開始されたのかをしめす上に必要であるように思えるのである。

「ドイツ軍の砲弾の破片で負傷し、静養中のアレクセイのもとへ、同僚のザイチェンコがやってきて、彼が意識不明中の三カ月間の戦局の推移と、ナターシャがゲシュタポにつれていかれたことを話し、「ぼくたちは工場へいかねばならない。ぼくは君をつれてくるようにいわれているんだ」との言葉にアレクセイは耳をかたむけようとせず、「おれの仕事は、死んだドイツ人をつくることだ」と叫んで戦場へでてゆく。なぜか？という疑問がやはりおこってくる。ここでアレクセイは冷静であるよりも、むしろ激情的である。

このことについて瓜生忠夫は、著書「ソヴェト映画」で、「ここに現われた矛盾、これは外見の矛盾にすぎないだろう。なぜなら、もっともすぐれた戦闘の英雄は、もっともすぐれた生産の英雄、もっともすぐれた市民、そしてもっともすぐれた人間であるという真実こそが、物語られなければならなかったからであり、人民勢力の拠点モスクワの防衛とナターシャの解放のためにとびだしてゆくアレクセイはこのとき、市民としての義務、人間としての義務に生きようとする存在をあらわすからである。」といっている。

しかし戦争というものが、あらゆる分野にわたって、強力に組織された人間の集団の仕事であって、すぐれた人間は、前線でも後方でも立派なはたらきをする—この点ではむろんアレクセイはその通りだ—といった一般論ではかたずけられない複雑な問題であると思う。

しかもアレクセイの行動が、かならずしもまちがっていず、むしろ妥当なものであったとする、その必然性が映画のなかで具体的にほりさげられていないように思えた。

このへんでこの稿はおわるが、この映画の芸術的思想的高さとスケールの雄大さということについて、具体的な場面や、私の感想にそって概説した。多くの人々がこの映画を見られることをのぞむ。

註(1)「誓」「第三の打撃」「スターリングラード戦」「ベルリン陥落」「第五の打撃」「解放された中国」六つの作品があるが、その多くは日本で公開されていない。
註(2)引用したシナリオは雑誌「ソヴェト映画」昭和二五年一一月号によった。だからわが国で上映されているプリントの字幕にでてくるのとはいくらかちがうことを了承されたい。

(一九五三年三月)

(編者註)
本文書は、みかん同盟発行『みかん』No.14(一九五三年三月)に発表された評論である。同誌はガリ版で印刷された共産党系同人誌で「みかん同盟は文学を愛する勤労者や学生、主婦たちの集まりです。雑誌「みかん」は会員や読者のまじめな思索や研究、熱心な創作の場所です。どんどん新しい同好者が参加されることを希望します」と記されている。同じ号には小泉千恵子氏(大池氏夫人)の「母と娘たち」という小説も掲載されている。

二　一九五一年の一二月
――宮本百合子死後一年の頃をふりかえって

一月二一日付アカハタの主張「宮本百合子死後五周年をむかえて」と文化欄の近藤宏子さんの論文「宮本百合子文学から学ぶもの」を読んで、私は深い感動にひたされた。

一九五〇年の、共産党の不幸な分裂以来、党内の多くの部分が、宮本百合子と彼女の文学に対する極端な偏見で支配されてきた。当時、新日本文学会中央委員会内の党員の大勢が、党中央委員会多数者に批判的であったことから、一部の党員作家、評論家は、新日本分学会を「分派」の巣であるとして、これを分裂せしめ、「人民文学」を創刊して、わが国の民主主義文学運動を二つに割ったのであった。宮本百合子が帝国主義者の「血まみれの手」につながったかのように評価する乱暴な論文が「人民文学」にのったのもこの頃である。「このような評価の誤りは狭い宗派的、独善的な観点に眼がくらんで、文学を国民の利益と文化の発展の観点から見ることのできないところからきているのである。」（上記主張）

忘れることができないのはこの誤った評価を宣伝するに当って、労働者のサークルの書き手たちや松川事件の被告までもが動員された。彼等の中産階級や知識人に対する偏見や狭量さ、労働者の日常生活や生活感情、かいかんや大衆等々を近視眼的に美化する一人よがり、これらありふれた労働者万能主義的な独善にまで煽動せられ百合子批難に組織されたのであった。このようにして「人民文学」内の指導的同志の一部の作品の部分的欠陥をあげつらって百合子の業績を否定し彼女をその出自だけによって小ブル作家ときめつける通俗社会学派的な粗雑な文学理論によって政治上、文学上の独善的見解と立場を押し通すために多くの素朴な良心を奉仕せしめたのであった。それはわが国の進歩的文学とその伝統をけがしたばかりでなく、これらの善意ある人々を毒し、傷つけ、文学的にはもちろん、人間的にも汚辱にまみれさせることになった。

これらのことについて当の責任ある文学者達は一体どのように考えているのだろうか。百合子の文学は通俗社会学派的な立場から毒された説に反して労働者や働く下層の人々の間にも　強い影響力と広い読者をもっている。工場や事務所で働く女性たちが、百合子の文学と生涯に強い共感を示し、生きる心の支えとも道しるべともなっていることを私は実際この眼で見、耳で聞いて知っている。

この数年は共産党が一致して百合子の文学を普及し正しい科学的評価を確立するために協力し、民主主義文学の運動に寄与するという状態はみられず専ら少数の同志達だけの努力に任されていた。

この際、私はすぐれた古典的遺産を不当にも辱め民主主義文学の発展に大きな障害を与えてきた一部の指導党員作家、批評家達の厳しい反省を促したい。

彼女の生涯と文学は多くの党員や大衆にむしろ不当にゆがめられて印象づけられてきた。今日共産党の分裂という不幸な事態が克服されつつあるが、百合子死後五周年にあたって、アカハタが上記二論文を掲載したことは意義深い。

私はかつて五一年の一二月に宮本百合子の死に直面して書いた小文を読み返してみた。これは〝作家の課題その他〟と題するもので、水戸の第二自由研究会のガリ版刷りの機関誌第二自由に発表したものである。当時は共産党の分裂後一カ月半ほどだった時で、全国統一委員会が解散し、同組織に属していた私も復党の手続きを行ったが、「自己批判していない。依然として分派主義である」として復党を拒否されて、党籍は与えられないまま、平和運動や文学サークル活動、勤労者研究サークル等の仕事をやっていた。その頃はぼつぼつ極左冒険主義戦術が実践にも現われはじめてきていた。

〝作家の課題〟は表題は大げさだが感想のようなもので文章の個々の部分では社会主義リアリズムの方法と技術とを混同していたり、党内問題については公然とは論じるべきでなかった当時の制約のためあいまいに表現されている。しかし、私が当時宮本百合子の死をどのように受けとったかを生き生きと想い出すことができる。

左記はその全文であるが、当時、立場のいかんを問わず、さまざまな苦悩を味わった私達多くの若い党員相互の自己検討のための一つのささやかな資料となれば幸いである。

以下、〝第二自由〟創刊号より写す

（一九五六年一月二一日）

（編者註）本文書は遺品中から発見された手書き草稿である。なお文章はここで途切れている。

三 〝あつもの〟にこりて〝なます〟を吹くなかれ

1

宮本顕治が「新日本文学」六月号で「一つの中間発言」という文書を書いた。

この文章の中で宮本は大井廣介の「集団人のアキレス腱」（宮本が〝集団へのアキレス腱〟としているのは間違いか、誤植だろう）という文章に対して反批判を行っている。

「一つの中間発言」の中で、この部分に宮本がどれだけ比重をおいたか、それは、十分私にはわからない。また大井への反批判自体が必ずしも目的であったようにもとれない。

しかし、この部分はきわめて重要ないろいろな意味をもっていると私は考える。この部分をぬきだして（この点ここではっきりといっておく）論じるために、左に引用する。

「私が宮本百合子論—主として反批判を書きはじめたのは、一九五一年一月の宮本百合子死後である。とくに死人に口なしの、批判というよりも悪罵と中傷の傾向について、私は積極的に書き、一九五四年に書きおろした「批判者の批判」（上・下）の中心内容となった位である。」

「私の「反批判」はある意味においては、たしかに「きびしく、容赦ない」ものであった。しかし、同時にある意味では、限定的であった。それは、私がこれらを主として文学批評の問題として取扱うことにきびしく限定したからである。やじうまをもって任ずる大井廣介が、私の批判は慢罵批評を各個に批判しているが、「集団悪の集団的根源をつかない」といって、「集団へ（人？・筆者）のアキレス腱」として匿名批評でやじった。

それを引証して、私の反批判の「不徹底さ」を批難した（非難？·筆者）した人もいた。

しかし、私は、共産党員は党内でだけ論じるという正当の原則を具体的にこの場合も守ったにすぎない。私はこの原則をこの論文でも守っているし、今後も守るだろう。それが刊行物、大衆運動や大衆団体と党を混同するあやまりをさける保証の一つであるから。その原則を根気よくつらぬくことで、ある面での限定性・「不徹底」さをもこえた大局的な全面性と徹底性を最後的には実現することができる別の可能性が保証されるのであるから。革命と大衆の利益により大局的にそう道でもあるからだ。大井広介が、そういう原則的態度を組織の「模範囚人」などといってやじるなら、自由にやじらせておいてよい。」

まず事実について最初にふれる。大井が「集団人のアキレス腱」として「匿名批評」をやったとあるが、この匿名批評は、現在大井廣介著『文学者の革命実行力』（青木書店、五六年四月一五日刊）の本のなかに収められて現在では著者自ら筆名を明らかにしている。

もう一つ、大井が「模範囚人」という言葉を使ったのは「文学者の革命実行力」という文章の中である。大井は「やじうまをもって任じているかどうか？　大井はこのんで自己嗜虐的な言辞を弄する。また、臆病者であるとか、精神貴族をもって任じている等々、自分にいろいろなレッテルをはる（自分にばかりでなく他人にも）むきもある。ところで彼がたえずもちだすのは自分が「自由人」「リベラリスト」である、ということである。私は自由人、リベラリストの定義をしようというのではない。あるいは彼が自己の属性としての「やじうま根性」はみとめるかもしれないが、本性「やじうま」であるとは任じていないだろう、ということである。

さて、大井は「集団人のアキレス腱」「文学者の革命実行力」（著者が宮本百合子論を展開しながら誹謗者を斥けていくと、もっと効果があったと思うが、批判の各個撃破という形をとってかかれている）で宮本顕治の「批判者の批判」にふれて何と書いたか。

「たしかに中傷慢罵であった。しかし、なぜ徳永、岩上順一、島田政雄、伊豆公夫、除村吉太郎、滝崎安之助、山岸外史、玉城某、大場某、宍戸某、豊田某の多勢が、口をあわせ中傷慢罵したかを、局外者はあやしむだろう。混れもなく集団的にやっている集団悪を、集団的根源をおおめにみて、各個撃破で処理しようとするのは、著者もいまでは一本化した集団に属し、集団にあっては、集団悪の仮借ない批判は、タブウでできないのか、というあきたりなさを禁じえなかった。」(「集団人のアキレス腱」一九五一・五=これは五四・五のまちがいではないか、この本「批判者の批判」は五四年一月刊行であるから)

「茶坊主だろうと忠犬ハチ公だろうと、本人の随意であるが、そのためには手段選ばずである。目的のためには手段を選ばぬといわれるが、宮本百合子に加えた集団犯罪以来、目的がよくないため、手段が一層あくどくなった。ところが、百合子抹殺の陰謀当時は、果敢に応酬した諸君が、復党すると鳴りを静め模範囚人化した。たとえば宮本顕治は百合子へ対する不当な攻撃をいちいち精力的に反駁しながら、故意に各個撃破し、「百合子祭をボイコットせよ」などと指令を発した元兇にはつとめてふれないでいる。政治的配慮から集団犯罪を個々の犯罪に置き換えたため、なぜ百合子がそのように有償無償に集中攻撃されたか、わけがわからなくなっている。」(「文学者の革命実行力」五五・一二・一六)

ここでもまず事実についてしらべよう。

「百合子祭をボイコットせよ」などと指令を発したことについて、伊豆公夫(赤木健介)は「人民文学」五一年七月号で「臨中(日本共産党臨時中央指導部、筆者註)のボイコット指令は、分派主義者が死せる宮本百合子を守本尊とし、文学の神様としておし出し、それによって大衆の分裂工作をすすめるためにくわだてた「百合子祭」の性質をあきらかにすると同時に、彼女の作品にたいする労働者階級の立場からの批判の基準を示したものである」と書いた。これは新日本文学会常任中央委員会の五一年五月一五日付声明(「新日文《ママ》」五一年六月号)がこの指令に抗議しているのに反駁して、伊豆が書いているのだが、書いていることのナンセンスはともかく、祭にボイコット指令が存在したことを裏書きしている。ともにボイコット指令を称揚するこのような論文を「人民文学」が掲載したことも事実である。

また「新日本文学」五六年三月号掲載の日本共産党福岡県委員会の手紙「自己批判にかえて」も、次のように書いているが、この間の事情を示している。

「日本が生んだ偉大な作家であり、すぐれたわが党の党員であった宮本百合子氏の死去を記念して、貴会福岡支部が中心となって百合子祭が催されたのに対して、党（党は当時分裂していた、筆者註）は意識的にそれをボイコットし」云々。

2

ところで、宮本顕治は「復党すると鳴りを静め模範囚人化し」たかどうか。「百合子へ対する不当な攻撃をいちいち精力的に反駁しながら、故意に各個撃破し」「元兇にはつとめてふれないでいる」のかどうか。（傍点筆者）

この辺の問題の立て方に、大井の速断、性急さ、かんぐりがある。しいていえば人間不在の片鱗さえもある。

さらに「集団的根源をおおめにみ」るのは宮本も「いまでは一本化した集団に属し、集団にあっては、集団悪の仮借ない批判は、タブウでできないのか」どうか。

しかし果してこの辺の問題の立て方、疑問の仕方に、それがなされる根拠は全くないのか、どうか。「やじるなら、自由にやじらせておいてよい」ようなものなのかどうか。

宮本自身、「一つの中間発言」で大井の言葉にふれることによって勝手にやじらせず、共産党員の論争のあり方を述べることによって、これに答えようとした。しかし、彼はそれに十分に答えきれていない。

まず、「共産党員は党内でだけ論ずべきことは党内でだけ論じるという正当の原則」という宮本の言葉は全く不正確でその上誤った拡大解釈を生じかねない言い方である。共産党には党内で規律に従って解決していくべき問題（論争であれ何であれ）を解決しないうちに党外へもちだしてはならないという原則（教訓）がある。党外へもちだして解決をはかろうとすれば、党の組織的統一がみだされ、党の民主集中制と集団主義が破壊される危険が生じるからである。ある場合には党外の人々を混乱にまきこみ、大衆運動に被害を与えたりする。また党の信用を傷つけ、反動勢力を喜ばす。これはその党員の主観的意図がどんなに正しくても、さけられないものである。過去のいろいろな実例がそれを示している。共産党はこれを無原則的党内闘争としてきびしくいましめている。

原則上の問題については、党内で徹底的に討論し、きまったら、全員がそれを実行する。少数反対者に対しては、それを抑圧せず十分意見をのべさせ、民主的に対応する。少数反対者も多数決できまった場合には、誠実に決定に従い、実践の結果によって全員で決定の正否、少数意見の正否を明らかにする。そして過ち不十分を克服してさらに前進する。下級は上級に従い、全党は中央に従う。各党細胞は指導部を民主的にえらび、責任者をえらぶ。上級は下級に定期的に活動報告をして下級の批判をうける。これが簡単にいって党の民主的集中制である。六全協の新規約（草案）第三章の七には、「全国的性質の問題については、各地方党組織や責任者は中央の機関の承認なくして意見や決定を自由に発表してはならない。」ともある。

大井が提出した性質の問題に（提出者が大井でなくともよいのだが）、宮本が具体的に答えていないのは、宮本としてはまさにこれは、先ず党内で解決すべき問題であるからにちがいない。またこれは、全国的な性質の問題であるだろう。共産党中央委員会は今年の一月二九日第四回の総会をひらいて「党の統一と団結のための歴史上の教訓として」という決議を採択した。（ハタ《アカハタ》二月四日号）

その決議の四の第五に次のようにのべられている。

「党の分裂を大衆団体の分裂にもちこんだという誤りは基本的には分裂によって大局的観点を失ったと同時に、党と大衆団体を混同し、大衆団体を道具視し、その規約を尊重しないセクト主義、官僚主義ともむすびついたものである。

今後、大衆団体の規約にもとずく運営と発展を尊重し、いかなる場合でも、党内問題を不当に大衆運動にもちこんで混乱をひきおこしてはならない。」

また三のⅡ（？）には党分裂当時の「不幸な期間に多くの誠実な党員がはかり知れない苦しみをなめ、また多くの誤りを犯した。」云々とある。

こういう問題提起との関連において左記に引用した福岡県委員会の手紙も出されてきている、とみてよいだろう。

中央総会の決議の「はしがき」は、「党の統一と団結のために」五〇年の党の不統一と混乱、分裂の経験と教訓から学ぶことは重要である」と強調し、しかし「六全協によって、党の統一は達成されたばかりであり、この問題を事実問題としてまた理論問題として正しく詳細に分析するにはなお十分な研究と相当の時間が必要である」ことを確認している。「そうした配慮なしに、われわれが性急に詳細な全面的な叙述を急ぐならば、それはきわめて困難なことであるだけでなく、党の精力を歴史的なせいさん（清算）に一面的に傾けることになり、六全協決議にもとづく党の団結の強化と斗争の前進にかえって障害をつくり出すことになる」とのべている。しかしながら、「そうだからといってこの問題から本質的な歴史的教訓をくみだす努力が怠られてはならない」とこの今後の努力の重要性を強調している。

大井にとっては、問題は「各個撃破」か「集団犯罪」の究明かということにすぎないかもしれない。しかし、宮本にとってばかりでなく、「集団」全体にとってことはそう単純ですらない。解決方法を一歩誤れば無原則的論争におちいちかねない、慎重の上にも慎重を要するし、根気づよい努力のつみかさねを必要とするのである。

特に強調してよいのは、従来は「五〇年問題」の歴史的評価と教訓をひきだす努力が党内で保証されなかった（だからといって党員がなんでもでやってよい、ということでは決してない）。六全協によって全党が官僚主義、家父長制的指導者とたたかい、「個人中心的な指導方法を断固としてとりのぞかねばならない」こと、批判と自己批判を強化し、党内民主主義を確立し、集団主義にもとずく指導方法を採用することを決意したことによって、上記の努力が党内で保証されることになった。これはきわめて重要な、進歩的文学運動の前進にとっても大きな影響を及ぼさずにおかないできごとであった。

宮本顕治は「批判者の批判」上・下二巻の中で、宮本百合子に対する中傷慢罵を適切に批判しながらも党との関係における面を厳密に除外して、これにふれなかった。宮本自身の言葉をかりれば、その原則を根気よくつらぬくことで、ある面での限定性、「不徹底」さをもこえた大局的全面性と徹底性を最後的には実現することができる別の可能性が保証されるのである。しかし宮本はほかならぬ「その原則」については、「一つの中間発言」で先の私の引用箇所以外には何らふれず、引用箇所では不十分に、「不徹底」にしかふれなかった。

もう一つ。もちろん「批判者の批判」による徳永、岩上、島田、伊豆、除村、滝崎らに対する「各個撃破」はそれ自体、必要である。また批判の仕方の上でのそういう配慮は当時の事情の中で必要であったし、やむをえなかった。しかし「批判者の批判」が他方では一つの大きな「限定性」をもっていることも事実である。ここに大井の問題提出の条件がある。「批判者の批判」に「ある面での限定性・「不徹底さ」があることを示唆しながら、「大局的な全面性と徹底性を最後的には実現する」「別の可能性」と「その原則」とがどう関係しているのか、関係していくのか、一般的にさえものべていない。

そして宮本は六全協の決議が出された後もなおかつ、六全協以前に書かれた「批判者の批判」の立場から一歩も前進していないのはどういうわけであろうか。六全協以前の事態の限定性を大局的につきやぶる可能性を打ち開いたのではなかったのだろうか。

文学者が文学の場でその可能性をどのように打ち開いていくか。

宮本の文章はその点で、いかなる示唆をふくんでいるのか。「〝あつもの〟にこりて〝なます〟をふく」ようなことであったならば、苦痛に満ちた五年間の文学運動の分裂の歴史と統一のためのたたかいの全経過は一つのたわむれにしかすぎないことになってしまうであろう。

私は、大井の提起した問題に直接、全面的にここで答えるつもりはない。

しかし「一本化《(体?)》した集団に属」す者は、「集団にあっては、集団悪の仮借ない批判は、タブウでできないのか」という大井の疑問ないしなかば断言に対しては、集団が集団として一本化《(体?)》したこと、その一本化《(体?)》を保証し、強化するためのいくつかの原則が確認されたばかりでなく、それを深めながら実際に確立していくための努力がはじめられているということをまずいいたい。そしてまさにそのことによって、過去の党の歴史と文学運動上のできごととの関係を明らかにしてゆく努力も保証されてきているということを、私は一個の共産党員としてそのような努力をつづけていきたいと考えている者の一人として書くことができる。

3

以上のようなわけで大井の宮本に対する、あるいは宮本を含めた（?）「模範囚人化」云々は、明らかに性急な速断である。

しかし、「そういう原則的態度を組織の「模範囚人」といってやじるなら」云々の宮本の文章は、「そういう原則的態度」ということを十分に説明せず、さらに大井の提出したような問題が提出されてくる主観的諸条件が現実に存在することを無視しないで、客観的条件を可能な限り説明することによって、逆に大井のあやまりを解明しようとしなかったから説得力があり得なかった。

日本共産党の質的転換と向上の現実の諸条件及びその向うべき方向と文学運動との関係の特別な一側面についてのべてみた。これらのことをいまさららしく書いたものは文学運動の諸強化のための論争と上において、人々がこれらの最小限の条件を頭にいれておいてよいと考えたからである。

（一九五六年五月一九日）

（編者註）

本文書は遺品中より発見された手書き草稿である。かなり乱雑な字体で何度も書き換えが行なわれ、文章もやや未完成の趣きがある。大池氏は清書の上、どこかに投稿することを考えていたと思われる。なおルビによる註は編者によるものである。

四　失われた世代　―壮大なるゼロへの韜晦―

一月四日、現代思潮新社編集長渡辺和子さんにお会いする機会があった。その折、彼女はこの本の分厚い見本を見せて、「二ページ目には早速大池さんが登場しますよ」と言った。

私は一瞬、長いこと失踪していた、ちょっと歳の離れた弟が突然蹌踉と眼前に現れたような錯覚にとらわれた。ついで「なぜ今クロカンなのか」との強い疑念を覚えた。

高知聡がふっと姿を消したのは四〇年前の一九六一年だった。私は遠山景久というパトロンを得て、創刊から九号まで二年間、季刊雑誌『論争』の編集長を務めた。その第八号（六一年春季号）に『はじめに自然ありき』と題して高知聡が書いている。唯物史観のスターリン主義的硬直化を批判したものだが、西欧の歴史進化の単系五段階説はそのままではアジアないし西欧以外には当てはまらない、ということを梅棹忠夫・生態史観の多系発展説とエンゲルスの『家族、私有財産および国家の起源』を引き合いに出しながら論じ、終りにこう書いている。「幸い私たちは、二一世紀の世界を覗見できる可能性をもっているのであって、一方では歴史観の原理を再構築しながら、他方では未来像の創造に注力していける幸運をもつものである」と。この歴史観の構築、未来像（ユートピア）の創造という作業が〝科学的〟に可能だという楽観主義が、実に彼らニューレフトの非転向組、後の革マル派と中核派の恐るべき荷重となった。

彼は五七年に上京して働きながら党内闘争の同人誌『批評』を主催していた私の後を追って、水戸から上京してきた。私は彼を下宿に同宿させ就職を世話し、傍ら黒田寛一と埴谷雄高に引き合わせた。黒田の『探究』グループ、津田道夫の『現状分析』グループと高田馬場のパブ「大都会」で何度か合同研究会を開いたときは、『批評』サイドの報告者として彼を立てた。

この頃の黒田と高知の交流は本書第三部の後半に詳しいが、当時すでに二人ともにトロツキーの永久革命論に強い傾斜を見せていた。

しかしトロツキズムは黒田にあってはまだ書斎の世界観の域を出なかったが、高知聰にとっては切実な生活的実践的課題だった。

水戸時代の高知は家が貧しく、進学はもとより、その日の糧に窮するほどだったが、共産党に飛び込んで、折しも激しい党内闘争の真っ只中にあった私たち水戸コミュニストの一団に連なった。彼はまだ少年期を脱したばかりだったが、ノッケから水戸の反代々木の流れの中で呼吸することになった。水戸ではほかに選択肢はなかった。まさにそれ故にこそ私も、先ず彼を食わせるために『新いばらきタイムス』社に記者として彼を押し込んだ。彼は読書家で頭もよく文筆も達者だった。また進学できなかった赤貧の境遇からか自負の裏返しともいえる強い屈託を秘めてはいたが、決して狷介な性格ではなかった。

しかし彼が我々と行動をともにしたのは『批評』同人時代までで、『論争』時代になると、彼は私とは逆にトロツキー的転回を遂げ、職も捨て、何事かを期するかのように私の周辺から去った。ブント以後の学生マルキストたちの学園騒擾の奔流が、ひとかどの論客として指導的なヒエラルキーを得たいとの鬱勃たる若い野心を運び去った。

トロツキズムは黒田にとっては、そこに行き着くまでに唯物弁証法〝探究〟の実に並々ならぬ思索の苦悩があったのであるが、本書は第一部で裕福な医家の嫡男として育ち、闊達なサッカー青年だった旧制東京高校時代のことを、三人の友人の証言を交えながらヴィヴィッドに表現している。黒田が宿痾の眼疾に青春の行く手を阻まれ、若き黒田寛一が失明の危機と戦いながら、またそれ故に東京高校を退学せざるを得なかった不遇と向き合っての孤独の中で、梅本克己と梯明秀の著作をマルクス主義入門の手引きとして独学で唯物弁証法の研究に取り掛かったいきさつを黒田のノートを手がかりに平明に叙述している。

第二部では黒田の残した大部のノートを克明に辿って、独学ゆえに落ち込んだ迂路や後戻りにも丹念に付き合い、節目々々に筋道だった解説をつけ、黒田の思い込みや間違いをただして著者高知の唯物論哲学と歴史に対する並々ならぬ造詣を垣間見せた。

第三部で著者は黒田がスターリン批判とハンガリー事件を契機にトロツキーに開眼飛躍した学問研究の経緯を余す所なく検証している。後段ではニューレフトないしトロツキー集団の各派についての当時の読書新聞の論評特集と、「アカハタ」に代々木が発表したトロツキー集団各派の動向と論理的な主張の叙述と、それらに対する代々木の批判をそのまま掲載している。

『批評』同人の主流は前衛党を異なる意見をもつ個々人の自由な連合体にせよと主張し、政治的には社会民主主義に傾斜していた。だからトロツキーからは遠く、むしろ背教者カウツキーに近かった。著者はこのことを十分承知しているはずだが、なぜか本書ではそれを全く無視している。季刊『論争』は商業誌ではあるが、『論争』には黒田も数回、高知も一度書いている。渡部義通の子渡部義任も、後に中核派に投じたことが信じられない、見事な反マルクス主義的論文を寄せている。しかしこの本は全く『論争』には触れていない。当然のように、私がマルクスを捨てて『論争』に拠り、後に革マル、中核の諸君からブル転（ブルジョア陣営に転化した意）と呼ばれた経緯などは全く無視している。黒田のテキストの克明な追跡という性格の本としては重大な欠落のはずだが、無視したというより、注意深くよけて通ったというべきかも知れない。

『論争』には本間長世、神川正彦、江藤淳、大熊信行、多田真鋤、浅田光輝、大来佐武郎、木内信胤、森恭三、林房雄、本多顕彰、宇都宮徳馬、ジョン・ストレイチー、レイモン・アロン、梅本克己、吉本隆明、中村菊男、関嘉彦、気賀健三、荒畑寒村、対馬忠行、山西英一らが登場していて、当時の時代相とともに編集のオリジナリティーを覗かせている。

ところで私は本書で黒田の残した克明なノートの堆積―それはまさに堆積としか呼びようのない―の存在を知って先ずその事に驚かされた。と同時に、手持ちの生硬な概念（言葉）を積み木を積むように積み上げながら、堅固な―と本人は信じている―論理を構築していく黒田の文章に辟易した、かつてと同じ体験を本書で再体験し、言いようのない徒労感に襲われた。

通読してついに満たされない空しさの正体は何だろう。早くからのトロツキスト活動家太田竜は黒田に、自分に欠けている理論面の指導者としての役割分担を期待したというが、その役割分担が実践面とどのようにつながったのか。巷間伝えられたトロツキスト集団における黒田寛一のカリスマ性は、六〇年安保、ブント系全学連、三派全学連、全共闘、一〇年に及ぶ全国的な学園騒擾、成田三里塚騒擾、王子米陸軍病院騒擾、東大時計台攻防戦等々、ついには革マル派、中核派の血で血を洗う内ゲバに行き着くあの一〇年余、黒田はこれらと具体的にどのように関わったのか。この伝記はまさにその叙述の直前で終っている。

中野重治流に言えばこの著書は、若き黒田寛一・その側面の一面に過ぎない。

そしてアンコの入っていない最中《もなか》のように、ここには高知聡自身も不在なのである。彼もまた六〇年安保騒擾の〝偉大なるゼロ〟のなかに韜晦したままあの世へ旅立ってしまったのだろうか。

（二〇〇一年四月三日）

（編者註）

本文書はワープロ原稿であり、ここに掲載した文とわずかに表記の異なるドラフトも現存する。いずれも遺品中より発見された。内容からすると高知聡『孤独な探求者の歩み―「評伝」若き黒田寛一』（現代思潮新社、二〇〇一年）への寸評以外の何ものでもないが、公刊はされなかったと思われる。本文書も遺品中から発見された。なお文中に言及されている渡部義任氏であるが、「中核派に投じ」た事実はない。同人をよく知る初岡昌一郎氏のご教示では、渡部義任氏はその後ベルギーに留学し、帰国後は自由人として過ごし、晩年は日本古代史の研究に専心されたらしい。亡父・義通氏に捧げられた『忘憂清楽　渡部義通追想集』（私家版、一九八五年）のご自身による「あとがき」では、生涯職に就くことはなかったと記されている。八〇年代末に逝去されたようである。

五　懐かしい人

高橋行雄さんは水戸コミュニストの系譜に連なる人である。水戸コミュニストとわざわざ水戸を冠しているのは、幕末維新の魁となった水戸天狗党になぞらえた呼び名である。両者とも水戸が発祥で、純情にしてお先っ走りのところは似ていなくもない。

前者はソ連、中国、日本の共産党のスターリン主義と、ソ連のハンガリー革命弾圧に抗議し、真正のコンミューンの理想を掲げて同人誌『風』ついで『批評』を発刊して、敵わぬまでも代々木の宮本共産党と戦った。敗れはしたが、水戸天狗党のように天皇尊崇の一念で、全員割腹して果てるといったことはなく、「戦後転向」を果して社会人となり、以後しぶとく生き抜いてきた。

昭和三一年（一九五六）初頭、フルシチョフのスターリン批判があり、一〇月にハンガリー事件が起こった。翌年の昭和三二年から、私たちは逐次東京に集結して働きながら『批評』に拠った。昭和三四年、雑誌『論争』が創刊された。雑誌『論争』は私と救仁郷建さんが遠山景久さんの知遇を得て、遠山さんがパトロンで創刊された。編集長大池文雄、編集次長救仁郷建、営業崎野一馬の三人が創刊時のメンバーで、一年遅れて高橋行雄が上京参加した。

『論争』編集部ははじめ革新的保守主義といった色合いだったが、やがて自由主義的保守主義に舵を切った。ニューレフトといわれた人々がほとんどトロツキー主義者となったのとは対照的な現象だった。

高橋さんは六〇年安保のデモに参加したというから、転向はその後ということになる。私が撤収した後の茨城県の共産党からいびり出され、やむなく上京して論争社で働くようになったのだが、しばらくは異端ながら共産主義者だったことになる。あれから四十年を経て、今の高橋さんからはコンミューンもインターナショナルもその面影を窺えない。今彼が一番傾倒している政治家は石原慎太郎なのである。

高橋さんはナイーヴな人で、しかも豊かな発想の持ち主である。『風』の発刊も彼のヒントで、彼は発刊の言葉を書いた。それは党内異見を封じ込める共産党に対し自由な論争の許容を訴えたもので、われわれ右旋回したニューレフト『水戸コミュニスト』たちの当時の気分と気概を端的に示したものであった。

彼は私が論争社をやめて新たに始めた会社で二、三年働いていたが、やがて独立して『風濤社』をおこした。絵と活字を組み合わせた本を発明し、斉藤隆介を売り出したり、滝平次郎をデビューさせたりした。とかく成り立ちがたい趣味と実益を兼ねた仕事において、今日まで小なりといえども風濤社ここにありとばかりやってきた。今この未曾有の出版不況の中にあっても健闘し、高橋行雄が単なる出版趣味人ではなく、強靭な生活人であることをも示した。

風濤社には懐かしい人々が絶えず集まる。その中でも私にとって最も懐かしい人が高橋さんその人にほかならない。

（編者註）
本文書は高橋行雄『風』（「風」刊行会、二〇〇一年）の「はしがき」である。同書は風濤社の創立者・高橋行雄氏の古稀を記念して刊行されたものである。

六　いいだもも氏の文章の〝間違い〟

―以下は二〇〇八年（平成二〇年）四月発行の『立命館言語文化研究』第二一巻一号に掲載された論考「ホメーロスの『イリアス』『オデュッセイ』の英雄叙事詩の一時代の後を承けて」と題するいいだもも氏の論稿に対して、訂正を求めるために書かれ、立命館大学名誉教授西川長夫氏に提出した文章の全文である。

いいだもも氏の論考は私と同世代の早大ＯＢで元全学連中執の友人（編者注―大金久展氏）から、「（いいだもも氏の論考は）例によって自画自賛で間違いの多い文ですがご参考までに送呈いたします。茨城時代のことでご指摘いただけることがあれば幸甚です」との手紙を添えて抜刷が送られてきた。

ここに掲載する私の文章は「ホメーロス云々」なるものに目を通して、これは放っておけないと思い、急ぎ「いいだもも氏の文章の〝間違い〟」なる一文を草して西川氏に送ったものの全文である。

西川氏はかつての日本共産党早大細胞のキャップ松下清雄が、いわゆる国際派解散以後、常東農民組合書記として活動した茨城県常東地区における農民運動の事績、その後、農民運動を離れ上京後の執筆活動の実績等を縦糸として、周辺の聞き取り、寄稿等を編集し、成果を上記立命館紀要に数次にわたって発表した。いいだもも氏の文章はその一つである。

「ホメーロス云々なる」文章は俗に誇大妄想と云われるカテゴリーに入るものであるが、史実を意図的に改竄し、自らを松下清雄と並ぶ革命の指導者として粉飾している。もとより茨城県の常東に言葉の真の意味の革命運動が存在した史実はない。

当初以下全文が同二一号に掲載される予定だったところ、学内の一部から強い反対意見があった。しかし西川氏の強い意向で〝戦後農民運動は反権力一辺倒ではない〟との項目が掲載された。西川氏の真実追求の真摯な努力に改めて敬意と謝意を表したい。

『立命館言語文化研究』第二一巻一号「戦後の農民運動と農村の変容」所収のいいだもも氏「ホメーロスの『イリアス』『オデュッセイ』の英雄叙事詩の一時代のあとを承けて」は明らかな間違いと文飾が多く、史料としては少なからず問題があります。

戦後農民運動は反権力一辺倒ではない

一、いいだもも氏が常東農民組合と接触したのは、常東の農地解放闘争が終焉し、運動の目標が営農地の獲得（涸沼の干拓等）、営農資金の獲得などに移行してから、もしくは常東農民組合が解散した以後のことである。いいだもも氏は「世界一激烈を極めた小作農民解放以来の支持基盤」と言っているが、これは運動の半面を誇張し、常東農民組合の闘争を革命運動の一環として印象づけようとしたものだろう。農地解放（小作農民解放）は第一次、二次ともＧＨＱの指令に基づき、国の農政当局の法的・政策的庇護・圧力の下で行われた上からの改革であった。地主階級は在村・不在を問わず抵抗し得ず、不在地主は所有する全農地を吐き出さざるを得なかった。在村地主は一町歩（一〇反・三〇〇〇坪）の耕作地を自家耕作地として残せたのみで、全ての農地を吐き出さざるを得なかった。小作人の支払った代価は一反歩（三〇〇坪）小豆一升と言われた。小作農民にとってＧＨＱの政策は神の託宣に等しいものであった。また日本の農政は明治以来、農民の自作農化を中心課題としてきており、戦前すでに年貢の金納化などはかなり普及していた。日本の農政当局がＧＨＱの農地解放政策を直ちに受け入れたのは、自身が必ずしも成功裡に推進できなかった自作農創設がこれによって一挙に達成できるという点にあった。こうした点を全く無視して、農民運動をひたすら反権力的に彩るのは歴史の歪曲である。

二、常東農民組合は山口武秀氏の卓越した指導力と人間的魅力によって小作農達の支持を得、集団圧力で農地解放を速やかに且つ厳正に推し進めたもので、その成果で組織が一挙にふくれあがった。農民の反権力的団結は意識の遅れた常東地区で始めて可能となり、成功したのであった。常東といえども農地解放は権力の弾圧に抗して「世界一激烈を極めた」わけではない。山口武秀氏は極めて現実主義者で、断じてチェ・ゲバラではない。

三、松下清雄氏が常東農民組合に書記として雇われた頃にはこの小作農地解放闘争（運動）は疾うに終結しており、運動は涸沼干拓や大陸からの引揚げ者らの入植地となっていた航空自衛隊百里基地（旧海軍飛行場）設置反対闘争、新営農地・開拓地を求めることと、営農資金を獲得することに転換していた（何れもさしたる成功をおさめられなかった）。農民の集団を引き連れてバスを借り切り、県知事に陳情をくり返す、いわゆる常東定期便が主な運動形態になっていた。

四、いいだもも氏が茨城県共産党のオルグになったのは一九五五年（昭和三〇年）の六全協前後のことで、主として西部地区で活動していた。従って、当時の県段階の党の状況、事情、活動、常東農民組合の活動等は彼の直接関知するところではなかった。ここに書かれていることは松下清雄氏の驥尾に付して自らを革命的指導者に粉飾する意図に基づいていると言わざるをえない。いいだもも氏は茨城県西部の党活動で常総農民組合と関係し、その後常東農民組合の分裂派（文中の下山田氏と松下氏は分裂派に属していたものと思われる）と常総同盟が合同する気運になったとき、県東部地区に現れ、松下清雄氏と知遇を得た、と大池は推察している。当時は既に茨城県に限らず農民運動は各地で末期症状を呈していた。いいだもも氏の茨城でのオルグ活動は一九五五、六年頃、県西部地区で常総農民同盟のフラクとして、池田峰男氏、石上長寿氏等と連携して活動を開始し、東大法学部一番卒の権威と、多彩な饒舌で、茨城県党を牛耳っていた大池の反対派のホープに祭り上げられて行った。

五、松下清雄氏らが常東農民組合書記になったのは、既に以前から同書記として働いていた東大農学部細胞出身の針谷明氏の求人活動に応じたものである。東大細胞はリンチ事件で壊滅状態になり、コミンフォルムから命じられて国際派も解散し、東大の国際派オルグ達は職もなく困っていたところなので渡りに舟と求人に応じたものである。安東仁兵衛氏のセンスでは〝常東農民組合に就職〟したのである。松下清雄氏も誘われて常東にやってきた。この間の事情は安東仁兵衛著『戦後日本共産党私記』に述べられている通りである。

六、五〇年分裂時、共産党水戸市委員会と傘下全細胞が解散処分を受け、大池は除名処分を受けた。常東農民組合の指導者達は五〇年分裂の時は所感派だった。水戸の党員二〇〇名のほぼ全員が国際派になり、事務所の留守居番が居なくなったので常東の書記達が、県委員会事務所に泊まり込んだ。県都水戸の共産党事務所を国際派に乗っ取られるのではないかと危惧して、常東農民組合書記の下山田氏などは書記局員数名と共に留守番役を買って出たのだ（当時大池は下山田氏に顔面を殴打された）。しかし常東農民組合は間もなく、所感派の武闘、ゲリラ闘争、山村工作隊といったアナクロの方針に反対して（呆れて）所感派とも決別した。大池は六全協に先立って旧国際派と旧所感派の野合した党中央が茨城県に派遣した針谷武夫氏に懇請されて、先ず水戸市の党、次いで茨城県委員会の再建に乗り出した。党と山口武秀氏との関係修復も計った。この仲直りの交渉は大池が提案し、全て大池一人が請け負い、友好関係を取り戻した。だが当時既に常東農民組合の輝かしい闘争実績は過去のものとなり始めていた。

戦後共産党の度重なる挫折・衰弱といいだもも氏

一、戦後共産党は何回か挫折を味わったが、その第一波はＧＨＱによる二・一ストの中止命令である。労働運動に於ける共産党の威信は一旦地に落ち泥にまみれた。進駐軍＝解放軍規定は見直しを迫られた。この頃、我々の世代は未だ共産主義運動の外側にいた。（パソコンで検索すると）いいだもも氏は一九二六年（大正一四年）の早生まれ（一月）で、大池より三歳上、学年では四年上の世代である。学生達が学内社研成員を中心に自治会の共産党フラクとして活動を始めるのは一九四八年前後であり、四八年六月一日、国立大学の授業料三倍値上げ反対と大学理事会法案反対を掲げて、日比谷公園に学生五〇〇〇人が集まって教育復興決起大会を開催、文部省へのデモを行なって気勢を上げた。この盛り上がった流れで四八年九月一八から三日間全国国公立大学高専代表者会議が開かれ全学連が結成された。東京で約三〇校がデモ・ストを行なって、大学管理法案の国会提出を阻止した（これが全学連歴史上唯一最大の成果だったと言えるかも知れない）。東大、早稲田、中央、法政等の共産党細胞がフラクとして全学連を牽引した（この時は大池は旧制水戸高校の文芸部で活動しており、共産党とは未だ全くの門外漢だった。大池が入党したのは一九四九年一月初頭である）。

二、共産党は一九四九年一月総選挙で三五議席を得て、息を吹き返すかに見えた。茨城県では常東農民組合の組合員挙げての大量入党による疑似社共合同（当時山口武秀氏を頭領とする常東農民組合の成員は主に社会党・労農党支持者が多かったが、個々人の意志としてではなく指導部・特に山口氏のパフォーマンスで成員全員を共産党に入党させるという、大がかりな芝居）があり、旧制水戸高校の反イールズ・反レッドパージ闘争の展開が見られた。（当時大池は旧制水戸高細胞キャップとして二日間の全学ストを組織した。この夏、大池は共産党茨城県委員会機関紙「茨城民報」記者となり、水高三年を中退、秋に水戸市委員長［党員二〇〇名］、翌一月県委員候補となった）。しかしレッドパージに対し、国鉄を含む三公社五現業の労組は何もしえず、産別傘下の電産も沈黙、四九年から五〇年に跨る日立製作所の馘首（共産党とシンパ全員を含む五五五五名のリストラ）反対の九〇日に及ぶストも倉田主税社長を微動だにさせ得ず、バリケードを築いた東宝映画の抵抗もＧＨＱの戦車出動で潰えた。共産党は労組にほとんど足場を失うという大きな挫折を味わった。

三、ここから六全協まで共産党は何回か決定的挫折を経験するのだが、この間、いいだもも氏は結核罹病のため日銀を退職し、同人誌の発刊、新日本文学会入会等文学活動に入った。彼が茨城県大洗の結核療養所に患者として入院加療中、患者同盟を組織してバス数台に患者達を乗せて、県庁に押し寄せ、知事に患者の待遇改善を求める闘争を組織した時、大池は面識を得た。六全協以後のことである。
四、五〇年のコミンフォルム批判による国際派と所感派の党分裂は共産党に壊滅的な打撃を与えた。戦後共産党の最大の挫折である。この年朝鮮戦争が勃発し、戦時特需は日本資本主義を猛烈な勢いで上昇せしめ、日本共産党は政治勢力としては社会から無惨にも弾き出された。遂に今日に至るも五％以下政党にとどまり、非武装中立の空想的社会主義政党として飽かずに活動している。
五、いいだもも氏は前項の党分裂当時のことを概説しているが、彼には全て無関係・未体験の事柄ではないか？　五一年四月の都知事選に東大出隆教授が無所属で出馬したが、大池始め茨城県国際派は無謀・無意味な行為だとの見解で特に何もしなかった。いいだもも氏は何かしたのか？　関係ない筈だが、いかがなものか。梅本克己氏は個人の意志と好意で応援に駆けつけたものである。記録によればこの選挙では現職の安井誠一郎一、四三三、二四六票、社会党加藤勘十の八一一、六一六票に対し、出隆四四、三四九票であった。茨城県の国際派および国際派残党は六全協まで、いいだもも氏との交渉はない。
六、大池は六全協に先立って旧国際派と旧所感派の野合した中央が茨城県に派遣した針谷武夫氏に懇請されて、先ず水戸市の党、次いで茨城県委員会の再建に乗り出し、党と山口武秀氏との関係修復も行なった。この仲直りの交渉は全て大池一人が請け負い、友好関係を取り戻した。だが当時既に常東農民組合の輝かしい闘争実績は過去のものとなり始めていた。
七、いいだもも氏の茨城でのオルグ活動は一九五五、六年頃、県西部地区で常総農民同盟のフラクとして、池田峰男、石上長寿などと連携して活動を開始し、東大法学部一番卒の権威で、反大池派のホープに祭り上げられていった。氏は自分がオルグになった当時のことを「私は〝流れもん〟として茨城の党へ行きました。茨城はほとんど大池さんの党と言って良い状態だった」と言っている。〝梅本克己先生を偲ぶ会〟での発言で、同席していた大池に如才なく阿諛したものである。また氏はマルクス主義を梅本克己先生から教わった、とも言っている。マルクス主義者としては晩学である。大池は一九五七年当時、県東部地区活動家会議で彼と論争したことがあるが、その頃彼は未だソ連一辺倒でソ連の水爆実験は平和の武器だなどと言って、大池に窘められていた。彼の常東農民組合や渡辺武夫氏（松下清雄の常東での仮称）との関係は同農組が解散した以後のことではないか。いいだもも氏が渡辺、下山田両氏らと何らかの交渉があったとしても、それは下山田氏らが（既に解散した）旧常東を割って出た形で、常総農民同盟と合体し、茨城農民同盟に大同団結を図っていた（提唱していた）頃ではないか。その頃、常総側から東部へ来て渡辺氏らと交渉を持ったのではないか。彼は華麗なる饒舌家で「ホメーロスの『イリアス』『オデュッセイ』の云々」なる文章は渡辺武夫の業績に駕して存分に（自己を含めた）茨城の農民運動を語ったつもりであろう。しかしそれは彼一流の文章の詐術である。くり返すようだが彼が常東農民組合と接触を持った（？）としても、何らかの影響を与えるような関係を持ち得たとは思われない（常東農民組合解散まで同農組の書記として活動した田山実は〝彼が常東の運動に関係した事実はない〟とはっきり否定している）。当時、常東に限らず農民運動は目標を失って四分五裂し、解体、消滅の危機にあった。更に、この時期以前について、いいだもも氏が述べていることは彼の体験とは無関係である（もっとも彼は、彼が一体何時から日本共産党の党員であったか、党ではどこに何時在籍していたのか定かにしていない）。

細かい事実関係

以下、細かい事実関係を質しておく。東大細胞スパイリンチ事件の被疑者の一人不破哲三氏に対しては古河市の同志の家に会場を移して査問がつづけられたというが、身柄を預けられていただけで、査問などは行われず、読書や釣りなどをして過ごしていた。（細胞）キャップの武井昭夫とあるが、武井氏はキャップではなかった。東大細胞のキャップはリンチの被告人たる戸塚秀夫氏であり、戸塚氏は細胞成員の絶大な信頼を得ていた。戸塚氏に対する武井氏のリンチには戸塚氏をスパイとして葬り去って、その後を襲うとの下心があったのではないか、と大池は推測している。武井は全学連の輝ける委員長ではあったが、東大細胞では傍系だった。

戸塚氏らの無実が証明されたのは、安東仁兵衛氏が被告らがスパイと会ったとされる当日の母親の日記に戸塚、不破氏らが当日安東氏の家に遊びに来ていて、あとで連れだって一緒に映画を見に行った、と記載されているのを発見したからで、それが無実の決定的証拠となった。いいだもも氏は〝日本の声〟結成に参加して徳田球一、伊藤律、志田重男、椎野悦郎の党中央に咎められて第八回党大会で除名されたと取れる文脈があるが（一八八頁）、志田、椎野氏らは既に第七回大会で除名されている。（大池も第七回大会で、〝除名が妥当〟との中央統制委員会の報告が承認され除名された）

（付記）一九五六年一〇月、ハンガリー事件を契機に、党中央への批判を強めていた大池は一九五七年、県常任を辞任し、上京し、第七回党大会当時は新宿居住細胞に属していた。五七年以降のいいだもも氏の活動については承知せず、論述することはできない。（以上二〇〇九年一二月一三日 大池文雄記）

七　『論争社とその時代』、主に前史についてのメモ

・まえがきに代えて

畏友救仁郷建がかつて次のようなことを書いた。以下引用するが、他賛による自賛である。

救仁郷建「歴史学界の大転換に思う（一）奴隷の学問から脱することができるか」（『丁卯』第一八・二〇〇二年冬季号）より

今年のノーベル賞受賞に関連して、梅原猛氏が社会・人文系の研究者に厳しい注文をつけている。かつて、東洋思想の泰斗中村元氏が「奴隷の学問をやめよ」といったことをひいて、「たとえば日本の経済学にしても、マル系はマルクスの奴隷であり、近経はケインズの奴隷であったといってよい。私は、今なお日本の人文科学、社会科学は奴隷の学問であると思っているが、それではとても独創的な学説は生まれない」（「思うままに」東京新聞コラム　平成一四年一〇月二一日）と。

この指摘はこれでその通りだと思う。しかし、考えてみれば、人間の思考力はその本質において奴隷的たらざるをえないのではないか。それは、ヒトは言語や独自の思考力を生まれながらにもっているわけではなく、親や学校教師といった先達の手ほどきによって一人前になるしかないからである。したがって、成人後も奴隷的追随が惰性となって平穏に一生を終える人は少なくない。

また、職業的研究者の場合、指導教官の説に異を唱えることは、就職問題もからんで甚だ難しいということもある。一説では、指導教官が亡くなって、さらにその夫人が亡くなるまで彼の説を批判することは遠慮しなければならない、という。

このような生来の自然的制約や社会的制約に縛られて、独創的学説が生まれにくい環境があることは

否めないが、そんななかで、戦後になって僅かとはいえ独創的奇才が登場していることにも思いを致す必要があろう。

私の狭い知識でこれら奇才を挙げれば、その一人はわが丁卯同人・大池文雄氏である。彼は二十《ママ》代後半、ハンガリー暴動（一九五六年）を直視してマルクス主義、とりわけプロレタリア独裁論を批判した。その代表作が「奴隷の死」（一九五八年）であった。日共に籍をおきながら（この直後に除名される）の極めて先駆的な批判であった。日本のほとんどの識者がハンガリー暴動を前に、定見をもてず右往左往するなかでの快挙であった。この大池氏の予見どおり一九九一年にソ連は崩壊したのである。（氏の著作は一九八七年小島亮著『ハンガリー事件と日本』（中公新書）で好評をえ、翌年論文集『奴隷の死』がぺりかん社より刊行された）

この引用に見られる大池文雄に続いて、救仁郷建は梅原猛、網野善彦を挙げているが、その件はここでは省く。ただ救仁郷氏は三人の世代体験について次のように述べている。

「以上の三人は、大池氏が一九二八年生まれ、梅原氏が一九二五年生まれ、網野氏が大池氏と同じ一九二八年生まれである。何れも一七歳から二〇歳という青春のただ中で今時の敗戦に遭遇し、明治以来の既成社会の瓦解を目のあたりにした稀有な体験者であり、また、学生運動に関わったことなども共通している。」

・フルシチョフのスターリン批判とハンガリー事件（一九五六・一〇）が〝水戸コミュニスト〟に与えた影響

国際派解散

国際派はコミンフォルムの声明によって解党のやむなきに至った。コミンフォルムの徳田所感派と四全協支持（一九五一・八・一二）声明はコミンフォルム機関紙《ママ》「恒久平和と人民民主主義のために」に掲載され、徳田派四全協の「分派主義者にたいする闘争にかんする決議」を支持する旨の声明だった。国際派のソ連・コミンフォルムに対するクソマジメナ反応は〝聖地・社会主義の母国〟にたいする信仰的な慴伏であったというべきだろう。

茨城県の国際派は全て解散し、県のオルグたちは皆浪人した。

・新いばらきタイムス社設立

茨城、特に水戸の有力者に知己を得る。

茨城県共産党の産みの親であり育ての親とも言うべき遠坂良一は東京で宮本派として活動していたが、自己批判して主流派に許しを求め復党した他の中央の幹部たちとは行動を共にしなかった。

大池は遠坂に水戸で新聞をやりたいので頼む、と云われ彼の住居兼編集室を用意して遠坂と家族を水戸に迎え、彼に従って奉加帳を持って友末県知事、竹内商工会議所会頭、自民党代議士加藤高三（名利酒造社長）他を訪問し、有力者に知己を得た。

のちに大池が復党して水戸地区の共産党の再建に当たって以来、水戸、さらには県委員会は財政的に困窮したことがなく、大池が県常任でいる間、常任には相応の月給を支給することが出来た。

鹿島郡青年団協議会の副委員長井川邦彦をワルシャワ国際青年祭に派遣する際の旅費の大半を大池が集めた（当初県委員会では大池を派遣することに決していたが、大池は西部地区地盤の県委員たちの嫉視が激しいことを見て、辞退し井川派遣に切り替えた）。

・定期的資金支援者達（信義を守る人々、共産党員特に幹部は信義を守らない）

井傳醤油㈱社長木村傳兵衛（後水戸市長）

茨城いすゞ自動車社オーナー皆川たき・夫君皆川社長
名利酒造㈱社長・衆議院議員加藤高像
おかめ納豆・皆川社長（党員）
亀印精菓㈱社長林有精
朝日新聞記者宮下展雄（後本紙文芸部長・創刊時「朝日ジャーナル」編集長）

市井の教養ある資産家諸氏は礼儀正しく信義に厚い。プロレタリアートの指導者をもって任じ、革命家を自称する人々は教養ある中産階級を嫉視（教養を蔑視）し、信義に薄い。一九五〇年九月、大池が占領政策違反容疑（朝鮮戦争に対する反戦）で水戸拘置所に拘留されている時、全逓信労組中執出身の県委員（当時国際派）のS・某が同労組出身の細君と面会に訪れた際、丼もの（カツ丼?）の差し入れがあった。釈放された後、下宿へ帰ってみると戦前出版の伏字のある『資本論』（高畠素之）、これも戦前出版の三木清『小論理学』、辞書類などが書架から消えている。下宿の奥さんに聞くと「お仲間が来て持って行った」という。S夫妻を問いつめると「あれを売って差し入れの金を作ったんだ」という。呆れてや、呆然とした。

・文化人

洋画家・鶴岡義雄、民芸家・板谷波山、ドイツ文学者・水戸市立女子専門学校々長・久保謙、西洋史学者・旧制水戸高校教授・茨城大学教授、後東大文学部教授・島田雄次郎、ドイツ文学者・作家・旧制水戸高校教授・茨城大学教授・原健忠、詩人・作家・書家・圓野皎、版画家・滝平二郎

・フルシチョフ「スターリン批判」（一九五六年二月）

ソ連共産党第二〇回大会においてソ連共産党第一書記（書記長）フルシチョフは外国代表を会場から閉め

出し、スターリンの個人崇拝、独裁、粛正の事実をバクロした。

この時期、大池は劉少奇の『整風文献』を読み、茨城県党でも党風刷新の必要を痛感し、トラック部隊的な財政活動に従事していた一部の県委員、治安維持法下で転向後、積極的（奴隷的）に国策に協力した者がその事実を糊塗し、恰も一貫して筋金入りのボルシェビキだったかのように振る舞うことを批判した。しかし、はかばかしい反省的反応は見られなかった。

苛烈な炭坑閉鎖反対闘争の末敗北し、六全協後県委員長を務めていた高山慶太郎は大池に強いシンパシーをもっていたが、中央の召集した会議に出席した際、宮本顕治に大池に党改革を辛抱強く時間をかけてすすめるようにとの手紙を書かせて持ち帰り、県委員会の席上で読み上げ、大池の急進的改革方針をたしなめた。大池は前後二度上京、荻窪《（ママ）》の自宅に宮本顕治を訪ね、党内の整風・整頓と民主主義の重視を訴えたが、自己の覇権の確立に腐心していた当時の宮本顕治とは噛み合わず、しだいに彼の影響下を離れていった。武井昭夫とも、武井の母親が経営していた桃太郎産院の彼の部屋に泊まり込んで意見を戦わせたが、最終的には党の権威を重んじる武井と軌道の一致を見ることは出来なかった。

・ハンガリー事件（一九五六・一〇）

ハンガリー事件勃発で大池のソ連社会主義と中国共産党に対する信仰は終幕的崩壊を遂げた。新いばらきタイムス誌上で茨城県社会党青年部長高儀満威氏、県労農党青年部長山形某氏、県共産党青年部長大池の三名による座談会が開かれ大池はソ連の戦車による介入は市民の蜂起に対する露骨な弾圧だとして非難した。高儀、山形両氏は事件に対する評価が定まらず、戸惑うばかりで、大池の意見を驚いて拝聴していた。

県委員会内も同様で、ただ一人野村武秀が大池に同調していたが、他は全員中央の見解待ち、中共の見解待ちで大池の意見に対して賛成とも反対ともつかない議論にならない議論に終始していた。つまり頭の中が真っ白で考えることが出来ない。中央の見解を聞いて、ひたすら中央の見解を反復する。中央は中央でモスクワの見解、北京の見解待ちというていたらくだった。

・水戸居住区第五細胞機関紙『風』発行

かくて大池、高橋らは党内と党中央ばかりを向いて物を言うことをやめた。大池は県委員を辞任、同じくオルグを辞任していた高橋行雄らと水戸居住区第五細胞を結成した。

細胞新聞、有料で党内によく売れた。

・茨城大学細胞（救仁郷建キャップ）の解散

『風』発行当時、水戸市細胞代表者会議が招集され、そこで水戸第五細胞と『風』の糾弾が行われた。第五細胞と『風』の出現と見解に強い感銘を受けた茨城大学細胞から十数名の党員が会議傍聴につめかけた。これが二年後（一九五八）、救仁郷建が茨城大学を卒業するとき、細胞を解散するきっかけとなった。

『批評』時代　一九五七（昭和三二年）～一九五八（昭和三三年）

大池は就職のため東京に出た。名古屋大学を卒業して荏原の両親のもとに帰ってきていた伊藤元雄が大池を、大崎の某篤志家党員に紹介した。某は山手線大崎駅に近い明電舎の向かい側の私有地に建設中の建物で勤労者学園を開校したいとの希望をもっていた。大池は彼に雇われ、文芸関係講師選定依頼に携わり、花田清輝、埴谷雄高、野間宏、本多秋五等を歴訪承諾を得た。伊藤元雄がオーナーの経営方針を批判し、大池の方針に従うようオーナーを説得、また大池の処遇にも抗議し、激論の末、オーナーを殴りつけ、伊藤、大池退社。この間、同志が集まり『批評』同人を結成、一九五七年八月タイプ印刷にて『批評』創刊。

［批評同人］

石垣ひこと、伊藤元雄、大池文雄、片岡明、救仁郷建、小泉千恵子、高知聰、崎野一馬、高瀬祥子、吉田和夫

石垣ひこと　救仁郷学友。青山高校細胞時代、メーデー事件の時、宮城前突入。

伊藤元雄　名古屋大学細胞キャップ。卒業後、大池とともに大崎に勤労者学園設立に奔走、オーナーと経営方針対立、大池とともに退く。のち日教組中執書記、夭折。

大池文雄　略

片岡明　救仁郷の大学時代学友　茨城大学細胞

救仁郷建　略

小泉千恵子　大池の妻（故人）、茨城県農協中央会細胞、会計課勤務、大池の国際派時代に結婚、生活を支える。

高知聰　水戸出身　独学　大池に私淑『新いばらきタイムス』記者　一九五二年　上京、極貧の家庭に生まれる。頭脳明晰。筆が立った。大池の下宿に同居、大池の紹介で黒田寛一、埴谷雄高の知遇を得る。田山実（大池の水高の学友、常東農民組合農民組合書記を経て上京就職）の勤めていた教材会社に就職していたが、革命運動資金カンパとして頂戴するとの書き置きを残して、自分の営業テリトリーから集金した金を持って逐電。革命思想の単独狩猟者（埴谷雄高）となり、革マル・中核派の指導者達に大きな影響を与えた。

著書『水戸天狗党』（一九六八年、大和書房）、『宮本顕治を裁く』（一九六九年、創魂出版）、『都市と蜂起』（一九六九年、永田書房）、『孤独な探求者の歩み［評伝］黒田寛一』（二〇〇一年、現代思潮新社）、『新版 都市と蜂起』（二〇〇三年、現代思潮新社）等多数。死ぬまでコンミュン論に固執、革マル派の理論的支柱となる。

崎野一馬　救仁郷建の青山高校時代からの学友、青山高校細胞、メーデー事件連座。『論争社』設立時、入社、営業に携わる。

高瀬祥子　片岡明夫人、青年時、梅本克己宅で開かれていた「第二自由研究会」メンバー。水戸共産党シンパ。現『丁卯』同人。

吉田和夫　高橋行雄の筆名。水戸居住区第五細胞創始者、機関紙『颪』発刊の名誉は彼に帰する。『論争社』社員、一九四七年、大池設立の（株）日本ソノサービスセンター入社、大阪支社長を務めたのち出版社・颪濤社設立、現在引退。

『批評』同人はマルクスのパリ・コンミューンをよりどころとした。その意味ではマルクス主義から脱却していない。未来にコンミュン的千年王国を描く、〝未来志向〟で〝思想を科学する〟立場に立っていた。

・『批評』同人と黒田寛一との分岐

黒田寛一は梅本の主体性論から出発し、フルシチョフのスターリン批判、ハンガリー動乱の衝撃からレーニン・スターリンを乗り越え、マルクスのコンミューン論に依拠する。ここまでの思想的軌跡は大池と類似している。

ここから大池はより懐疑的方向へ向かい、埴谷雄高の影響なども受ける。「論争社」創立後の最初の仕事として山西英一訳のレオン・トロツキー『裏切られた革命』を我邦初めての伏せ字無し完訳版と銘打って出版し、また対馬忠行の『ソ連社会主義批判』を出版した（このため大池らはトロツキストになったと誤解された）。むしろ大池は現代資本主義への社会民主主義的アプローチ、さらには混合経済主義、ジョン・ストレイチー、クロスランド、さらにハイエクに至るまで、読書の幅を広げ、現代資本主義を研究する。さらにフロイト、フロム等に勉強の範囲をひろげ、マルクス主義信仰から離れていった。

黒田はここからトロツキーに傾倒し、唯物弁証法的史的唯物論の方法論に偏執し、哲学的学究的研究にのめり込んでいった。ハンガリー事件に対しても、プロレタリア世界革命の過程における過誤、事件の全否定的な評価は世界革命の挫折に繋がる、との説。革マル派、中核派の思想的源流となった。梅本の〝人間論〟、マルクスの〝コンミューン論〟に最後まで執着した。彼の仕事の場は主に書斎で、いわゆる〝実践〟の場にいた大池との体験的な違いは大きい。黒田は左旋回し、大池は右旋回した。

本件は小島亮著『ハンガリー事件と日本』に良く整理叙述されている。（『ハンガリー事件と日本』中公新書（一九八七）、新版（二〇〇三）現代思潮新社）

・『批評』各号の目次

「No.1」

発刊の言葉　批評同人一同／単純実践主義批判―認識論の反省　救仁郷建／プロレタリア独裁と国家の死滅―人民日報批判　大池文雄／来日エレンブルグについて―その姿勢、その悲哀　高瀬祥子／20世紀マルクス主義の完結円　石垣ひこと

「No.2」

独占理論へ―媒介点設定について　飯田　謙／なにをしてはいけないか　人間疎外をもたらす一切の制

度の死滅への展望　大池文雄

「№３」

現代のカサンドラとソフィストたち　石垣ひこと／　奴隷の死　大池文雄／社会科学における方法の意義について（投稿）―大池文雄氏へ　黒田寛一／独占の成立と信用　救仁郷 建

・丸山眞男を素通りした。

〝水戸コミュニスト〟にも『批評』同人にも、丸山真男の影響は皆無。

・共産党被除名（一九五八・七・一四）のいきさつ

大池文雄はマルクスのコンミューン論によって、日本共産党の民主集中性を批判した論文「プロレタリア独裁と国家の死滅」を『批評』第一号（一九五七・八・一）に書き、第二号に「何をしてはいけないか」とレーニンの〝なにをなすべきか〟をもじったタイトルで―人間疎外をもたらす一切の制度の死滅への展望―とのサブタイトルのテーマを論じた論文を発表した（一九五七・一一・一）。

大池は一九五八年（昭和32年）七月四日、中央委員会で除名が決定され、共産党第七回大会で共産党を去るのだが、主にこの論文「何をしてはいけないか」の主旨が共産党中央統制委員会の除名理由の骨子となったのである。大会を報じた『アカハタ』（一九五八・七・一四）の一面中程に囲みで載った記事の冒頭は以下のように書かれている。

大池文雄の処分について

一九五八年七月四日　日本共産党中央委員会

中央委員会は、統制委員会の左記報告を審査し、大池文雄の除名処分を必要であると決定した。そしてその実行を大池の所属する新宿地区委員会に指示する。

これには興味深いいきさつがあった。大池は論文「何をしてはいけないか」を原稿のまま新宿居住細胞に提出し、党の現状に対する私の見解を述べ、みなの批判を乞うた。私は当時、東京新宿区西落合の「社会福祉友の会　西落合診療所」に勤めていた。東京の党組織には新参だった。その細胞の成員は一〇人ほどで、それぞれの氏名、身分については憶えていない。企業、官庁、学校等に勤めるサラリーマン、中小企業、商店等の経営に携わる人々ではなかったかと思われ、二〇代から三〇代のインテリばかりのようだった。おそらく職場内に同志がいなくて、まとまって細胞を作ることの出来ない人々が居住区で集まり細胞を作っていると思われた。彼らの間に漠然と生じていた党のあり方に対する不信を増幅せしめたように感じた。大池の論文に真っ向から反対した人はいなかった。それは大池の論文に賛成するというよりも、党の現状に対する飽きたらなさ、不満、党中央にたいする不満が鬱積しているところへ現れた大池論文に戸惑いと同時にシンパシイを覚えたのではないか。むしろ当惑し、どう扱うべきか困惑した反応が見られた。これには大池が宮本顕治と近い間柄であることが知られており、それが暗黙のうちに影響した面もあったかも知れなかった。論文は新宿地区委員会にあげられた。地区委員会は都委員会に、都委員会は中央委員会に、上申した。上からは党規約に基づき処分は細胞で行うようにとの指示が降りてきた。同じ上下運動がもう一度行われた。新宿細胞で除名処分を決定して、その旨上申しろということである。ところが新宿居住細胞は二度にわたって上級の指示に従わなかった。処分を保留したのである。そのためやむなく処分は中央統制委員会に委ねられ、大池を呼び出して査問することになった。

その結果が第七回大会での中央委員会報告となった。その本文は以下の通りであり、当時、党中央から見た大池の考え（思想）を的確簡明に述べている。

大池文雄は『批評』誌上で、一、コンミュンについて、二、同世代の革命家たちへ、三、わが後退戦、の三章からなる論文「なにをしてはいけないか―「人間疎外をもたらす一切の制度の死滅への展望」を発表した。

このなかで彼は、党内民主主義と中央集権を対置させて純粋民主主義を強調するほか、プロレタリア独裁を否定し、ソビエト制度に対する不信とソ連邦、中国、東欧諸国における社会主義建設について否定的評価をおこない、さらにこれらの国ぐににおいてはコンミュン型への再革命が必要である旨のことを主張した。

彼はまた、革命党は各個人の自主的な同盟体でなければならないと説き、わが党は革命党ではなく、二枚舌の権力主義者の指導部であるなど、党の組織原則と基本性格を否定し、党を解体にみちびく危険な主張をし、党中央委員会にたいする誹謗と中傷をおこなった。

統制委員会が、『批評』の大池論文を検討し、批評同人についての調査をおこない、四月二十《ママ》三日、大池文雄を喚問したさい、彼は統制委員会にたいし、つぎのように証言した。

『批評』論文の同世代の革命家たちへ、わが後退戦、において書いた党の現状についての否定的評価、およびこれを改めるための論争方法についての考えは今も変っていないし変えようとも思わない。『批評』が反党的役割をはたすことになるから発行を中止せよといわれても、その要請にしたがえない。『批評』の発行が党規律に違反しても、ひきつづき出してゆきたい。

自分たちの活動や意見と党の方向とが両立しないとは思っている。だが自分はわが道を行く。自分たちの影響を受けた者が党活動をしなくなったことは事実である。

第四インターが『探究』グループその他と合同して党章批判の研究会を持った時、自分もそれに参加した。しかし意見は皆とかなりちがっていた。

彼の証言が示すとおり、彼はいささかも自己の反党的修正主義的思想を反省し、訂正する必要を感じていないばかりでなく、統制委員会の警告にも耳をかたむけず、あえて党の組織原則と党規律に違反する行動を継続しようとしている。

したがって、茨城県下および東京における彼の行動により、大池文雄の規約第三十《（ママ）》八条、第四十《（ママ）》条により除名処分に付すことを必要と考える。

一九五八年六月二十《（ママ）》三日

統制委員会

中央委員会　御中

やがて大池はマルクスのパリ・コンミューンの叙述に見られる蜂起民衆（プロレタリアート）に対する期待、人間性に対する楽観主義、ひいては人間の善意に対する極度に単純化された楽観主義は希望的過ぎはしないか。むしろコンミューンなる千年王国に対する願望、強烈なメシア的宗教性こそがマルクス主義の最大の欠点ではないかと気付いたのである。だがその時期を定かには言うことはできない。党を離れてからかなり経って、完全に払拭されるには、おそらく論争社編集長を辞任する頃までかかったのではないか。

ここでもう一度思想的軌跡をたどってみると―

〝主体性〟へのアプローチの違い―師梅本と弟子大池

すべては梅本克己から始まった。

大池は梅本克己の主体性論によって主体性論そのものを乗り越えた。大池は天の邪鬼ではない、受容度の高いたち質の人間である。梅本克己は昭和二三年（一九四八）雑誌『展望』三月号掲載の「無の論理性と党派性—田邉哲学批判、特に第二次宗教改革の予想のために」の冒頭に次のように書いた。

「いかにしてわれわれは客観的な歴史的必然のなかに本来的に自己自身たりうるか。単なる認識ではなく、認識されたものが、いかにしてわれわれの生存の最深の根と結合しうるか。対象化されるもののなかに絶対に対象化しえないものをいかにして脱出せしめうるか。その可能性を唯物弁証法が果たして全的に包括しうるか。そしてもし尽しえないとしたらそこにはじめて無が、—というよりも無の哲学が課題とする何ものかがある。」

梅本は大池の師であり、私は梅本の高弟であり一番弟子である。しかし大池は師の上記の主体性論を〃歴史が必然ならば個はいかにして個たりうるか〃と言いなおして、これを師梅本の主体性論を簡明に表現したにすぎないと考えていた。師の主体性に立脚したマルクス主義哲学、マルクス主義的人間論追求・確立への願望はかなり強烈であるに違いないと、頭から信じていた。しかし文脈をよく見ると梅本の論理では主体性は必然に圧殺されかねない。主体性の必然からの脱却は容易ではない。私の言い為した〃歴史が必然ならば個はいかにして個たり得るか〃の文脈は歴史的必然を仮定形で扱い、歴史的必然から無意識のうちに主体性を救い出して、主体性を文字通り主体にし、歴史的必然を主体性に従属せしめている。

マルクス主義的主体性論と主体性論的マルクス主義はついに鋏状に乖離し始め、遂に相容れることはなかった。

マルクス主義・共産党から脱却するに当って特に影響を受けた本

◎『マルクス＝エンゲルス選集　第一一巻下　フランス＝プロシャ戦争―パリ・コンミュン』（選集刊行会編　大月書店刊）

◎『ハンガリーは死なず』（日本ハンガリー救援会編　新世紀社刊）

◎ルイ・アラゴン　『お屋敷町』ほか一連の小説

◎埴谷雄高『鞭と独楽　永久革命者の悲哀〝闇の中の自己革命〟』（未来社刊）

◎ドストエフスキー『悪霊』

◎フロイト『精神分析学入門』小此木啓吾先生を迎え研究会。

◎トロツキー『ロシア革命史』『裏切られた革命』

◎スティーヴン・スペンダー『世界の中の世界』上下

◎エーリッヒ・フロム『自由からの逃走』

◎パーキンソン『東洋と西洋』パーキンソンの歴史法則

◎『ベルジャーエフ著作集』第6巻　霊の国とカイザルの国

◎F・A・ハイエク『隷従への道』（一谷藤一郎・一谷映里子訳　東京創元社刊）

◎小泉信三『共産主義批判の常識』ほかの啓蒙的共産主義批判

◎岡潔の『春風夏雨』ほか四冊の随筆

◎和辻哲郎の風土的構造論

〝論争社とその時代〟は三人の人間によって開かれた。大池文雄、救仁郷建とこの二人に着目して編集長、編集次長として迎え、資金を投じ論争社を設立した遠山景久の三人である。

救仁郷建の軌跡

父繁は北海道帝大独文科をでて翻訳業に従事。マルクス主義に傾倒し、治安維持法の特高監察下におかれる。神奈川県足柄下郡真鶴町に住んでいた頃、特高に踏み込まれ家宅捜査を受ける。近所の住民に白眼視され、建本人は小学校で級友達から疎外され苛めに遭う。戦時下の迫害　敗戦　都立青山高校時代、同校細胞キャップとしてメーデーに青校生《ママ》を動員、宮城前広場に突入、警官隊に攻撃され、逮捕拘留された。青校《ママ》は共産党員やシンパが教員室を押え偏向教育を行っていた。

茨城大学に進学、同校細胞キャップとして学生寮の改革等活躍。大池の影響下に入り、大池を父繁の経営する西落合診療所に就職させる。遠山景久の資金で、大池編集長、救仁郷編集次長として㈱論争社を設立、季刊雑誌『論争』を発刊。

大池は季刊第八号の発刊と同時に論争社を退社、救仁郷氏は月刊編集長として二年ほど経て、遠山が月刊誌『論争』を紀平某（当時立教大学松下正寿総長の秘書、紀平悌子の夫）に三〇〇〇万円で売却したのでやむなく退社。当時すでに産業教材会社㈱日本ソノサービスセンターを経営していた大池の斡旋で遠山から論争社の全単行本の紙型を無償で譲り受け、大池とこれまでの執筆陣から出資を募り、出版社㈱ぺりかん社を設立、同社を中堅出版社に育てる。現在社長を引退、同社オーナー。

高橋行雄の軌跡

やや遅れて高橋行雄（昭和四年［一九二九］生）が論争社に入社し大池らと行動を共にするようになり、仕事では編集長大池に追随し、大池の指示に従って働いたが、ひそかに一人六〇年安保のデモに参加する等、意識・思想では依然共産主義・共産党にシンパシーを持っており、大池・救仁郷と意識・政治思想で軌道が合うようになるのは六〇年安保以後となった。

高橋の功績はハンガリー蜂起へのソ連の軍事介入に対する批判を強めていた大池に持ちかけ、水戸居住区第五細胞で機関紙『風』を発刊し、そこに水戸市内党員の自由意見（県常任委員会の中央に対する思考中止的忠誠・盲従に強い不満）を発表し始めたことである。

『風』創刊の名誉＝水戸コミュニストの系譜におけるジャーナルな始祖の名誉は彼に帰する。

『風』（現物資料は喪失）は大池文雄、高知聡、高橋行雄等を主な書き手として、高橋自身がガリ版を切って印刷、各一〇〇部、五号ほど発行され、定価を付けて販売された。党員やシンパによく売れて、わけても茨城大学細胞に強烈な影響を与えた。昭和三二年（一九五七）茨大細胞がキャップ救仁郷建の卒業に当たっての提案で全員異議無く細胞解散を決議するに至ったことでもその影響の大きさが分かる。また大池の影響下にあった、古河市、土浦市、結城市、我孫子市等の党幹部に送られた。

遡って、高橋行雄は昭和六年（一九三一）水戸に生れる。父親の勤めの都合で小学校は水戸、全優の成績で土浦中学に推薦されたが落第（反水戸藩意識の犠牲、土浦の有力者の子弟優先）。翌年入学、二学年終了時、陸軍幼年学校を受験、合格したが、面接・素行調査で落された。酒類販売協同組合に就職。単調な仕事に飽きたらず、不満のはけ口を共産党に求める。早稲田大学細胞所属のコミュニスト後藤守（土浦脳病院次男）と親しく彼の影響が高橋の理論武装の助けとなった。

酒類販売店を退職、五全協（武闘・山村ゲリラ戦術）下の共産党茨城県西部地区オルグとなる。その後茨城県東部地区オルグとなり五全協的共産党の現状に飽きたらず、六全協後、いいだももとの確執を経て、大池の影響下に入り、ハンガリー事件を巡る確執を経て県常任を辞した大池と共に水戸居住区第五細胞を結成、ガリ版機関紙《（ママ）》『風』発刊

大池文雄の軌跡（〜一九五六迄）

一九二八年（昭和三年）長野県北佐久郡小諸町（現小諸市）小原（元小原村）に大池友吉、多美夫妻の次男として生まれた。長男は生れて一週間で死亡していたため、事実上長男として育てられた。父友吉は祖父から屋敷と五反歩、田三枚を与えられて分家したが、農業には従事せず、近くの製糸工場「純水館」に勤めていた。工場一棟の監督をしていたが、昭和不況に続く世界恐慌の最中、製糸の将来に見切りをつけ、家を貸し、田畑を小作に出し、退社して東京警視庁の巡査になり、一家（妻と三人の子供）を引き連れて東京、日暮里に移住した。文雄満四歳。長妹二歳、次妹一歳。

一九四〇年（昭和一五年）、荒川区町屋に移り、区立第四峡田小学校卒業。

同年東京府立一一中（後「都立江北中」・現「都立江北高校」）入学

一九四三年（昭和一八年）一二月陸軍特別幹部候補生に志願、翌年四月始め四学年進級時、陸軍加古川航空通信学校（兵庫県）に入隊。

一九四五年（昭和二〇年）八月、東京都北多摩郡小平村の陸軍電波兵器学校にて終戦を迎え、母と妹たちが疎開していた小諸の実家に復員。県立岩村田中学第四学年に編入学。

一九四六年一月上京、都立江北中学（一一中）の同級生はすでに戦時緊急措置で四学年終了で進学していた。そのため大池は一学年下級の四学年三学期に転校復学。四七年（一九七二）三月同校卒。

一九四七年（昭和二二年）旧制水戸高校文科甲類入学、部活は文芸部、寮報に詩を発表、一九四八年（昭和二三年）秋、寮祭では演劇部と合同でモリエール『タルチュッフ』上演した際、監督のアッシスタントとして活躍。これが水高文芸部のフィナーレとなった。

一九四九年一月、第二学年三学期初頭、共産党入党。ほどなく水戸高校細胞キャップとなる。党員倍増計画達成、同級生二四〇名中党員六〇名となる。

大池にとって昭和二〇年代の旧制高校と中退後の活動と読書・勉強は教養の通過点ではなく、革命運動とその理念を追求した人生の通過点、思想の曖昧さはなく思想と生活行動の乖離もない。大池は昭和二四年（一九四九）水戸高校を三学年二学期を以て退学した。あえて言えば教養主義から完全に無縁な世界に身を投じたため（あるいは移行したため）教養主義的リベラリズムに〝汚染〟されることはなかった。

一九四九年、反イールズ闘争で全学ストを扇動、五月一八、一九日スト。

夏休みは県委員会事務所に通勤、党県委員会機関紙『茨城民報』を記者として手伝う。秋、水高第三学年中退、オルグとなり、水戸市委員長、県委員候補となる。

この年四九年はレッドパージ吹き荒れ、産別系労組全面敗退。国鉄水戸機関区ほか国労水戸支部、逓信、電産（東電労組）、高教祖、日教組の党員は全員馘首された。労組は山猫ストを装った散発的抵抗のみで、それ以上のことはできなかった。

日立製作所合理化・全従業員の一割五、五五五名の馘首。労組は豊富な軍資金と全国的カンパに支えられ、スト突入。日立の全生産がストップ。ストは九〇日に及んだが倉田主税社長は一歩も引かず、労組全面敗退、労組は産別系から民同系になる。

高萩炭坑労組八〇〇名（集団入党）高山敬太郎委員長（県常任委員・大池の理解者）、炭坑閉鎖。

一九五〇年一月、コミンフォルム、日共の平和革命路線を批判、日共分裂。国際派に所属、同派全国委員会の最年少全国委員。

大池は五〇年八月、水戸に帰郷していた明大考古学教室の学生、竹内某の考えた計画に従って、日立製作所山手工場に反米反戦ビラを撒きに潜入し、組合幹部に拘束されて、警察に引き渡された。GHQ政令違反二〇日間取り調べ拘留（水戸拘置所）、浦和拘置所に二〇日間拘留、処分保留のまま釈放された（朝鮮戦争膠着）。

コミンフォルムに分派として糾弾され国際派解散。コミンフォルム批判当時共産党東京都委員長をしていた遠坂良一を助けて水戸に『新いばらきタイムス』社設立、土浦支局を立ち上げる等経営の基礎を固めて退社。同社はレッドパージされた旧国際派の就職先となる。

『新いばらきタイムス』社については、在社した間、興味深い出来事も多く、当時の〝茨城県人物往来〟が、書けそうだがここでは省く。

四全協（一九五一年二月）は所感派（徳田主流派）地下秘密中央委員会が秘密裏に行った会議で、国際派と中道派を単なる分派としてではなく、スパイ、挑発者、民族の敵と規定して徹底排除し、あわせて軍事闘争方針を採択。中核自衛隊を組織し、労働者階級の指導のもとに農漁民、市民の間に多様な抵抗闘争を組織して米占領軍を駆逐し、国家権力を粉砕する武力闘争をおこなうとの「軍事方針」を採択した。労働者階級は大企業と山村に小遊撃隊を組織し、将来人民解放軍に発展せしむること、というものだった（荒唐無稽）。国際派は所感派の極左冒険主義を批判し、全国統一会議の下、各級ビューローを置く統一組織を作り上げようとしていた。

水戸の党は国際派（統一会議）一色だった。しかし大池始めオルグたちは半潜行的な存在で、五〇年八月に明大学生竹内某と大池が日立工場内に反戦反米ビラを配布、逮捕・拘留四五日で仮釈放後は表だった活動は何もしなかった。五一年夏は日立海岸・河原子海水浴場に旅館の二階を借り合宿、数人でレーニンの勉強会を開催、午後は海浜プールで水泳などして過していた。

梅本克己は五一年、国際派東京都知事候補。出隆東大教授の応援に上京したが、選挙は惨敗し、大衆動員の戦果は皆無だった。梅本は旧制水戸高校消滅、茨城大学開校にともなって茨城大教授の任命発令を待っていたが、ＣＩＥは学園からの赤色教授徹底追放の方針に従って、発令を凍結した。

五一年八月、コミンフォルムの四全協武闘支持声明により国際派解散。

大池は『新いばらきタイムス』社を立ち上げ、土浦支局を軌道に乗せて退社。浪人してマルクス・レーニンを猛勉。この間、妻美佐子（国際派党員・県農協中央会会計課勤務）との間に一女をもうける。

五四年、六全協に先立ち茨城県の党再建のため復党、水戸市の党を再建、水戸市委員長。すでに知遇を得ていた県庁所在地水戸の政財界有力者の、資金的な応援も得た。

六全協後、県常任となる。青対部長・財政部長。

大池は財政的手腕、地元財界有力者との親交、党外文化人との交流。党外大衆団体特に常東農民組合との信頼関係、鹿島郡青協（青年団体協議会）に対する強い影響力、社会党との信頼関係（久保三郎県委員長・のち衆議院議員、高儀満威県書記長）、労農党山形青年対策部長との友好関係、高校教員組合・須賀照雄委員長との親交、元右翼・東條暗殺計画未遂事件の首謀者・菊池吾一との親交、『新いばらきタイムス』社がレッドパージ党員の受け皿となる等による影響力、基金を集め、医師稲葉宗男（国立水戸病院をレッドパージ）を所長に西原診療所設立した。県南部の山陽新聞社幹部との友好関係、さらには党中央の宮本顕治、東京都委員会の武井昭夫、中央学対の高橋英典、『前衛』編集部との親密な関係等々によって茨城県党に対する揺ぎない覇権を確立した。

かくて「水戸コミュニスト」と名付くべき、ローカルながら突出して特異な概念の一派を創出し、茨城県党は党内治外法権の様相を呈した。

常東農民組合書記局と接触、山口武秀、市村一衛らと友誼を通じ、党茨城県常任委員会は常東農民組合との友誼を回復した。

文化人会議　民芸家板谷波山、洋画家鶴岡義雄、水戸市立女専校長久保謙、茨城大学教授島田雄次郎（西洋史）、哲学者梅本克己他県内の文化人を発起人に茨城県文化人会議を結成、県民会館で大会を開催、平和宣言を採択した。

国際青年祭に鹿島郡青年団協議会の副委員長井川邦彦を派遣。費用の過半を大池が集めた。日本最強といわれた鹿島郡青協議に大きな影響力を保持した。

遠山景久の軌跡

遠山は度々テレビドラマに登場した桜吹雪の入墨判官・遠山左右衛門尉金四郎景元（明智遠山家の分家六代目、徳川後期天保年間に北町奉行、弘化年間に南町奉行を務めた）の直系の子孫で、六男二女（五兄二姉）の末弟。ドラマで見る景元の気風をそのまま受け継いでいる。父親が早くなくなったため、判事をしていた長兄の景一は弟妹を養うため、願い出て給料は五割増し、生活費は半分という台湾に赴任し、内地の家族に送金した。遠山は兄に連れられて台北に行き台北一中に学び、後内地に帰って東京府立四中に転入学したが、素行不良で退学処分を受け、錦城中学に転入学、中央大学に進学し卒業したが、素行治まらず、住吉会の四天王と称する愚連隊の仲間になった。長身白皙鼻梁の通ったクラーク・ゲーブル張りの美男子の彼は芸者の紐になって子を二人なしたが、昭和一七年（一九四二）に召集された。内地で自動車部隊の小隊長となり、終戦時は陸軍中尉だった。ドラム缶を積んだトラックと共に復員し、それを元手に戦後第一回の衆議院選挙に立候補した。日比谷公園の野坂参三帰国歓迎国民大会では復員青年将校・復員兵士代表として演説し、二名連記制だった総選挙に立候補し「投票は野坂参三と遠山景久に」と訴えたが、落選。

すぐ上の兄景弘は東北帝大に学び、共産党員となり、治安維持法で検挙されのちに獄死するが、遠山はこの兄が好き（愛されてもいた）で思想的に影響を受け、兄景弘の獄死に強い衝撃を受けた、といっている。

共産党（共産主義）シンパ。河野一郎を親ソ洗脳。

五〇年分裂では国際派寄り。神山茂夫を支援。出版社拓文館では大井広《廣》介『革命家失格』『左翼天皇制』を出版。

昭和三二年（一九五七）原田某に勧められ『批評』を読み、大池に着目。パトロンになるから左右の論争雑誌をやらないかと大池をスカウト。

六者会談（小山弘健、浅田光輝、遠山、原田、大池、救仁郷）。小山、浅田らは代々木批判は痛烈だったが、それは代々木のマルクス主義からの逸脱の非難にとどまっていた。

大池・救仁郷は資本主義の労働運動圧力に対する適応能力は高く、打倒すべき相手だとするマルクス主義そのものの限界・欠陥を指摘、マルクスの絶対窮乏論、下部構造決定論に反対、社会党右派的社会民主主義にも飽き足らない混合資本主義的領域に踏み込んでいった。

遠山は大池・救仁郷側に軍配をあげ、小山・浅田側と決別した。

論争社は遠山景久を社長（金主）、大池を編集長、救仁郷を編集次長として一九五九年（昭和三四年）六月二〇日、創刊号（季刊第一号）を出した。

遠山は大正七年（一九一七）生、大池は昭和三年（一九二八）生、救仁郷は昭和一〇年（一九三四）生。それぞれの育った環境には際だった違いがある。それぞれの前史があり（後史もある）、その三人が結合したのは昭和三〇年代（一九五五―）の日本の政治と思想状況に対する危機意識とこれを何とかしなくては、という使命感を共有していた。

以下〝雑記帳〟

・革命の概念

革命は暴力である。暴力は青年の特権である。青年は暴力そのものと言っても良い。桜田門外の変、吉田松陰と松下村塾、西郷隆盛と薩長の戊辰戦争、レーニンの十月革命、チェ・ゲバラのキューバ革命等々革命は若き狂気と暴力の所産である。それは時代の転換期、権力がカオス化したとき、颱風のように発生し、怒濤のように押し寄せ、権力を覆して成就する。日本の六〇年安保、七〇年学生騒擾、パリのカルチェ・ラタン等は国家権力がなお強固で、カオス化は見られず、社会全体の機能はなお健全に機能しており、若き狂気と暴力の動員は学生たちの枠を越えることは出来なかった。

分別盛りの三島由紀夫が狂気を発して自衛隊市ヶ谷のバルコニーで憂国の演説をし、割腹して果てたのはよくよくのことである。

・大池：暴虎馮河の年齢を過ぎる

大池も昭和三〇年（一九五五）代にはいると青春時代特有の暴力的エネルギーの爆発は、目的意識的ではあるが自制的な分別ある行動に変った。

五七年（昭三二）八月一日　同人誌『批評』創刊号発行。

鶴見俊輔ら市民派、丸山眞男教授らは六〇年安保を民主主義永久革命の突破口として、時至れりと歓迎した。自分達の存在証明の場を見つけた思いだったのだろう。

・労働運動と農民運動における共産党の錯誤

戦後の共産党と共産党支配下の労働運動は巨大な錯誤のなかにあった。米占領軍による二・一ゼネストの中止命令は米占領軍を共産党と解放軍と規定し、ＧＨＱは共産党に対するのと同様、産別支配下の労働運動にシンパシイを持っているとの思い込みに冷水を浴びせた。ゼネストは昭和二一年（一九四六）二月一日、産別傘下の官公労の三公社五現業が企てた。二一ストが禁圧された時点で、共産党が革命の主体としていた労働者階級は方向を見失い、昭和二四年（一九四九）のレッドパージに対し、ほとんど戦わずして屈服することとなった。九〇日に及ぶ日立労組首切り反対ストも敗北に終わり、東宝争議も米軍の戦車が出動するに及んで敢なく潰えた。

朝鮮戦争特需は空前の好況をもたらし、労働運動から革命的性格を根こそぎ奪い去った。

昭和三五年（一九六〇）総資本対総労働といわれ恰も革命を指向するかの如き激烈を極めた三井三池炭坑閉鎖反対闘争が調停案受諾で終幕を迎え、戦後日本の労働運動は革命的色彩をまったく喪失した。

農村はどうか。共産党のテーゼによって過度に誇張されていた地主対貧農の階級対立は第一次・第二次農地改革によって根底から消滅した。

元常東農民組合書記田山実は「農地改革が農民運動の成果だ、というのはウソだ」と自ら自嘲的に語っている。

共産党は常に（コミンテルンから与えられた）テーゼに忠実たらんとして、現実に適合しないアナクロに陥っていた。

マルクス主義は人文科学の広範な学問分野に亘って深刻な影響を与え、ソ連社会主義の見せかけの成功がそれを助長し、一九四九年一月の北京共産政権の誕生がそれに拍車を掛けていた。

・丸山眞男的教養主義の台頭―『論争』当時―

マルクス主義政党・共産党はコミンフォルム・北京追随、四全協、五全協の武闘等、混迷と破綻・衰弱純粋をつづけ、他方のアカデミックなマルクス主義、岩波的講座派とのあいだは乖離しつづけ、両者の間に宏大な知的砂漠を生んだ。両者の本来不毛な砂漠たるべき宏大な砂漠を、一間見事な緑の沃野に変えたのがいわゆる教養主義と呼ばれる一団の知的雰囲気だった。丸山眞男的・大江健三郎的・鶴見俊輔的・久野収的・べ平連的教養主義に他ならない。いわく〝非マルクス主義的マルクス主義〟、いわく〝民主主義永久革命〟、いわく〝非武装中立〟である。教養主義は六〇年安保闘争に始めて蹶起・行動の舞台を見いだし、大衆行動と一体化するかに見えた。

・丸山眞男的教養主義の退潮―『論争』時代、六〇年安保・七〇年学園騒擾以後―

しかし教養主義は、安保闘争の終焉と共に行き場を失い、学園騒擾ではバリケード闘争の学生達によって破棄された。非前衛的前衛とも言うべき教養主義は行動力も伸長力も失い、報道、出版、官僚、教師、キャンパスの知的階層間の雰囲気として生き残っている。

・『論争』創刊号　一九五五年六月二〇日刊

『論争』創刊号の代表的論文：北川一郎「戦後転向論」（北川一郎は編集長大池文雄の筆名）

文明をその社会の経済的構造に規定されるとの見解、即ち下部構造決定論、資本主義の下では商品化された労働力は労働力の再生産に必要なエネルギーを購買しうる限界まで買いたたかれ、窮乏化するとの見解、即ち絶対的窮乏化論の否定的批判。フロイドの精神分析学の社会現象、歴史的事件への適用、進んでエーリッヒ・フロムの精神分析学の社会現象への適用、人間性に対する肯定的楽観主義の影響を受けた。大池はこの段階では都立大学関嘉彦教授の社会民主主義を越えた混合主義的資本主義の線にとどまっている。

・いいだもも氏はお化け

自己膨張の腐敗ガスでいやが上にもふくれあがり、破裂した風船の如き姿をさらしている。

（編者注）このメモはワープロで書かれ、編者に送られたものである。編者は中部大学が発行する『アリーナ』誌の編集長に就任して以降、大池氏、粕谷一希氏を含めた論争社についてのインタビューを行うべく準備していた。個人的事情ながら、東大研究生時代以来の恩師・西川正雄先生と父・太門が相次いで逝去した二〇〇八年、思うところあって大池氏に年内のインタヴュー実施を提案した。これがきっかけとなり、『論争社とその時代』、主に前史についてのメモ」と題する本稿が約一年の時間をかけて執筆されたのであった。「はしがき」でも述べたように、今西一氏から大池氏の紹介を依頼され、実際に今西氏がインタヴューを行われた（次項）のは、まさにこのメモを大池氏がワープロで書かれていた最中であり、この内容がかなり厳密な所以は、本メモの執筆と時期的に合致していたためでもある。

編者が『ハンガリー事件と日本』執筆のために書き綴った研究ノートは、編者の一〇年間にわたる海外生活や両親の転居などによって残念ながら散逸してしまった。本メモが残されたことは不幸中の幸いと言う他はない。

八　旧制水戸高・梅本克己・ハンガリー事件
―大池文雄氏に聞く（二〇一〇・六・一八）―

今西　一

一　生い立ち

今西　本日の主旨のひとつには、いいだももさんが茨城県の運動についてあまりにめちゃくちゃなことを書かれていますので（前掲「ホメロースの『イリアス』『オデュッセイ』の一時代の後を承けて」）、それを大池さんに正していただきたい、ということがあります。大池さんの生い立ち、茨城県の旧制高校時代のレッドパージ反対闘争のこと、梅本克己さんの思い出、五〇年問題、ハンガリー事件、戦後の出版活動のことなどもお伺いしたいと思っています。

大池　私は長野県の小諸の出身です。昔は小諸町といいましたが、その郊外の小原という農村で生まれました。小諸は牧野の殿様で御親藩です。表の石高は一五〇〇〇石でしたが、だいたい三万石あったと言われています。それで住民も豊かだったそうです。父の生家は大百姓で、父親は次男坊でした。学歴はなく、尋常高等小学校三年卒です。朝鮮の平壌で重機関銃隊に配属されて二年間向こうで兵役に服しました。その後、父親は結婚して分家し、田畑を少し分けてもらい、屋敷も買い与えられたのですが、小作に出して農業はせず、純水館という製糸工場に勤めていました。

今西　お父さんのお名前は何とおっしゃるのですか。

大池　友吉です。その工場で母親と知り合って結婚しました。母親はタミと言います。私は本当は次男なのですが、長男は生まれてすぐに亡くなりました。初太郎と言いました。戸籍は届け出たのですが、いま戸籍から無くなっています。東京に移る時に間違って消えてしまったのではないかと思うのですが。なぜ東京に来たのかというと、父親が製糸に未来はないと考えたのです。アメリカでナイロンが発明されて、それ迄アメリカ女性の足を飾っていた絹からナイロンに取って代られ、生糸が暴落しました。ちょうど昭和恐慌の頃です。

今西　お生まれは昭和三年（一九二八年）ですか。

大池　はい、一一月六日です。

今西　昭和恐慌は一九二九年からですね。

大池　東京に出てきたのは一九三二年頃だと思います。父は警視庁に入りました。その時、三〇歳で女房と子供が三人おりました。ずい分思い切った転身です。私の他に妹がふたりです。住んでいたのは日暮里一丁目です。父親は良く出来る人でした。拳銃の名手でしてね。東京オリンピックの時ピストル射撃のコーチをしていました。兵役で平壌の重機関銃隊に入っていましたが、機関銃隊は歩兵銃は持たされず、白兵戦では専ら護身用の拳銃です。射撃は天性のもので、練習したからうまくなるというものではない。警察官の時に神宮大会に出場しました。今の国体です。勤務先の所轄署の署長から話があって、自分が出ると名乗り出たそうです。家にもブローニングを持って帰ってきて手入れしていました。予選でトップになりました。九九点だったと言っていました。本番の大会では六位でした。ちょっと天才的なところがありました。剣道も五段でした。武徳会で五段をもらってきました。真剣で形をやったと云います。巡査部長、警部補、警部と昇進して警視庁を辞める時は蔵前署の次席でした。

今西　小学校はどちらに通われたのですか。

大池　荒川区の第四峡田尋常小学校です。当時住んでいたのが荒川区町屋一丁目でした。小学校に入ったのは二・二六事件の前の年（一九二五年）でした。二・二六事件の時は雪が降っていました。校門まで行ったら副校長がいて、今日は学校休みだ、と言うわけです。喜んで家に帰りました。小学校の成績はトップでしたが、総代は大地主の子で、成績もよく朝日新聞の健康優良児でした。世間というものを少し学びました。

今西 二・二六事件は一年生の三学期になるわけですか。

大池 そうです。大変なことが起こったのだと後で親から教わりましたが、あまりよくわかりませんでした。小学校の風景を申し上げたいのですが、下町ですから雑階級的で、高級官僚や大会社の幹部の息子や地主さんの息子もいましたし、職人の子供やお坊さんの子もいました。クラスにひとりだけ生活保護を受けている家庭の子がおりました。その子は時々しか学校に出てこないのですが、出てくると昼休みに小使室に行くんです。そこで弁当が出るんです。

今西 生活保護の子には弁当が出たのですか。

大池 そうです。我々とはあまり口をきかない、おとなしい子でした。東京は人口がどんどん増えて、特に下町では子供の数も一気に増えていった頃でした。

今西 その頃は、東京もまだ田舎っぽい雰囲気が残っていましたか。

大池 町屋一丁目はもう都市化していました。荒川区は当時すでに35万人の人口を抱えて、東京一過密だと教えられました。住民の大半は長屋住まいで、共同水道でした。日暮里の方に通じる尾竹橋通りが拡巾され歩道のある立派な舗装道路になって、両側にはおもちゃ屋、呉服屋、寿司屋、おかず屋、魚屋、乾物屋、薬局から大衆酒場迄、ありとあらゆる商店が並んでいました。お菓子屋、パン屋、楽器店までありました。町屋一丁目は、昔は稲荷前と言っていました、今の都電早稲田線町屋駅前停留所の北側一帯です。近くに博善社の火葬場や、三河島浄水場がありました。この浄水場は広大な土地に何百という数の糸車のようなものを回して下水を浄化するのです。中に入り込んでよく遊びました。出口のところで、飲めるほどきれいになった水がものすごい勢いで隅田川へ流れ出てくるのを眺めていました。

また、区立児童図書館があり、好きな場所でした。ジャンバルジャンや小公女を読みました。五年生になると本屋で岩波文庫を買いました。ウイリアム・ブレイクの詩集など印象に残っています。映画は何と言っても「鞍馬天狗」です。それから「風の又三郎」「加藤隼戦闘隊」「綴方教室」。

今西 小学校の頃は、もう軍国主義教育が強くなっていた時期ですよね。

大池 あまり無かったですね。

今西 無かったですか。

大池 これは説明が難しいのですが、日本は大正期を挟んで、戊申以来ずっと軍国なのです。ペリー来航以来と言ってもいいでしょう。殊更の軍国主義教育といえるものよりも、教育勅語が小学校の修身（倫理）教育の中心でした。日支事変がはじまった時が、ちょうど私達の小学生時代で、紀元二六〇〇年祝典があり、隣組が作られたり、千人針や慰問袋などは婦人会や高学年の女子児童が熱心にやりました。三年生の二学期に私の作文が当時ちょっとしたブームだった『綴方教室』という雑誌に載りました。ところがその時の担任で、指導教師として私と並んで名前が載った先生が、三学期に出て来ないのです。転任と発表されただけで、どこへ行ったのか教えてくれない。父は、「アカだったのかなあ…」と、母と首をかしげていました。五年生の時、ほかのクラスの担任で、支那兵の捕虜を侮辱するシナリオを書いて学芸会で児童にやらせた。こういう便乗型の人もおりましたが、これは例外です。大体、小学校の教師は大正時代の自由主義・消費文化の中で青少年期を送った人が大多数です。このことは、昭和初期の児童教育を語るのに欠かせない視点です。小学校が国民学校と改められた頃から戦時色が濃くなっていきましたが、それでも世間では、熱海などの温泉宿に戦時景気の人達が、馴染みの芸者やカフェーの女給達と繰り出して大賑わいだったのです。経済統制や徴用が激しくなって、商店も店じまいし、家庭の貴金属や鉄瓶、寺の梵鐘まで供出させられるようになるのは私達が中学二～三年生位の時です。

アメリカに対しては敵視というより羨望の方が強かった。中国に対する蔑視はかなりありましたね。中国人のことは「ちゃんころ」と呼んでいました。日本は総力で満洲国を建設しなければならないということは小学校の頃には思っていましたし、学校でもそう教わっていました。日清戦役の海戦の歌で「まだ沈まずや丁遠は…」という唱歌、日露戦争では「屍は積りて山をなし、血潮は流れて河をなす」という橘大隊全滅の歌など習いました。修身では爆弾三勇士がありましたが、取り立てて軍国教育というより戦時の児童教育としてはごく普通のことではないでしょうか。

今西　鬼畜米英というのはありましたか。

大池　それは中学に入ってからですね。鬼畜米英と言い出したのは大東亜（太平洋）戦争が始まってから、一九四二年頃からです。反英米仏はビルマの援蔣ルートをめぐる争いあたりから強くなりました。ドーリットル揮下一六機のＢ25の東京初空襲より後だったのではないでしょうか。反米意識は教育よりもむしろ新聞からの影響でしょうね。朝日新聞です。

今西　あの頃の朝日新聞の論調は好戦的ですからね。

大池　中学校では、ＡＢＣＤラインができて石油が止められた、これでは日本は生きていけない、と言われたぐらいで、その他のことはあまり言われませんでした。三国同盟ができたときは、非常に強力な世界の同盟国になったという話があり、そう思いました。中学時代の思い出としては、一年生の時、三国同盟を記念して開かれたと記憶していますが、上野の池の端でレオナルド・ダ・ヴィンチ展がありました。当時は博覧会と言っていました。流れて行った水が複雑な経路を経て戻って来たり、途中で水車を廻してその動力を推力にしたり、永久運動の模型ですね。子供には大変ショッキングな展覧会で、永久運動の機械の模型などが作ってありました。会場の真ん中にあった階段の正面の壁に実物大の「最後の晩餐」の複製が飾られていましたし、人体解剖図や数学のノートも展示してありました。衝撃を受けました。こういう偉人がいたのか、と。

今西　中学はどちらだったんですか。

大池　府立第一一中学です。入って間もなく、江北中学と名前が変わりました。いまの都立江北高校です。校長は著名な教育者の大森乙五郎でした。東京学芸大の前身の青山師範学校（現東京学芸大学附属世田谷高校）に我々の寄付でブロンズの胸像が立っています。大森校長のおかげでいい先生が集まっていました。私は四期生です。中学校にも都立四中のように陸士・海兵合格率を誇っている学校もありましたが、一一中（江北中）のように、旧制高校・専門学校、一流私大予科の進学率を重視している中学校も多かった。一一中は、全校生徒が参加する陸軍の軍事演習の査察の評点は、甲・乙・丙の丙だったように記憶しています。

今西　卒業されて軍の学校に行かれたのですね。

大池　中退です。一九四三年の暮れに試験を受けました。第三学年の二学期末です。下士官が不足していたので少年兵で補充しようと一五歳以上の志願兵をとったのです。陸軍特別幹部候補生、特幹といいました。中学三年修了前です。これに志願して、兵庫県の加古川にあった陸軍加古川少年航空通信学校に入りました。

今西　卒業すると航空兵になるのですか。

大池　それが違いまして、基地と航空機を結んで通信する地上勤務の航空兵です。実戦で通信に携わった者は、台湾と満洲に行きましたが、戦争末期で通信相手の航空機がないのです。多くは通信とは関係なく、陸軍兵力の補充で沖縄でした。教育が終わったのは一九四五年の二月で、お国のために命を捧げようと思っていたのですが、私には一向に動員令が下らないんですよ。准尉（総務・人事《（ママ）》）のところに、どうして動員令が下らないのか聞きに行きました。准尉も困っていましたが、おまえは一人息子か、と訊くわけですよ。後で気がついたのですが、彼は、一人息子は除外したんです。

今西　家を大事にした時代ですから、家をつぶしてはいけないと。

大池　その時は、何故そんなことを訊くのかわかりませんでしたが、暗示をくれていたのですね。それでどこに行ったのかというと、国分寺の小平町に当時の東京商大の予科のキャンパスがありまして。

今西　小平には戦後も一橋大学の教養部がありました。

大池　そこに陸軍東部第九二部隊という看板がかかっていました。それは電波兵器学校なんです。ここに入りました。いいキャンパスでね。西のはずれの雑木林の奥に行くと、太宰治が心中自殺した玉川上水があります。覗くのが怖いような川でした。

今西　玉川心中の場所というのは、それほど流れが激しい川だったんですね。

大池　すごい急流なんですよ。絶対に助かりません。その急流に沿って雑木林を北の方、つまり上流に歩いて行くと右手に大きなキャンパスがあります。津田塾です。五月に東京で大きな空襲があったのですが、三列に並んで入ってきたうちの真ん中の列の一機のお腹の部分が光ったんです。爆弾落としたな、と思って、私は班長をやっていましたから防空壕に入るよう大声で叫んで、自分も入りました。するとものすごい音がしてね。飛び出して行って消火活動をしました。私の班は本館の担当だったのですが、どうにか消火に成功しまして本館は助かり、私達は賞状をもらいました。我々が寝泊りしていた寮が焼けてしまったのですが、そのとき寮防衛の班が陛下から授かった帯剣をつけないで、踵のついたスリッパ（営内靴）を履いて、B29の侵入を見物していました。彼らの帯剣が焼けてしまったのです。これはひどく叱られまして。

今西　それは当時としては大変なことでしょう。

大池　校長は大佐で、陸大の入試を控えていて、合格間違いなし、と言われていました。当然将官になるはずの優秀な人でしたが、そのことがあって断念されました。商大予科の学生寮、つまり我々の宿舎が焼夷弾で焼けてしまったので、津田塾に体育館を借りて、仮設宿舎が出来るまでの間、寝起きしました。津田塾には夏休みでも帰省できない学生が残っていて、校庭のベンチや芝生に腰を下して、英語の本をひろげて勉強しているのです。敵性語といわれた英語をですね。どこか童話の世界にいるような不思議な感じがしました。

今西　勤労動員はなかったのですか。

大池　中学の同級生達はありました。しかし私は陸軍の航空通信学校、ついで電波兵器学校におりましたので、歩兵の基礎訓練は一通り受けましたが、学習から離れることはありませんでした。午前中が授業で午後が実習でした。幸運だったのかもしれません。中学の同級生は一九四三年の一〇月から一一月頃、つまり四年の二学期で卒業させられて、試験も無しに成績と志望を勘案して、それぞれの高・専・大学予科に割りふられたわけです。私が軍に行った後、同級の四年生に勤労動員があったのです。学校が綾瀬にありまして、日立の亀有工場に行かされたのがほとんどでしょう。授業は昼休みや夜に補習をやるのです。ですから、ほとんど勉強できなかった。

今西　戦争中は勉強できなかったようですね。特に語学は、英語など敵性語ですからほとんどやっていない。

大池　敵性語の話をしますとね、中学に入学した頃は週に六～七時間英語がありました。三年生の終わり頃に少し削られましたが、それでも週四～五時間ぐらいはありましたかね。英語の先生が追放されるというようなことはありませんでした。

今西　アメリカかぶれの人やモダンな人は嫌われた、ということはありませんでしたか。

大池　英語の先生で若い元気なイガグリ頭のクリスチャンの方がいましてね、上級生が喧嘩をふっかけていました。校庭から呼び出すわけです。するとその先生、石垣先生といいましたが、校舎の二階の窓から顔を出してどなるのです。上級生達は「アンチャン」というあだ名をつけていましたが、英語教師だからとか、クリスチャンだからとかいうことではなく、若い先生をからかい半分に囃したてたのだと思います。私自身には、クリスチャンはやはり異質だという感じはありました。

今西　クラブ活動などはやられていましたか。

大池　やっていませんでした。文芸雑誌のようなものは校友会の予算で出していましたが、私自身は特に関わっていません。

二　一九四五年の夏

今西　疎開はされていましたか。

大池　田舎の小諸に屋敷と田畑がありましたので、母親と妹二人はそこに疎開していました。妹たちは県立小諸高女に転校しました。戦後復員して私も小諸に行きました。それまで四年生に縮められていたのが旧に復して中学の五年目が復活することになりましたから、二学期から四年生に編入されたんです。復員兵は一クラスに三〜四名ほどでした。県立岩村田中学というところです。そこに一学期間いて、あとは一生懸命百姓をしていました。このまま百姓やろうかなあ、なんて思っていました。そのことを父親の兄に相談したんです。家の前の地続きに本家の伯父の家があったのですが、その伯父が父親に、文雄が百姓やると言っているがどうするんだ、と手紙で訊いたらしい。親父は、本人の思うままにさせてくれ、と答えました。親父はいつもそういう風に答えるんです。ですが、そのうちに向学心が芽生えてきまして、東京に出て勉強したいと思うようになりました。親父が足立区の西新井大師の書院に部屋を借りていまして、東京に出て、江北中に顔を出しました。玄関で、「大池です」と言ったら校長先生が出てきてくれましてね、「大池君、君に卒業証書が出ているから持って帰りなさい」、と言われました。前々年の四学年二学期修了時点の繰り上げ卒業の時のものです。それで、「ぼくは卒業免状をもらいに来たのではないんです。勉強しに来たのです」と言いましたら、「そうか、じゃあ上がってくれ」と言われ、すぐに岩村田中学からの転入願の書類を受理して転入手続きをとってくれました。

今西　四年で卒業しても、五年でしてもよかったのですか。

大池　実際同級生達は四年で卒業してしまっているのですから、私は軍に行って休学状態だったわけですが一緒に卒業にしてくれたのです。でも、卒業証書はもらわずに、もう一年残って勉強することにしました。その時にいろいろな経験をしたのです。先生たちがひどく自信喪失していました。体も大きくて怖かった数学の先生も、どういう風に生徒に接したらよいかわからないという感じでした。

今西　敗戦後ですから、戦後教育も大きく変わるわけですよね。

大池　自信の無さそうな、本来の自分を失ってしまったような感じでしたね。別に軍国教育をしていたわけではないのですが、戦前はおっかない先生だったんです。学校の雰囲気が何かおかしかったですね、ちぐはぐで暗かったんです。そうしたら誰かが、体育館入口の中二階にあったテーブルを見つけて、そこで卓球をやろうと言い出しましてね。私もそこに加わりました。勝ち抜き戦です。どんなに強くても、だいたい五人ぐらい抜くと負けるんですが。これは元気が出るなと思いまして、クラス対抗と、教員と生徒の対抗戦を私が提案しました。成績なんか貼り出しまして、全校巻き込みました。それで学校の中が明るくなったように感じました。その時、自分では自覚は無かったのですが、私の周りに人が集まるんです。大池は人に愛される、とこれは後で人に言われました。

今西　大池さん自身に敗戦のショックは無かったのですか。

大池　ありましたよ。どういうものだったかと言うと、前線で砲火の下で戦って負けたわけではないでしょう。村山貯水池、多摩湖ですね、その人工的な堤防の東の外れに電波兵器の野外演習場があったんです。そこで一九四五年の八月に演習をやっていました。演習に行く前にB29がやって来まして、チラシをまいたんです。「伝単」と呼んでいました。電波兵器学校の敷地にも何枚か落ちて、拾ったら本部に届け出なければいけないのですが、何か怪しいと思って私は一人で林のなかに拾いに行ったんです。そうしたら、トルーマンが執務室で電話している写真があって、ポツダム宣言の要旨が書いてありました。私も知識人の卵でしたから、それを読んだ。すると、日本に降伏を勧めているということがわかった。その後に多摩湖の演習場に行きまして、終戦を迎えたのです。カンカン照りの日でした。
その前に広島に原爆が落とされたでしょう。初めは特殊爆弾と新聞などには書かれましたが、翌日の昼に学校で発表されたのです、広島に落ちたのは原子爆弾であると。科学をやっていた学校ですから正確に伝えられた。空中で爆発して閃光を発し、半径五キロ以内は全滅したと。閃光で焼かれた人達は全身ベロッと皮がむけて死んだと。翌日の昼にはそこまで教えてくれました。これはしんどいことになったな、と思いました。その日の夜に空襲があり、防空壕に入りました。その空襲警報は、単機侵入というものでした。広島と同じでしょう。ただ深夜ですが雲一つない月明です。広島の次は当然東京だと思っていましたから、膝頭が小刻みに震えて、歯の根が合わない。これで今生の別れだと観念しました。飛行機は、いやがらせだったのか、何もせずそのまま行ってしまいました。
今西　玉音放送は聞かれたのですか。
大池　聞きました。村山で、真っ青な晴天の空の下で、整列して聞きました。何を言っているのかわからなかったけれど。
今西　みなさんそう言いますね。
大池　ただ、中にポツダム宣言という言葉が入っていた。それで、ああこれは負けたんだ、とわかりました。前に伝単（チラシ）を見ていましたから。午後は解散になりまして、内務整理、要するにお休み、と言われ、部屋に戻りましたら、陛下は何をおっしゃったのだという話になりまして。激励されたのではないか、と。
今西　戦意を高揚させて、これからもっとがんばろうと。
大池　それにしては声がおかしいのだけれども。みんながそう言っているものだから、私が「負けたんだよ」と言ったら、みんなも「そうか⁈」と。「ポツダム宣言とおっしゃっていたから、負けたのだ」と重ねて言うと、そんな筈はない、とがやがや始めました。じゃあ将校のところに訊きに行こうと、三人ほど連れだって行きました。日本は負けたのだと改めて聞かされて、しょんぼりして帰ってきました。その時の心境というのは、なかなか難しい…ああ終わったんだという感じだったでしょうか。

今西　もう空襲も来なくなるし。

大池　というのも、一五日の玉音放送の直前まで「ピーゴロ（P―51）」が何機も来ていたんです、P―51が何機もぶんぶん飛び回って―。ところが正午になったらピタッとみんな引き上げて行ったんです。そうして何も無くなって静かになったところで玉音放送があったのです。そういう体験でした。

敗戦になって何をしたかと言うと、軍籍にいたということを隠せということで、電波工学の本などほすべて焼却しろと言われました。

今西　陸軍士官学校や海軍兵学校に行った人は、日記まで全部焼却しろと言われたようですね。戦犯だと追及されることを恐れてそういう命令が出たようです。

大池　一六日に貯水池の堤のわきに穴をいくつか掘って、解体した機材を片っぱから放り込んで始末しました。迎えのトラックの荷台に乗って、土煙をあげて帰隊する時、夫婦らしい農夫がわき目もふらず黙々と畑仕事をしていたのが印象的でした。何か腑に落ちた感じでした。

今西　民衆の生活は変わりなく続いているわけですからね。

大池　その後、荷物をまとめて上野駅から信越線で小諸に帰りました。八月二〇日のことです。上野駅に行って並んでいたら、復員証明書を持たないで除隊した人間は原隊に戻って取って来るように、という放送が流れていました。そんなの持って帰ってもしょうがない、と思ってそのまま列車に乗りました。

今西　少年兵といえども軍人ですから、本来は復員証明書が必要なわけですよね。でも、戦争に負けているわけですから、関係無いですね。持っていても仕方が無い。高橋さんは。

高橋行雄　私は当時中学一年生でしたが、学校で玉音放送を聞いて帰宅すると、家の者が皆げらげら笑っているんですよ。私は怒ったんだけれども、戦争が終って嬉しかったんでしょうね。でも、考えてみると、男は町中全部黙っていたね。何をしていいのか分からなかったんだろうね。

今西　一種の自信喪失ですからね。女性は日々の生活がありますから、変わらず暮らしていけますが。高橋さんのお生まれは何年ですか。

高橋　昭和六年（一九三一年）です。

大池　小諸の駅から歩いて帰る時は、何か切なかったですね。自分は敗残兵なのだとしみじみ胸をつきました。その時はじめて、自分は兵隊だったんだという切実な感情に襲われましたね。着いても自分の家には入れないで、すぐ前の本家に行きました。そうしたら飯を食っていましてね。庭の縁先から「お祖父さん」と呼んだら、年上の従姉妹が出てきまして、「文雄ちゃんが帰って来たよ」と。何とも言えない気持ちでしたね。それから家に戻って母親に会いました。そういう敗戦でした。その後農作業をしながら、勉強したいという気持ちがわいてきて、東京に出たのです。

江北中では卓球部を作りましたが、私は復学して他の同級生より一歳年上ですからね。そのせいもあって統率力がありました。七中が噂を聞きつけて他流試合を申し込んできました。部員を集めて小さな応援団も作りまして、七中へ遠征して試合したら勝ったんです。同点で最後に主将戦になって、僕が出て勝ったのです。

三　旧制水戸高と梅本克己氏

今西　その後、水戸に行かれるわけですね。

大池　どうして水戸高校に行ったのかと言うと、中学の先生のところに、どこを受験したらよいか相談に行ったんです。そうしたら、水戸だったら受かるんじゃないか、と言われましてね。じゃあ受けます、と言って受けたら合格したんです。当時は試験が二日間ありました。水戸市東原の本校は焼けてしまっていましたから、常磐線で東京へ三つ寄った友部の海軍飛行隊の跡が学校と寮になっていました。

今西　受験科目はどんなものでしたか。

大池　全科目ありましたよ。高等学校はすごいなと思いました。最初に作文がありまして、国語、英語、歴史、漢文、数学、物理、化学、数学は代数と幾何でした。

今西　それはレベルが高いですね。

大池　いちばん最後に知能テストがありました。私は勉強が嫌いでしたから、特に英語はもっとやっておけばよかったなあ、と思いました。英語は軍に行った二年間のブランクは大きく、復学して授業についていくのが大変でした。他には早稲田の高等学院も受験しました。こちらの試験は一日で済みました。水戸からは、なかなか通知が届かなかったんです。そのうちに早稲田から合格通知が来ました。それで早稲田に行こうと思っていたところに、水戸からも第一志望の文科甲類の合格通知が届きました。

今西　それで水戸高に入られて、梅本克己さんと出会われたわけですね。

大池　最初に授業で会いました。つまらない授業だなあと思っていたんですよ。

今西　論文のイメージと授業がずいぶん違ったようですね。

大池　倫理学の授業で、ギリシア哲学から話していましたが、つまらなかったです。

今西　梅本さんは、東大の倫理学科で和辻哲郎さんの弟子だったんですよね。

大池　一番弟子と言われていました。

今西　『回想梅本克己』（克己会回想文集編集委員会編、こぶし書房、二〇〇一年）によると、水高の校長が俗物で大変だったようですね。

大池　私が入学（一九四七年）する前の年に、校長排斥のストライキがあって追放されたんです。

今西　安井校長排斥のストライキには関わっておられなかったのですね。

大池　ええ、私が関わったのはイールズ（ＧＨＱ民間情報教育局顧問）のレッドパージ反対闘争（一九五〇年）の時です。

今西　イールズは講演に来たんですか。

大池　イールズの片腕のフォックスというのが来ました。

今西　共産主義者を追い出せ、というようなことを話したのですか。

大池　そこまで露骨な言い方はしませんでしたが、教育の現場に好ましくないというように言っていました。

今西　北大の講演（一九五〇年五月）ではかなり強力な共産主義批判をやったようです。水戸では、東北大学の反イールズ闘争のように、イールズを追い出そうという動きはなかったのですか。

大池　追い出すというより、六・三・三・四制の新学制の大学法に反対したのです。すでに新学制は発足してりましたから、実際には強烈に抗議の意思表示をしたわけです。当時の校長からは、ストライキはやめて学生の本分に戻れと言われましたが、私は突っ走ったんです。今里という後に鉄鋼労連の書記局員になって活躍した友人を自治会会長に選出して、私はフラクションを指揮してストを決議しました。

今西　梅本さんは、旧制水戸高から新制茨城大学に切り換わる時に、不適格だとされたのですよね。

大池　不適格だとは言わないんですよ。ただただ辞令を出さないんです。クビだとは言わずに新制移行を利用して、実にうまく首を切ったのです。最後には、退職金がもらえることもあって、梅本さんの方から辞表を出しました。あれが失敗だったと本人は言っていました。梅本さんは親鸞を研究していたわけですが、戦後の梅本の思想の根幹に、歴史は必然であるという抜きがたい唯物史観が据えられました。その上で、人間性の中には客観的に対象化できないものがある、それを唯物弁証法が全的に包括しうるかどうか、というところから「主体性」論が生まれてくるわけです。この考えに私は衝撃を受けました。マルクスらしいマルクス主義に初めて触れたのもこの時です。

今西　『展望』に載った一連の論文（一九四六～一九四七年）ですね。

大池　歴史がもし必然であるならば、個はどうして個たり得るか、という問題としてそれを受け止めました。私は必然を仮定型でとらえたのです。その意味で、梅本さんとは最初の時点で少し考えが違いました。後に気づいたのですが、問の前提と解の目的が逆転していました。

梅本さんは懐かしい人です。こんなに懐かしい人は他にはいない位です。私は梅本の一番弟子といわれましたが、やがて私は思想的に梅本から離れた。これは気質の違いからとしか言いようがありません。二年の三学期に細胞委員長になって、梅本家に出入りするようになりました。「第二自由研究会」というのをやっていました。梅本さんが立命館に行かれた後は、私が梅本さんの代理のようなことをしました。梅本さんは戦時中、登壇停止になっていたんです。

今西　梅本さんは戦争中、文部省の教学局思想課におられたんですよね。

大池　教員審査をやっていたんです。教員の赤化事件が多かったですからね。それで嫌になってしまったんです。

今西　途中でやめてしまったようですね。

大池　その後、外務省の外郭団体だった「国際文化振興会」に入って、そこで伴侶の千代子さんと出会います。そして、水戸高校生徒課長をしていた久保謙が教え子だった梅本さんに惚れ込んでいて、水戸に呼んだのです。

今西　久保謙さんとの友情はずっと続いたようですね。

大池　久保さんは自由主義者で、梅本も自由主義者だったのですが、登壇停止から復帰するとマルクス主義者になっちゃった。ただ、親鸞の卒業論文（「親鸞に於ける自然法爾の論理」、『過渡期の哲学』所収）ではそういう傾向は見られません。

今西　あれはマルクス主義者とは思えない論文ですね。梅本さんは、マルクス主義と実存主義の両方の影響を受けているわけですよね。

大池　親鸞からも実存主義的な影響を受けたんですね。それにキルケゴールやヤスパースの影響もありました。

今西　親鸞については、倉田百三さんの『出家とその弟子』に影響を受けて興味を持たれたそうですね。

大池　戦後は一直線にマルクス主義に行きましたが。

今西　『展望』の論文からは完全にそうですね。ですが、自由とか道徳とか主体ということを強調するのは、当時のマルクス主義者では珍しいですね。

大池　水高の教授の梅本が『展望』に書いている、というので読んだんですが、ショックを受けましたよ。妹が明治大学の女子部に行っていまして共産党員でした。中央大学学生自治会の中執委員長をしていた小椋八州夫と恋愛関係になりましてね。東京に帰省した時にその周りの連中などと一杯飲んで大騒ぎしているうちに、こういう連中と一緒になって元気にならなければいけないなあと思いました。太宰治が死んだことにショックを受けたりしていましたが、そんなことでは駄目だと。それで虚無的な状態から脱出しまして、共産党に入りました。水高細胞には小島晋治がいました。党員の中では一番尊敬していました。

今西　中国史の大家ですね。

大池　一級上だったんです。秀才でした。彼が大学に行くというので、細胞キャップを引き継げと言われました。

今西　小島さんもキャップをやっていたのですか。

大池　キャップだったかどうか、とにかく信頼され、好かれていた幹部でした。その小島さんの命令でキャップになりました。

今西　大池さんは最初、京都学派の田邊元さんの影響を受けておられたのでしょう。

大池　それが主体性論とつながっているのかも知れません。哲学というのは、私にとっては田邊元でした。

今西　戦後も彼の議論は流行しましたからね。

大池　難解でね。参りましたよ。水戸高の同級生で田邊元に本気で取り組んだのはおそらく私一人だったと思います。

今西　京都学派は難解なんですよ。

大池　キャップになってからは、梅本家とも個人的な関係が強くなりました。

今西　来栖宗孝さんとか安東仁兵衛さんと、高校時代にお付き合いはあったのですか。

大池　安東仁兵衛との関係は、まず私が入学したときに歓迎コンパがありまして、私も演説したんです。伝統であるストームなんかやっているけれども、旧態依然です。伝統というのは絶えず革新を繰り返さなければ滅びてしまうではないか、ということを言いました。そうしたら安東が立ちあがってヤジったんです。それが最初の出会いです。彼は三年生でした。私は文学少年で文芸部におりましたが、その当時に付き合いはありませんでした。付き合いが始まるのは梅本家に出入りするようになってからです。特に彼が常東農民組合で活動するようになってから、非常に親しくなりました。私の家に寄って風呂に入ってパンツを取り替えてから梅本さんの所へ碁を打ちに行ったり、常東に戻ったり、自分の家に帰る、というような仲でした。来栖さんとの付き合いは、国際派解散後、新聞社（新いばらぎ《（ママ）》タイムス社）を立ち上げてからです。彼は脊椎カリエスの妻君の看病に明け暮れていて、党活動はノータッチです。法務省の役人で、役人ですから期限無しの休暇で給料をもらっていたのでしょう。彼は活動歴は皆無です。新聞社にはレッドパージされた人達が次々と入社して、失業救済になりました。

今西　水戸高で大池さんが主導されたストライキは、梅本さんへの処分反対が理由だったのですか。

大池　学制改革での大学法、新制大学制度への反対が第一項目でした。梅本処分はその後です。水戸高教授に茨城大学教授の辞令が出たのは翌年の初めだったと思います。梅本にだけ辞令がでなかったのです。

今西　旧制高校を残せ、ということですか。

大池　それが中心でした。加えて、イールズに対する反対です。でも、ストで大学法を阻止できるとは思いませんでした。旧制高校の誇りと意地を示す意思表示だったのです。

今西　当時の北大や東北大のイールズ反対闘争に呼応したわけですか。

大池　全学連がストライキの指令を出したのですけど、高専では他はほとんど動きませんでした。宇都宮の高等農林が水戸の一日前に二日間ストライキをやりまして、こちらも全学校舎の出入口を全部閉めて二日間やりました。旧高校・高専で整然と全校ストライキをやったのはこの二校だけです。

今西　梅本さんのレッドパージは、ほとんど取り上げられなかったのですか。

大池　レッドパージされるとは思わなかったんです。

今西　梅本さん以外には信任されなかった教授はおられなかったのですか。

大池　いませんでした。左翼的な教授はいましたけどね、島田雄二郎とか。

今西　西洋史の島田さんも左翼だったのですか。

大池　まあ、そうですね。朝日新聞水戸支局に親しくしていた記者宮下展夫がいました。彼は後に本紙文芸部長を経て朝日ジャーナル創刊時の編集長になりました。その頃論争社の編集長だった私は、彼に森恭三さん（ジャーナリスト）を紹介してもらいました。その宮下から、義公（徳川光圀）二五〇年、烈公（徳川斉昭）一五〇年祭について誰かに書いてもらいたいのだが、という相談を受けまして、島田さんに書いてもらうのがよい、と勧めたことがありました。それで島田さんがコラムを書きました。戦時中東天会という水戸の資産家の子弟たちの右翼団体がありました。これは東条英機暗殺計画で一網打尽になった連中です。菊池吾一というのが親方でした。菊池の父親は、菊池謙次郎という有名な教育者で、水戸一中の校長をしていた人です。菊池謙次郎自体は右翼ではなかったと思いますが、試験制度を撤廃して無試験にするなど、文部省とはまったく違うことばかりいつもやっていました。私は吾一さんの人柄が好きでよく家に出入りして、彼に愛されてもいたのですけれど、彼が、島田はとんでもない奴だ、と言うわけです。義公と烈公をけなすようなことを新聞に書いて、水戸ではろくなことは無いぞ、と。

今西　東天会の人達の間では、やはり水戸学の伝統が強かったわけですか。

大池　絶対と言っていいほどあります。東天会のメンバーとはずいぶん親しくなりました。私のことを「先生」と呼ぶ者もおりましたし、共産党員になった者もおります。

今西　大池さん自身は、水戸学についてどう考えておられたのですか。

大池　当時は読んでいませんでしたが、水戸学の雰囲気のようなものは菊池など東天会の連中から聞いていました。日本主義ですごく誇り高いものです。私の家内は水戸士族の娘でして、義公が作ってくれた水戸家のお墓で、士族は全員そこに入るのですが、家内の家の人間もそこに入っていました。水戸家のお墓に入っているかどうか、というのは、水戸での隠然たるヒエラルキーです。

今西　士族の誇り高さは強烈ですね、戦後社会まで強く残ります。

大池　水戸高文芸部の一年先輩で部長をしていた加固三郎というのがおりましたが、やはり水戸の士族の出で、そういう誇りを持っていました。

今西　話を戻しますが、梅本さんは、水戸のそういう雰囲気のなかで「共産主義者宣言」をやったわけですね。その時の学生たちの反応はどうでしたか。

大池　教室でマルクス主義を説くということはしませんでした。

今西　一般的な倫理の講義をしていたわけですか、退屈な。

大池　そう、退屈な。社研にいた生徒などから冗談で、革命と恋愛は二律背反的だがどうするのか、どっちを選ぶんだ、なんて質問が出て、恋愛をとるなあ、革命は捨てる、などと答えて笑わせていました。千代子夫人との仲を考えると半ば本音でしょう。

四　茨城の実践運動へ

今西 大池さんの水戸高校中退というのは退学させられたのですか。

大池 そうではありません。レッドパージの年、一九四九年で、県委員会につめたりしてレッドパージ反対闘争をやったわけです。

今西 当時は官公労、小学校から全てやられていますからね。

大池 国鉄機関区で、夏休みに水高生八〇人ほどを連れてデモをやって演説して歩いたんです。でも、反応が無いんですよ。あのレッドパージ反対闘争は惨敗ですね。

今西 そうですね。全国で一万人以上処分を受けたわけですからね。

大池 労働者はみんなソッポ向いて応援しないわけですよ。自分の身がかわいくて。共産党もプロレタリアートだ、労働者階級だと一生懸命煽動しましたが、みんなまずは生活防衛なんです。共産党の味方をして自分がクビになっては元も子もない、というわけです。かといって、ここに演説しに来るなとは言わない。でも、きわめて冷淡でしたね。その後、デモに行った同級生は帰郷しましたけれども私は水戸に残りました。共産党県委員会が出していた『茨城民報』という新聞の記者になって、あちこち取材しました。それで、夏休みが終わっても学校に出なかったのです。こちらの方がおもしろいから。そうしたら先生がやって来て、学校に戻りなさいと言うわけです、もう少しで卒業なんだから、と。でも、もう学校には興味は無い、と話しました。その人は国文の先生だったのですが、県委員会常任委員の横山静一郎という日教組県青年部長をやっていた教員上がりの人間のところに行って、大池は東大に行って国のために将来働く人間なのだから学校に戻してくれと言ったらしい。横山は、それは本人の意思だから、と答えたそうです。そんなことがあったとは後で聞いたのですが。

今西　大学に行ってエリートコースを歩むよりも、革命のため、人民のために生きようという気持ちがあったのですか。

大池　そうですね。四九年の秋口から日立製作所のストライキが始まります。九〇日間。その前には高萩炭鉱の閉山がありました。三〇〇人が働いていて、ストもやったのですが。そういう時代でした。日立の方は相当激しくて、激しさに酔いしれているようなところがありました。課長や係長をドラム缶の上に座らせて取り囲み、ドラム缶を棒で叩くのです。そこへ天井からバケツの水を落とすようなことをしていました。雨のブルースとか言って。当時日立製作所には五五五〇〇人の労働者がいて、社長の倉田主悦が人員一割カットを打ち出していたのです。今でこそリストラなど簡単にやっていますが、当時は大騒ぎでした。

今西　国鉄のクビ切りで下山事件（一九四九年）も起ったわけですからね。二・一ゼネスト（一九四七年）以降、高揚した時期でした。四九年ですと、革命近し、という雰囲気だったでしょう。でも、五〇年分裂の時は『茨城民報』の記者をやっておられたのですか。

大池　いえ私は出世が早くて、高校を辞めた頃には共産党水戸市委員会の委員長になっていました。水戸市の党員は二〇〇人おりました。

今西　それはむちゃくちゃ早いですね。高校生からすぐ委員長ですか。

大池　遠坂良一の推薦というか、指名です。遠坂は当時、県委員長でした。水戸地区は茨城県で最大の委員会でした。五〇年の一月には県委員候補になります。

今西　それも早いですね。

大池　日立の闘争が敗北したときは県委員候補でした。あの敗北には困ってしまいましたね。日立労組の委員長は東大出の小林公正という人間でしたが、共産党では県委員でもあり、よく県委員会に報告に来ていました。

最初のうち小林は、全国から米俵が届いて山積みになっているなど景気のいいことを言っていました。闘争資金も潤沢でした。しかし、相手がまったく動かない。九〇日間ストをやって、もう打つ手が無くなってしまった。最後に倉田社長に直談判しようと、本社の建物に梯子をかけて、一人で小林が窓を割って侵入したんです。そうしたらすぐに警察に通報され、連行されてしまった。住居不法侵入の現行犯です。倉田さんには後に丸ノ内の本社でお目に掛りました。質朴剛直な立派な人です。

今西　日立争議では労組はかなり過激なことをやっていたのですね。

大池　そうです。課長達を社宅の外に引っぱりだして、平伏させ、額を土につけ「ごめんなさい」と謝まらせるのです。〝熱砂の誓い〟などと言って気勢をあげるのです。でも最後の家宅侵入は、小林の自暴自棄、自殺と表裏の行為です。完全敗北で全員クビになった。県委員会は小林をブランキズムだなどと批判しましたが、後の祭りです。高萩炭鉱も閉鎖になっていましたから、拠点が無くなってしまいました。国鉄労働組合も産別会議が握っていたのですが、レッドパージで駄目になりました。東電も全逓信も国鉄も日教組も全部追いだされて。共産党はプロレタリアのいないプロレタリアの前衛党になってしまった。

　話は飛びますが、共産党員は共産党以外の人間と仲良くするということが無いんですよね。遠坂良一は強面で、どこに行っても、そこのトップと会える人間だったけれども、他はみんな内に籠ってしまうんだ。

今西　分裂した時の水戸の共産党は所感派が強かったのですか。

大池　五〇年分裂の時は、常東の農民組合の幹部達が所感派でした。

今西　山口武秀さんたちですね。

大池　あとは全部国際派。山口さんたちはその後辞めますが。

今西　除名されたのですよね。

大池　山口武秀は、伊藤律が共産党に取り込んだんですよ。元々は労農党の代議士でした。共産党に媚びる必要はなかったのです。その後所感派と仲違いをして除名され、共産党も辞めました。私も一時党籍を離れ、復帰したのは六全協（一九五五年）の前の年でした。そこで常東といつまでも喧嘩していては駄目だろうと言ったのです。それで私が山口ら幹部に会いに行きまして、共産党に戻れとは言わなかったけれども、和解しましょうと勧めました。

今西　大池さんは、社共合同に対する評価は厳しいですよね。青森の大沢久明さんなどの行動に対して。

大池　ハッタリです。一九四九年に共産党は三五人の代議士を出しはしましたが。ですが、虚名だったと思います。今の民主党政権のようなものです。

今西　思想信条に関係なく集まっているわけですから、むちゃくちゃな合同ですよね。

大池　青森の流れは茨城まで来て、伊藤律などが一生懸命働いておりました。山口は、三〇〇〇人全員入党する、と言ったんです。『アカハタ』などでも大々的に書いていましたが、ひどいハッタリです。常東にそんなに共産主義者やシンパがいるわけ無いんだから。

今西　農民運動の人達は本来、農地改革で集まった人達ですからね。土地をよこせと言って集まった人達ですから、共産主義者である必要は無いわけですよね。

大池　あれは一種の順法闘争ですよ。

今西　そうですね、農地委員会が小作の側をバックアップしてくれるわけですから。

大池　農民運動が農地改革をやったんだという主張はインチキなんですよ。

今西　それはそうですよね、ＧＨＱがやらないとできないのですから。

大池　農地改革は全部ＧＨＱですよ。私は大学ノート二冊分調べたのですが、農地改革後は地主階級の支配など無いんです。在村地主は皆零落してしまっているのです。百姓などできないし、元々百姓などやったことは無いんだから。田畑を貸すといっても一町歩しか所有が許されませんでしたから幾らにもなりません。皆零落していました。不在地主は農地を全部なくしました。

今西　遠坂良一さんが、農地改革で地主が復活したというのは嘘だ、と早くから主張していますね。遠坂さんというのは戦前からの活動家ですか。

大池　そうです。熊本の五高出身です。

今西　五高の出身ですか。

大池　農民運動で学業の方は挫折したようです。

今西　大池さんは国際派の活動をされていたのですか。

大池　ええ、やっていました。国際派であれ所感派であれ、共産党というものが社会的な信用をまったく失っていまして、国際派の方も大した活動はできませんでした。水戸は市会議員で町の大地主の弓削徳介さんを除いて二〇〇人全部国際派でした。古河の委員会も全部国際派でした。私は五〇年夏には常陸の河原子の海水浴場に宿を借りて、数人で合宿し、レーニンを勉強していました。

今西　その国際派は宮顕（宮本顕治）派ですか。

大池　宮顕派です。水戸から明治大学に行った竹内という考古学をやっていた学生が夏休みに戻って来ていて、何かやろうと私に言うのです。反戦闘争をやろう。でも闘争なんかできないのだから、ビラをまこうということになりました。私がガリ版でビラを作って、日立の工場に入って行って二人でまきました。そうしたら組合事務所に連行されて、そのまま警察に逮捕されました。一九五〇年の七月です。拘置所に四〇日いました。水戸の拘置所というのは少年刑務所の一角なんです。そこに二〇日間いて、その後浦和拘置所に移されて二〇日、合計で四〇日間いまして、起訴猶予で釈放されました。浦和では『資本論』を読んでいました。拘置所には長野県の所感派の青年が二〇人ぐらい後から入って来ました。それも全員釈放されました。朝鮮戦争の戦況が思わしくなくなったので、裁判どころではないということなのか、まあこの辺にしておこうということなのか、よく分かりませんが。所管は朝霞の米第八軍でした。

今西　ビラは朝鮮戦争反対ですよね。よく軍事裁判になりませんでしたね。高橋さんはその当時どこに所属しておられたのですか。

高橋　私が共産党に入ったのは二〇歳ぐらいの時で、入ってすぐオルグになって、少しの間茨城県南部地区委員会におりました。二〇歳ぐらいの人間が払底していましたから。その後、茨城県東部地区委員会に移り、何もやることが無く、常東農民組合が小競り合いをしていましたから、鹿島地区に行かされまして、二年ぐらいそこにいました。そのうちに六全協があり、六全協というのは要するに多すぎるオルグの人員整理ですから、私も辞めました。

今西　出世が早いというのは、戦争で人がいなくなっていたから、すぐに抜擢されるわけですね。

高橋　私は大池さん達国際派が解散して党にいなくなった後のオルグです。私は、共産党の上部機関から金をもらったことはありませんでした。生活はひどく厳しかったですよ。そこで神之池基地反対闘争というのが起るのです。鹿島の臨港工業地帯に哨戒艇の基地ができることになったからです。闘争支援で食料が集まって来まして、それで食えるようになったんですよ。五全協の武装闘争時代です。大池さんは国際派解散後党とは関係なく新聞社を作ったり、奥さんの収入で浪人したり、優雅にやっていました。

今西　山口武秀さんの常東農民組合と茨城農民同盟は対立していなかったのですか。

高橋　対立はしていません。

大池　茨城農民同盟が常東に進出したように言っていますが、そうではなくて、常東が事実上活動を止めてしまっていたんです。山口さんはその後も税金闘争をやっていましたが。農民運動は農協が全部吸収していきました。山口さんは常東解散後は鉾田町農協の組合長におさまりました。農民同盟は、松下清雄や下山田虎之介などが常東組織を離れて東茨城郡に来て作ったのです。旗上げはしてみたものの農民運動がやる仕事はもう無いのです。ふたり共結局、茨城町の町会議員になりました。

今西　下山田さんはまだお元気です。日本とヴェトナムとの友好運動をやられています。

高橋　私と同年輩の元党員やシンパは皆、今でもリベラル・レフトの社会主義者で、昔の夢を追っていますよ。私みたいに右寄りになったのは例外です。

今西　ヴェトナムも変わってしまっているんですけどね。大池さんは、一九五二年の山口武秀さんの除名に対して反対の文書を書いておられますよね（「山口氏除名問題の再評価について」）。当時、共産党中央はやはり山口武秀を除名しろという方針だったのですか。

大池　そうですね。

今西　常東農民運動に対する批判は、その頃すでに出ていたのですか。

大池　出ていた筈です。何しろ日農（日本農民組合）は、農地改革で地主支配はかえって強化されたというとんでもない主張でしたから。

今西　日農の再建大会で『誰が日農を分裂させたか』というパンフレットが出て共産党批判をするわけですが、日農分裂についてのことはご記憶にありませんか。

大池　多少覚えています。

今西　第六回日農大会（一九五三年）では、安東仁兵衛さんが「スパイだ」と強く攻撃されます。そこにはおられたのですか。

大池　はい、見ていました。

今西　常東農民組合と共産党との関係はあまり良くなかったのですよね。

大池　良くなかった。当時すでに中央は妥協的になっていまして、そこから派遣されてきた元国際派の針谷武夫が、分解してしまっていた茨城の党を再建しろと言われてやってきました。私は当時浪人していたのですが、私に党再建を手伝えというのです。断りました。すると針谷は、財政的に困っているから金を集めてくれと言うのです。断わったのですが、日参の泣き落しです。金の方は集めました。水戸の旦那衆を回って一万五〇〇〇円ほどでしたか、当時の金ではかなりの額だったと思います。彼は、君の力がなければ茨城の党、特に水戸の党は再建できない、と助けを求めてきました。その頃は、元所感派も元国際派も融合的な雰囲気でした。

今西 六全協の前は融合的でしたね。

大池 じゃあ水戸の共産党を再建しようかということで、当時、水戸市南郊の元台町の薪炭屋の離れに借家していたのですが、その前を旧水戸街道が走っておりまして、そこからだらだらと北へ一キロほど下ったところが、水戸市下市です。大洗行きの路面電車が走っている目抜き通りに面して、シンパの後家さんがやっている菓子屋があり、その並びの手頃な空き地を借りて小屋を建てました。下市細胞事務所といいました。

高橋 形にはなっていませんでしたね。簡易宿泊所のような所になっていました。

大池 五全協で鹿島郡の農村や開拓地を半ば流浪していた高橋さんにとってはそうだったのでしょうが、一居住細胞の事務所でも、建物があって、そこに私がいるということで自然に人が集まってくる。茨城大学細胞の碁の名手が私に碁を教えにくる、といった按配です。茨大細胞のキャップをしていた生田目氏は「私が細胞会議に出席しましたら初めて上級機関からまともな人が来たと思った」と後に述懐しています。その後、水戸市委員会として水戸の細胞を全部掘り起こして、同時に大工・左官・鳶の三職組合二〇〇名を引き連れて税務署に乗り込み、税金告知書を全部置いてきました。棒引きです。私には、市内の有力な商工業者や高給取りの中にカンパしてくれる人がかなりたくさんおりました。下市細胞、水戸市委員会、県常任委員会と再建していくのですが、こうした支援があって初めて可能だったのです。水戸市委員会は全国一裕福な地区委員会だっと思います。

今西　茨城県委員会の針谷武夫さんへの評価も厳しいですね。針谷さんというのは、法政大学を出て、戦前運動していましたが、転向して満鉄に入って、帰って来て五〇年代は茨城で軍事委員などやっておられた方ですよね。

大池　針谷というのは、国際派が優位な時は国際派にいて、国際派が解散するとすぐに主流派に移って、六全協を控えて、武闘をやめ、茨城に詳しいということで派遣されてきました。

今西　同じ県委員会の石上長寿さんなどに対しても、転向を隠していると厳しく批判されていますね。

大池　転向問題も追究しましたが、主な批判点は、南部地区を県委員会から独立した自分の派閥を作ろうと活動しているその方法そのものにありました。小沢一郎のようですよ。

今西　自分の部下を作りたがるわけですね。

五　ハンガリー事件以後

高橋　大池さんが中央委員会で除名になった後、いいだももが何かの商業誌に書いたんですが、いいだももの本質はそこに全部出ているように思いました。

今西　一九五八年七月一四日の『アカハタ』に大池さんの処分についての文書が出ていますね。

大池　それは第七回大会の冒頭です。『批評』という同人誌を一九五七年に出しまして、その第二号に「何をしてはいけないか─人間疎外をもたらす一切の制度の死滅への展望」というのを書きましたが、あの除名の文書には私の除名理由としてその内容が引かれています。

今西　一九五六年に、武井武夫さん（アカハタ国際部長）のハンガリー事件に関する記事（「悲劇の一週間」『アカハタ』一九五六年一一月一日）に対する批判を書いておられますよね（「ハンガリー事件に関する『アカハタ』への投稿」）。

大池　『アカハタ』の編集部がこの文章を載せようということになったのですが、機関誌統制委員会が差し止めたんです。当時機関誌に対する統制が厳しくなっていました。その前に、統一戦線と称して茨城の共産党が社会党を応援して、自分は何もせずに選挙をやったことがあります。社会党県連の久保三郎委員長に直談判して、「共産党の支援は、これを拒まない」という声明を出させたのです。私はその時「統一戦線戦術について」という論文を書いて『前衛』に載せました。中央委員会で宮本顕治の下にいた人間たちが困ってしまって、自己批判しろと言ってきましたが、冗談じゃないと拒否しました。その時、関東地区代表者会議というのがありまして、おそらく準備していたのだと思うのですが、大勢が私を批判してきました。私もいちいち反論して一歩も引かなかった。茨城以外は全選挙区に党の候補を立てて、金も無いのに歯を食いしばって選挙運動をした。挙句にろくに票も取れずに全員落選というみじめな結果に終わった。私に対する攻撃は嫉妬です。その頃から私は睨まれていたんです。そこに『批評』など始めたわけですから。

今西　『批評』を始めたのは共産党を出てからですか。

大池　いや、まだいました。

今西　「吉田和夫」こと高橋さんも一緒にやられたわけですね。他にも伊藤元雄さんとか。

大池　伊藤元雄は名古屋大学の細胞の幹部でした。卒業後に上京して、篤志家の共産党員の援助で国電大崎駅近くに「勤労者学園」を作るというので、私を推薦したんです。文芸関係の講師を集めようということで、埴谷雄高や花田清輝、野間宏、佐々木基一のところなどを回って承諾してもらいました。作曲家の林光も講師を引き受けてくれました。大崎に校舎ができあがっていたのですが、経常方針で対立しまして、なぜ大池の言う通りにやらないのだと伊藤元雄がオーナーを殴ったんです。それで私も辞めて、その頃です、『批評』を出したのは。

今西　『批評』グループの頃は、どんな活動をしておられましたか。

大池　勤労者学園以後、私が失職して困っているというので、茨大細胞キャップの救仁郷建が、自分の母親がやっている「社団法人社会福祉友の会」を手伝ってくれと言ってきまして、一年間手伝って東京都の社団法人格を取りました。『批評』の二号と三号を出したのはその時期です。三号を出した頃が、ちょうど除名される時期です。当時は、社会福祉友の会の西落合診療所に勤めながら、新宿居住細胞というのに所属していました。問題になった論文をこの細胞に提出したのですが、内容に反対だと言う人はいなかったんです。しかし賛成だけれどもはっきりは云わない。インテリが多かったのでしょうか。それで、新宿地区委員会に論文を上申したんです。地区委員会はそれをそっくり中央に上げた。そして、中央委員会から、これは除名に値するのではないか、ということで除名処分にしろという指令がまた細胞に降りてくるわけです。規約上、除名は細胞で決議し、上申して地区委員会ですることになっているんです。

今西　ハンガリー事件に関わる大池さんの先駆的な批判は、共産党の方からすれば、解党主義、反党分子ということになるわけですよね。

大池　そうです。東京に出てくる前に私は茨城県常任委員会の委員をやっていまして、青年部長と財政部長でした。五一年にコミンフォルム声明で分派と規定され、コミンフォルムが所感派の武闘方針を支持したので、宮本国際派は直ちに解散しました。そこで私は、水戸に戻って新聞をやりたいと言ってきた遠坂良一を助けて『新いばらきタイムス』という新聞を作り、それが軌道に乗ったので、社を辞めて浪人し、この間女房の月給で暮らして一女を設け、私は読書三昧でした。その後、六全協に先立って水戸、次いで茨城県委員会の再建に乗り出したのです。ハンガリー事件の時には、茨城県の党再建は軌道に乗っていました。私は遠坂に話して、社会党県連副委員長で青年部長の高儀満威氏、労農党県連青年部長山県某氏と、財政部長兼青対部長だった私の三人でハンガリー事件をめぐって座談会をやりました。それは『新いばらきタイムス』に一頁全面でのりました。社長の遠坂も私と同じ意見でした。私は、ハンガリー事件に対するソ連の弾圧について抗議しました。でも、労農党も社会党もはっきりしたことを言わないんで、びっくりしました。共産党の中も沈黙でした。これはもうこの党は駄目だと思って常任委員を辞任しまして、居住細胞を作ろうということで、広く同志を集めて一九五七年に「水戸第五細胞」を作ります。第五細胞では、自由に意見を言おうと『風』という機関誌を出します。五〇円くらいの有料で党員に頒布したのです。それが問題になりまして、東部地区委員会に呼び出されたのですが、茨城大学細胞の人達が十数人で傍聴に来て同調してくれました。救仁郷建がキャップだったのですが、彼は卒業する時に大学細胞を解散したんです。第五細胞も『風』も、文字通り台風の目になりました。第五細胞結成と『風』発行の名誉は高橋さんに帰します。彼が言い出しっぺです。

私が新宿の西落合診療所に勤めていた時、一九五七年ですが、そこに、私の影響下にあった高知聰が訪ねて来ました。

今西　高知さんは後になって大池さんの批判を書いておられますよね。

大池　高知は、私の部屋に転がり込んで来て、一緒に住んでいて、勤め先も見つけてやったんです。そうしたら勤め先の金を持って逐電しちゃったんです。埴谷（雄高）のところに顔を出すに違いないと思って訊いたら、来たと言うんです。事情を説明して、私のところに戻って来るよう話してくれと埴谷さんに言ったのですが、あの人も変わった人でね。高知のパクリを悪いことだと思っていないんですよ。「うん」と云わない。革命のためにブルジョアから金をとったんだから、という発想なんですね。

今西　では、その後の大池さんの歩みについてお聞かせください。

大池　マルクスのパリ・コミューンの検討をしまして、それ自体にいろいろ問題はありますが、『批評』においても中心テーマでした。高知聰も晩年までパリ・コミューンの研究をしていました。

今西　そうですね、高知さんの主著は『都市と蜂起』（オリジン出版センター、一九八三年）ですからね。黒田寛一さんの「弁証法研究会」とは、合同の研究会をやっておられますね。

大池　黒田寛一とは、コミューンの問題はやっていないのです。あの人は哲学的な人ですから。黒田氏とは、高田馬場の「大都会」という喫茶店で黒田の弁証法研究会と『批評』の合同研究会をやりました。私は当時まだ依然として未来志向なんです。コミューンに固執していて、それは一種の信仰と言ってもよいかも知れません。黒田氏は弁証法的・史的唯物論に固執していまして、世界は世界革命の過程にあり、ハンガリー事件はその過程での一つの躓きであって、それを批判する余り、世界革命を見失ってはならない、というような論旨でした。私達にはコミューン論も現実認識も、主体性と個の問題も一緒くたに飛び込んで来ていますから、両者は到底かみ合いません。

『批評』時代の後、出版社の論争社に関わります。遠山景久が『批評』を読んでいたんですよ。以前『アカハタ』の編集長だった原田氏が薦めたんです。原田氏は神山（茂夫）派で、遠山は神山を支援していたんですよ。それで私に会ってみようということになって、遠山が私に葉書をくれたんです。そうして遠山がオーナーで論争社を作ったのです。左右の論争をやろう、ということで。私は二年半ほど、論争社にいました。なぜ辞めたのかと言うと、季刊だった雑誌『論争』を月刊にすると言うわけです。月刊にするような趣旨の雑誌ではありませんから。月刊にしたら商業主義になってしまい、かえってますます赤字が累積しますので編集長はやりたくない、と言ってやめました。その後、日本ソノサービスセンターという産業教材の会社を作って九年間やりました。この会社は徳間康快さんに後を託しました。

今西　徳間書店の初代社長ですね。

大池　彼も私の会社に山っ気があって、引き受けてくれましたので、私は退きました。

今西　その後はどうされたのですか。

大池　平和相互銀行の仕事を手伝いまして、通信回線の自由化をやりました。

今西　戦争中の勉強が役に立ったのですね。

大池　一九七〇年に電電公社が「公衆電気通信法一部改正法案」を作ったんです。そこで、小宮山英蔵さん（当時平和相互銀行社長）と、奥村綱雄さん（当時野村證券相談役）を押し立てて、経団連が動いて、『日本経済新聞』の月曜論壇「私の意見」に奥村さんの「通信回線の解放を論ず」というコラム三〇〇〇字を載せたんです。続いて小宮山さんの、ナポレオン三世のパリ都市造りにおける共同溝網が今日も生きて、通信、上下水、電気、ガスのネットワークの根幹を成しているというコラムが日曜論壇に載ったのです。日経には太田哲夫という、『論争』の新人賞に入選した経済部のデスクが頑張ってくれて載ったんです。それで結局、改正法案は廃案になりました。

今西　話は少し変わりますが、いわゆる「昭和史論争」で、亀井勝一郎さんの側のデータを丸山眞男さんが提供したと言われていますが。

大池　『中央公論』編集長の粕谷一希が、丸山にリストを作らせて亀井に持って行ったんです。私は、丸山眞男の影響は全くと言ってよいほど受けていません。それは良かったなあと思っています。『論争』に集まった連中もほとんどそうです。私は大学に行きませんでしたから当然なのかも知れませんが。

今西　旧制高校は今の大学以上のレベルですけれどもね。

大池　ある同級生が、丸山を罵倒するとはひどいじゃないか、という手紙をくれたことがありますよ。

今西　その後、保守主義のグループを作ろうという動きがあったわけですか。

大池　田中清玄が、福田恆存だとか神奈川県教育委員会の鈴木重信、村松剛などに声をかけて集めたんです。契機になったのは一九六一年の、中央公論社長の嶋中鵬二の奥さんを右翼の青年が殺傷しようとして誤って女中さんを殺した事件（嶋中事件）でした。田中清玄のところで馴染みのレストランに毎月二日に集まろうということで「二日会」と名付けました。私はそこで最年少でした。私はいつでも最年少なんです。

今西　最後の生き証人にもなれますね。

大池　ところが、田中清玄がピストルで撃たれたでしょう（一九六三年）。あの事件は、田中が東京会館から出てきたところを待っていた人間が八連発の銃を全部撃ったのです。全部急所を外れたんですね。一メートルぐらいの至近距離からだったのだけれども。それが契機で二日会も止めてしまいました。福田恆存さんもその後「三百人劇場」というのをやっていましたけれども、財政的にはかなり厳しくて、晩年はあまり芳しくなかったようです。

今西　本日は、現代史の重要なお話をお聞きすることができました。どうもありがとうございました。

（編者註）

今西一氏（当時小樽商科大学教授）の「まえがき」を含む全文は、小樽商科大学研究報告編集委員会編『商學研究』六一巻二・三号（二〇一〇年一二月）所収。

九　「論争社」の時代　幻の出版社、星の時間へ

出席者　大池　文雄
高橋　行雄
粕谷　一希
小松史生子
開米　潤
小島　亮

論争社はどのような出版社であったか

小島　今日は論争社という伝説の出版社の歴史を振り返りながら、一九六〇年代における思想と文学について議論ができればと考えています。筋書きは基本的に設定せず、自由に思い出すまま、いろいろな議論が盛り込まれればと思います。私や開米さんは思想史の研究をやっておりまして、小松さんは文学研究者です。同時期を中央公論社で編集者として活躍された粕谷先生もいらっしゃいまして、多様な方面で論争社内外について話ができれば嬉しく存じます。

変な言い方ですが、右、左を問わず、時代の予言者みたいな方が論争社の執筆陣にずらっとラインナップされている感じもしますし、雑誌『論争』というメディア自体が、時代の先駆者であったと評価していいと

思います。ただし先駆者の運命と言いましょうか、それは時代を予言して消え去っては行きましたが、今日に至るまで思想史的・文化史的にきちんと見直されることが不当にも少なかったとは考えられませんか。つまり日本の思想史上、『論争』という雑誌と、それから論争社自体についての評価というのは、いま一つ定まらないまま、歴史の闇に埋もれていると思うのです。そういう意味で、この座談会が論争社に然るべき光を与える嚆矢を放つ場になればと考えております。個人的な思い出で恐縮ですが、論争社の出版物は豪華な箱入りの『寒村自伝』をはじめとしてかなり昔からいろんな機に遭遇しては不思議に思っておりました。日本の思想史である時期まで「左右」を別け隔てる前提のようなものがあったとすれば、それによって掴めない種類の書籍を世に送った点でした。大池さんを存じ上げてからずっと論争社について本格的に伺いたいと考え続けておりまして、本日このような場を設けることができ感慨無量です。論争社の活動について思い出すまま、大池さんに口火を切ってくださいますようお願いいします。

大池　まず『論争』の由来からお話させていただきます。論争社は、のちにラジオ関東の社長になる遠山景久さんが雑誌をやりたくて人を探していたんです。ちょうどその頃、私や高橋さんなども入って『批評』というタイプ印刷の同人雑誌を出していまして、それに目をとめて、遠山さんが始めた雑誌です。

遠山さんにのちにぺりかん社を立ち上げる救仁郷建さんを紹介したところ、救仁郷さんのことも気に入って、僕が編集長、救仁郷が次長で始まったのです。

ここに粕谷さんもいらっしゃいますので、粕谷さんと『論争』とのかかわりについても最初にお話させてください。粕谷さんと僕が知り合いになったのは、『中央公論』のなかで編集長などをされておられて要職にあった時でしょうか。『中央公論』は、日本共産党のフラクションだと言われていましたから、粕谷さんのお仕事そのものが大きく『中央公論』の傾向と違うんです。ある時、粕谷さんが論争社に電話をかけて来られまして、「では、一度お会いしましょう」ということになったわけです。

粕谷さんは、中央公論社のすぐ近所に論争社があったように記憶されているんですけれども、論争社は神田の美土代町にありました。それで、そこまでお出向き願うのは大変なので、どこか近場でお会いしましょうということになった。ブリジストンの地下に「アラスカ」というレストランがあり、そこの喫茶室でどうかと提案しますと、粕谷さんは「いいよ」と言って来てくれて、そこでお会いしたんです。粕谷さんとの連携というか、粕谷さんのサジェスチョンというか、そういうものは相当この『論争』には生きております。

それから、どうして論争社時代にたくさんの人たちと知り合ったかというと、それは僕自身のキャラクターがあると思うのです。興味のある人には誰にでも会いに行くという、あまり物おじしないところがありました。たぶん執筆者の半分ぐらいはいろいろな方を通じて紹介されたと思うのですが、あと半分ぐらいは自分で出掛けて行って会ったと思います。その比率はちょっと分かりませんが、そういうかたちです。

創刊号に執筆した対馬忠行とも、どうやって知り合ったのかよく分からないのです。ただ、『論争』は文字通り左右の論争を誘発したいと考えておりました。マルクス主義、ないしはその外縁の論壇というのは確固としてある。あるいは、アカデミーをも擁して、確固としてあるのだけれども、それに批判的な人たちの論壇というものは形成されていない。こうした両者を対面させ、「論争」を形成すること自体に大きな意義があるのではないかと考えました。

『中央公論』でも粕谷さんは林房雄や福田恆存にいろいろ書かせましたね。本間長世さんにしてもそうですし、永井陽之助や高坂正堯なども発掘されたわけです。そういう精力的な論者に執筆をさせる上に、さらに左右を論争させよう、両者を同じ壇上にあげようと私は考えたわけです。こういう視点から、左右のいろいろな人たちに会った。

姫岡玲治はたびたび登場するのですが、姫岡たちがトロツキーを読んだのは、論争社刊の対馬忠行さんの著書や論文を最初に読んで触発されたからでしょう。対島さんを媒介にしてトロツキーの『ロシア革命史』、それから『裏切られた革命』などに手を伸ばして読んでいた。しかし姫岡たちは、そうした左翼新世代ですので代々木の共産党の教条主義には真っ向から反対で、リベラルな人たちの意見に耳を傾けたがっていました。そういう新しい感性を持った若い人たちも『論争』に登場しています。

荒畑寒村は、読売の文化部長をやっていた二宮信親さんが「『荒畑寒村自伝』という本が戦前に出たことがあるんだけれど」と言うので、「それは面白そうだから書き直してもらいましょう」と考えました。荒畑さんのところへ出掛けていって、「戦前に出された旧版はいま考えると非常に半端でしょうから、思い切って書き直してください」とお願いして豪華装丁で出版したんです。

それが日経経済図書特別賞を取ったんです。それで、ちょっと論争社が有名になって、『寒村自伝』も売れた。そういうことが、初期の段階の思い出ですね。

黒田寛一も僕の関心の中心にあって、黒田寛一のところへ行きました。黒田は『探究』という雑誌を主宰していまして、一度共同研究をしたことも覚えています。両者ともに一九五六年のハンガリー動乱の衝撃から代々木の共産党を飛び出した経緯もありました。ちょっとびっくりしたんですけれども、黒田は、目がよく見えないんだということを言っていました。それでも、その頃はまだ自分で本を読んでいたのではないですか。「一緒に研究会をやってみないか」ということを言って、「大都会」でしたか、高田馬場の大きな喫茶店二階奥にカーテン間仕切りの部屋があり、そこで研究会をやったわけです。それは『論争』の前です。

小島　『批評』の時代ですね。

大池　はい。『批評』ですね。実際に会いますと、どうも黒田さんは唯物弁証法の方法論に固執している。それから世界革命ということに非常に固執していて、確かにその面から代々木の共産党は批判できるんですけれども、現実、例えばハンガリー事件というようなものに対しては的確な評価ができないと僕は思いました。彼に〝大池は方法論を軽視しているのではないか、ハンガリー事件は世界革命の途次、たまたま起こった事件で、あれでソ連を全的に否定すると、世界革命そのものも頓挫してしまう〟という意味のことを、『論争』にも書いてもらったというか、書いたんですよね。そういうことで、彼とは別れた。こっちは小此木啓吾さんを招いてフロイトの研究会などをやっていて、視野の広がりが全然違う。黒田さんは生涯、コンミューン信奉でした。

それから、当時新進の論者として注目していたのは、吉本隆明です。吉本さんにも、二、三回書いてもらいました。座談会にも出てもらった。ただ、吉本さんにはあまりインパクトを受けませんでした。

もっとも、この『論争』という雑誌は、僕が関係したのは九号までなんです。ちょうど二年とちょっとです。ですから、それから先のことは分からないのですが、救仁郷が、その後『論争』の月刊を引き継いでくれました。なぜ僕がやめたのかというと、月刊にするのに抵抗があったからです。『論争』は赤字でしたし、遠山さんの財力というのはありますけども、月刊で『論争』の執筆者を十分に探し出すのは不可能だろうと思いました。季刊がちょうどいいと思っていた。

ところが、遠山さんは月刊にして商業的な雑誌にして、雑誌『論争』を誰かに売ろうとしたのだと思うんです。結局、後の話ですが、紀平悌子さんの旦那さんで立教大学の学長松下正寿さんの秘書をやっている人が、論争社を買い取った。それで、三〇〇〇万円あった赤字を紀平さんが遠山さんに出して、やっと赤字を回収した。松下さんは後に都知事選に立候補したのですが、そのために雑誌を利用されようとしたのです。

その時、救仁郷はまだ月刊『論争』の編集長をやっていました。いつか「自分は出版で生きていきたい」ということを私のところに言ってきまして、『論争』という雑誌は向こうに行ってしまったのだから別な出版社を作りたいと言うのです。論争社でぺりかん叢書というのを出していたんです。それで、「ぺりかん社にしたらどうか」と言ったら、それはいいというので、ぺりかん社は始まったんです。

論争社は紙型（当時の組版）をたくさん持っていた。それで、「持っていた単行本の紙型を譲ってもらいたい」と、救仁郷から相談があった。僕は、「それは紀平には渡っていないので、遠山さんが持っている」と言って、すぐにその場で救仁郷を連れて、遠山さんのところへ行ったんです。「遠山さんは論争社をおやめになったのだから、もう紙型はいらないでしょう。あれは救仁郷にくれてやってもらいたい」と言ったら、「いいよ」と即答してくれました。ものの拍子というか、もっとも本当にそれは持っていてもしようがなかったのだと思うのですが、紙型を全部タダでもらったので、組版しないで本をつくるということが最初からぺりかん社はできたわけです。よかったなと思いました。

小島　そうしますと、大池さんご自身が完全にかかわられたのは、創刊号から九号までで、以後は救仁郷建さんがずっと売却まで編集長をされていたわけなのですね。高橋さんは、論争社にどういう関わり合いをずっとなさっていたわけですか。

高橋　私は五全協的武闘派の石頭の指導のもとで共産党の常任をやっていました。大池さんは国際派解散後、遠坂良一を助けて『新いばらきタイムス社』を作って、官公労国際派のレッドパージ組の就職口を作った。その後は浪人して勉強していたのです。六全協に先立って党再建に復帰し、水戸の大池ファンのダンナ衆の支援で、水戸の党と茨城県委員会を再建した。私はこの頃大池さんと知り合って意気投合したのです。

小島　第五細胞というやつですか。

高橋　第五細胞ですね。県東部の農村で常任活動を四、五年やっていたときに生活費を一銭ももらったことがないんです。乞食の暮らしをしていて、夕方になるとあそこへ行けば飯を食わせてくれるのではないかというようなところを狙って集合して食わせてもらうような、非常に情けのない暮らし方をしておりました。六全協が開かれ、中央委員会のほうから来る人たちは、党内民主主義を確立して、共産党のなかにある官僚的性格を一掃しなければ、共産党は立ち直れないというようなことを、機関誌や何かで盛んに議論されていました。私は無邪気ですし、おっちょこちょいなものですから、「これはいいことだな」、「それを実行したらいい方向に行くに違いない」と思って、非常に喜んでおりました。

その直後に党大会が開かれました。党大会というのは、茨城県の県の大会です。そこで、その無邪気な気分でいろいろ質問をしたら話は全然違っていたのです。例えば、大池さんが、この共産党の県党大会のために、いろんな準備をされていました。そしたら中央から志田派がやってきて、古い党員、お年寄りの党員を中心にオルグをしたわけです。その事実を、大池さんが県党大会で具体的な名前を挙げて、誰と誰がどういうところで何をしたということを暴露したわけです。六全協の精神などはかけらもない。「これは駄目だな」という思いでしたが、ハンガリー事件後、大池さんは孤立して行きました。手洗いか何かで一緒になって、「おれは大池さんが言っていることは本当だと思うから、頑張ってね」ということを耳打ちしました。そうしましたら大池さんは無邪気な私を信用して、「そうか」というようなことで、県常任を辞めた後、協力して第五細胞というやつができてきます。

第五細胞では、私がガリ版を切って二〇ページ足らずの『風』という機関誌を作って、共産党の細胞や地区委員会レベル、あるいは県のレベルの人たちが、自由に勝手なことを書いていました。例えば、名前はご存じと思いますが、高知聰という人が第五細胞にいました。高知聰はソ連のグロムイコという外務大臣をこてんぱんに攻撃したわけです。『風』は有料でしたが、よく売れました。

ほどなく第五細胞もろとも『風』を発禁にせよということになりました。それに簡単に「そうですか」と言うわけにいかないわけで、「それはできない」と抵抗をしたわけです。また党大会が開かれた中でいろいろありました。大池さんがこの最後の集まりで、所見を述べた。この会合に茨城大学細胞から十数名傍聴にやって来て、すっかり大池さん支持になった。影響甚大で、二年後救仁郷さんは卒業に当たって細胞に計り、全員一致で解散してしまった。そして上京して大池さんに合流するのです。それはそれとしまして、私は共産党をクビになった。クビになって、食い詰めていたので手に職もないし、畑仕事なら役に立たないかと思いました。人手の片方ぐらいにはなるような能力しかありませんでした。この時に「食えないのならうちに来て働け」と論争社に拾ってくれたのが大池さんでした。そして、いまもずっとお付き合いさせていただいています。

小島　この『論争』には、そうしますと高橋さんは編集部員みたいな身分で雇用されたわけですか。

高橋　いや、編集というほどの力を持っていませんので、雑務でしょうか。もちろん、掃除からお茶くみから、そういうことも含めて、見よう見まねで校正をすることを覚えました。本を作ることを覚えたので、後ほど風濤社という出版社をつくる土台がそこでつくられたと思っています。

大池　高橋さんは漢字の天才でしたよ。字も素晴らしい。美しい字を書く。

小島　つまり、校正の天才だということですか。

大池　よく知っている。

高橋　さっき無邪気と言いましたけど、終戦を迎えたのは中学二年のときなんです。大池さんは四年生ぐらいに当たるのですが、私のあと一級か、二級下の人が救仁郷さんになるわけです。私は一三歳ぐらいで、本当に何も、何を言っているのか分からない。何が起こったのか分からないというような状況のなかで終戦を迎えるのです。これはもう私にとっては、良かったのかどうか分からないという感じ方を持っています。

同じ年代の人間と話して、「おれら、損だよな」というような気持ちはありますね。というのは、もう二年上の人の話を聞いたら、軍事教練などをやっている最中に、誰かが「この戦争、負けるそうだ。大人たちが言っているぞ」みたいなことを話しているのですね。実際に起こっている事態についてきちんと知っているのですね。

それに対して、「何を言うんだ」という反論もないまま、黙ってそれを聞いているというのが私の年代。これは大きな差なんです。われわれ同級生同士だったら「おまえは国賊だ」と言う話に発展しかねないのです。二年先の人にはそんな冷静な判断があったというのが驚きでしたね。何となくそんなことを覚えています。私は行くところがなくて酒屋の小僧をしておりました。これはいい職業に就いたと思うのですが、そのうちに、協同組合だったので、協同組合の理論に凝り始めました。これはなかなか面白いんです。共産主義の考え方と非常に似ているのですね。

小島　なるほど。論争社の中心メンバーというのはみんな知的レベルの高さとは逆に相対的に学歴の低い、もしくは中退者とか、ちょっと変わった岡本喜八流の「独立愚連隊」みたいな連中ですね。

ところで、粕谷先生。『中央公論』あるいは『世界』など、要するに丸山眞男を中心とした東大閥によって作られている体制派の論壇から見たら、論争社というのはどんなふうに見えたのでしょうか。今から見ると、『中央公論』や『世界』が、やるべくしてできなかったようなことを、この独立愚連隊がやったように見えたりするんです。

粕谷　僕は若干違う印象で論争社に近づいたわけだよ。中央公論は複雑な会社で、『思想の科学』というのを僕はやらされていたので、『思想の科学』を通して、日本の戦後論壇を見れば見るほどつくづく嫌になって、もう愛想が尽きるぐらいになった。これをやっていると、僕自身が嘘をついていることになるわけです。本当にたまらないと思った。そういう気持ちでぶらぶらしていたら、論争社の雑誌を見て、本当にこういう雑誌ができたらなと僕は思ったんです。今日はじめて聞いたけど、姫岡玲治も書いていたって？　姫岡玲治というのは青木昌彦だろう？

小島　そうです。

粕谷　あれは相当な男だよね。僕も姫岡玲治は知っているし、黒田寛一というのも懐かしい名前です。『中央公論』や岩波の『世界』がオーソドックスだとは個人的にはどうしても思わなかった。何といろいろ嘘が多いんだろうという気持ちだね。本当にいろいろなことがあってね。それはその後も続くんだけども、結局、当時の論壇にとっては反体制というのが前提であって、まともな議論というのは、のほほんとしているわけですよ。反体制でなければ口を開く資格がないみたいな感じでね。水戸の梅本さんとかぜんぜん違う人もいるんだけれども中央の論壇はそうだったね。丸山眞男さんという人もそうで、あの人は、自分はコミュニストではないんだけども、社共統一戦線というか、彼は人民戦線派なので結局同じような態度なんだ。

その丸山さんの論理を学ばなければ、編集者をやっていけないようなことになっていった。僕は本当に呆れ返ったんだ。同じ気持ちだろうか、亀井勝一郎さんは『昭和史』に対して、人間がいないと書いていた。

小島　岩波新書ですね。いわゆる「昭和史論争」に発展しましたよね。

粕谷　あと亀井さんは『文春』で書いたんです。最初の『昭和史』批判が出たばかりのときに、嶋中鵬二さんが非常に面白がって、亀井さんに一年間連載してもらおうということで僕も一緒に行きました。亀井さんの『現代史の課題』という、あとで本になるテーマをずっとやってもらった。そうしたら、編集部の連中は、「亀井さんは素人だから、丸山さんの話を聞いてから書かせたほうがいい」と言うのね。同じ吉祥寺にいるから、丸山さんのところへ行ってよく勉強して、その資料を全部亀井さんに読ませてから書かせたほうがいいと言うんですよ。そんなことを言ったって、亀井さんというのは丸山さんより年上で、戦前に『大和古寺巡礼』を書いていてね。言ってみればプロですよ。それに対してそういうことを言うというのは失礼だなと思った。

みんなはそう言うので、僕はしようがないからその担当をして、毎月、丸山さんのところへ行って、「こういう資料はありますか、ああいう資料はありませんか」とご意見を拝聴するのだよ。その話題を亀井さんのところへ伝えていたんです。そうしたら、そのうち丸山さんが「君、何で俺がこんなに敵に塩を送らなくちゃいけないんだ」ということを僕に言ったんです。「そうか。丸山さんにとって亀井勝一郎は敵なのか」と思って、それで僕は、びっくりしてしまった。真理の探究というのは敵も味方もなくて、お互いに議論はするけれども一緒になって学ぶものだと思ったからさ。そんな敵味方のイデオロギー論争というのがあるのだということがはっきりして、「へえ」と思って愕然としたことを覚えている。

その他の例では今になって思うと、久野収というのは本当にずるい男だよね。一番いいところに行って、いつも威張っているんですよね。最初は鶴見俊輔と藤田省三。最後に彼は小田実と一緒になって、それから五木寛之まで対談をやっていたよね。何とこの人はずるい人だろうと思ったよ。自分では全然原稿を書かないで、いつもおしゃべりばかりしているんだよね。それで、本当にもう嫌になった。

久野が「いかん」と言うと、翻訳もできない。これは反共雑誌、反共の本だから駄目だって言うんだよ。そのなかにハンナ・アーレントというのも含まれていて、この人はひどい人だなと思った。結局、日本の社会ではこの人が中心にいる限りは、自由な出版はできないんだということがよく分かった。

そうした頃、谷川雁がやってきて、『思想の科学』の編集会議に出たんですよ。開口一番に「久野さん、あんたはいつもいいところに座っているけども、いいかげんやめたらどう?」と言った。これは圧倒的な迫力があって、そこにいる連中がみんな黙ってしまった。久野さんもきょろきょろしてしまってね。

でも、見るやつが見れば、どう見たってそう見えるんだよ。谷川雁というのはそういう点で非常に面白い男でね。あれも左翼は左翼だけど変わった左翼で、いいだももというのも変な左翼だけども、彼も要するに詩人でしょう。この二人はやはり非常に面白い位置にいたのだということを僕は感じるんです。だけれど、本当にそのころの『思想の科学』というのはしようがなかった。「日本の地下水」というのを僕はずっとやっていて、鶴見俊輔と武田清子と関根弘の三人で、日本の同人雑誌を片端から書評して褒めあげたんです。日本の地下にはこういういい流れがあるよということで論じていた。

ただ、僕から見ると、その選び方がやはり偏っている。特に関根弘というのはあの当時共産党員だった。

高橋　そうでしたよね。

粕谷　関根も詩人なんだ。彼に『中央公論』に原稿を書かせようというやつがいたんだな。それで、『中央公論』に八幡製鉄をルポルタージュして、「くたばれ八幡製鉄」というのを書いた（笑）。それで、八幡製鉄の人が怒ってしまった。だって、取材したいと言うからいろいろと協力もしたんでしょう。それが、出てきたら「くたばれ」と。怒るのは当たり前だと思ったよ。万事がそういう調子なんです。まったくこの世の中の常識というものがない。左翼だけでものを言っていて、ちっとも広い世間に向けた対応をしようとしない。久野さんもおかしなやつで、「そんなに言うなら、おまえは、石田博英と対談してみろ」と言った。そうしたら、当日になって下痢をしたというの（笑）。とうとうその場に来なかった。要するに自分の仲間のあいだでは威張っているけど、いったん論理の違う、そういう保守派と対談するだけの勇気はあの当時の論壇文化人になかった。

そういうインチキな左翼の論理をあまり僕は聞かされ続けたので、つくづく嫌になってね。中央公論にいる限り、『思想の科学』をやらされるのかと思ったら、本当に僕は中央公論を辞めて論争社に行きたいなと思っていた。何でその『論争』という雑誌に惹かれたかというと、いろいろなことがあるのだけども、『寒村自伝』というのはよかったし、それから『論争』が論文募集をやっていたことがあるよね。

大池　ええ、僕がいるあいだに、確か、一回やったんです。それで一回目は渡部義任が当選しまして、いい論文でした。

小島　あれは、渡部義通の息子ですね。

粕谷　渡部義通というのは、マルクス主義の古代史家でその当時もう有名だったよね。この渡部義任の「社会主義の幻影」は素晴らしいと思った。まさに僕が言いたいのはこういうことだった。もう社会主義は終わりで、みんなが考えている資本主義の次に社会主義があるなんて大間違いだというのが僕の印象であった。この渡部君と一緒に仕事ができればなというので、彼とは三、四年付き合ったんじゃないかな。

ただ彼自身はどこかへ行ってしまったんですよ。「社会主義の幻影」が論争社でせっかく当選したのに、それがもっと広がりを持って日本の論壇全体の議論にすれば良かったのだけども、それはなくて、僕は非常に残念でした。渡部君をいまだに覚えているけど、どうしていますかね。そういうことがあったので、僕は論争社に期待していた。実際に論争社に行ってみたわけだよ。高橋さんのことを僕は知らなかったけど、大池さんは面白いんだね。いろんな共通の話が出るんだよ。僕は例えば梅本克己さんという人が立場を超えて好きで、それで、水戸まで行ったこともあるんだ。あの当時、いいだももというのが水戸にいて、ももさんとは縁があったものですから。いいだももというのは、三島由紀夫と同期で日銀に入ったと称していて、それは嘘ではないと思うのだけども。一高時代に中原中也の詩を小林秀雄のところから借りてきて、全部写し取ったということがあった男だよね。それも事実なんだけどね。非常に伝説的な部分があって、いいだももというと、僕らのころには名前が鳴り響いていた。大池さんに関しては、そのあともいろいろ世話になっているんです。ただ、この親分の遠山さんというのは若干おっかない人で（笑）。行ったら小指がないんだよ。小指がないというのは、指を詰めたということです。実際に、具体的にそういうやくざの世界と縁があったんだろうと思うのだけども。

大池　愚連隊の〝銀座警察〟と言うのがあって、その四人組の一人が遠山さんです。中には本物のやくざになったのもいる。

粕谷　遠山さんの話の仕方も何となくやくざっぽい。それからもう一つびっくりしたのは、奥さんがきれいなんだ。あの人は芸者上がりかな？

大池　そうですね。

粕谷　本当にこういう美人がいるのかと思うぐらいきれいだった。昔はああいう美人がいたんだな。

大池　奥様はまだお元気ですよ。渡部義任の話が出ましたのでもう少し申し上げますと、彼には僕が九号までの『論争』に何回も登場願いました。原稿を書いてもらっただけでなく、座談会にも出てもらいました。姫岡玲治と対談して、自分のことを「僕のような資本主義擁護派が」というような言葉を使っていました。粕谷さんが残念がるようにいつの間にかどこかにいってしまった。『論争』も僕の編集長は九号で終わりましたので、渡部君に注目していたジャーナリストはいなくなってしまった。粕谷さんもその後『中央公論』を辞められましたし、渡部君は『論争』と一緒に消えてしまったという感じですね。

粕谷　そんな感じがあるね。

大池　残念でした。それから、執筆者を見つけるために、本当に自分でよく訪ねました。例えば江藤淳も実際に会いに行った一人です。今の皇太子妃のおやじさんだと思うのですが、その江藤にはおじさんに当たる人がアメリカへ赴任していまして、それで吉祥寺のマンションが空いているというので、そこの留守番をしてくれと言われて、そこに住んでいた。江藤淳に電話しましたら、「はい、いらっしゃい」というので、出かけて行ったんですね。吉祥寺の井の頭公園口の方なんです。表通りと、反対側、南口と言うんですか。そこのすぐそばに、通りに面して小さなマンションがありまして、そこに奥さんと二人で住んでいました。それで、奥さんは床の間の床柱を「だっこちゃん」に抱かせているんです。とてもかわいいので買ってきたというので、「ははあ、こういう人たちか」と思ったんです。それで江藤淳に『論争』の趣旨を話して、「ぜひ執筆し座談会に出てもらいたい」と言ったら、「いいよ」ということになって三号ごろから盛んに書いてもらいました。いずれにしても九号で終わってしまったので、何とも残念なんですけれど。

懸賞は三回やりまして、三回目が太田哲夫と言いまして、僕はだいぶその後社会的にいろいろな仕事をやるうえで助けてもらった人なんですけれども、日経新聞経済部のデスクの筆頭になっていました。鶴田貞彦という少し前の社長が経済部長で、私もよく知っていて、その後も付き合いました。絵描きから絵か何かをもらったとかいうスキャンダルで失脚した社長がいまして、太田はその派だったらしい。そのために一緒に失脚して、子会社の雑誌か何かの社長をやっていました。太田の懸賞論文は「現代資本主義とその適応力」

でした。この要旨は簡単に言いますと資本主義経済は革命がなくても大丈夫だということでした。

それから、執筆陣では、かなり記憶に残っているのが社会経済研究協会の大来佐武郎さんです。日銀の裏側の常盤橋だったと思うのですが、常盤橋の脇に小さなビルがありまして、ここに事務所がありました。二階か三階だったかでしょうか、僕がこの『論争』でお付き合いをしたころは、たぶん浪人していたんだと思う。のちに外務大臣だの大蔵大臣だの官房長官だの、いろいろやりましたが、そのころは、彼の経歴に載っていない期間だったと思うんです。「判断と意見」というのを、自分の出していた小さなパンフレットに書いていまして、それが実に、面白く分かりやすい論文でした。これを『論争』に載せてやろうと思って、「判断と意見」を季ごとにまとめて、確か載せたことがあるんです。僕など駆け出しなんですけど、大来さんはきちんと対応してくれました。偉い人だったと思います。経済的な面での世界的な視野という点では、大来さんは当時ずば抜けていたのではないかと思います。

それからもう一人、慶應の経済学部長の気賀健三さんともお会いして何か書いてもらいました。彼はケインジアンですね。私はケインジアンに興味がありまして書いてもらったんですけども、もう当時は経済学部長をお辞めになるころで、弟子には加藤寛さんなどがおられました。そう言えば論争社で『現代資本主義入門』という本を書いたんです。加藤寛さんが助教授で、助手の原豊、丸尾直美の三人の名前で、「これを本にして」と、原稿を書いてきたんです。それを読んだんですけども、あまり良くないんですね。子どもの綴り方みたいな文章なので、「ちょっとこれ、校訂して編集し直すけど」と言うと、「やってくれ」と言った。うちの助手たちの手に負えないから、そっちに任せるからというので、『現代資本主義人門』を出した。日本で戦後「現代資本主義」という名前を付けて出た本としては、最初の本だと思います。その原稿はほとんど書き直しました。僕自身が書き直しました。それは加藤さんのデビュー作になりましたが、後に加筆され面目を新たにして日経出版部から新書で出ました。加藤さんはのちに千葉商科大学の学長になったり、多くの学生を政財界に送り、ご自分も政府のブレーンになられました。僕も加藤さんのデビューに多少の役に立ったのかなと思っています。

ついでに『論争』を始めるときの話に追加しましょう。『論争』を始めるときに、僕は先にも話題になりました『批評』を出していました。原田某という男を高橋さん名前を覚えていますか。覚えていない？　彼は『赤旗』の編集長をやった人なのですが、池袋に住んでいました。原田が遠山さんに「遠山さん、神山茂夫の応援をしているけれども、こういう人がいるよ」と、「神山をやめてこっちにしたらどうだ」ということを言ったんです。それで『批評』を見せ、遠山さんが『批評』を読んで、「ああ、これはいいや」というので僕を呼びまして会うことになったのでした。

遠山さんは出版界では拓文館というのをやっていました。私の記憶にあるのは、大井廣介の『左翼天皇制』を出したことです。それともう一つ、似たような内容なんですけども『革命家失格』というのを書いた。二冊を出しまして、いずれもちょっと売れたんです。

ところが、拓文館はその後、全然ベストセラーがでなくて、潰れてしまった。ここから面白い話が始まるのです。粕谷さんが感心した遠山さんの美人の奥さんというのは、一流芸者ですので、後援会があったんです。遠山は中央大学を出て陸軍へ行った。終戦時は内地の自動車部隊の中隊長になっていた。彼は軍のトラックにガソリンのドラム缶を一杯積んで脱走復員した。それを元手に闇屋をやって大もうけした。その金で進駐軍将校相手のナイトクラブを、ブリジストンのビルの地下に「アラスカ」という名前で作ったんですね。「アラスカ」は進駐軍の高級将校を相手にしていたクラブでして、日本のジャズメンがそこから育っていった場所です。しかし進駐軍も少なくなりましたので、経営に困って石橋正二郎に頭を下げて買い取ってもらった。フードセンターというのが、昭和二二年頃にできました。そのフードセンターの二階に、今度は「アラスカ」という大衆レストランをつくったんです。その元手は夫人が芸者だった頃の後援会の財界お歴々が出資してくれたんです。それがバカ当たりした。

それからその隣に何とかというおにぎり屋をつくりまして、当時はやったんで毎月毎月日銭が入っていた。遠山さんはそれで息を吹き返したんです。それで遠山さんは出版社をもう一回立ち上げたいと考えていたときに、原田というのが『批評』を持っていったのです。

『論争』をやる前に、遠山さんも気の多い人で、反代々木の小山弘健というマルクス主義者に「雑誌をやりたいんだけれども、編集長をやれ」というようなことを約束していたんですね。それで、大池にやらせたいんだけども、小山弘健にも約束していたので困りまして、「大池さん、小山弘健に編集長をさせて、大池さんと救仁郷さんは次長になってくれ」と言うから、「そういうのは、お断りします」と断ってしまった。

そうしたら、遠山さんも困って、「では、小山弘健と論争してくれ」となった。文字通り「論争」なんですけれども、ちょうど麻布に遠山さんが住んでいまして、麻布の大きな部屋に小山弘健と浅田光輝も確か来たんじゃないかな。僕の方は救仁郷と二人で出まして、そこで雑誌についての論争をやった。そうしたら、遠山さんが判定を下しまして、「大池、救仁郷の勝ち」と宣告して、さっさと二階へ上がってしまった。小山さんは怒ってしまって、結局遠山とは縁が切れたんでしょう。そういういきさつで、私たちが『論争』の編集部をやることになったんです。

小松　非常に興味深いお話で、伺っているとやはり思想の現場は一枚岩ではないというところがとても魅力的に思えました。六〇年代の思想の展開として、まずイデオロギーありきではなくて、ご自身のキャラクターのひかれ具合によって開拓されていく人脈というものを、ものすごく興味深く聞いていました。

大池　僕は時代の空気というか、そういうものを伝えるということは、なかなか難しいと思っているんです。僕が生まれたのは昭和三年です。だいたい昭和一五年ぐらいまでは、実に子どもにとってはいい時代だった。この辺ももちろん粕谷さんも同じ時代ですよね。一歳か二歳違うだけですから、そういう雰囲気を共有していますね。

それで、山の手に住んでいた連中が、当時のことを書くでしょう。そうすると、全然違う。山の手は官員さんや軍人さん、財閥の高級社員、そういう人たちが住んでいて、塀を巡らせている。「棒天振り」と言うんですけども、裏口から魚屋がやってきて御用聞きしてそこで刺身などをつくって台所に届ける。そういう世界と、下町とは皆目違います。下町ですと大きな通りの左右にはありとあらゆる商店が並んでいます。縄のれんの大衆酒場から始まって、大店の乾物屋、おかず屋が歩道に半分ぐらい張り出して、煮豆から身欠きニシンの照り焼きから、何でも売っている。それから、キャンデー屋もあるし、夫婦の薬剤師が薬局をやっている。パン屋もあるし、雑貨屋、楽器店まである。焼き芋屋などもあったんですね。焼き芋屋なんてご存じない？

小島　僕らのころは、売りに来ました。

小松　リアカーを引いて来ましたよね。

大池　キャンデー屋には、大きな機械がありまして、そこから出てきたキャンデーを、スポン、スポンと抜いていく。「五本くれ」と言うと、一本ずつ抜いて紙袋に入れてくれるんです。当時、一本三銭くらいかな。僕は成績が良かったものだから先生にかわいがられていて、日曜日などによく学校の介護室に遊びに行くと、先生たちが五、六人寄り集まっていた。そうすると、「おい大池、キャンデー買ってこいよ」と言って、先年たちの兄貴分がお金を出して、私は喜んで駆け足でキャンデー屋に行ってキャンデーを買ってくると、二本ぐらいくれるんです。おもちゃ屋もあれば、ちゃんとした呉服屋もありますし、時代の状態もこうして一枚岩で考えては絶対にだめで、まして時代の空気も場所によっていろいろあって伝えにくいものですね。

論争社の時代と思想を振り返る

大池　小松さんは文学をなさっているのですか。

小松　先ほど粕谷先生のお話にも名前が出た谷川雁の話がとても印象的でした。『思想の科学』に、何か論文が載っていましたけども。

粕谷　谷川雁というのは、弘文堂から『原点が存在する』という本が出ていたのね。それで僕は、面白いやつだなと思って見た。そうしたら、僕の学校時代の友人というか、同期生の小野二郎というのが弘文堂の編集者をやっている。彼が谷川雁を出したんだ。

小松　先ほどの久野収に喝を入れる谷川雁のエピソードは、本当にちょっと感動しました。実は初めて聞きました。

小島　小野二郎はウィリアム・モリスをやった人ですか。

粕谷　そうだね。小野二郎というのは非常に変わっていて、高い評価を得ているんだけども、本当は、技術的にはめちゃくちゃなやつで、下巻を出してから上巻を出したりしてね。後に小野は晶文社を創立して編集顧問をしていたよね。

大池　僕は高等学校のころは、西脇順三郎に心酔していました。

小松　私も実は大好きです。

大池　西脇の家まで行って詩を見てもらって、いろいろ批評してもらいました。

小松　私は翻訳探偵小説の研究をしておりまして、西脇順三郎はアガサ・クリスティなど、いろいろ翻訳をしています。先ほどのいいだももそうなんですけれども、ああいった左翼思想系の方々がミステリーにかかわっていらっしゃるのがとても面白いですね。いいだももは黒岩涙香について論考を書いていたりしまして、参考にしました。

小島　小松先生、いいだももの『斥候よ、夜はなお長きや』という小説をご存じですよね。
小松　はい。大好きでございます。
粕谷　僕は、題ですっかりまいっちゃっているよ。
小松　印象的ですね。
粕谷　石原慎太郎や、三島由紀夫などを出すよりは、いいだももを出しておけばもっと面白くなったのではないのかね。とうとう日本の文壇は、いいだももを認めなかったですね。谷川雁も認めなかった。言ってみれば、日本の文壇というのは易きについてしまった。大江健三郎はノーベル文学賞をもらったけども、僕は慎太郎と陽と陰だと思うね。似ているんだよ。あの二人は大学生のころに賞を取ったものだから社会経験がないんだよね。
小島　大江健三郎と江藤淳が表と裏のような関係だとは、加藤典洋さんがよく言いますよね。
大池　僕は宮本顕治のところに何回か行ったんです。上高井戸町だったかな。百合子が生きていたころです。百合子は「大池というやつはどんなやつだろう」と思っていたのでしょうね。百合子は洗い髪で、のぞきに来たのです。太っていました。あの人は真っ白な人で、私が宮本顕治と話しているのを観察しているのです。林光という作曲家がいたでしょう。いまでもいるのか。彼も左翼だったんですよ。あの人のところへも行きましたよ。神宮外苑の裏側のほうに住んでいてね。
小島　論争社のある部分というのは、粕谷編集長時代の『中央公論』が継承したようなかたちに、結果的にはなりましたよね。
大池　そうかもしれない。
小島　それと、ある部分は現代思潮社が受け継いだ。考えたら「幻の勝利者」といいましょうか。時代に先駆けすぎていたから、同時代的には営業的に失敗したわけですけども、長期的に見ると、思想的には勝利者ですよ。再評価されるべき幻の存在だと思います。谷川雁とかも、今再評価しきりですよね。

小松　そうですね。喜ばしいことです。復刊といいますか、そういうかたちで読めるようになってきていますね。

小島　伝記なども相次いで出ていますし、左翼の文脈と関係ないような若手評論家が、いわゆるイデオロギーを超えて、レトリックの微妙さなどに注目をして再評価をするというかたちが結構多いです。

高橋　それは谷川雁に対して？　それは面白いね。

小島　面白いですね。僕などはまだ小林多喜二がベストセラーになるよりは、谷川雁が再読される方が分かりますね。小林多喜二は、どこから読んでも不毛だと思いますけども、谷川雁は面白いですよ。何というか、やはりあるタイプの前衛精神ですね。左翼というのに収まりきれないような、逸脱している部分がいっぱい見えます。

小松　そうですね。谷川雁のほうに、より大きな問題系が豊かにはぐくまれていて、小林多喜二というのは、先ほども言葉を使わせていただきましたけども、思想がちょっと一枚岩的なんですね。すごく彼自身が必死なのはとてもよく分かるんですけれども、何かを含有していくというか、豊かさがいまひとつ惜しい感じがするんです。

高橋　ちょっとばかばかしい話を。もう二十数年前か、女の人で『家霊』という小説を書いた人がいますね。

小島　『かりょう』ですか。どんな字を書きますか。

高橋　家の霊ですね。お子さんがオリンピックのモニュメントを作った。

小松　岡本かの子。

高橋　岡本かの子でした。その『家霊』を読んで、ほとんど同じ時期に坂口安吾の『桜の森の満開の下』をさらに読んで、私は意味がよく分からないんですよ。「桜の花びらの下に死体があって」という。こっちは理屈の世界でものを考えているのか分からない。

でも、一年にいっぺんずつ読んで、五回読んだんです。そうしたら、坂口安吾は「何だ、分かった」というような感じがしたんです。ところが岡本かの子は何だか分からないんですよね。どじょう屋の娘が、お金を払わないやつにどじょうをタダで食べさせちゃうというような小説なんです。「おれ、分からないんだよな。それであきらめちゃった」なんて話をしていたら、文芸評論家の福田和也という人が同じことを言っていると、うちのせがれが言うわけです。「岡本かの子は何回読んでも分からない」と。「分からない」小説が、面白いと思うんですかね。みなで「読み方」を分かち合える小説というのは面白い感じなのでしょうか。谷川雁なんて、分かりやすいような気がしますけども、どうでしょうね。言葉の魔術師という感じがします。絢爛たる言葉遣いをする人だという感じがよく分かります。

粕谷　新聞社もみんなだいたい潰れると思うけどね、新聞自体が駄目になるかというと、そうは僕は思わないね。今、地方紙が意外にいいらしいんだよね。東京中心の新聞の体制がみんな駄目になっている。全国紙というと『朝日』も『読売』もよくないしね。『日経』もよくない。そういうのは潰れると思うけども、新聞は残ると思うんだ。

雑誌もそう。『文藝春秋』がいつダウンするか。実際の部数はいいときは五〇万部、今では三〇万部を切っているらしい。だから、『文春』も遅かれ早かれ駄目になると思うんですよ。でも、それに代わるものが出てくると思う。代わるものは『論争』と同じようにそれ自体は成功するかしないか分からない。でもいろいろ試行錯誤的で、やっている当人もよく分からないのだけども、その時代の気分がよく出ているものが現れる。もう一つは、やっぱり出版そのものだよ。まあ新聞もそうだけどサラリーマンがやる仕事ではないね。『朝日』や『読売』で、内部で出世したからといって、それが社長になったり編集局長になったりして、何かおかしいと思うんだけどね。池辺三山もそうだし、緒方竹虎もそうだけども、横から引き抜いて局長にしたりするのでなければならない。現場というのは、本当はそういう人のものだと思います。

大池　そうですね。確かにそうです。個性に付随して出版は成り立つものです。誰にでもよく分かって、誰でもできるというのでは駄目ですよね。

小島　今の新聞なんて、結局、みんなジャーナリストが書いているのではなくて、社員が書いているわけです。例えば『朝日』の社員である記者が書いたりして、ただの官僚制の一役を担っている人物がやっているだけの話です。もうだいぶ前から、日本の新聞の在り方に対する批判はされてきましたね。

高橋　今日お話を伺ったなかで、粕谷さんのおっしゃっていたいいだももという人はちょっと分かりにくい人ですね。

粕谷　谷川雁も分かりにくいけど、いいだももも分かりにくいよ。

大池　いいだは文学的に挫折したと捉えていいのですか。

粕谷　いいだもものことは吉行淳之介が面白く書いていますよ。

高橋　ああ、そうですか。本になっていますか。

粕谷　うん、なっている。どこかに入っているでしょうね。いいだももは、ある同人雑誌の合評会で、「この翻訳に誤訳はないようだな」と言った。吉行淳之介は、いいだももがどの程度語学ができるかを知っているわけです。「誤訳はないようだな」なんて、いいだももが人のこと言えるかというので笑ってしまったらしい。

それで、ほかの理由があるんだろうけども、吉行淳之介も「俺はもう生涯、まじめなことは一切やるまい」と決意した。「おもしろ半分」に肩入れしたのは、そういう背景があったせいだと言っている。『原色の街』や『娼婦の部屋』、ああいうふうにしょっちゅう赤線地帯に出かけては女を買っていたというのは、ある意味では、いいだももみたいなものに対する反抗が裏にあった。

大池　逆にね。

粕谷　最近にもまた厚い本を書いて、『レーニン、毛、終わった』ですよ。こんな本、よくまあ書いたもんだ。とっくの昔にレーニンも毛沢東も、僕らにとっては早く終わっているんだけども、何でいまさらこんなものを書いたのかと思うけどね。でもやはり。

開米　自分なりに弁明をしているんですかね。

小島　実は僕、これを全部読んだんです。

小松　そうですか（笑）。お疲れさまでした。

高橋　読むに値しましたか。

小島　それは何というか、あるタイプの黙示文学だと思ったらいいんですね。『ヨハネの黙示録』を数百倍ぐらい引き延ばしたらこうなる。だから、基本的にきちんとした理論の書として、いいだももの書いたものは思っていけない。あるタイプの黙示文学の一種だと、みんな割り切って読む習慣がついているので、あまりいいだももの書くことに目くじらを立てなくていいと思いますね。いいだももほどの資源の無駄をしたわけではないですが、最晩年の羽仁五郎もその種の黙示文学の系譜に連なり、文字通り『黙示録の時代』なる本を書いていますよ。

高橋　いいだももは非常に文章の上手な人ですよね。

小島　というよりも、これはね、いくらでも書ける文体です。

粕谷　彼らは昔からの因縁で、全部僕のところに送ってくるんですよ。秀才中の秀才で、いいだももと言うとみんな頭を下げる。

高橋　しかしひどい話だな。

小島　いいださんのところ、湘南のずいぶん名家ではないですか。

粕谷　おやじは中小企業で社長をやっていた。家は藤沢の大きな家ですよ。

開米　ちょっと話を戻して申し訳ない。どうして『論争』はつぶれてしまったんですか。
大池　それは財政的に成り立たないのと、遠山景久が飽きてしまったんだよ。
開米　ずっと赤字を続けていたんですよね。
大池　赤字は最初から覚悟してやったんです。
粕谷　ですけど、遠山さんのうちへ行ったら、返本の山。
大池　山になっていたでしょう。
粕谷　さすがにかわいそうだったね。
高橋　今日の話のなかで、三島由紀夫は出てきませんね。論争社と関係はなかったのかな。
大池　ある出版記念会で三島由紀夫に会いましたけどね。もう文壇では、相当威張っていましたね。本人は威張っていたのかどうか分からない。周りの人がおだてていたのでしょうか。
開米　今日の座談会のテーマは論壇に「論争」のあった時代に活躍した雑誌『論争』のことですよね。実は〝論壇に「論争」のあった〝時代はおそらくはるか昔のことで、私たちの世代には分からない、理解できない部分もたくさんあるようです。現代社会に論壇なんて存在しないでしょうし、それゆえ、そこを中心とした建設的な〝論争〟もない。だから、雑誌『論争』の存在は実に不思議に見えますね。今日、雑誌『論争』の興亡をお聞きすることができて非常に興奮しました。さて、論者としては三島さんの評価をする前に、今日もたびたび、丸山眞男さんの名前が出ていますが、その丸山さんの〝評価〟をもっとしっかりとしなくてはいけないのではないか、と僕は思っているんです。
　実はたまたま最近知った話なのですが、早稲田大学大学院の学生が丸山眞男を読んだことがないと言うんです。これを聞いて僕は衝撃を受けた。丸山さんの論文を読んでみて、それを好きだとか嫌いだとか判断をするならいい。ただ、日本の大学院で、政治学を専門的に学ぼうとする院生が丸山眞男を一度も読んでいない、というのはやはり問題だと思う。丸山さんに対する評価というのはいろいろとあります。最近では苅部直さんが丸山眞男論を書きましたね。岩波新書ですが、僕は書店で並んでいるのを思わず買って読んだのですが、僕はあまり評価できないですね。なぜ評価できないかといいますと、正々堂々と丸山眞男を論じていないという風に感じてしようがない。丸山さんの実像ではないのではないか。やはり美化しすぎるきらいがある。苅部直さんは丸山さんの直系の弟子にあたるのでしょうか。僕は丸山さんが亡くなって大分経過してから、東大の政治学徒、現在の東大の政治学をメーンで張っている人がきちんと評価することに期待したのですが、少々、がっかりした。まあ、ベタ褒めにしようが、どうでもいいんですけども、あそこで描かれている丸山像は彼のほんの一面に過ぎませんね。丸山さんに対する神話が未だに生きていて、そのままという感じですね。実は僕は丸山さんのほとんどの本や論文を読んでいます。学生時代に夢中になって、読んだ。代表作のひとつである『現代政治の思想と行動』は何日も徹夜して読破した。

しかし、丸山さんを知れば知るほど疑問が浮かんできた。偶像化されたままでいいのか、と…。今日の議論でも丸山さんが戦後の論壇の中でいろいろな意味でリーダーであったかということが指摘されていて、そのことは十分に理解できます。死後十数年たって徐々にそれがはがれてきていて、ある意味では批判の対象として、みんなが見ようとし始めているのだけれども、残念なのは東大などで政治学をやっている人の間に、丸山さんに遠慮があって、丸山さんの実像を正面から批評するのを避けているような感じがして残念な気がします。

大池　ただ、丸山さんの影響というのは、東大での話なんですよ。関西のほうへ行くと、かなり違うんです。どうなんですかね。中央論壇を制覇したんですけども、ある意味では、非常にローカル。今になってみるとだいぶ浮き上がってしまっていた姿もはっきりしたのではないですか。だから丸山眞男を持ち出すのはどうかなと思っている人が多いのではないかな。丸山眞男さん自身も晩年は自信喪失していたようですよ。

小島　戦後思想において、丸山眞男が過剰代表されて議論されているような部分も、ちょっとあるような気もいたします。

粕谷　学園紛争のときに、全共闘の学生が丸山さんの研究室にやってきて荒らしたでしょう。あのときで実質的に丸山さんは終わっているんだよね。丸山さんが言ったのは「おまえら、ファシストより悪い」と言う言葉だった。そういうことを言ったというのには、本当にみんな愕然としたんだよ。

大池　自分につばをかけるというような、そんな感じですね。

粕谷　東大の中では丸山さんの評価がぐんと落ちた。辻清明なんて丸山眞男にぴったりくっついたような男まで が、「丸山さんも悪いんだよね」とあのとき僕に言ったもんね。自分の研究室が荒らされると、「おまえらファシストより悪い」と言って、がくんと丸山神話というのは壊れたんです。丸山さんに代わって評判を得たのは林健太郎なんです。文学部長をやったでしょう。林健太郎が学生につかまったときに、阿川弘之とか、三島由紀夫とかが助けに出て行こうとした。七二時間、閉じ込められていた。そうしたら、林さんは、「私はいま教育しているのだから、そういうことを一切やらないでくれ」と言ったと伝わっているね。これは非常に立派なことで、林健太郎は偉いということになってしまって、文学部長から総長になってしまった。

そこではっきり林さんと丸山さんは、東大のなかでは評価が逆転したんです。それまでは、人間の決断する姿をしっかり目で見ようとしないから、まだ丸山神話が残っているような感じがあったんだね。僕が出した佐藤誠三郎の丸山批判というのは面白いよ。『「死の跳躍」を越えて』という都市出版から出た本のなかにそれが入っていますけどね。

小島　一時期、丸山を知っている世代が、特にポストモダニストと称する全共闘世代が、丸山眞男を矮小化して、かなりきつく批判をした。そして、ポストモダンなる思想を、肯定的に弁明するというのがはやりましたよね。あれは一種の論理矛盾で、あらかじめ批判しやすいように丸山を矮小化してからしたり顔でそれを行う戦法でした。

そのあと、期せずしてというわけではないんですけども、丸山擁護派による猛反撃が始まった。丸山擁護派も大きな陣営だということが分かったのです。まずは東大の政治学に連なる老知識人たちが迎え撃ったんですよね。その後、ようやくごく最近になって、丸山を知らない世代が割合自由に丸山を考え始めたという、丸山論に関しては、そんな時期区分が成り立つような気がします。

もう一つは、大池さんがさっきおっしゃいましたように、京都に来たら丸山が違ったように見えるんです。京都の政治学というのは、猪木正道がずっとやっていて、その後、勝田吉太郎や高坂正堯が出てきてという。この構図は丸山のアンチですよね。これが京大の政治学の制度的知を作っているわけです。一方では関西の私立大学というのは、行動主義以降のアメリカの政治学をいち早く取り入れて、丸山を完全にパスしてしまっている。早稲田や慶應の政治学もそうかも知れない。という次第で、やはり東京大学のある世代の作り上げた上げた戦後像みたいなものが、丸山という人格に濃縮されているような気もするんですけれど、どうでしょうか。

大池　そうですね。猪木正道さんのところにも行きましたけども、京都大学の大きなヒマラヤ杉が四階ぐらいまで伸びていて、すごいなと思った。そういうイメージが残っているんですけれど。全然丸山の「ま」の字も京都大学では相手にしていないような感じでした。

開米　リベラルであるということはどういうことなのか。丸山さんは決してリベラルではなかったと思います。

大池　丸山はリベラルではないですよ。マルクスですよ。

開米　そうですね。ところが、丸山さんはリベラルだという評価をする人がいまだにいる。リベラリストとしての偶像化。これは実に不思議なことです。

大池　多いですね。そういうことになっているんだけども、あの人はマルクス主義者ですよ。

小松　その地域差、地域による温度差というのも、ものすごく面白いですね。いま聞いていて、ちょっと追求してみようかなと思うような気がしました。

大池　梅本克己も、主体性論というのが注目を浴びたんです。梅本先生が、どうしてそうなったのかよく分からないんだけども、マルクス主義の唯物弁証法というものをまず柱に立てて、その唯物弁証法で救い切れない個人の問題があるのではないかというのが、彼の主体性論になる。僕は『展望』に三回ぐらい出た彼の主体性論というのに感心したんです。僕の場合は、彼みたいに唯物弁証法がまずここにどんとあって、そしてどこかにその個人の問題が取り残されているのではないかというのとちょっと違うんです。

僕の場合は、歴史が必然的にいくものであるならば、「では個人はどうなるの?」という設問なんです。唯物弁証法の必然性というものは、僕の場合は仮定形だった。梅本の場合は絶対性ですから、そこがやはり彼との分かれ目です。分かれたわけでもないというか、彼から私が分かれていった。彼は分かれなかったんだけども、私が分かれていった(笑)。最初の出発点が違うという感じがしました。梅本さんは主語と述語がひっくり返っているというような感じでね。

粕谷　これは僕が直に聞いた話です。丸山さんの『現代政治の思想と行動』に入っている「科学としての政治学」という論文の与えた衝撃というのはやはり強いんだ。国家学から独立した科学としての政治学を何とか成り立たせようというのが、彼のその当時の悲願だった。蝋山政道はそれに応えて、『政治学原理』というのを書いたんです。これは一切科学と関係なく、政治の事実性というか経験的部分というか、そういう領域を開拓しようとした。僕は名著だと思っているんだけどね。

丸山さんに会ったら「蝋山先生があんなに難しい本を書いて」と言うと、むかっとする。「ではどういうのがいいんですか」と言ったら、大内兵衛の『経済学』がいいというから、僕は愕然としました。あんなに自分で緻密な論理を構築している丸山眞男が、経済学のスタンダードな本としては、大内兵衛の『経済学』がいいと。「ええっ」ともうがっくりした。

大内兵衛といったら、ある意味では非常に世渡りのうまい人で、法政大学の学長になって、厚生省に隠然たる勢力を持っていた。ただ、彼は全然本を書いたことないんですよね。『経済学』というのは久しぶりに書いた彼の啓蒙的な本で、あと、『財政学大綱』というのを上下でやっと最後に出したのね。大内兵衛自身が書いているんだけども、山川均に一番影響を受けているのですね。山川均が『デモクラシーの煩悶』という本を書くと、大内はそれを読んで「そうだ」と思ったらしい。大正一〇年ぐらいのね。言ってみれば、吉野作造批判です。山川均はそれからデビューして、生涯、労働戦線の理論的指導者みたいなことをやった。山川均はクリスチャンで、奥さんは山川菊栄でしょう。それから、面白いのは大原孫三郎だよね。大原孫三郎というのは、生涯山川のスポンサーになっているからね。大原社会問題研究所というのをつくって、山川均をそこで自由に勉強できるようにしてやった。ですから、本来なら僕、丸山さんは大内でなく山川均を挙げるべきだったと思う。もし、そういうことを言うならばね。でも、本当に大内兵衛というのは、僕に言わせればくだらない男ですよ。

大池　丸山さんは経済学をあまり知らない。勉強していないのかもしれないね。

粕谷　うん。していない。

開米　痛烈な（笑）。

小島　丸山眞男はマルクス主義だと言われるんですけども、「科学としての政治学」をはじめ、『現代思想の政治と行動』に入っている論文は、明らかにマルクス主義ではないんです。むしろ、かなりスタンダードなアメリカ政治学的知性をバックにした議論が多いですよ。

丸山の『日本政治思想史研究』は、マルクス主義者のボルケナウが台本だという説があるんですけども、ちょっと用語は似ているんだけれども全然違う本です。丸山の方法はマルクス主義とは全然違いますね。学問的にはっきりした輪郭を持った部分では、丸山眞男というのは独自の存在で丸山学派は一流のものを作っているにもかかわらず、時局的にものを言ったり、あるいは人間を動かしたりするところでは別な側面が多いですね。どうも聞こえてくる話では、例えば共産党のブレーンのような対応をやっているとか、すごく機械的な、唯物論的なものの見方をひそかにしているとか。学問の部分と政治行動のギャップみたいなもの、この辺はどうですか。

開米　丸山政治学の『現代政治の思想と行動』とか『戦中と戦後の間』に入っている論文にはかなりしっかりした政治論文もいくつかあって、僕はそのことはきちんと評価してしかるべきものだと思います。一〇年ぐらい前ですか、岩波から丸山さんの著作集が出ました。その中にある時局的なもののほとんどは「復初の説」というエッセイに代表されますね。岩波の『世界』の巻頭エッセイですが、戦後日本の原点は八月一五日であり、迷ったときにはそこに戻りましょう、というものですよね。つまり、戻るところは一九四五年八月一五日（終戦記念日）であって、それ以前ではないという話です。

『丸山眞男集』には彼が光り輝いた時代の作品群がたくさん入っている。そこに意図的なものを感じます。丸山さんは戦後の論壇のヒーローであることに間違いない。ただ、晩年期になるにつれて、かなり精神分裂症的になっているなという感じがしないでもないんです。学問の世界とジャーナリズムの世界で寵児になってしまったから、それに応えないといけない。何か期待されていることに対して応えなければいけないというう焦りみたいなものを読んでいて感じますね。一方で、繰り返すことになりますが、現代の東大の政治学に対して不満があるのは、一言で言えば、「丸山さんを乗り越えていない」と感じることです。丸山さんの呪縛。丸山の政治学が呪縛になっていて丸山眞男を正面から論じていない。

小島　なるほどね。それは今のところ苅部さんくらいかな。

開米　苅部さんだって甘いですよ。

小島　私もそう思います。

開米　岩波新書なので限界はあったと思います。ただ、〝リベラルな丸山眞男〟という捉え方ではきちんとした丸山眞男論ではないなというのが僕の個人的な意見です。

小島　私は物足りないというか、誰でも書けそうな本だという印象を受けました。

大池　でも、晩年はあれではないですか。日本のデモクラシーなんていうのはしようがないものだけども、まあこれでやろうというようなことを。

小島　言っていましたね。「戦後の虚妄に賭ける」というやつですね。

大池　まあ、これでずっとやっていく他ないのではないかとか、これでずっとやっていこうというような。将来はどうにかなるだろうと言うことでしょうか。

小島　戦前よりは戦後がましだということを言いたいんだと思うんですけどね。よく分からない議論ですね。

開米　そうですね。本当におっしゃるとおりです。

大池　丸山は自分の理論と現実との乖離というか、そういうものに対して、やはりかなり絶望的になっていたとは言えませんか。

丸山眞男が死んだあと、『丸山眞男研究』という雑誌が出ていた。それは、丸山眞男があちこちで講演したりしたやつをテープ起こしをして編集して、丸山眞男をいつまでも勉強していこうという連中が集まってつくった雑誌なんですけれども、そのなかに、泊まり込みでセミナーをやったのがありました。そのときに、丸山眞男に私淑している先生が、丸山眞男と一緒に夜になってセミナーが終わったあと散歩に出る。そうすると、「誰々くん、僕は今どうしたらいいか分からないんだよ」ということを言ったというんだね。そして、その相手の先生が、「先生、そんなことをおっしゃったって、われわれは困りますよ」という返事をしたというのが、そのまま『丸山眞男研究』に出ている。

開米　それはもう、まさにそのものズバリですね。いまの東大の政治学はね。そんな感じがしますね。偶像が壊れては困るんですよね。

大池　丸山さんもついに自信喪失というか、どうしていいか分からない。

小島　一発で話が変わりますけども、庄司薫が丸山を明らかにモデルにした人物を『赤頭巾ちゃん気をつけて』に書いていますが、あれは直接の師弟関係なんですか。

開米　どうなんですか。庄司薫は丸山眞男の弟子なんですか。

粕谷　どうかな。講義は聞いているかもしれないね。彼のうちへ呼んでいるから。ほら、丸山さんは音楽が好きでしょう。

開米　クラシックが好きでしたね。

粕谷　中村紘子の前でしたかったんだろうけどね。そのときの丸山さんの風貌がよく出ていますよ。

小島　焼鳥屋か何かに行く場面が出ていた。時に東大の政治学の現状というのはどうなんですか。全然知らないです。

開米　だから、見えてこないでしょう?

小島　そうですね。例えば、ソ連史をなさっている塩川伸明先生とか、部分的には存じ上げていますけども、丸山亡きあとの東大政治学は何かと言われたら、さっぱり知りません。

開米　分からないですよね。だから、日本政治思想史というか、まあ、それは御厨さんがやられているんでしょうけども。ただ、触ってくれるなという感じなのではないですか。

小島　御厨さんあたりがやったらいいのに。

開米　苅部さんの本が出たときも、相当いろいろ物議を醸したと言っていますね。あれをそのまま評価していいのかという人と、あれは評価すべきだという人と、かなり侃々諤々の議論をしたとは聞きました。ただ、そうおっしゃる方は批判的に見ている方ですね。丸山眞男論としては物足りないというような感じだと。

大池　『論争』でも丸山眞男に登場してもらおうと思ったんだけれども、機会がないというか、本人にその気がないのか。

開米　会いに行かれたんですか。

大池　だから会っていない。

開米　彼のことを嫌っていたんじゃないですか（笑）。

大池　何か丸山さんを絡めての企画はありました。でも会った記憶がないから、実現しなかったと思いますね。

小島　『論争』が出ていたころというのは、例えば吉本隆明の丸山批判とか、丸山批判がわずかながら始まったころで、丸山も『論争』に何か距離感があったのではないですか。

大池　ちょっと覚えていないです。

小松　亀井勝一郎の『昭和史』批判と丸山批判は関係はないのでしょうか。

小島　「昭和史論争」というのは昭和三〇（一九五五）年ですよね。あの時期に、ああいう議論が出てくるのはよく分かります。日本の過渡期で、いわゆる日本のマルクス主義で説明できなくなるような現実が出てきて、結果的に言うと、マルクス主義が説得力を失ったのですね。でもちょっと前まで、藤原彰の書いていたような昭和史が、実は説得力を持っていたのです。「人間がいない」わけではなく、あのような構図で人間を見ていただけの話なのです。それが説得力を喪失して現実とのギャップを起こして、明らかにただの公式というか、骨だけになって見えたという、そういう間隙が生まれたのでしょうね。

だけれど、亀井勝一郎も忘れ去られた人になってしまって、若い学生は戦後の知識人など誰も知らないですよ。大池さん、思っているより危機感を持ったほうがいいのは、丸山批判どころの騒ぎではないんですよ。いまや、下手したら司馬遼太郎も松本清張の名前も知らないんですよ。もうわれわれと共有の固有名詞がほぼなくなって、とんでもない状況が日本で起こってしまった。むしろ、そのとんでもない状況がどうして起こったのかということの方が、丸山批判よりも急務だという段階ですね。司馬遼太郎も名前を知らない。松本清張はいったい誰というか、もうこうなったら終わりですね。下手したら美空ひばりは誰ですかとか、こんな状況になっていますから。

大池　NHKは、そういう人たちがつくっているのではないですか。NHKを見ていると、やることがかなり作為的ですよ。

小島　それはそうですね。例えば紅白にしても若いやつばかりに靡いたら、結果的に言うと国民的催しにならないので、古いのを復権してとかね。それが見えるんですけども、大池さん、若い人はNHKを見ない。

大池　僕も大学生の孫が三人いますので、若い人については分かりますよ。

小島　三浦展の『下流社会』という本に、下流社会はフジテレビと自民党が好きと書いてありましたけども、NHKのようなハイブローな、難しい番組を学生は見ないです。

開米　いま、学生が読む文学って何ですか。

小松　何でしょうね。でも、もうすでに吉本ばななも読まれなくなってきています。もう「いつの人？」みたいな。

小島　村上春樹はどうですか。

小松　春樹は最近話題になりましたからね。

小島　戦後のいろいろな思想が、マルクス主義を含めて、結構もう免罪していいぐらいの、とんでもない状況がいま起こっていまして（笑）、これらの原因を全部思想そのものに負わせるのは過剰評価かも知れません。教師として、本当にもうびっくりします。

開米　『論争』というテーマの雑誌は昭和三〇年代でも成り立たなかったんですよね。

小島　西暦で言いますと『論争』の創刊は一九五九年ですね。
大池　ええ、そうです。二年とちょっとです。九号を出して僕はやめました。
小島　ということは、『論争』の廃刊といいますか、まったく六〇年安保のときなんですね。
大池　ええ、そうです。
粕谷　ただ、月刊でないと商売にならない。サラリーマンだって、みんな月給制で考えると、年四回出していたのでは足りないでしょう。
大池　儲けが成り立たない。
粕谷　出てこないでしょう。それだと、最初からそのぐらいの赤字なら俺が負担するというようなやつがいなければだめですね。
大池　遠山さんとはそういう約束だったんだけども、月刊になるというのでやめた。
開米　そういう約束があったわけですか。
大池　そういう約束でした。赤字は自分が見るからと遠山さんは言っていました。
開米　その時までだって何千万と負担していたわけでしょう。それは難しいな。
粕谷　まあ、今日はこれぐらいにしておこうよ。
小島　そうしましょう。どうも大池さん、高橋さん、開米さん、そして小松さん、そして粕谷先生、本当にありがとうございました。

（二〇一〇年一〇月一日　雑司ヶ谷の粕谷一希邸にて）

論争社出版単行本一覧

一九五九（昭和34）年

レオン・トロツキー、山西英一訳『裏切られた革命』（論争叢書）

対馬忠行『ソ連「社会主覇」の批判』（論争叢書）

一九六〇（昭和35）年

荒畑寒村『寒村自伝』

マクスウェル・ドローク、岩男寿美子訳『明日の社会』／アドルフ・A・パーリ・ジュニア、加藤寛・関口操・丸尾直美訳『財産なき支配』（論争叢書）

W・S・ウォイチンスキー、直井武夫訳『歴史を生きるわが生涯の回想　第1』

西尾末広『新党への道』

ウィルヘルム・マトゥール、中村菊男訳『ドイツ社会民主党その発展と本質』

カール・マイダンズ、須賀照雄訳『動乱　眼に映る以上のもの』

レイモン・アロン、渡辺善一郎訳編『現代の知識人』（論争叢書）

遠山景久『思想は発展する』（論争叢書）

ワルター・ホーファー救仁郷繁訳『ナチス・ドキュメント』（論争叢書）

一九六一（昭和36）年

J・デグラス、荒畑寒村訳『コミンテルン・ドキュメント　第1』

ヴィンセント・シーエン、須賀照雄訳『ネール　第1　暁闇に歩む』

ヴィンセント・シーエン、須賀照雄訳『ネール　第2　権勢の歳月』

W・S・ウォイチンスキー、直井武夫訳『歴史を生きる　わが生涯の回想　第2』

W・スケヴネルス、小山泰蔵訳『国際労働運動の45年』

大沢正道『バクーニンの生涯』

木内信胤『世界の見かた』

ウィットフォーゲル、アジア経済研究所訳『東洋的専制主義』

大来佐武郎『成長経済入門』（論争新書）
G・P・ホルバート、島村力訳『挫けぬ人々』
民主社会主義研究会議『冷戦的共存下の民主社会主義の任務』
加藤寛、原豊、丸尾直美『現代資本主義入門』（論争新書）
読売新聞社婦人部『水の動物記』（ぺりかん・ぶっく）
憲法擁護新国民会議『国民憲法読本』（ぺりかん・しんしょ）
ポール・K・クロッサー、高橋正雄訳『経済における政府の役割　アメリカ国家資本主義論』（ぺりかん・しんしょ）
D・グラニック、菊池敏夫、藤井寿夫訳『ソ連の経営者　その生活と意見面接・視察・アメリカとの比較』（ぺりかん・しんしょ）
フィッツギボン、塙英央訳『キッスが終ったとき』（ぺりかん・ぶっく）
石原明『漢方の秘密』（ぺりかん・しんしょ）
フェルジナンド・ペルートカ、中村菊男訳『民主主義宣言』（ぺりかん・しんしょ）
ジョン・ラングドン＝デーヴィーズ、須賀照雄訳『女の歴史　この未知なるものの研究　上』
ジョン・ラングドン＝デーヴィーズ、須賀照雄訳『女の歴史　この未知なるものの研究　下』
ビル・スターン、宇田道夫訳『ボクシング戦国時代』
イサド・ベイ、内山賢次訳『狂信の創造者スターリン』
C・A・R・クロスランド、関嘉彦監訳『福祉国家の将来　第1』（論争叢書）
C・A・R・クロスランド、関嘉彦監訳『福祉国家の将来　第2』（論争叢書）
トニー・クリフ、対馬忠行・姫岡玲治訳『ロシア＝官僚制国家資本主義論　マルクス主義的分析』
カルデリ、山口房雄・玉城素訳『中国共産主義批判　社会主義と戦争』
遠山景久『論客と剣客』
中村菊男『診断・日本の政治体質』

一九六二（昭和37）年

アーサー・Mシュレジンガー、救仁郷繁訳『ローズヴェルトの時代　旧体制の危機一九一九‐一九三三　第1』
朝日新聞社週刊朝日編集部『移りゆく日本』（ぺりかん・ぶっく）

岡田諄『ステレオFM時代』（ぺりかん・しんしょ）
民主社会主義研究会議『福祉国家への道』
荒木信義『EEC』（ぺりかん・しんしょ）
P・E・モーズリー、山川雄巳・木村汎訳『ソビエトと世界政治』
高島陽『現代の兵法』（ぺりかん・しんしょ）
吉田安伸『世界の一流品』（ぺりかん・しんしょ）
兵藤正之助『ロマン・ロランの世界』（ぺりかん・しんしょ）
増田米治『この目で見たEEC』（ぺりかん・しんしょ）
斎藤武雄『貿易入門』（ぺりかん・しんしょ）
中村菊男『日本の中立は可能か』（ぺりかん・しんしょ）
J・K・ガルブレイス、大原進・太田哲夫訳『現代の経済論争』（ぺりかん・しんしょ）
中働巌『災害復旧の手引き』
高瀬浄『経営哲学入門』（ぺりかん・しんしょ）

一九六三（昭和38）年
アーサー・M・シュレジンガー、佐々木専三郎訳『ローズヴェルトの時代　ニユー・ディール登場　第2』
R・マックファークァー、中俣富三郎訳『中国の知識人』（ぺりかん・しんしょ）
H・キャントリル、原尚武訳『ソ連の大衆操作』

一九六六（昭和41）年
アーサー・M・シュレジンガー、岩野一郎駅『ローズヴェルトの時代大変動期の政治　第3』

（編者註）
初出は中部大学『アリーナ』一〇号（二〇一〇年一二月）所収

あとがきに代えて

個人に即して云えばわれわれはただ限りなく発見者であり、たえまなく変革者であり、自己否定者である（本書二〇四頁）。

小島　亮

一、一九八八年、ドナウ河畔にて

本著作集の原型をなす『奴隷の死　大池文雄著作集　一九五四〜一九六〇』（ぺりかん社、一九八八年）が刊行されたのはまさにベルリンの壁の崩壊の前年であった。

その頃日本を去ってしばらく経っていた私は、当時ブダ城内ウーリ・ウーツァにあったハンガリー科学アカデミー社会学研究所で同書を受け取り、大池氏の風貌や『ハンガリー事件と日本』（中央公論社、一九八七年）執筆時を回想し、懐かしく諸論考を読み直したものであった。大池氏には新橋の「裾野カンツリー倶楽部」事務所でお会いしたのを皮切りに、何度もインタヴューに答えていただくうちに、いつしか氏の人間性に深い共感を抱くようになっていたからである。僅かながら私の父親の相貌に大池氏が似ていたことも与っていたのかも知れない。

八八年のハンガリーについて、何と表現したらいいのだろう。通念と違って決して旧体制は断末魔のカオスを呈していたわけではなかったものの、朦朧とした夕靄に覆われて怠い曖昧さに包まれていた。ポーランドでは自主労組「連帯」の台頭と経済的破綻が続いていたが、経済の基本的構造から政治形態にいたるまで東欧諸国はそれぞれ異なる特徴を有するゆえに、ポーランド情勢をもってハンガリーを予測できかねた。一方、八六年のチェルノブイリの原発事故は「現存する社会主義」への大きな疑義を呈して余りある事態ながら、八五年に登場したゴルバチョフ政権は、グラスノスチとペレストロイカを旗印に、難局を乗り切って体制内改革に成功するかも知れないという一縷の望みを抱かせていた。中国の開放政策から一〇年、ソ連に理想を求めるオプティミズムは雲散霧消していたにもかかわらず、社会主義そのものには失地回復の余地は若干残っていたと見えないわけでもなかった。

　ハンガリーを含む旧東欧社会主義諸国は、翌八九年の秋には相次いで体制転換のドラマを演出するのだが、政局の中心にいた改革者でさえも「落としどころ」を模索していたと言うのが正直なところだったのではないか。まさか体制転換に繋がるドミノ倒しを現出するとは、誰一人想像だにしなかったと考えられる。今日から顧みて興味深いことは、社会理論史において、この時期からウォーラーシュテインの「六八年」論は産声を上げる。これは「六八年」に「希望の原理」を投影した屈曲した近未来史の展望でもあったと見れないだろうか。言うまでもなく、世界システム論は、近代化論（古典的マルクス主義を含む）と従属理論のジンテーゼであった以上に、社会主義変革理論の「六八年」以後的再認でもあった。あるいは、ソ連型モデルに収束する革命論＝「小乗」社会主義に対して、世界システム論を「大乗」社会主義と命名するのは穿ったレトリックに過ぎるだろうか。いずれにせよゴルバチョフとワレサの陽性キャラクターによる幕間劇を背景に、世界システム論は台頭したのであり、「目前の事態」を歴史的に思索する過程で「六八年」を再発見した経緯は改めて注目すべきである。つまり社会主義そのものは、批判的継承の課題であっても、唾棄すべき絶対悪だとは認識されていなかったのである。

　さて、ハンガリーで、「もしかしたら体制転換もあり得る」との実感を人が強めたのは、翌八九年の「パン・ヨーロッパ・ピクニック」事件とそれに続く東独国民のオーストリアへの逃亡であった。どうやらソ連のゴルバチョフ政権も黙認しているらしいとの噂（これは事実であった）が広まったあたりから、旧東欧を舞台とする歴史劇は幕を切って落とされる。

　私個人としても、目前に起こりつつある事態をフランス革命に匹敵する世界史的事件かも知れないと考え始め、注意深く言論の動向に注意を向けるようになったのも八九年の夏であった。その半年前にも満たない三月一五日の「一八四八年革命記念日」では、ブダペスト街頭のデモも私服警官にしっかりガードされていたし、六月には、トランシルヴァニア問題によるルーマニアとの紛争が惹起してハンガリー政府はナショナリズムの暴発に神経を尖らせていた。「パン・ヨーロッパ・キャンピング」の発端になったハプスブルク・オットーのコシュート大学講演に私も参加していたが、デブレツェンの聴衆はまことに落ち着いた反応を示したものであった。ところが、夏を境にして政局は急展開し、政治的空気が一変したばかりか、盤石の国際的体制であった東欧社会主義も一気に崩壊しつつあるように見え始めたのであった。六月一六日にハンガリー事件当時のナジ・イムレ首相の再葬儀が執り行われたとき、多くの人は―英雄広場にずっと佇んでいた私自身も含め―寛容な多元的社会主義政権が近未来に現れると希望を抱いたのであったが、わずか二ヶ月にして社会主義体制そのものが墓場に埋葬される日も近いと実感できるに至った。それは私自身の人生でもっとも速く流れ去っていった時間であった。毎日のように新しい出版物が街頭に現れ、毎週のように新しい政治家がデビューした。

その時期、五六年動乱の弾痕も生々しく残された街を歩きながら、私は大池氏のハンガリー事件をめぐる論説を想起した日もあった。ブダペストのみか旧東欧の主要都市の広場や道路は、しばしば人で埋め尽くされ、無愛想なコンクリート建築に貼り付けられた赤い星を睨んでいた。ただし、噎せ返る人だかりと熱唱は来るべき時代の予兆であるとは言え、能天気なユーフォリアの影に漂う新しい危険を私は感じ取っていた。熱狂と興奮は旧体制に決別する儀式としては必要であっただろう。しかしながら、私には「パリ・コミューン」の理想型を旧東欧の街頭に見いだすことはできず、「市民革命」として無条件で礼賛する気持ちにもなれなかったし、旧体制崩壊を「歓迎」する便乗言論には不信感しか抱かなかった。ハンガリーの旧政権は、理念的な社会主義と無縁ではあったけれど「絶対悪」と看做されるわけでもなかったのである。反体制を理想化するには、私はリアリストであり過ぎ、社会を醒めた眼で見る現代社会科学を一応は潜り抜けて街頭に立っていた。私はやや困惑と共感をあわせた同時代の感慨を書き綴り、大池氏の主宰されていた雑誌『丁卯』に何回か寄稿させていただいた。これらのエッセイは、のちに『ハンガリー知識史の風景』（風媒社、二〇〇〇年）一冊にまとめて上梓された。

大池氏が「八九年の東欧」に立ち会われたなら、おそらく私に似た思索をされたのではあるまいか。この時期に私の想起していた大池氏は「戦後転向論」の時代のそれであった。

考えてみれば、大池氏はコミューン（＝人間的共同体の理念）論を原点とする道徳的「前衛党論」批判から出発し、既成の「現存する社会主義」を相対化する視点を開いた思索家であった。ここまでは黒田寛一氏などときわめてよく似た知的回路を辿ったわけである。ところが、大池氏の真骨頂が極まるのはこの先である。即ち「現存する社会主義」をも含む現代社会の諸問題を俎上に乗せる理論的道具として二〇世紀の知的業績―社会民主主義、フロイト精神分析からアメリカ現代社会科学までを再認されるのである。この過程において大池氏は再び日本マルクス主義を理論的に問い直され、苦渋の営みを「戦後転向」としてプロジェクトされた。他の同時代人による「転向」はやや自嘲的ニュアンスを伴っていたならば、大池氏の「戦後転向」は、肯定形で語られた先駆例であった。磯田光一氏の表現に倣うと（『比較転向論序説』、勁草書房、一九六八年）、大池氏の「転向」は「良心に従って」行われた点でリチャード・ライトやアンドレ・ジイドに比すべき特徴を有するだろう。それはマルクス主義の放棄のみならずコミューン論の人間論的前提を現代の諸科学を踏まえて解体する試案であって、「左から右」に立地点を移行させる安直な豹変ではなかった。

かかる感慨に耽りつつ『奴隷の死』を読み直しながら、夕闇迫るドナウ川を逍遥してはダンディな大池氏を思い出し、明日はどんな事態が勃発するだろうか、と一番星の彼方を見上げたものであった。

現在（二〇一六年）からすると三〇年以上前に私は大池氏にお会いしたことになり、『奴隷の死』の刊行からも四半世紀を閲する。二一世紀の新たな時代に、大池氏の論文集を改めて編集し、若い世代にも読んでもらう意味はいったい何であろうか。大池氏の思索は「勝利した」わけであり、孤高の思索者は幸福な再評価に迎えられるに違いない。しかし皮肉にも、新しい読者には「なぜ大池氏は孤高の闘いを敢行したのか」が逆に理解不能に見えるのではないだろうか。

二．大池文雄氏との遭遇

拙著『ハンガリー事件と日本』は講座派マルクス主義歴史学から知的人生を出発するも、七〇年代の後期には大きな疑念を持ち、八〇年代には完全に脱皮した私自身の「回帰小篇」のつもりで書き綴った試作である。この書の準備のプロセスで、粕谷一希氏、さらに佐々淳行氏、そして大池文雄氏という、現在に至るまで自己の思索的準拠枠の重要部分を提供していただいた知識人に接し得たのであった。

八〇年代前半、私は研究生として在籍していた東京大学教養学部、有栖川公園の都立中央図書館、アルバイト先の塾や予備校を往来しながら、学生時代にバイパスした現代社会理論の摂取に余念がなかった。浅田彰氏『構造と力』出版に始まる「浅田旋風」が吹き荒れ、浅田氏より数歳上の「ニューアカ」と総称された全共闘世代が戦後啓蒙主義に全否定を宣告していた頃である。「ニューアカ」は、日本の戦後言論と社会思想の主流がパスしてしまった諸理論（記号論、構造主義、現象学以降の哲学諸派から経済人類学など）を再認し、前世代の「近代知」的権威を豪快に嘲笑していた。私もこの流れには決定的な知的衝撃を受けつつも、「ポストモダン」が日本近代社会の素朴弁護論に接続し始めた時点で、大きな距離を感じ始めていた。瑣末な一例ながら私の思索的放浪は奇妙な形態を取っていた。かなり早くから講座派マルクス主義を「頭では」受容しながら、私は民青系学生運動には一切興味はなく、共産党活動家には嫌悪以外のいかなる感情も持たなかった。むしろ「消去法」でシンパシーを強く覚えていたのはソ連社会主義モデルである。私は社会主義を後発近代化社会で実現するにはソ連モデルしか落としどころはないのではないか、と考えていたのである。スターリンの政策は粗暴なものながら、講座派マルクス主義の二段階革命論とも整合的ではあった。開発独裁の過渡的時期を経て、ブレジネフ時代には「まずまず」の生活レヴェルと経済的達成を成し遂げ、やがて体制的寛解も展望できるのではないか、という大甘の議論であった。この観点から、金森久雄氏のソ連経済再評価論に近い論理でソ連型社会主義の弁護をさんざん語っては顰蹙を買っていたものであった。ただし政治的な

「ソ連派」＝社会主義協会などの路線に一切の興味はなかったし、その理論的背景をなす労農派マルクス主義では日本近代のみかロシア革命以来のダイナミズム（スターリン時代の独裁を含む）を正当に評価できないと考えていた。この視点は、現在でも「一部は正しいのでは」とどこかで私は考えていて、旧東欧の政治体制を「完璧な悪」と把握できなかった私の感性の基盤を作っている。後年の塩川伸明氏らの「アフォーマティブな社会＝ソ連」再評価論やホブズボームの「ソ連の平和 Pax Sovietica」論はさらにこの感覚を補強していて、これらはソ連礼賛論からはきわめて遠い地点に立脚している。当時の私は、この議論が現前の共産党的政治路線を相対化しながらも講座派的論理を継承でき、E・H・カーやドイッチャーの議論とも連結できるように考えた。歴史としてのソ連型モデルの過渡的承認は、もちろん現前する革命理論としての肯定ではなく、先進国革命論は別個の議論であったことは言うまでもない。現に私は小野義彦以来の日本資本主義認識を再発見し、構造改革派の大きな影響を受けてもいた。しばらくのちに研究対象とする「ハンガリー一九五六年」こそは、後発国モデルをヨーロッパに「上から」押しつけた根本的矛盾を象徴する出来事であった。ルカーチはどう読んでもレーニン主義の亜流にしか理解できなかった（今もそうである）こともあってこの系譜にはなじまず、トロツキーも「批判的知性」としてはともあれ肯定的革命論としては一種のファンダメンタリズムに見えた。とは言え、この時期にグラムシの戦後二回目のルネサンスが捲き起こり、ユーロコミュニズム旋風に乗って新しく紹介され始めた最新のソ連研究やロシア革命史の衝撃はかなり大きくのしかかった。こうして、ついに学生時代の後半から、修正講座派的認識の完全な破産を自覚せざるを得ない羽目になったわけである。折からの「田口・不破論争」での日本共産党のあいも変わらぬ独善と旧態依然にも辟易し、私はマルクス主義、さらに歴史学そのものから離れる思索的決意を行った。この時期の後年の整理は、田口富久治氏、諏訪兼位氏のお二人の当事者にインタヴューした『伽藍が赤かったとき』（風媒社、二〇一二年）で行ったので、ぜひ読んでいただきたく思う。まさに同時期、歴史学は網野善彦氏や阿部謹也氏の「社会史」旋風によって屋台骨を揺るがされる初期にあった。

歴史学から離れた私はと言えば、シカゴ学派社会学・政治学の草創期から構造＝機能分析にいたるアメリカ社会科学、論理実証主義以降の哲学、そしてソ連・東欧研究と国際関係分析、記号論による近代文学の再読、難渋な廣松渉氏の諸著作などを駒場の授業と独学を組み合わせてフォローするのに躍起であった。そして、いつしか自己の新視点を踏まえた意思表明を実証的背景を持った論考としてまとめたいと不遜にも考え始めた。まずは同時代のモダニズム再評価に影響されて、二〇年代研究を目指し、一時期、福本和夫の研究を開始したものの、興味は戦後日本知識史の再認と国際関係史、とりわけ東欧現代史そのものに向かっていた。ある日、この両者を統合して一つの研究プロジェクトを立ち上げようと思いついたのが「スターリン批判と日本」というテーマであった。日本の戦後思想史において「スターリン批判以後」という言い方が、その当時によくされたたし、もしかすれば丸山眞男氏のいわゆる「スターリン批判の批判」（『「スターリン批判」における政治の論理」、『現代政治の思想と行動』所収）の問題を継承し、講座派マルクス主義から離脱した自己の立ち位置を確認しようと考えたのかも知れない。滝村隆一氏『ラスウェルと丸山眞男』（勁草書房、一九八四年）などによって論究された丸山政治学の「現代政治学」の部分、すなわちシカゴ学派以降の「科学としての政治学」にも問題関心が重複していたし、丸山氏の問題を日本同時代史で再認しようとした気負いもあっただろうか。ところが、この課題を追求して行くと、「スターリン批判」なるものは、日本の知的世界において「ハンガリー事件」によってはじめて自覚された事態に気がついたのであった。ソ連共産党二〇回大会の論理も（秘密報告も含めて）、体制内革新を弁証していて、にわかにソ連型社会主義を相対化する論理は出てこない。これは国際的にもそう言え、「スターリン批判の衝撃」は、その後のポーランドのポズナンでの騒擾とハンガリー事件をもってはじめて可視的な衝撃になったわけである。いずれにせよ、テーマを「ハンガリー事件と日本の知的世界」に窯変させ、手探りで当時の新聞、雑誌など主要メディアを読み進めていった。もちろんインターネットの存在しない時代であったから、国会図書館や都立中央図書館に籠ってすべて手仕事であった。このときに私が大きな指針としていたのは、粕谷一希氏の『戦後思潮　知識人たちの肖像』（日本経済新聞社、一九八一年）と東大駒場の「社会学史」の講義で圧倒的影響を受けた庄司興吉氏の『日本社会科学史序説—マルクス主義と近代主義—』（法政大学出版局、一九七五年）であった。この二著をヒントにして知識史的マッピングを行いつつ、多様な言論の位置づけと相関関係を考えていった。『ハンガリー事件と日本』が「どの思想的立場か分からない」と酷評されたのはこのためで、私としては知的相関関係のなかで各言論が現象（可塑）する過程の方に興味を覚えた。アルチュセールの顰に倣って（『哲学入門』）「思想とは反論である」と言うべきか、個人的にはマンハイムの知識社会学を実証的に行っているつもりであった。しかし、その勉学のなかで、いくつかの言論が気になり始めた。第一は、当時まだ「思想的にはほぼ無名」であった佐々淳行氏の「民主的警察官はどうしたらよいのか—私はブダペストの警察官にはなりたくない—」（『中央公論』一九五七年三月号）との出会いであった。私はこの論考には徹底的に社会科学的に洗練された知性が潜んでいると即座に理解し、『日本紳士録』で住所を調べてインタヴューを申し込んだ。佐々氏はまったく無名の若輩の生意気な申し出を諒解され、私は内閣調査室に佐々氏に訪問を許された。そのインタヴューで佐々氏は、『中央公論』への掲載は粕谷一希氏の采配によるものであったと話され、私は直ちに納得したものであった。何故なら粕谷氏は一九五五年に中央公論社に入社されたわけで、同世代の東大法学部出身となれば、佐々氏の背後に粕谷氏がおられることは想定内だったからである。こうして佐々氏のインタヴューのあと、粕谷氏に恐る恐る面会を申し込む手紙を認めた。幸い快くご返事をいただき、粕谷氏に何度もお会いするうち、戦後転換期における土曜会グループの動向を知り、さらに氏の若き日の回想をゆっくり拝聴する贅沢な時間を持つ機会が与えられた。そこで、『風流夢譚』事件や『思想の科学』との確執、中央公論社を何度も辞職されようとした若き日の回想とともに、一九六〇年前後に存在していた論争社と大池氏の名前をはじめて知ることになったのであった。考えれば、のちに粕谷氏が『中央公論社と私』（文藝春秋、一九九九年）で書かれた内容を一人語りしていただいた無上の贅沢な時間であった。粕谷氏と大池氏の関係については本書に収録した座談会「論争社の時代」に直接の言及があるので、ここでの説明は省略させていただく。粕谷氏から伺った「大池文雄」という未知の人物はさて置き、論争社の名前は『寒村自伝』戦後版などを通じてよく知っていた。このときは大池氏とハンガリー事件との深い関係など夢にすら思い至ってはいない。なお改めて言うまでもないが、『ハンガリー事件と日本』では「思想界にほぼ無名」と書いた佐々氏は内閣調査室を退官後、華々しい論壇デビューを飾られ、保守派論壇の重鎮として活躍をされ今日に至る。

ところが意想外にもまったく対極的な人から大池氏とハンガリー事件のつながりを教えられたのであった。それは高知聰氏である。よく知られているように革マル派の理論的基礎を形成した黒田寛一氏はハンガリー事件に大きな衝撃を受け、日本共産党と袂を分かち、独自なマルクス主義を展開する出発をされた。実際に革マル派文化人は、『都市と蜂起』（永田書房、一九六九年、オリジン出版センター、一九八三年、新版は現代思潮新社、二〇〇三年）を上梓した高知氏を筆頭としてハンガリー事件を恰も原罪のごとくに問い続けていた。高知氏のこの書は『パリ・コミューンとハンガリア革命』（国鉄青年労働者出版、一九七五年）というタイトルで抜粋が出ていて（私が高円寺の都丸書房で最初に手にしたのはこの本であるが、国会図書館をはじめとする書誌データ上には出てこない幻の著作である）、私は研ぎすまされた高知氏の文体に感銘を受け、氏にお会いしたいと考えるようになったのであった。インタヴューに至る経緯は省略するが、まったく正体不明の若輩を信頼され、最後は何度も自宅に招いて下さった故・高知氏のご冥福を改めてお祈りしたい。私は黒田氏の周辺に若き知識人が集まって来る過程と高知氏の個人史を伺ううちに、大池氏の存在を教えられ、さらに高知氏の手元に残されていた大池氏主宰の『批評』誌や草稿類の閲覧を許されたのであった。この草稿類こそ『奴隷の死』に収録した大池氏の初期著作類に他ならないわけである。

さらに関係者へのインタヴューを進めるうちに、津田道夫氏や初期の黒田寛一氏の盟友であった西田照見氏などからも大池氏の名前を聞くようになった。津田道夫氏の『現代トロツキズム』（青木書店、一九六〇年）に批判的に大池氏と『批評』グループの記載があることも知った。なお戦後日本共産党史の古典とされる小山弘健氏の『戦後日本共産党史』（三月書房、一九五八年初版、復刻版は津田道夫氏の編集でこぶし書房、二〇〇八年）にも「既成の理論の権威に反対し、既存の組織の拘束を排除し、全くあたらしい思考の方法と理論の創造とによって、マルクス主義の内部的主体性的な自己回復をはかろうとしつつある」（こぶし書房版、二六七頁）として津田氏、黒田氏と並べて大池氏と『批評』グループに言及されている。小山氏は完璧なポーカーフェイスを決め込んでいるが、小山氏と大池氏は、麻布三軒家の遠山景久氏宅で論戦をし、「勝ち」判定をした遠山氏によって論争社は大池編集長を迎え出発の緒につく。このあたりの事情は大池氏の『私の畸人録』の「遠山景久」の章や本著作集に収録したいくつかの回顧で詳述されている通りである。つまり『批評』時代がなければ論争社の時代もあり得なかったということなのである。そして彗星のごとく出現した論争社は大池氏の「戦後転向論」を実践する孤高の闘いを敢行、瞬時の輝きののちに虚空に消え去った次第は「論争社の時代」でご自身が語られた通りである。大池氏の「前方への意志」はここでも先駆者の悲劇を再びかみしめることになる。大池氏は知的世界から退却し、再び伝説上の人物になるも、『奴隷の死』の版元であったぺりかん社（救仁郷建氏）や風濤社（高橋行雄氏）は、『批評』時代の大池氏の同志によって創業され、日本の出版界に大きな寄与をされたことは知る人ぞ知る事実である。

三. 編集者としての大池氏

最後に編集者としての大池氏について一つの可能性を考えてみたい。大池氏は広汎な人文・社会科学の知識に根ざした編集的知性＝ディドロ的な百科全書派でもあり、林達夫氏から粕谷一希氏に連なる山脈の孤峰でもあったからだ。

一つは大池氏の思索の歩みからすれば、ほぼ間違いなく社会思想家としてのハイエクを本格的に再検討した人物になったであろうと思われる。ハイエクは通貨論や社会主義批判、もしくは古典的な自由主義社会論者としてすでに一九五〇年代には一部の知識人の目に留まっていて、大池氏も「特に影響を受けた本」として特記している（三七四頁）。ただし古典的な自由主義と異なり合理的人間論や「共通感覚」（ある種のヒューマニズム仮説）批判を土台としてあらゆるマクロ社会計画を駁撃する社会理論の革新者であった事実はごく最近まで認識されていなかった。当時は社会主義の世界的な攻勢期でもあり、冷戦によって過度にイデオロギー的な読み方の横行していた空気の中で、ハイエクは新手の反社会主義（または反共）論としてのみ取り扱われてきたのであった。ハイエクの議論は所与の科学的真理を前提にした場合、知的独占と隷属を結果してしまう（ヘーゲル的な自由概念が降臨する）論理の究明である。あえて言えばベターな社会制度の選択は、科学的真理という次元とは異なる問題として議論する前提を呈示したわけである。この批判は社会思想的には多元主義の再措定を行ったものであり、経済学では制度学派、哲学ではマイケル・ポランニーの暗黙知論、さらにはクーンのパラダイム論、つまり多元的科学論にも連絡する。パラダイムの転換は論理的断絶を意味するし、パラダイムの効力は「合理性」を非合理的に納得させてしまう領域（暗黙知）に関わるからである。こうした科学論的知見も一九八〇年代に日本知識界は、近代合理主義批判の絡脈の中で受容する。この導入過程に不幸があるとすれば、ポストモダニズムの破壊の衝動に呑みこまれてしまったことであった。

言うまでもなく、日本のハイエク受容は歪な形態を取った。自由主義社会論の再認からする経済学もフリードマンらシカゴ学派の流行ののち、ハイエクを「先行者」として回顧させ、フリードマン＝ハイエクの論脈でのみ光があてられたのである。しかし、ハイエクはホパー的な反証性命題の矛盾を突き、ファイヤーアーベントの「方法否定」、つまり科学的認識における一種のアナーキズム＝自由の再認をいち早く社会領域で提起していたのであった。ハイエクはマルクス主義のみか広義の社会民主主義的社会論を全否定しさっていた事実はごく最近まで日本では気がつかれてはいなかった。「自由とは必然性の拒否なのである」―大池氏の辿りついた境地はハイエクまであと一歩だろう。ハイエクを否定的媒介や知的ニヒリズムから救い上げ、肯定的な自由主義思想の源泉に出来ていたなら、戦後啓蒙主義への真の対抗者を準備できた可能性は小さくなかったのである。

ここで私はもう一つの仮説として、勝田吉太郎氏を大池氏は早期に発掘し、異端の保守主義者でなく正統派自由主義者として勝田氏を認知させる役割を果たされたのではないか、とも推察する。実際に『私の畸人録』では一世を風靡していた東大法学部と異質な京都大学系知識人との交友も随所に語られ、ロシア政治思想史、アナーキズムの研究から円弧を描いて保守主義知識人として論壇に登場した勝田氏との遭遇も時間の問題であったように考える。

勝田氏の思想的軌跡は大池氏と極めてよく似ている。「自由の精神の共和国」をコミューン論で理念化し、大池氏はフロイト人間論を経由してそれをいち早く脱したのと同じく、勝田氏にあっては、近代民主主義の純粋理念としてアナーキズムを出発点に設定し、その内在的矛盾（端的には社会理論の不在）を経験的に補填する領域として保守主義的な経験知を再認されたのであった。晩年のハイエクと極めて似た思想的特徴を勝田氏は有し、あらゆる社会計画＝「大審問官の論理」は「真理」の名前で理念的自由（ドストエフスキーの「神」）を殺害すると逆ユートピアを導く他はない事態を、実にロシア思想史を検証するなかで独自に展開したのである。日本の知識界において、勝田氏の保守主義は本格的な陣営形成をすることもなく弧絶した試みであった事実は、戦後の自称保守党はデ・ファクトに進歩主義政党であったからに相違ない。

言論界の中枢に食い込まんとしていた大池氏の編集者・言論人としての力量、思索的背景を考えるなら、ハイエク、そして勝田吉太郎氏を連結させ、自由主義社会思想の可能性を血肉化した可能性を想起してもあながち的外れではあるまい。そして日本では穏健な少数派でもあった自由主義が社会思想として大きな陣営を一九六〇年代に形成しておれば、その後の日本知識界は根本的に今と違った風貌を呈したに違いない。日本リベラリズムの深部から登場した粕谷一希氏と日本マルクス主義の批判的克服から生まれた大池氏の協同は、もしかすれば、七〇年代中期に政治的自由主義をも結集する思想的根拠を与えたかもしれない。そうすれば社会民主主義連合（五五年体制）崩壊後の日本の混迷は違った景色を見せただろうし、八〇年代のポストモダニズムの狂い咲きもなかっただろう。「自由主義」を僭称する右派デマゴーグの跋扈する惨状も予め阻止した可能性すら展望できたに相違ない。言論界が大池氏を失った損失は戦後日本知識史の存在状況にかかわる大きさであったのである。

著者　大池　文雄（おおいけ・ふみお）
1928（昭 3）年 11 月 6 日、長野県小諸市に生まれる。陸軍少年航空通信学校から同電波兵器学校で敗戦。1947（昭和 22）年、旧制水戸高等学校文科甲類入学。同校中退後、日本共産党水戸市委員長、同国際派全国委員会委員、茨城県常任委員を歴任。1956（昭和 31）年、ハンガリー事件をめぐり中央と対立、『批評』誌に依拠して理論闘争。1958（昭和 32）年、共産党を除名。のちに論争社では伝説的編集長として采配を揮う。日本ソノサービスセンター、太陽グリーンランドを設立。平和相互銀行綜合企画室次長・業務本部次長を歴任し、1972（昭和 47）年、裾野カンツリー倶楽部を設立する。2005（平成 17）年、事業から引退。1987（昭和 62）年、同人誌『丁卯』を創刊して主宰。主著『日本の覚醒』（日本ソノサービスセンター、1967 年）、『奴隷の死』（ぺりかん社、1988 年）、『私の畸人録』（ぺりかん社、2008 年）『水戸コミュニストの系譜』（ぺりかん社、2009 年）など。2013（平成 25）年 11 月 1 日逝去。戒名は清観院雄峰文映居士位。墓所は小諸市小原にある。

編者　小島　亮（こじま・りょう）
中部大学人文学部教授、総合学術誌『アリーナ』編集長。主著『ハンガリー事件と日本』（中央公論社、1987 年、新版、現代思潮新社、2003 年）など。

ただ限りなく発見者　大池文雄著作集

2016 年 10 月 23 日　第 1 刷発行
（定価はカバーに表示してあります）

著　者　　大池　文雄
編　者　　小島　　亮
発行者　　山口　　章

発行所　名古屋市中区上前津 2-9-14　久野ビル
振替 00880-5-5616 電話 052-331-0008　風媒社
http://www.fubaisha.com/

乱丁本・落丁本はお取り替えいたします。　＊印刷・製本／モリモト印刷
ISBN978-4-8331-3172-8